O VALOR DE TUDO

Mariana Mazzucato

O VALOR DE TUDO

Produção e apropriação na economia global

TRADUÇÃO
Camilo Adorno
Odorico Leal

1ª reimpressão

PORTFOLIO
PENGUIN

Copyright © 2018 by Mariana Mazzucato

Edição licenciada pela Portfolio-Penguin, uma divisão da Editora Schwarcz S.A.

PORTFOLIO and the pictorial representation of the javelin thrower are trademarks of Penguin Group (USA) Inc. and are used under license. PENGUIN is a trademark of Penguin Books Limited and is used under license.

Grafia atualizada segundo o Acordo Ortográfico da Língua Portuguesa de 1990, que entrou em vigor no Brasil em 2009.

TÍTULO ORIGINAL The Value of Everything: Making and Taking in the Global Economy
CAPA E IMAGEM Thiago Lacaz
REVISÃO TÉCNICA Rafael Costa Lima
PREPARAÇÃO Joaquim Toledo Jr.
ÍNDICE REMISSIVO Luciano Marchiori
REVISÃO Ana Maria Barbosa, Angela das Neves e Clara Diament

Dados Internacionais de Catalogação na Publicação (CIP)
(Câmara Brasileira do Livro, SP, Brasil)
_____
Mazzucato, Mariana
O valor de tudo : Produção e apropriação na economia global / Mariana Mazzucato ; tradução Camilo Adorno, Odorico Leal. — 1ª ed. — São Paulo : Portfolio-Penguin, 2020.

Título original: The Value of Everything : Making and Taking in the Global Economy.
Bibliografia.
ISBN 978-85-8285-110-4

1. Capitalismo 2. Valor I. Título.
_____
20-3764   CDD-338.521
_____
Índice para catálogo sistemático:
1. Valor : Economia 338.521

Cibele Maria Dias — Bibliotecária — CRB-8/9427

Todos os direitos desta edição reservados à
EDITORA SCHWARCZ S.A.
Rua Bandeira Paulista, 702, cj. 32
04532-002 — São Paulo — SP
Telefone (11) 3707-3500
www.portfolio-penguin.com.br
atendimentoaoleitor@portfoliopenguin.com.br

Para Leon, Micol, Luce e Sofia

SUMÁRIO

Agradecimentos   11
Prefácio: Histórias sobre criação do valor   15

Introdução: Produzir versus apropriar-se   23
Críticas recorrentes à extração de valor   27
O que é valor?   29
A fronteira da produção   32
Por que a teoria do valor é importante   35
A estrutura do livro   39

1. Uma breve história do valor   45
Os mercantilistas: comércio e tesouro   47
Os fisiocratas: a resposta está na terra   53
Economia clássica: o valor no trabalho   59

2. O valor está nos olhos de quem vê:
a ascensão dos marginalistas   86
Novos tempos, nova teoria   87
O eclipse dos clássicos   88

Do objetivo ao subjetivo: uma nova teoria
do valor baseada nas preferências 89
A ascensão dos "neoclássicos" 92
O desaparecimento da renda e por que isso é importante 102

3. A medida da riqueza das nações 106
PIB: uma convenção social 108
O nascimento do sistema de contas nacionais 115
O cálculo do valor adicionado pelo governo ao PIB 118
Algo estranho a respeito das contas nacionais:
PIB *facit saltus*! 124
Ajustar as contas nacionais não é suficiente 133

4. Finanças: nasce um colosso 136
Bancos e mercados financeiros tornam-se aliados 138
O problema bancário 140
A desregulamentação e as sementes da crise 147
Os senhores da criação (monetária) 152
As finanças e a economia "real" 155
Do direito ao lucro ao direito ao crédito 162
Uma dívida na família 167
Conclusão 173

5. A ascensão do capitalismo de cassino 176
Prometeu (com brevê de piloto) desacorrentado 178
Novos atores na economia 184
Como o mercado financeiro extrai valor 189
Conclusão 204

6. A financeirização da economia real 207
A reação negativa às recompras 209
Maximizando o valor do acionista 212
O recuo do capital "paciente" 219
Curto prazismo e o investimento improdutivo 222
Financeirização e desigualdade 226
Da maximização do valor do acionista ao valor
do stakeholder 233
Conclusão 237

7. **Extraindo valor pela economia de inovação   239**
Histórias sobre criação de valor   239
De onde vem a inovação?   241
O financiamento da inovação   246
Extração de valor patenteado   254
Empreendedorismo improdutivo   258
Precificando medicamentos   260
Efeitos de rede e vantagens do pioneiro   267
Criação e extração de valor digital   274
Compartilhando riscos e recompensas   277
Conclusão   281

8. **Subvalorizando o setor público   285**
Os mitos da austeridade   290
O valor do governo na história
do pensamento econômico   296
Keynes e governo anticíclico   299
O governo nas contas públicas   302
Teoria da escolha pública: racionalizando
a privatização e a terceirização   307
Readquirindo confiança e estabelecendo missões   319
Recompensas justas — públicas e privadas   323
De bens públicos ao valor público   324

9. **A economia da esperança   331**
Mercados como resultados   336
Convocando a economia para uma missão   340
Um futuro melhor para todos   342

Bibliografia   345
Notas   360
Índice remissivo   390

AGRADECIMENTOS

EM 2013, ESCREVI UM LIVRO CHAMADO *O Estado empreendedor*. Nele, expus como mitos a respeito de empreendedores solitários e start-ups haviam dominado tanto a teoria como a prática da inovação, deixando de lado um dos atores principais, que tem sido um investidor de primeira instância: o Estado. A inovação é um processo coletivo no qual diferentes tipos de instituições públicas desempenham um papel crucial; todavia, esse papel é ignorado e, por isso, nossa teoria de criação de valor é falha. E essa é uma das razões principais para que a riqueza seja, muitas vezes, distribuída de maneira disfuncional.

O livro que você tem em mãos é uma consequência direta desse argumento anterior. Não se pode entender o crescimento econômico sem que se retorne ao início: o que é riqueza e de onde provém o valor? É possível afirmar com segurança que muito do que é visto como criação de valor não é apenas extração disfarçada?

Para escrever estas páginas precisei mergulhar no pensamento sobre valor dos últimos trezentos anos. Uma tarefa nada fácil! Várias pessoas, muito gentilmente, me ajudaram a completar essa empreitada intimidadora — desde um profundo mergulho na teoria até as braçadas na riqueza das histórias de desenvolvimento industrial.

Gostaria de agradecer a Gregor Semieniuk, que, como eu, dou-torou-se no programa de pós-graduação da New School, em Nova York — um dos raros lugares onde teorias alternativas do pensamento econômico ainda são ensinadas. Ele generosamente compartilhou seu conhecimento extraordinário acerca da teoria do valor, dos fisiocratas aos clássicos. Gregor ajudou-me de maneira fantástica a documentar, de modo acessível, os debates entre os fisiocratas, Adam Smith e David Ricardo — e o estranho fato de Karl Marx não ter uma teoria real a respeito da forma com que o Estado pode contribuir para a ideia de valor.

Michael Prest prestou assistência editorial com precisão e uma paciência interminável, usando sua caneta mágica para dar a um material muitas vezes demasiado denso uma fluidez melhor. Ele pedalou com alegria para nossas reuniões mesmo nos dias mais quentes do ano, e era não somente um editor simpático, mas também um grande companheiro, alguém que trazia calma para aqueles meses que muitas vezes pareciam frenéticos, comigo tentando terminar o livro enquanto criava uma grande família e estabelecia um novo departamento na University College London (UCL). Nossas reuniões semanais no Lord Stanley Pub, em Camden, para examinar o material, tornavam-se, com frequência, um fluxo de consciência sobre as mazelas do capitalismo moderno e eram momentos de verdadeira alegria — com uma cerveja (às vezes duas) nos fazendo seguir em frente.

Outros amigos fundamentais foram Carlota Perez, que me ofereceu suas ideias não apenas acerca do conteúdo, mas também do estilo, e as seguintes pessoas que leram determinados capítulos do livro e que, em sua etapa final de produção, os revisaram, oferecendo de forma abnegada seu ponto de vista e sua atenção: (em ordem alfabética) Matteo Deleidi, Lukas Fuchs, Tommaso Gabellini, Simone Gasperin, Edward Hadas, Andrea Laplane, Alain Rizk e Josh Ryan Collins. É claro que quaisquer erros ou afirmações altamente subjetivas podem ser atribuídos somente a mim.

Tom Penn, meu editor na Penguin, foi um grande interlocutor durante nossas intermináveis reuniões, regadas a café, na British Library — ele possui as raras qualidades de um revisor meticuloso que, ao mes-

AGRADECIMENTOS

mo tempo, mantém um profundo envolvimento com o conteúdo, tanto econômico quanto filosófico.

Gostaria também de agradecer a excelente assistência administrativa que tive ao longo dos últimos quatro anos, primeiro na SPRU (Departamento de Investigação de Políticas Científicas) na Universidade de Sussex, e agora em um novo instituto que fundei na UCL, o Instituto para Inovação e Objetivo Público (IIPP, na sigla em inglês). Gemma Smith, em particular, sempre me ajudou no esforço de transmitir minhas mensagens — seja no noticiário das dez da noite ou em um informe político — de maneira que pudessem ser compreendidas pelo público em geral. Em relação à nova equipe no IIPP, espero que a mensagem do livro sobre a necessidade de reviver o debate a respeito de questões-chave acerca do valor possa se vincular à ambição do IIPP de redefinir formas de conceituar, em especial, o valor público: como criá-lo, cultivá-lo e avaliá-lo.

Por fim, quero agradecer a Carlo, Leon, Micol, Luce e Sofia por aguentarem as muitas noites e os inúmeros finais de semana que este livro consumiu — permitindo que eu subisse as escadas de casa e a eles me juntasse na mesa de jantar mais feliz e falante que uma mulher e mãe pode desejar, colocando uma vez mais a vida no centro, local onde deve estar.

PREFÁCIO
Histórias sobre criação do valor

ENTRE 1975 E 2017 O PIB REAL DOS ESTADOS UNIDOS — o tamanho da economia ajustado à inflação — praticamente triplicou, saltando de 5,49 trilhões de dólares para 17,29 trilhões.[1] Durante esse período, a produtividade cresceu cerca de 60%. Ainda assim, a partir de 1979, o salário por hora real da grande maioria dos trabalhadores americanos ficou estagnado ou até diminuiu.[2] Em outras palavras, por quase quatro décadas uma minúscula elite capturou quase todos os ganhos de uma economia em expansão. Isso se deve ao fato de serem membros particularmente produtivos da sociedade?

O filósofo grego Platão afirmou certa vez que os contadores de histórias dominam o mundo. Sua principal obra, *A República*, era, em parte, um guia para educar o líder de seu Estado ideal, o Guardião. O presente livro questiona as histórias que ouvimos a respeito de quem são os criadores de valor no capitalismo contemporâneo, histórias sobre quais atividades são produtivas em vez de improdutivas e, portanto, sobre a origem da criação de valor; e questiona o efeito que tais histórias têm sobre a capacidade de alguns poucos de extrair mais da economia em nome da criação de valor.

Essas histórias estão por toda parte. Os contextos podem ser diferentes — nas finanças, nas grandes indústrias farmacêuticas ou tecnológicas —, mas as autodescrições são similares: sou um membro particularmente produtivo da economia, minhas atividades criam riqueza, eu corro grandes "riscos" e, por isso, mereço uma receita maior do que a daquelas pessoas que apenas se beneficiam de forma indireta dessa atividade. Porém, e se, no fim, essas descrições forem meras histórias — narrativas criadas para justificar desigualdades de riqueza e receita, recompensando de modo substancial os poucos capazes de convencer os governos e a sociedade de que merecem recompensas maiores, enquanto os demais se viram com o que sobra? Vejamos algumas dessas histórias, primeiro no setor financeiro.

Em 2009, Lloyd Blankfein, ceo do Goldman Sachs, declarou que "o pessoal do Goldman Sachs está entre os mais produtivos do mundo".[3] Contudo, apenas um ano antes, o Goldman dera uma importante contribuição para a pior crise econômica e financeira desde os anos 1930. Os contribuintes americanos tiveram de desembolsar 125 bilhões de dólares para salvá-lo. À luz do desempenho terrível do banco de investimento apenas um ano antes, essa declaração de seu ceo era surpreendente. O banco demitiu 3 mil empregados entre novembro de 2007 e dezembro de 2009, e os lucros caíram vertiginosamente.[4] O banco e alguns de seus concorrentes foram multados, embora os valores fossem pequenos em comparação a seus lucros posteriores: multas de 550 milhões de dólares para o Goldman e de 297 milhões de dólares para o J. P. Morgan, por exemplo.[5] Apesar de tudo, o Goldman — ao lado de outros bancos e fundos de hedge — passou a apostar contra aqueles mesmos instrumentos que criara e que tinham provocado tamanha turbulência.

Ainda que tenha havido muita discussão a respeito de uma punição para aqueles bancos que contribuíram para a crise, nenhum banqueiro foi preso, e as mudanças não impediram que os bancos continuassem a ganhar dinheiro com a especulação: entre 2009 e 2016 o Goldman obteve um lucro líquido de 63 bilhões de dólares sobre um faturamento líquido de 250 bilhões.[6] Somente em 2009 a instituição registrou um ganho recorde de 13,4 bilhões de dólares.[7] E embora o governo americano tenha salvado o sistema bancário com o dinheiro dos contribuintes, não teve coragem de exigir uma taxa dos bancos por uma atividade tão

HISTÓRIAS SOBRE CRIAÇÃO DO VALOR

arriscada; mostrou-se satisfeito por simplesmente conseguir, no fim, recuperar seu dinheiro.

Crises financeiras, é claro, não são algo novo; porém, a confiança exuberante de Blankfein em seu banco teria sido menos comum meio século atrás. Até os anos 1960, as finanças não eram amplamente consideradas parte "produtiva" da economia; eram vistas como importantes para a transferência da riqueza existente, não para a criação de nova. De fato, economistas estavam tão convencidos do papel puramente facilitador das finanças que nem mesmo incluíam a maior parte dos serviços desempenhados pelos bancos, como receber depósitos e oferecer empréstimos, em seus cálculos sobre a quantidade de produtos e serviços produzidos pela economia. As finanças entravam em seus cálculos do Produto Interno Bruto (PIB) apenas como um "insumo intermediário" — um serviço que contribui para o funcionamento de outros setores que eram os verdadeiros criadores de valores.

No entanto, por volta de 1970 as coisas começaram a mudar. As contas nacionais — que fornecem um painel estatístico do tamanho, da composição e da direção de uma economia — começaram a incluir o setor financeiro em seus cálculos do PIB, o valor total dos bens e serviços produzidos pela economia em questão.[8] Essa mudança na contabilidade coincidiu com a desregulamentação do setor financeiro que, entre outras coisas, relaxou os controles sobre quanto dinheiro os bancos podiam emprestar, as taxas de juros que podiam cobrar e os produtos que podiam vender. Juntas, essas mudanças alteraram de modo fundamental o comportamento do setor financeiro e aumentaram sua influência sobre a economia "real". Uma carreira nesse setor não era mais vista como enfadonha. Na verdade, passou a ser uma maneira rápida para pessoas inteligentes ganharem muito dinheiro. De fato, após a queda do muro de Berlim, em 1989, alguns dos cientistas mais brilhantes da Europa oriental acabaram indo trabalhar em Wall Street. A indústria se expandiu, ficou mais confiante e fez lobby para promover seus interesses, alegando que as finanças eram fundamentais para a criação de valor.

Hoje, a questão não é somente o tamanho do setor financeiro e como ele superou o crescimento da economia não financeira (por exemplo, a indústria), mas seus efeitos no comportamento do restante da economia, grande parte da qual sofreu um processo de "financeirização". As operações financeiras e a mentalidade criada impregnaram a indústria, algo que pode ser visto quando gerentes escolhem gastar uma grande parcela de seus lucros na recompra de ações — o que, por sua vez, aumenta os preços das próprias ações, bem como suas opções de compra e a remuneração dos altos executivos —, em vez de investir no futuro a longo prazo do negócio. Eles chamam isso de criação de valor, mas, como ocorre no caso do próprio setor financeiro, isso muitas vezes é, na realidade, o oposto: extração de valor.

Porém essas histórias de criação de valor não se limitam às finanças. Em 2014, a Gilead, gigante do ramo farmacêutico, estipulou o preço de seu novo remédio para o vírus mortal da hepatite C, Harvoni, em 94,5 mil dólares por um tratamento de três meses. A Gilead justificou a cobrança desse preço insistindo que representava "valor" para os sistemas de saúde. John LaMattina, ex-presidente de pesquisa e desenvolvimento da empresa farmacêutica Pfizer, defendia que o alto preço de remédios especializados se justifica pela dimensão do benefício que oferecem aos pacientes e para a sociedade em geral. Na prática, isso significa relacionar o preço de um remédio ao custo que a doença demandaria da sociedade caso não fosse tratada ou se o fosse com a segunda melhor medicação disponível. A indústria chama isso de "preço com base no valor". É um argumento refutado por críticos, que citam estudos de caso que não apresentam correlação entre o preço de remédios para câncer e os benefícios que oferecem.[9] Uma calculadora interativa (www.drugabacus.org) que permite que se estabeleça o preço "correto" de um remédio para câncer com base em suas características mensuráveis (o aumento da expectativa de vida dos pacientes, efeitos colaterais etc.) mostra que para a maioria dos remédios esse preço com base no valor é menor do que o atual preço de mercado.[10]

Ainda assim, os preços dos remédios não estão caindo. Parece que os argumentos de criação de valor da indústria neutralizaram, com sucesso, as críticas. De fato, uma alta proporção dos gastos com saúde no mundo ocidental não tem nada a ver com assistência médica: representam apenas o valor que a indústria farmacêutica extrai.

HISTÓRIAS SOBRE CRIAÇÃO DO VALOR

Observemos agora as histórias na indústria tecnológica. Em nome do favorecimento do empreendedorismo e da inovação, empresas do setor de tecnologia da informação (TI) muitas vezes fazem lobby por menos regulamentação e tratamentos tributários vantajosos. Uma vez que a "inovação" é considerada a nova força no capitalismo moderno, o Vale do Silício se projetou de maneira bem-sucedida como a força empreendedora por trás da criação de riqueza — desencadeando a "destruição criativa" da qual provêm os empregos do futuro.

Essa história sedutora de criação de valor levou a alíquotas de impostos menores sobre ganhos de capital para os investidores de risco que financiavam empresas de tecnologia, e a políticas fiscais questionáveis como a *patent box*, que reduz o imposto sobre os lucros das vendas de produtos cujos componentes são patenteados, supostamente para incentivar a inovação, premiando a criação de propriedade intelectual. É uma política que faz pouco sentido, uma vez que patentes já são instrumentos que permitem o monopólio dos lucros por vinte anos, o que gera retornos elevados. Os objetivos dos formuladores de políticas não devem ser aumentar os lucros dos monopólios, mas favorecer o reinvestimento desses lucros em áreas como a pesquisa.

Muitos dos chamados criadores de riqueza da indústria tecnológica, como Peter Thiel, cofundador do PayPal, com frequência malham o governo, considerando-o um entrave absoluto à criação de riqueza.[11] Thiel chegou a ponto de criar um "movimento secessionista" na Califórnia para que criadores de riqueza pudessem ser o mais independentes possível da mão pesada do governo. E Eric Schmidt, CEO do Google, repetiu inúmeras vezes que as informações dos cidadãos estão mais seguras com sua empresa do que com o governo. Essa postura fomenta um lugar-comum dos dias atuais: empreendedores bons, governo ruim ou inepto.

No entanto, ao se apresentarem como heróis modernos e justificarem seus lucros recordes e suas montanhas de dinheiro, a Apple e outras empresas ignoram, muito convenientemente, o papel pioneiro desempenhado pelo Estado no desenvolvimento de novas tecnologias. A Apple, descaradamente, declarou que sua contribuição para a sociedade não deveria vir de impostos, mas do reconhecimento de seus aparelhos in-

O VALOR DE TUDO

críveis. Mas de onde vem a tecnologia inteligente por trás desses aparelhos? De recursos públicos. Internet, GPS, tela sensível ao toque, Siri e o
algoritmo por trás do Google — tudo isso foi financiado por instituições
públicas. Assim, os contribuintes não deveriam receber alguma coisa de
volta, além de uma série de dispositivos que são, sem dúvida, brilhantes?
Todavia, apenas apresentar essa questão realça como precisamos de um
tipo de narrativa radicalmente diferente acerca de quem criou riqueza
originariamente — e de quem, na sequência, a extraiu.

No entanto, nessas histórias de criação de riqueza, onde o governo se encaixa? Se existem tantos criadores de riqueza na indústria, a
conclusão inevitável é que, do lado oposto desse espectro no qual se
encontram banqueiros ágeis e astutos, farmacêuticos com inclinações
científicas e gênios empreendedores, estão servidores públicos e burocratas do governo inertes e extratores de valor. Desse ponto de vista, se
uma empresa privada é o guepardo veloz que traz inovação para o mundo, o Estado é a tartaruga que se arrasta e impede o progresso — ou,
para invocar uma metáfora diferente, um burocrata kafkiano atolado
em papéis, moroso e ineficiente. O governo é descrito como um fardo
para a sociedade, financiado por impostos obrigatórios sobre cidadãos
há muito resignados. Nessa narrativa, chega-se sempre a apenas uma
conclusão: precisamos de mais mercado e menos Estado. Quanto mais
tênue, reduzida e eficiente for a máquina do Estado, melhor.

Em todos esses casos, das finanças às empresas farmacêuticas e de
TI, os governos se curvam para atrair esses indivíduos e essas empresas
que, supostamente, criam valor, oferecendo-lhes reduções tributárias e
isenções burocráticas que, supostamente, restringiriam suas energias
geradoras de riqueza. A imprensa cumula os criadores de riqueza com
elogios; os políticos os bajulam e, para muitos, trata-se de pessoas de
status elevado a serem admiradas e imitadas. Mas quem decidiu que
eles estão criando valor? Qual definição de valor é usada para distinguir
criação de valor de extração de valor, ou mesmo de destruição de valor?

Por que acreditamos sem dificuldades nessa narrativa do bem contra o mal? Como o valor produzido pelo setor público é medido, e por
que, em geral, é visto apenas como uma versão mais ineficiente que a
do setor privado? E se não houvesse, de fato, nenhuma evidência para

HISTÓRIAS SOBRE CRIAÇÃO DO VALOR

essa história? E se fosse apenas resultado de um conjunto de ideias profundamente arraigadas? Que novas narrativas poderiam ser contadas?

Platão admitiu que histórias moldam o caráter, a cultura e o comportamento humanos: "Portanto, parece-me que precisamos começar por vigiar os criadores de fábulas, separar as suas composições boas das más. Em seguida, convenceremos as amas e as mães a contarem aos filhos as que tivermos escolhido e a modelarem-lhes a alma com as suas fábulas muito mais do que o corpo com as suas mãos. Mas a maior parte das que elas contam atualmente devem ser condenadas".[12]

Platão não gostava de mitos a respeito de deuses malcomportados. Já o presente livro volta-se para um mito mais moderno: a criação de valor na economia. Eu defendo que a criação desse mito permitiu uma imensa quantidade de extração de valor, possibilitando que alguns indivíduos se tornassem muito ricos, esgotando, no processo, a riqueza social.

O propósito deste livro é mudar o estado das coisas, revigorando o debate a respeito do valor que costumava estar — e, eu sustento, ainda deveria estar — no cerne do pensamento econômico. Se valor é definido pelo preço, estabelecido pelas supostas forças de oferta e procura, então, desde que uma atividade alcance um preço, é vista como criadora de valor. Desse modo, se você ganha muito, deve ser um criador de valor. Irei argumentar que a maneira como a palavra "valor" é usada na economia moderna fez com que ficasse mais fácil para atividades de extração de valor se mascararem como atividades de criação de valor. E, nesse processo, rendas (receitas não merecidas) e lucros (receitas merecidas) confundem-se, a desigualdade aumenta e o investimento na economia real diminui. Ademais, se não conseguimos diferenciar criação de valor de extração de valor, torna-se quase impossível recompensar aquele em detrimento deste. Se o objetivo é produzir crescimento que seja mais voltado para a inovação (crescimento inteligente), mais inclusivo e mais sustentável, é preciso que se tenha uma melhor compreensão do valor para nos orientar.

Em outras palavras, não se trata de um debate abstrato, mas de uma discussão que acarreta consequências de grande alcance — tanto sociais e políticas como econômicas — para todos. A maneira como discutimos valor afeta a forma como todos nós, desde corporações gigantescas até o mais modesto consumidor, agimos como atores na economia e, por sua vez, o impacto que nela causamos, além da maneira como medimos seu desempenho. Isso é o que os filósofos chamam de "performatividade": o modo como falamos sobre as coisas afeta o comportamento e, por conseguinte, a forma como as teorizamos. Em outras palavras, é uma profecia autorrealizável.

Oscar Wilde apreendeu o problema do valor quando afirmou notoriamente que um cínico é aquele que sabe o preço de tudo, mas não sabe *o valor de nada*. Ele estava certo; e, de fato, a ciência econômica é conhecida como a ciência cínica. Mas é exatamente por isso que a mudança em nosso sistema econômico deve ser sustentada pela volta da ideia do valor para o cerne de nosso pensamento — é preciso uma capacidade renovada para contestar a maneira como a palavra valor é usada, mantendo vivo o debate e não permitindo que histórias simplistas afetem nosso discernimento acerca de quem é produtivo e de quem é improdutivo. De onde vêm essas histórias e a quem interessa que sejam contadas? Se não podemos definir o que queremos dizer com valor, não podemos ter certeza de produzi-lo nem de compartilhá-lo de maneira justa, tampouco de sustentar o crescimento econômico. Portanto, a compreensão do valor é fundamental para todas as outras discussões que precisamos ter sobre a direção que nossa economia está tomando e a respeito de como mudar seu curso; e só então as ciências econômicas podem passar de ciências cínicas para esperançosas.

INTRODUÇÃO
Produzir versus apropriar-se

Os selvagens barões do ouro — eles não encontravam ouro, não extraíam nem refinavam ouro, mas, graças a uma estranha alquimia, todo o ouro pertencia a eles.

Big Bill Haywood, fundador do primeiro sindicato industrial dos Estados Unidos, 1929[1]

BILL HAYWOOD DEMONSTROU sua perplexidade com eloquência. Ele representava homens e mulheres da indústria norte-americana da mineração no início do século XX e durante a Grande Depressão, nos anos 1930. Estava imerso nesse setor. Mas nem mesmo Haywood foi capaz de responder à seguinte pergunta: por que os donos do capital, que pouco faziam além de comprar e vender ouro no mercado, ganhavam tanto dinheiro, enquanto trabalhadores que despendiam sua energia mental e física para encontrar o ouro, minerá-lo e refiná-lo ganhavam tão pouco? Por que aqueles que se *apropriavam* estavam ganhando tanto dinheiro às custas dos que *produziam*?

Perguntas parecidas continuam sendo feitas nos dias de hoje. Em 2016, a rede britânica de lojas de departamento BHS quebrou. Fundada em 1928, a empresa tinha sido comprada, em 2004, por Sir Philip Green, famoso empreendedor do ramo varejista, por 200 milhões de libras. Em 2015, Sir Philip a vendeu por uma libra para um grupo de investidores liderado pelo empresário britânico Dominic Chappell. Enquanto esteve sob o controle de Sir Philip, estima-se que ele e sua família extraíram da BHS 580 milhões de libras em dividendos, aluguéis e juros sobre empréstimos feitos à empresa. A quebra da BHS desempregou 11 mil pessoas e deixou seu fundo de pensão com um déficit de 571 milhões de libras, ainda que, quando da compra da empresa por parte de Sir Philip, o fundo fosse superavitário.[2] Um relatório sobre o desastre da BHS de autoria da Comissão Parlamentar para Trabalho e Pensão da Câmara dos Comuns acusou Sir Philip, o sr. Chappell e seus "asseclas" de "pilhagem sistemática". Para os trabalhadores e pensionistas da BHS que dependiam da empresa para dar uma vida digna a suas famílias, aquilo era extração de valor em escala épica — isto é, uma apropriação de lucros completamente desproporcional à contribuição econômica dada. Para Sir Philip e os outros que controlavam o negócio, era criação de valor.

Embora os atos de Sir Philip possam ser considerados uma aberração — excessos de um único indivíduo —, seu modo de pensar está longe de ser incomum: hoje, muitas companhias gigantescas podem ser igualmente inculpadas de confundir criação de valor com extração de valor. Em agosto de 2016, por exemplo, a Comissão Europeia, braço executivo da União Europeia (UE), deflagrou uma disputa internacional entre a UE e os Estados Unidos ao obrigar a Apple a pagar 13 bilhões de euros em impostos atrasados à Irlanda.[3]

A Apple é a maior empresa do mundo em valor de mercado. Em 2015, ela mantinha fora dos Estados Unidos uma montanha de dinheiro e títulos no valor de 187 bilhões de dólares[4] — praticamente o tamanho da economia da República Tcheca naquele mesmo ano[5] —, e assim procedia para evitar o pagamento ao fisco norte-americano de impostos devidos sobre os lucros, caso fossem repatriados. Com base em um acordo com a Irlanda que remonta a 1991, duas subsidiárias irlandesas da Apple recebiam tratamento tributário bastante generoso. As subsidiárias eram a Apple Sales International (ASI), que contabilizava todos os lucros obtidos com as vendas de iPhones e outros produtos da Apple na Europa, no Oriente Médio, na África e na Índia; e a Apple Operations Europe, que fabricava computadores. A empresa transferiu os direitos de desenvolvimento de seus produtos para a ASI por um valor simbólico, privando, assim, os contribuintes americanos das receitas obtidas com a tecnologia incorporada a seus produtos, tecnologia essa desenvolvida inicialmente com o dinheiro

PRODUZIR VERSUS APROPRIAR-SE

desses mesmos contribuintes. A Comissão Europeia alegou que a alíquota máxima tributável sobre esses lucros contabilizados na Irlanda passível de cobrança de impostos era de 1%, mas que, em 2014, a Apple pagara 0,005% de imposto. A alíquota usual de impostos cobrados de empresas na Irlanda é de 12,5%.

Ademais, para efeito de tributação, essas subsidiárias "irlandesas" da Apple na verdade não têm sede em lugar nenhum, o que se deve ao fato de a empresa ter explorado discrepâncias existentes na definição de "residência" entre Irlanda e Estados Unidos. Quase todo o lucro obtido pelas subsidiárias era destinado a suas "sedes", que só existiam no papel. A Comissão Europeia determinou que a Apple pagasse os impostos atrasados sob a alegação de que o acordo entre a Irlanda e a Apple constituía ajuda estatal ilegal (apoio governamental que oferece a uma empresa vantagem sobre suas concorrentes); a Irlanda jamais proporcionara condições similares a outras empresas. Segundo a Comissão Europeia, a Irlanda ofereceu à Apple alíquotas baixíssimas em troca da criação de empregos em outros empreendimentos da empresa no país. Tanto a Apple como a Irlanda recorreram da decisão da Comissão Europeia. A Apple, é claro, não é a única grande empresa a ter criado estruturas tributárias exóticas.

No entanto, o ciclo de extração de valor da Apple não se limita a suas operações tributárias internacionais — ele funciona também perto de casa. Do mesmo modo como a Apple extraiu valor dos contribuintes irlandeses, o governo irlandês também extraiu valor dos contribuintes americanos. De que maneira? A Apple desenvolveu aquilo que é sua propriedade intelectual na Califórnia, onde se localiza sua sede. De fato, como defendi em meu livro anterior, *O Estado empreendedor*,[6] e discuto brevemente aqui, no capítulo 7, toda a tecnologia que faz com que smartphones sejam inteligentes foi financiada com dinheiro público. Porém, em 2006, para evitar impostos estaduais cobrados na Califórnia, a empresa criou uma subsidiária em Reno, Nevada, onde não existe imposto de renda sobre pessoa jurídica e sobre ganhos de capital. Dando-lhe o criativo nome de Braeburn Capital — Braeburn é uma variedade de maçã —, a Apple canalizou uma parte dos lucros obtidos nos Estados Unidos para a subsidiária de Nevada, em vez de declará-los na Califórnia. Com isso, entre 2006 e 2012, faturou 2,5 bilhões de dólares em juros e dividendos. A famigerada dívida californiana sofreria redução significativa se a Apple declarasse corretamente a totalidade de suas receitas norte-americanas naquele estado, local de origem de boa parte de seu valor (arquitetura, design, vendas, marketing etc.). Dessa forma, a extração de valor joga estados americanos uns contra os outros, assim como os Estados Unidos contra outros países.

Claro que os arranjos tributários de alta complexidade da Apple foram projetados, em primeiro lugar, para extrair o máximo de valor de seu negócio, e, portanto, evitar o pagamento de impostos vultosos que teriam beneficiado as sociedades nas quais a empresa atua. A Apple certamente cria valor, não há dúvida disso, mas ignorar o apoio recebido dos contribuintes e, depois, jogar estados e países uns contra os outros com certeza não é a maneira de se criar uma economia inovadora ou alcançar um crescimento que seja inclusivo, que beneficie uma ampla parcela da população, e não apenas aqueles mais preparados para "ludibriar" o sistema.

Mas a extração de valor, conforme praticada pela Apple, possui ainda outra dimensão. Muitas empresas usam seus lucros para impulsionar o valor das ações a curto prazo, em vez de reinvesti-los na produção a longo prazo. Isso é feito principalmente usando a reserva de liquidez para recomprar ações de investidores, sob o pretexto de maximizar, assim, o "valor" do acionista (a receita obtida pelos acionistas com base na avaliação do preço das ações da empresa). Contudo, não é por acaso que entre os principais beneficiários da recompra de ações estão gerentes que, como parte de seu pacote de remuneração, possuem generosos planos de aquisição de ações — os mesmos gerentes que implementam os programas de recompra. Em 2012, por exemplo, a Apple anunciou um programa de recompra de ações de até inacreditáveis 100 bilhões de dólares, em parte para afugentar a ingerência de acionistas por mais dividendos em espécie para "destravar o valor do acionista".[7] Em vez de reinvestir em seu negócio, a Apple preferiu transferir liquidez para seus acionistas.

A alquimia dos apropriadores contra os produtores a que Big Bill Haywood se referiu nos idos anos 1920 continua até hoje.

Críticas recorrentes à extração de valor

A distinção fundamental, mas em geral confusa, entre extração de valor e criação de valor produz consequências que vão muito além dos destinos das empresas e de seus empregados, ou mesmo de sociedades como um todo. Os impactos sociais, econômicos e políticos da extração de valor são enormes. Até a crise financeira de 2007, a porção da renda que cabia ao 1% mais rico da população norte-americana aumentou de 9,4%, em 1980, para chocantes 22,6%, em 2007. E as coisas só pioram. Desde 2009, a desigualdade vem crescendo ainda mais rapidamente do que antes da crise econômica de 2008. Em 2015, estimava-se que a riqueza combinada das 62 pessoas mais ricas do planeta era mais ou menos a mesma da metade mais pobre da população mundial — 3,5 bilhões de pessoas.[8]

De que maneira, então, a alquimia continua a ocorrer? Uma crítica recorrente ao capitalismo contemporâneo afirma que ele recompensa "rentistas" em detrimento dos verdadeiros "criadores de riqueza". O termo "rentista" refere-se aqui à tentativa de gerar receita não por meio da produção de algo novo, mas pela prática do preço acima do "competitivo" e pela inibição da competição mediante a exploração de vantagens específicas (incluindo mão de obra), ou, no caso de uma atividade compartilhada por grandes empresas, mediante a capacidade destas de impedir que outras organizações entrem no negócio, o que dá às primeiras uma vantagem monopolista. A prática rentista é muitas vezes descrita de outras maneiras: como a prevalência dos "apropriadores" sobre os "produtores" e do capitalismo "predatório" sobre o "produtivo". Essa parece ser uma das vias pelas quais — talvez a principal delas — o 1% ascendeu ao poder em detrimento dos 99% restantes.[9] Bancos e outras instituições financeiras são os alvos habituais dessa crítica. A visão que se tem deles é a de quem lucra com atividades especulativas baseadas em pouco mais do que comprar barato e vender caro, ou em comprar ativos produtivos e então desmembrá-los apenas para vendê-los novamente, sem adicionar-lhes valor real nenhum.

Análises mais sofisticadas relacionam a desigualdade crescente à maneira particular como os "apropriadores" aumentam sua riqueza. O influente *O capital no século XXI*, livro do economista francês Thomas Piketty, concentra-se na desigualdade criada por uma indústria financeira predatória e pouco tributada e no modo como a riqueza é herdada ao longo de gerações, o que dá aos mais ricos uma vantagem para que se tornem ainda mais ricos. A análise de Piketty é crucial para entender por que o retorno dos ativos financeiros (que ele chama de capital) é maior que o do crescimento, e propõe que uma tributação mais alta para riquezas e heranças ponha fim ao círculo vicioso. O ideal, de seu ponto de vista, é que esse tipo de tributação seja global, a fim de evitar que um país leve vantagem sobre outro.

O economista americano Joseph Stiglitz, outro pensador proeminente, tem examinado como a regulamentação deficiente e práticas monopolistas vêm permitindo aquilo que os economistas chamam de "extração de renda" e que, segundo ele, constitui o estímulo principal por trás da ascensão daquele 1% nos Estados Unidos.[10] Para Stiglitz, essa renda é a receita obtida com a criação de obstáculos a outras companhias, tais como barreiras a impedir que novas empresas adentrem determinado setor, ou pela via da desregulamentação que permitiu às finanças assumir tamanho desproporcional em relação ao restante da economia. A ideia de Stiglitz é que com menos obstáculos ao funcionamento da competição econômica haverá maior igualdade na distribuição de receitas.[11]

Acredito que, para explicar por que nossa economia, com suas flagrantes desigualdades de receita e de riqueza, tem dado tão errado, podemos levar mais longe essa análise que opõe "produtores" a "apropriadores". Para entender como alguns são vistos como "extratores de valor", desviando riqueza das economias nacionais, enquanto outros são "criadores de riqueza", mas sem dela se beneficiar, não basta contemplar apenas os obstáculos a uma forma idealizada de competição perfeita. E, no entanto, as ideias tradicionais sobre "renda" não questionam, em essência, a forma como se dá a extração de valor — e é por essa razão que a prática ainda persiste.

Para lidar com a raiz desses problemas é preciso investigar, em primeiro lugar, de onde provém o *valor*. O que de fato está sendo extraído? Que condições sociais, econômicas e organizacionais são necessárias para que o valor seja produzido? Mesmo o uso do termo "renda" por parte de Stiglitz e Piketty em sua análise da desigualdade é influenciado pela ideia que ambos têm do que seja valor e do que ele representa. Será a "renda" um impedimento ao "livre mercado"? Ou é devido a suas posições de poder que alguns podem receber "rendimentos não merecidos" — isto é, resultantes antes da movimentação de ativos existentes que da criação de novos?[12] Essa é uma questão crucial que será discutida no capítulo 2.

O que é valor?

O valor pode ser definido de diferentes formas, mas, em essência, é a produção de novos bens e serviços. Como esses produtos são criados (produção), como são distribuídos pela economia (distribuição) e o que é feito com os ganhos gerados por sua produção (reinvestimento) são perguntas-chave para definir valor econômico. Outro ponto também fundamental é saber se o que está sendo criado é útil: os bens e serviços criados estão aumentando ou diminuindo a resiliência do sistema produtivo? Por exemplo, é possível que a geração de uma nova fábrica seja valiosa do ponto de vista econômico, mas se ela for poluente a ponto de destruir o ecossistema ao seu redor, então poderá ser vista como não valiosa.

Por "criação de valor" eu me refiro às maneiras pelas quais diferentes tipos de recursos (humanos, físicos ou intangíveis) são estabelecidos e interagem na produção de novos bens e serviços; e por "extração de valor", às atividades voltadas à movimentação de recursos e produtos já existentes e sua subsequente comercialização, gerando ganhos desproporcionais.

Cabe aqui um aviso importante. Neste livro, os termos "riqueza" e "valor" são empregados de forma quase intercambiável. Alguns poderão criticar esse uso, argumentando que riqueza é um conceito mais monetário, ao passo que valor seria um conceito mais potencialmente social, que envolve não apenas *valor*, mas também *valores*. Quero deixar claro o modo como essas duas palavras são utilizadas. Uso "valor" sob o ponto de vista do "processo" pelo qual a riqueza é criada — é um fluxo. Esse fluxo, obviamente, resulta em coisas de fato, sejam elas tangíveis (um pão) ou intangíveis (novos conhecimentos). "Riqueza", por sua vez, é vista aqui como o estoque cumulativo do valor já criado. Embora o livro se concentre no conceito de valor e nas forças que o produzem, isto é, no processo, ele também se volta para as contribuições dadas a esse processo, muitas vezes expressas tendo por base "quem" são os criadores da riqueza. Nesse sentido, as palavras são usadas de maneira intercambiável.

Por muito tempo a ideia de valor esteve no cerne dos debates sobre economia, produção e distribuição da receita resultante, e houve divergências saudáveis a respeito de onde realmente residia o valor. Para algumas escolas do pensamento econômico, o preço dos produtos era resultado da oferta e da procura, mas o valor desses produtos advinha da quantidade de trabalho necessária para produzir as coisas, das formas como mudanças tecnológicas e organizacionais afetavam o trabalho e das relações entre capital e trabalho. Mais tarde, essa ênfase nas condições de produção "objetivas", na tecnologia e nas relações de poder foi substituída por conceitos de escassez e pelas "preferências" dos atores econômicos: a quantidade de trabalho fornecida é determinada pela preferência dos trabalhadores por lazer em detrimento de um salário maior. O valor, em outras palavras, passou a ser *subjetivo*.

Até meados do século XIX, quase todos os economistas também pressupunham que para entender os preços de bens e serviços era necessário, primeiramente, que houvesse uma teoria objetiva do valor, uma teoria atrelada às condições em que esses bens e serviços eram produzidos, incluindo o tempo necessário para produzi-los e a qualidade da mão de obra empregada; e os determinantes do "valor" efetivamente moldavam o preço de bens e serviços. Então, esse pensamento começou a se inverter. Muitos economistas passaram a acreditar que o valor das coisas era determinado pelo preço pago no "mercado" — ou, em outras palavras, por aquilo que o consumidor estava disposto a pagar. De repente, o valor estava nos olhos de quem vê. Todo bem ou serviço vendido pelo preço acordado no mercado, por definição, criava valor.

A mudança de um valor que determina preço para um preço que determina valor coincidiu com mudanças sociais importantes ocorridas no final do século XIX. Uma delas foi a ascensão do socialismo — que, em parte, baseava suas demandas por reformas na alegação de que a mão de obra não estava sendo recompensada de maneira justa pelo valor que criava — e a consequente consolidação de uma classe capitalista de produtores. Não surpreende que este último grupo tenha ficado entusiasmado com a teoria alternativa segundo a qual o valor era determinado pelo preço, uma versão que lhe permitiu defender sua apropriação de uma parcela mais ampla da produção, deixando a mão de obra cada vez mais para trás.

No mundo intelectual, economistas queriam fazer com que sua disciplina fosse vista como "científica" — mais como a física e menos como a sociologia —, e o resultado disso foi o abandono de conotações políticas e sociais antes levadas em consideração. Embora os textos de Adam Smith estivessem repletos de política e filosofia, bem como de ideias incipientes acerca do funcionamento da economia, no início do século XX, o campo que por duzentos anos se chamara "economia política" surgiu purificado como "ciências econômicas". E a história contada pelas ciências econômicas era bem diferente.

Por fim, o debate sobre diferentes teorias do valor e as dinâmicas da criação de valor praticamente desapareceram dos departamentos de ciências econômicas, surgindo apenas em cursos de administração de uma maneira bastante nova: "valor do acionista",[13] "valor compartilhado",[14] "cadeia de valores",[15] "custo-benefício", "estimativa", "adição de valor" e coisas similares. Assim, enquanto antigamente os alunos de economia recebiam uma educação variada e rica a respeito da ideia de valor, aprendendo o que diferentes escolas do pensamento econômico tinham a dizer sobre o assunto, atualmente lhes é ensinado apenas que o valor é determinado pela dinâmica do preço, com base na escassez e nas preferências. Isso não é apresentado como uma teoria específica de valor — apenas como economia básica, uma introdução ao tema. Uma ideia intelectualmente empobrecida acerca do conceito de valor é aceita sem delongas, adotada como verdadeira. E foi o desaparecimento do conceito de valor, defende este livro, que permitiu que, paradoxalmente, esse termo crucial — "valor", um conceito que está no cerne do pensamento econômico — passasse a ser usado e abusado à vontade.

A fronteira da produção

Para entender como diferentes teorias do valor evoluíram ao longo dos séculos, é conveniente pensar em como e por que algumas atividades econômicas são chamadas de "produtivas" e outras de "improdutivas", e de que maneira essa distinção influencia ideias a respeito do que cabe por mérito a quais atores econômicos — ou seja, como os espólios da criação de valor são distribuídos.

Há séculos, os economistas e os formuladores de políticas econômicas — aqueles que elaboram planos para uma organização, seja ela um governo ou uma empresa — vêm dividindo as atividades com base no seguinte fator: elas produzem ou não valor, isto é, são produtivas ou improdutivas? Em essência, isso criou uma fronteira entre essas atividades (a cerca na figura 1, na p. 33), uma fronteira conceitual algumas vezes chamada de "fronteira da produção".[16] No interior dessa fronteira se encontram os criadores de riqueza. Do lado de fora estão os beneficiários dessa riqueza, aqueles que dela se beneficiam ou porque a podem extrair por meio de práticas rentistas, como no caso de um monopólio, ou porque a riqueza gerada na área produtiva é redistribuída para eles pela via, por exemplo, das modernas políticas de bem-estar. As rendas, da maneira como as entendiam os economistas clássicos, eram receitas *não merecidas*, exteriores, portanto, à fronteira da produção. Os lucros, por sua vez, eram retornos auferidos por meio da atividade produtiva interior à fronteira.

Historicamente, a cerca limítrofe não é fixa. Sua forma e seu tamanho variaram de acordo com as forças sociais e econômicas. Essas mudanças na fronteira entre produtores e apropriadores podem ser vistas com tanta clareza no passado quanto na era moderna. No século XVIII, houve protestos quando os fisiocratas, uma antiga escola econômica, chamaram os latifundiários de "improdutivos". Era um ataque à classe dominante de uma Europa predominantemente rural. A questão explosiva, do ponto de vista político, era se os latifundiários estavam simplesmente abusando do poder para extrair parte da riqueza criada por seus arrendatários ou se a contribuição deles em terras era essencial para o modo como os agricultores criavam valor.

Figura 1. Fronteira da produção em torno das atividades econômicas produtoras de valor.

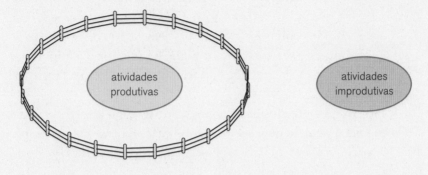

Uma variação desse debate a respeito de onde traçar a fronteira da produção segue até hoje no tocante ao setor financeiro. Depois da crise financeira de 2008, muitos clamaram pela volta de uma política industrial que impulsionasse os "produtores" do setor industrial, vistos como adversário dos "apropriadores" nas finanças. Defendia-se que um reequilíbrio era necessário para reduzir o tamanho do setor financeiro (situado na área cinza-escura das atividades improdutivas acima) por meio de tributação — por exemplo, um tributo sobre transações financeiras como operações cambiais ou negociações de ativos — e de políticas industriais que estimulassem o crescimento das atividades que realmente fazem coisas, em vez de simplesmente negociá-las (situadas na área cinza-clara do círculo de atividades produtivas, acima).

Mas não é tão simples assim. A questão não é culpar alguns por serem apropriadores e rotular outros de produtores. As atividades dos que se encontram do lado de fora da fronteira podem ser necessárias para facilitar a produção — sem seu trabalho, atividades produtivas podem não ser tão valiosas. Comerciantes são necessários para garantir que os produtos cheguem até o mercado e sejam comercializados de maneira eficiente. O setor financeiro é essencial para que compradores e vendedores realizem transações entre si. Como essas atividades podem ser moldadas a fim de que realmente sirvam seu propósito de produzir valor é a verdadeira questão.

E, o mais importante de tudo, onde fica o governo? De que lado da fronteira da produção ele se encontra? O governo é inerentemente improdutivo, como muitas vezes se afirma? Seus únicos ganhos são as transferências compulsórias sob a forma dos tributos provenientes da parte produtiva da economia? Se é esse o caso, como o governo pode fazer a economia crescer? Ou ele só pode, na melhor das hipóteses, definir as regras do jogo, para que os criadores de valor possam atuar com eficiência?

De fato, o debate recorrente a respeito do tamanho ideal do governo e dos supostos perigos de uma dívida pública alta resume-se a saber se o gasto do governo ajuda a economia a crescer — pois o governo pode ser produtivo e adicionar valor — ou se ele, por ser improdutivo, freia a economia e chega mesmo a destruir valor. A questão, de forte teor político, apresenta-se invariavelmente nos debates que ocorrem nos dias de hoje: desde a discussão sobre se o Reino Unido é capaz de sustentar seu programa de armas nucleares, chamado Trident, até o debate sobre se existe um "número mágico" para o tamanho do setor público (definido pela relação entre o gasto do governo e o PIB) acima do qual uma economia irá inevitavelmente se sair pior do que poderia, caso o gasto do governo tivesse sido menor. Como vamos explorar no capítulo 8, essa questão está mais contaminada por ideias políticas e posições ideológicas do que baseada em evidências científicas concretas. De fato, é importante lembrar que a economia é, no fundo, uma ciência social e que o tamanho "natural" de um Estado dependerá da teoria (ou simplesmente da "posição") adotada por cada um a respeito do que seja o propósito do governo. Se visto como inútil ou, na melhor das hipóteses, como capaz apenas de solucionar problemas pontuais, seu tamanho ideal será inevitavelmente menor do que se considerado um importante motor do crescimento, necessário não apenas para guiar o processo de criação do valor, mas também para investir nele.

Ao longo do tempo, o conceito de fronteira da produção se expandiu e passou a abranger muito mais aspectos da economia do que anteriormente, assim como uma maior variedade de atividades econômicas. À medida que os economistas e boa parte da sociedade começaram a determinar o valor com base na oferta e na procura — o que é comprado tem valor —, atividades como transações financeiras foram redefinidas como produtivas, embora, no passado, fossem de hábito classificadas como improdutivas. É significativo que a única porção importante da economia hoje amplamente considerada exterior à fronteira da produção — e, assim, vista como "improdutiva" — continue sendo o governo. Também é verdade que muitos outros serviços prestados pelas pessoas em nossas sociedades não são remunerados, tais como o cuidado dispensado pelos pais a seus filhos ou pelas pessoas sadias às doentes, atividades essas ainda não muito bem contabilizadas. Felizmente, questões sobre de que modo computar esses cuidados na forma como calculamos o PIB avançam cada vez mais para o primeiro plano. Todavia, além de adicionar novos conceitos ao PIB (como esse tipo de cuidado ou a sustentabilidade do planeta), é fundamental compreender por que entendemos valor da forma como o fazemos; e essa compreensão é impossível de obter sem uma investigação profunda do assunto.

Por que a teoria do valor é importante

Em primeiro lugar, o desaparecimento do conceito de valor do debate econômico esconde algo que deveria estar pública e ativamente em discussão.[17] Se a pressuposição de que o valor está nos olhos de quem vê não for questionada, algumas atividades serão consideradas criadoras de valor ao passo que outras não, e apenas porque alguém — em geral diretamente interessado — assim afirma, talvez de maneira mais eloquente do que os demais. Atividades podem pular de um lado para o outro da fronteira da produção com o clique de um mouse, e dificilmente alguém vai notar. Se banqueiros, corretores imobiliários e agentes de apostas alegarem que criam valor em vez de extraí-lo, a ciência econômica tradicional não oferece base para desafiá-los, ainda que a população talvez receba tal alegação com ceticismo. Quem pode contradizer Lloyd Blankfein quando ele declara que os funcionários do Goldman Sachs estão entre os mais produtivos do mundo? Ou as empresas farmacêuticas, quando elas afirmam que o preço exorbitante de um de seus remédios se deve ao *valor* que ele produz? Funcionários do governo podem ser convencidos (ou se deixarem "levar") por histórias sobre criação de riqueza, como ficou evidenciado recentemente na aprovação por parte do governo dos Estados Unidos de um tratamento para a leucemia no valor de 500 mil dólares, soma definida segundo o modelo do "preço baseado no valor" propagado pela indústria — mesmo tendo sua descoberta contado com 200 milhões de dólares dos contribuintes.[18]

Em segundo lugar, a falta de análises sobre o conceito de valor tem implicações graves para uma área em particular: a distribuição de renda entre diferentes membros da sociedade. Quando o valor é determinado pelo preço (em vez de ser o contrário), o nível e a distribuição de receita parecem justificáveis, desde que exista um mercado para os bens e serviços que, quando comercializados, geram semelhante receita. De acordo com essa lógica, toda receita auferida é merecida — já não há aí nenhuma análise das atividades com base em seu caráter produtivo ou improdutivo.

Ainda assim, esse raciocínio é circular, um circuito fechado. Receitas são justificadas pela produção de alguma coisa que apresente valor. Mas como medimos valor? Levando em conta se uma receita é merecida. Merece-se receita porque se é produtivo e se é produtivo porque se merece receita. Assim, num passe de mágica, o conceito de *receita não merecida* desaparece. Se receita indica produtividade, e sempre que se é produtivo tem-se direito a receita, como é possível que a receita não seja merecida? Como veremos no capítulo 3, esse raciocínio circular reflete-se na maneira como as contas nacionais — que contabilizam e medem a produção e a riqueza na economia — são elaboradas. Na teoria, nenhuma receita pode ser vista como muito elevada, uma vez que, em uma economia de mercado, a competição evita que alguém receba mais do que merece. Na prática, os mercados são, como dizem os economistas, "imperfeitos", e preços e salários são muitas vezes determinados pelos poderosos e pagos pelos mais fracos.

De acordo com a opinião predominante, os preços são definidos pela oferta e pela procura, e qualquer desvio daquilo que é considerado o preço competitivo (com base em receitas marginais) deve-se a alguma imperfeição que, se corrigida, fará com que se tenha uma distribuição de receita correta entre os atores. Quase nunca se discute a possibilidade de algumas atividades auferirem renda constante porque são per-

PRODUZIR VERSUS APROPRIAR-SE

cebidas como detentoras de valor, quando na realidade elas bloqueiam a criação de valor e/ou destroem o valor existente.

De fato, para os economistas nada mais existe além da teoria subjetiva do valor, na qual o mercado é impulsionado pela oferta e pela procura. Removidos os obstáculos que impedem a competição, o resultado há de ser benéfico para todos. A maneira como diferentes noções de valor podem afetar a distribuição de receita entre funcionários, agências públicas, gestores e acionistas em organizações como, digamos, Google, General Electric ou BAE Systems não é questionada.

Em terceiro lugar, na tentativa de guiar a economia por determinados caminhos, formuladores de políticas públicas são influenciados por ideias a respeito de valor, quer o admitam ou não. A taxa de crescimento do PIB é claramente importante em um mundo em que bilhões de pessoas ainda vivem na extrema pobreza. Mas algumas das questões econômicas mais importantes nos dias de hoje dizem respeito a como atingir determinado tipo de crescimento. Atualmente, há muita discussão sobre a necessidade de fazer com que o crescimento seja "mais inteligente" (guiado por investimentos em inovação), mais sustentável (mais verde) e mais inclusivo (produzindo menos desigualdade).[19]

Ao contrário da hipótese difundida de que a política não deve ser direcionada, devendo apenas se restringir a remover obstáculos e concentrar-se em "aplainar o terreno" para os negócios, uma enorme quantidade de políticas públicas é necessária para que esses objetivos específicos sejam alcançados. O crescimento não irá, ao acaso, seguir esse caminho por si só. Diferentes tipos de políticas públicas se fazem necessários para ajustar o terreno na direção entendida como desejável. Isso é muito diferente da suposição corriqueira de que as políticas públicas não devem ser direcionadas, e sim atuar pura e simplesmente na remoção de barreiras para que empresas possam continuar a produzir de maneira estável.

Decidir quais atividades são mais importantes é fundamental para dar uma direção à economia; dizendo-o de maneira simples, aquelas atividades consideradas mais importantes na busca de objetivos específicos devem ser intensificadas, ao passo que as vistas como menos importantes devem ser reduzidas. Isso já é feito. Algumas formas de

O VALOR DE TUDO

crédito fiscal para, digamos, pesquisa e desenvolvimento procuram estimular mais investimentos em inovação. Educação e cursos de formação para estudantes são subsidiados porque, como sociedade, desejamos que mais jovens frequentem a universidade ou ingressem mais capacitados na força de trabalho. Por trás de tais políticas públicas podem estar modelos econômicos que demonstram como o investimento em "capital humano" — conhecimento e capacitação — favorece o crescimento de um país ao aumentar sua capacidade produtiva. Do mesmo modo, a preocupação atual de que o setor financeiro em alguns países é demasiadamente grande, em comparação, por exemplo, com o manufatureiro, pode estar baseada em teorias sobre em que tipo de economia se deseja viver e o tamanho e o papel das finanças dentro dela.

A distinção entre atividades produtivas e improdutivas, contudo, raras vezes resultou de uma medição "científica". Pelo contrário, a atribuição ou não de valor sempre envolveu pontos de vista socioeconômicos maleáveis, oriundos de certa perspectiva política específica — às vezes explícita, outras, não. A definição de valor sempre guarda relação tanto com a política, e com as ideias específicas a respeito de como a sociedade deve desenvolver-se, quanto com aspectos econômicos bem definidos. Medições não são neutras: elas afetam o comportamento e são afetadas por ele (esse é o conceito de performatividade que mencionamos no Prefácio).

Desse modo, a questão não é criar uma linha divisória absoluta, classificando algumas atividades como produtivas e categorizando outras como rentistas e improdutivas. Acredito que devemos ser, na verdade, mais diretos na vinculação de nosso entendimento de criação de valor com a maneira pela qual as atividades (seja no setor financeiro ou na economia real) devem ser estruturadas e de que forma isso se liga à distribuição das recompensas geradas. Só assim a narrativa atual sobre criação de valor sofrerá maior escrutínio, e frases como "eu sou criador de riqueza" serão avaliadas à luz de ideias críveis acerca da origem dessa riqueza. O *preço baseado no valor* de uma empresa farmacêutica poderá, então, vir a ser calculado tendo em mente um processo mais coletivo de criação de valor, aquele em que o dinheiro público financia grande parte da pesquisa farmacêutica — da qual a empresa em questão se beneficia — na fase de maior risco. De forma semelhante, a cota de 20% que investidores de risco normalmente recebem quando uma pequena empresa de alta tecnologia se torna uma empresa de capital aberto pode ser vista como pequena demais à luz do risco real, não fantasioso, assumido ao investir no desenvolvimento da empresa. E se um banco de investimento tem um lucro exorbitante com base na instabilidade da taxa de câmbio de um país, esse lucro pode ser visto pelo que de fato é: renda.

Para que se possa chegar a esse entendimento a respeito da criação de valor, no entanto, é preciso ir além da categorização aparentemente científica de atividades e observar os conflitos socioeconômicos e políticos subjacentes. De fato, clamores acerca da criação de valor sempre estiveram ligados a afirmações sobre a produtividade relativa de determinados elementos da sociedade, em geral relacionadas a mudanças fundamentais na economia: da agrícola para a industrial, ou de uma economia baseada na produção em massa para outra, fundamentada na tecnologia digital.

A estrutura do livro

Nos capítulos 1 e 2 avalio como economistas a partir do século XVII pensaram em orientar o crescimento aumentando as atividades produtivas e reduzindo as improdutivas, algo definido a partir de uma fronteira teórica da produção. O debate a respeito da fronteira da produção, e sua estreita relação com as ideias de valor, influenciou medidas públicas de crescimento econômico por séculos; a fronteira também mudou, sob a influência de condições sociais, econômicas e políticas instáveis. O capítulo 2 mergulha na maior de todas as mudanças. Da segunda metade do século XIX em diante, o conceito de valor passou de uma categoria objetiva para uma mais subjetiva, vinculada às preferências individuais. As implicações dessa revolução foram cataclísmicas. A própria fronteira da produção tornou-se imprecisa porque quase qualquer coisa que estivesse sujeita a precificação ou que se pudesse alegar justificadamente ser produtora de valor — as finanças, por exemplo — passou a ser, de repente, produtiva. Isso abriu caminho para o

O VALOR DE TUDO

crescimento da desigualdade, impulsionado por determinados agentes econômicos capazes de se gabar de sua extraordinária "produtividade".

Como veremos no capítulo 3, que explora o desenvolvimento das contas nacionais, a ideia da fronteira da produção continua a influir no conceito de produto. No entanto, existe uma distinção fundamental entre essa nova fronteira e suas predecessoras. Nos dias de hoje, decisões a respeito do que constitui valor nas contas nacionais são tomadas misturando diferentes elementos: qualquer coisa que possa ser precificada e comercializada legalmente; decisões políticas pragmáticas, tais como satisfazer mudanças tecnológicas na indústria de computadores ou o tamanho despropositado do setor financeiro; e a necessidade prática de manter a contabilidade controlável em economias modernas, muito amplas e complexas. Tudo isso está bem, mas o fato de o debate sobre a fronteira da produção não ser mais explícito nem ligado de uma forma aberta a ideias a respeito do valor significa que atores econômicos podem — por meio de lobbies constantes — colocar-se silenciosamente dentro da fronteira. Suas atividades de extração de valor são, então, contabilizadas no PIB — e poucos percebem.

Nos capítulos 4, 5 e 6 examino o fenômeno da financeirização: o crescimento do setor financeiro e a expansão de práticas e atitudes financeiras na economia real. No capítulo 4 avalio o surgimento das finanças como um setor financeiro importante e a transição que fez com que deixassem de ser consideradas altamente improdutivas e passassem a ser aceitas como amplamente produtivas. Ainda nos anos 1960, os responsáveis pelas contas nacionais não viam as atividades financeiras como geradoras de valor, mas apenas como aquelas que transferem valor existente, o que as colocava do lado de fora da fronteira da produção. Hoje, essa concepção mudou de forma fundamental. Em sua atual encarnação, as finanças são vistas como lucros auferidos oriundos de serviços reclassificados como produtivos. Eu analiso como e por que essa redefinição extraordinária aconteceu, e indago se a intermediação financeira de fato passou por uma transformação que fez com que se tornasse uma atividade inerentemente produtiva.

No capítulo 5 exploro o desenvolvimento do "capitalismo de gestão de ativos", isto é, como o setor financeiro se expandiu além dos bancos

40

para incorporar um número cada vez maior de intermediários dedicados a administrar fundos (a indústria da gestão de ativos), e interrogo se o papel desses intermediários, e os reais riscos que assumem, justifica a remuneração que recebem. Ao fazer isso, questiono até que ponto a gestão de fundos e de private equity de fato contribuiu para a economia produtiva. Pergunto ainda se é possível enfrentar a reforma financeira hoje em dia sem que haja uma discussão séria sobre a classificação dada às atividades no setor financeiro — são elas que devem ser vistas como atividades rentistas em vez de lucros? — e como podemos começar a fazer essa distinção. Se nosso sistema de contas nacionais está de fato recompensando extração de valor como se fosse criação de valor, talvez isso possa nos ajudar a entender as dinâmicas de destruição de valor que caracterizaram a crise financeira.

Com base nessa aceitação das finanças como uma atividade produtiva, o capítulo 6 analisa a financeirização de toda a economia. Na busca por um retorno rápido, as finanças a curto prazo afetaram toda a indústria: empresas são administradas em nome da maximização do valor do acionista (MSV, na sigla em inglês). A MSV surgiu nos anos 1970 como uma tentativa de revitalizar o desempenho corporativo invocando o que se alegava ser o principal objetivo da empresa: criar valor para os acionistas. Defenderei, no entanto, que a MSV tem sido prejudicial para o crescimento econômico sustentável, sobretudo porque encoraja o ganho a curto prazo para acionistas em detrimento do ganho a longo prazo para a empresa — um desenvolvimento relacionado intimamente à influência cada vez maior de gerentes de fundos em busca de retornos para si e seus clientes. Subjacente à MSV está a noção de que os acionistas são aqueles que assumem os maiores riscos, o que abona as grandes remunerações que muitas vezes eles obtêm.

Assumir riscos é, com frequência, a justificativa para as remunerações obtidas pelos investidores, e o capítulo 7 continua a analisar outros tipos de extração de valor que ocorrem em seu nome. Aqui, considero o tipo de risco que é necessário assumir para que uma inovação tecnológica radical ocorra. A inovação é, sem dúvida, uma das atividades mais arriscadas e incertas do capitalismo: a maioria das tentativas fracassa. Mas quem assume esses riscos? E que tipos de incentivos devem ser criados? Investigo o ponto de vista tendencioso da atual narrativa a respeito de inovação: como o risco assumido pelo setor público é ignorado, com o Estado visto como mero facilitador e "redutor de riscos" para o setor privado. O resultado disso tem sido políticas — incluindo reformas no sistema de direitos de propriedade intelectual — que fortalecem o poder daqueles que já atuam no mercado, o que limita a inovação e cria um "empreendedorismo improdutivo".[20] Partindo de meu livro anterior, *O Estado empreendedor,* mostrarei como o papel dos empreendedores e investidores de risco, vistos como a parte mais dinâmica do capitalismo moderno — a inovação —, e apresentando-se como "criadores de riqueza", foi exagerado. Vou desconstruir a narrativa de criação de valor para mostrar de que maneira, em última análise, ela é falsa. Requerer valor em inovação, mais recentemente com o conceito de "plataformas" e a noção afim de economia compartilhada, é algo que tem menos a ver com uma inovação autêntica do que com a facilitação de extração de valor por meio da arrecadação de rendas.

Retomando a narrativa da falsa inovação, o capítulo 8 vai perguntar por que o setor público é sempre descrito como lento, maçante, burocrático e improdutivo. De onde provém essa descrição e a quem beneficia? Argumentarei que, da mesma maneira e ao mesmo tempo que as finanças se tornaram produtivas, o setor público foi apresentado como improdutivo. O pensamento econômico moderno relegou ao governo a função de apenas consertar fracassos do mercado em vez de criar e moldar, de modo ativo, os mercados. O papel de criador de valor do setor público, em minha opinião, foi subestimado. A visão dominante, originada da reação contra o governo nos anos 1980, afetou de modo fundamental a visão que o Estado tem de si mesmo: hesitante, cauteloso, atento para não se exceder e não ser acusado de impedir a inovação nem de favoritismo, "escolhendo vencedores". Questionando os motivos que levam as atividades do setor público a serem ignoradas na contabilidade do PIB, indago por que isso deveria ser relevante e apresento como poderia vir a ser uma visão diferente do valor público.

Minha conclusão, no capítulo 9, é que apenas por meio de um debate franco a respeito do valor — suas origens e as condições que o fomentam — conseguiremos ajudar a conduzir nossas economias a um

PRODUZIR VERSUS APROPRIAR-SE

caminho que produzirá inovação mais autêntica e desigualdade menor, e que também transformará o setor financeiro, fazendo com que esteja de fato voltado para promover a criação de valor na economia real. Não basta criticar a especulação e a extração de valor a curto prazo e defender um sistema tributário mais progressivo que tenha como alvo a riqueza; deve-se fundamentar essas críticas em uma discussão diferente sobre criação de valor; caso contrário, os programas de reformas continuarão a ser pouco eficazes e facilmente tolhidos pela pressão dos chamados "criadores de riqueza".

Este livro não procura defender uma teoria correta de valor. Em vez disso, busca fazer com que ela volte a ser uma área de intenso debate, relevante para os tempos de turbulência econômica em que nos encontramos. Valor não é algo determinado, inequivocamente do lado de dentro ou de fora da fronteira da produção; é moldado e criado. Em minha opinião, nos dias de hoje as finanças não promovem aquelas indústrias que deveriam "lubrificar" as engrenagens do comércio, mas sim outras partes do próprio setor financeiro. Desse modo, situam-se do lado de fora da fronteira, ainda que, formalmente, sejam contabilizadas como pertencentes à parte interna. Mas não precisa ser assim; é possível moldar os mercados financeiros para que de fato pertençam à região interna da fronteira. Isso incluiria novas instituições financeiras dedicadas a promover empréstimos para aquelas empresas interessadas em investimentos de alto risco a longo prazo, que podem ajudar a fomentar uma economia mais inovadora, bem como a alterar os regimes do código tributário que recompensam investimentos a longo prazo em detrimento daqueles a curto prazo. Da mesma forma, como discuto no capítulo 7, mudanças no uso de patentes, pouco úteis hoje, poderiam ajudá-las a estimular a inovação em vez de sufocá-las.

Para criar uma economia mais justa, em que a prosperidade seja mais amplamente compartilhada e, assim, mais sustentável, é preciso reacender um debate sério a respeito da natureza e da origem do valor. Devemos reconsiderar as histórias que estamos contando sobre quem são os criadores de valor e o que isso nos diz acerca da forma pela qual definimos atividades como sendo produtivas e improdutivas do ponto de vista econômico. Não podemos limitar políticas progressistas sobre a tributação de riqueza, mas exigir uma nova compreensão a respeito da criação de valor, bem como um debate a respeito do assunto para que seja contestado de maneira mais vigorosa e aberta. Palavras são importantes: é preciso um vocabulário novo para a formulação de políticas. Política não é apenas "intervenção", é moldar um futuro diferente: criar em conjunto mercados e valor, não apenas "consertar" mercados ou redistribuir valor; é assumir riscos, não somente "reduzir riscos"; e não deve aplainar o terreno, mas ajustá-lo para o tipo de economia que desejamos.

Essa ideia de que somos capazes de moldar os mercados tem consequências importantes. Pode-se criar uma economia melhor ao entender que os mercados são resultados de decisões que tomamos nos negócios, em organizações públicas e na sociedade civil. A jornada de trabalho de oito horas formou mercados, e isso foi resultado de uma luta travada por organizações de trabalhadores. E talvez o motivo de haver tanto desespero pelo mundo — desespero esse que hoje em dia leva a políticas populistas — seja o fato de a economia nos ser apresentada apenas como "resultado" das regras de comércio, dos tecnocratas e das forças neoliberais. De fato, conforme será mostrado no livro, a teoria do "valor" em si é apresentada como um tipo de força objetiva determinada pela oferta e pela procura, em vez de estar profundamente enraizada em visões de mundo específicas. A economia pode realmente ser construída e moldada — mas isso pode ser feito sob medo ou esperança.

O desafio específico que proponho aqui é ir além do cínico descrito por Oscar Wilde, aquele que sabe o preço de tudo mas não sabe o valor de nada, em direção a uma economia da esperança, na qual tenhamos mais poder para questionar os pressupostos da teoria econômica e a maneira como nos são apresentados. E escolher um caminho diferente entre os muitos disponíveis.

1
Uma breve história do valor

Existe um tipo de trabalho que acrescenta algo ao valor do objeto
sobre o qual é aplicado; e existe outro tipo, que não tem tal efeito.
O primeiro, pelo fato de produzir um valor, pode ser denominado
produtivo; o segundo, trabalho improdutivo.

Adam Smith, *A riqueza das nações* (1776)

HOJE EM DIA NÓS DAMOS COMO certo o aumento da prosperidade.
Pressupomos que, de um modo geral, a próxima geração estará melhor do que a anterior. Mas nem sempre foi assim. Na maior parte da
história, as pessoas não tinham essa expectativa e, em parte porque
o padrão de vida melhorou, na melhor das hipóteses, de forma bastante lenta, poucos pensadores dedicaram seu tempo a perguntar por
que algumas economias crescem e outras não. No início do período
moderno, o ritmo de mudança aumentou. Economias previamente
estáticas tornaram-se dinâmicas. Transformações estavam no ar. A
ascensão do Estado-nação na Europa, a necessidade de financiar a
guerra, a colonização, o maquinário, as fábricas e o carvão combi-
naram-se com a expansão demográfica, estimulando ideias novas
em diversas áreas. Governos e pessoas de diferentes setores da sociedade queriam saber o que estava provocando movimentos sem
precedentes e como eles poderiam ser administrados. Que impostos
podem ser aumentados? Por que meus vencimentos são tão baixos
em comparação aos lucros dos capitalistas? Até que ponto se pode
ter segurança sobre o futuro ao realizar um investimento hoje? O
que cria valor?

O VALOR DE TUDO

Compreender a natureza da produção é crucial para responder esses questionamentos. Uma vez identificadas as atividades produtivas, a política econômica pode tentar guiar a economia, dedicando maior parcela de capital e empenho a atividades produtivas que impulsionem e sustentem o crescimento econômico. Contudo, essa distinção entre o que é ou não produtivo variava de acordo com forças econômicas, sociais e políticas. Desde que os economistas começaram a explorar condições mutáveis de produção, há cerca de trezentos anos, eles têm enfrentado dificuldades para oferecer uma explicação lógica para o fato de rotularem algumas atividades de produtivas e outras de improdutivas. Afinal, economistas são criaturas de seu tempo como todo mundo; em termos de compreensão de valor, o importante é distinguir os princípios duráveis dos transitórios — e, também, conforme veremos, a maneira como posições ideológicas se desenvolvem.

Este capítulo analisa de que modo teorias do valor evoluíram desde meados do século XVII até a metade do século XIX. Os pensadores do século XVII centraram-se em como calcular o crescimento de acordo com as necessidades da época: guerrear ou aumentar a competitividade em comparação a outro país — por exemplo: a Inglaterra contra sua concorrente comercial e naval, a Holanda. Os *mercantilistas* concentravam-se no comércio e nas necessidades dos comerciantes (vender produtos). De meados do século XVIII até o final do século XIX, economistas consideraram o valor como resultado da quantidade de trabalho que se dedicava à produção, primeiro no trabalho agrícola (os *fisiocratas*) e, depois, no industrial (os *clássicos*). Portanto, acreditavam eles, esse valor determinava o preço do que era, por fim, vendido. Suas teorias do valor — acerca de como a riqueza era criada — eram dinâmicas, refletindo um mundo em transformação social e política, bem como econômica. Esses economistas voltavam-se para forças objetivas: os efeitos das mudanças tecnológicas e da divisão de trabalho sobre a forma como se organizavam a produção e a distribuição. Tempos depois, conforme veremos no próximo capítulo, eles foram suplantados por outra perspectiva, a dos *neoclássicos*, menos voltada para forças objetivas de produção e mais para a natureza subjetiva das "preferências" dos diferentes atores econômicos.

46

UMA BREVE HISTÓRIA DO VALOR

Os mercantilistas: comércio e tesouro

Desde a Antiguidade, a humanidade dividiu suas atividades econômicas em dois tipos: produtiva e improdutiva, honrada ou vil, diligente ou preguiçosa. O critério, em geral, era qual tipo de atividade acreditava-se promover o bem comum. No século IV a.C., Aristóteles discriminou uma gama de trabalhos mais ou menos honrados, com base na classe (cidadão ou escravo) do antigo habitante da *polis* grega.[1] No Novo Testamento, o apóstolo Mateus relatou que Jesus disse ser "mais fácil um camelo entrar pelo buraco de uma agulha do que um rico entrar no Reino de Deus".[2] Durante a Idade Média, a Igreja fazia pouco dos usurários e comerciantes, chegando até a denunciar os que "compravam barato e vendiam caro";[3] embora talvez não fossem preguiçosos, eram considerados improdutivos e vis.

Definições pré-modernas de quais trabalhos eram ou não úteis nunca foram bem determinadas. Com o início do colonialismo, no século XVI, essas definições ficaram ainda mais obscuras. Conquistas coloniais europeias e a proteção das rotas comerciais, com os territórios recém-anexados, eram dispendiosas. Os governos tinham de encontrar dinheiro para os exércitos, as burocracias e a aquisição de produtos exóticos. Mas a ajuda parecia estar à mão: uma quantidade extraordinária de ouro e prata havia sido descoberta nas Américas e um vasto tesouro chegou à Europa. Como esses metais preciosos representavam riqueza e prosperidade, parecia que todos os que comprassem, possuíssem e controlassem seu suprimento e as moedas cunhadas a partir deles estavam envoltos em atividades produtivas.

Estudiosos e políticos da época que defendiam o acúmulo de metais preciosos como o caminho para o poder e a prosperidade nacionais eram chamados de mercantilistas (de *mercator*, palavra latina para comerciante), pois defendiam políticas comerciais protecionistas e balanças comerciais favoráveis para estimular o influxo e evitar a saída de ouro e prata. O mais conhecido defensor inglês do mercantilismo era Sir Thomas Mun (1571-1641), comerciante e diretor da Companhia das Índias Orientais. Em seu influente livro *England's Treasure by Forraign Trade* [O tesouro inglês no comércio exterior],

O VALOR DE TUDO

Mun resumiu a doutrina mercantilista: "Anualmente, devemos vender mais para os estrangeiros, em valor, do que deles comprar".[4]

Os mercantilistas também apoiavam o crescimento do governo nacional como algo necessário para financiar guerras e expedições, manter rotas comerciais abertas e controlar mercados coloniais. Na Inglaterra, na Holanda e na França, os mercantilistas defendiam leis de navegação, como a Lei de Navegação Inglesa, de 1651, que obrigava que os comércios de seus países e de suas colônias ocorressem exclusivamente em navios que ostentassem sua bandeira nacional.

À medida que a ideia mercantilista se desenvolveu e as pessoas começaram a pensar a produção de riqueza em termos nacionais, as primeiras estimativas de rendas nacionais — a quantia total recebida por todos no país — começaram a aparecer. A Grã-Bretanha do século XVII testemunhou duas tentativas inovadoras de quantificar a renda nacional. Uma foi realizada por Sir William Petty (1623-87), um aventureiro, anatomista, médico e membro do Parlamento que foi administrador de impostos na Irlanda sob o governo da Commonwealth de Oliver Cromwell.[5] A outra foi concebida pelo arauto Gregory King (1648-1712), genealogista, entalhador e estatístico cujo trabalho de promulgação de um novo imposto sobre casamentos, nascimentos e funerais despertou seu interesse pela contabilidade nacional.

Petty e King foram engenhosos no uso de dados incompletos e confusos para produzir estimativas de renda surpreendentemente detalhadas. Eles tiveram de trabalhar com números incompletos dos impostos estatais, estimativas demográficas e estatísticas irregulares acerca do consumo de mercadorias básicas, como milho, trigo e cerveja. Todavia, o que faltava à estimativa por eles produzida era uma teoria clara do valor: Petty e King estavam preocupados apenas em calcular a produção nacional, não com o modo como essa produção ocorria. Mesmo assim, suas tentativas de contabilização nacional não tinham precedentes e estabeleceram as bases para as contas nacionais modernas.

Nos anos 1660, enquanto Petty trabalhava em seus estudos sobre rendas, a Inglaterra emergia de seu experimento com o republicanismo e lutava com a Holanda e a França pela soberania marítima. Petty queria descobrir se a Inglaterra possuía recursos para sobreviver a essas ameaças a sua segurança: como ele mesmo disse, "provar de forma matemática que o Estado [inglês] podia obter muito mais receita com impostos para financiar suas necessidades em tempos de paz e de guerra",[6] tendo em vista que ele acreditava que o país era mais rico do que se pensava.

Petty realizou uma descoberta fundamental. Ele percebeu que, nacionalmente, renda e despesa deveriam ser iguais; entendeu que se você tratar um país como um sistema fechado, cada libra gasta por uma pessoa nele é a renda de uma libra de uma outra pessoa. Era a primeira vez que alguém compreendia e trabalhava com essa percepção crucial. Para compensar a falta de estatísticas disponíveis, Petty pressupôs que a renda de uma nação é igual a sua despesa (omitindo poupanças realizadas em momentos de prosperidade, embora ele estivesse ciente da potencial discrepância).[7] Isso significava que ele podia usar o gasto per capita, multiplicado pela população, para chegar à renda nacional. Ao fazer isso, Petty, de forma implícita, impôs uma fronteira da produção, incluindo em sua parte interna apenas o dinheiro gasto com a produção de "comida, moradia, vestimentas e todas as outras necessidades".[8] Todas as demais "despesas desnecessárias", como definiu Petty, foram omitidas.

Dessa maneira, por extensão, Petty passou a ver qualquer ramo da economia que não produzia essas necessidades como improdutivo, nada acrescentando à renda nacional. Conforme ele seguia trabalhando, sua concepção sobre a fronteira da produção começou a se definir melhor, com "agricultores, marinheiros, soldados, artesãos e comerciantes... os verdadeiros pilares de qualquer nação" de um lado, e "todas as outras grandes profissões" que "surgem das fragilidades e insuficiências das primeiras", do outro.[9] Por "grandes profissões" Petty referia-se a advogados, clérigos, servidores públicos, lordes e similares. Em outras palavras, algumas "grandes profissões", para Petty, eram nada mais que um mal necessário — importantes apenas para facilitar a produção e manter o status quo —, não de fato essenciais para a produção ou o comércio. Embora Petty não acreditasse que a política deveria se concentrar no controle da importação e da exportação, os mercantilistas influenciaram-no sobremaneira. O "comércio", defendia ele, era mais produtivo do que a manufatura e a agricultura; os holandeses, observou Petty de modo aprobatório, terceirizavam sua agricultura para a Polônia e a Dinamarca, o que permitia que se voltassem "aos comércios e às artes intrigantes",[10] mais produtivas. A Inglaterra, concluiu ele, também se beneficiaria se mais agricultores se tornassem comerciantes.[11]

No final dos anos 1690, depois da primeira publicação do trabalho de Petty *Political Arithmetick* [Aritmética política], Gregory King realizou estimativas mais detalhadas da renda da Inglaterra. Assim como Petty, King estava preocupado com o potencial bélico inglês e comparou a renda do país com a da França e da Holanda. Valendo-se de uma ampla variedade de fontes, ele calculou meticulosamente a renda e a despesa de vinte grupos diferentes de ocupações no país, desde aristocratas até advogados, de comerciantes a indigentes. E fez até prognósticos — por exemplo, a respeito da população, antecipando em 250 anos a chegada da "ciência" da previsão, e estimou o rendimento das colheitas de importantes itens agrícolas.

Assim como no trabalho de Petty, uma fronteira da produção implícita começou a surgir quando King analisou a produtividade, que ele definiu como rendas maiores do que despesas. King considerava os comerciantes mercantis o grupo mais produtivo, com a renda desses sendo 25% maior do que suas despesas, seguidos pelos "senhores temporais e pelos senhores espirituais", e depois por uma variedade de profissões prestigiosas. Na fronteira estavam os agricultores, que quase não ganhavam mais do que gastavam. Do lado "improdutivo", seguramente, encontravam-se marinheiros, trabalhadores braçais, empregados, camponeses, indigentes e "soldados".[12] Sob a óptica de King, as massas improdutivas, representando pouco mais da metade do total da população, eram sanguessugas da riqueza pública, uma vez que consumiam mais do que produziam.

A figura 2 mostra a existência de discrepâncias entre as profissões "produtivas" identificadas por Petty e King. Quase todas as profissões que Petty julgava improdutivas King depois viu como produtivas, ao passo que muitas daquelas consideradas produtoras de valor por Petty — marinheiro, soldado e trabalhadores sem qualificação — não passavam no crivo imposto pela análise de King. Seus diferentes pontos de vista podem ter sido motivados pelas origens de cada um. Homem de procedência simples e instintos republicanos, Petty iniciou sua carreira servindo a Oliver Cromwell; King, fazendo parte da aristocracia e dos círculos da corte, talvez fosse menos inclinado a pensar que as "grandes profissões" descritas por Petty eram improdutivas. No entanto, ambos classificaram os "vadios" como improdutivos, uma análise que encontra paralelo no mundo de hoje nas pessoas que recebem assistências do Estado financiadas por impostos cobrados de setores produtivos.

Algumas das ideias de King e de Perry provaram-se notavelmente duráveis.[13] O mais importante, talvez, seja o fato de que ambos, naquilo que chamaram de "aritmética política", estabeleceram as bases para o que hoje denominamos de "contas nacionais" para o cálculo do Produto Interno Bruto (PIB), a bússola utilizada pelos países na tentativa de orientar os navios de suas economias nacionais.

Ideias mercantilistas ainda ressoam nas atuais práticas econômicas. A "gestão" moderna de taxas de câmbio realizada pelos governos, tentando levar vantagem competitiva nas exportações e acumular reservas internacionais, remonta às noções mercantilistas de fomento a exportações para a acúmulo de ouro e prata. Tarifas, cotas de importação e outras medidas para controlar o comércio e sustentar empresas domésticas também são reminiscências daquelas ideias iniciais sobre como se cria valor. Não existe basicamente nada de novo nos ape-

Figura 2. A fronteira da produção nos anos 1600.

	Produtivo	Improdutivo
Petty	comerciantes agricultores artesãos marinheiros soldados	lordes clérigos servidores públicos advogados vadios
King	lordes clérigos servidores públicos advogados comerciantes agricultores artesãos oficiais de mar e em terra	marinheiros (comuns) soldados (comuns) vadios

los para se proteger produtores de aço do Ocidente das importações chinesas ou para subsidiar a produção interna de energia de baixa emissão de carbono na substituição da importação de petróleo, gás e carvão. A ênfase dada por políticos populistas aos efeitos negativos do livre-comércio e a necessidade de se criar diferentes tipos de barreiras para evitar a livre movimentação de mercadorias e mão de obra também remontam à era mercantilista, com maior ênfase recaindo sobre a busca pelo preço correto (incluindo taxas de câmbio e salários) do que sobre a realização dos investimentos necessários para gerar crescimento a longo prazo e uma maior renda per capita.

Petty e King foram figuras seminais nessas primeiras incursões a respeito de como e onde se cria valor. Contudo, em última instância, ambos puderam rotular ocupações como produtivas e improdutivas da forma como desejavam. O trabalho dos dois era puramente descritivo; não buscava quantificar ou modelar relações entre diferentes grupos e membros na economia,[14] nem quantificar como o sistema se reproduzia e mantinha as condições para a produção futura. Em suma, seu trabalho não estava ligado a nenhuma teoria subjacente do que constitui riqueza e de onde ela provém: uma teoria do valor. Assim, qualquer política voltada para o crescimento econômico era idiossincrática, uma vez que sua origem não era clara. Porém, durante o século seguinte, isso começaria a mudar.

À medida que os estudos econômicos se desenvolveram ao longo do século xviii, os pensadores passaram a se preocupar cada vez mais em descobrir uma teoria para explicar por que algumas nações cresciam e prosperavam ao passo que outras entravam em declínio. Embora os economistas da época não utilizassem o termo "fronteira da produção", a ideia estava no cerne de seus trabalhos. Tais pesquisas pela origem do valor levaram-nos a situá-lo na produção: primeiro agrícola — algo compreensível, tratando-se de sociedades predominantemente rurais — e, depois, conforme as economias tornavam-se mais industrializadas, na mão de obra. A teoria do valor-trabalho chegou a seu apogeu com Karl Marx em meados do século xix, quando a Revolução Industrial estava a todo vapor.

Os fisiocratas: a resposta está na terra

Os primeiros esforços para elaborar uma teoria formal do valor surgiram na metade do século XVIII na corte de Luís XV, na França, no crepúsculo — como se veria depois — da monarquia absoluta daquele país. Ali, François Quesnay (1694-1774), muitas vezes descrito como o "pai da economia", era médico e conselheiro do rei. Ele usava sua formação médica para compreender a economia como um sistema "metabólico". Fundamentalmente, no metabolismo tudo deve ter uma origem e um destino — e isso, para Quesnay, incluía a riqueza. A abordagem de Quesnay levou-o a formular a primeira teoria sistemática do valor que classificava quem é e quem não é produtivo em uma economia, e a modelar como a economia inteira podia reproduzir-se a partir do valor gerado por um pequeno grupo de seus membros. Em seu trabalho seminal *Tableau économique*, publicado em 1758, ele desenvolveu uma "tabela econômica" que apresentava como o novo valor era gerado e posto em circulação na economia. Nessa mesma obra, deu sequência a sua analogia metabólica: bombas foram desenhadas para mostrar as formas como o novo valor era introduzido, enquanto tubos de saída ilustravam de que maneira o valor deixava o sistema.

Quando Quesnay escreveu seu livro, a sociedade francesa já enfrentava os problemas que levariam à Revolução, quinze anos depois de sua morte. A agricultura do país estava em uma situação péssima, com os agricultores sendo sufocados por altos impostos instituídos pelos proprietários de terra, normalmente nobres, para financiar seus estilos de vida extravagantes, e pelo governo central para financiar a guerra e o comércio. Somando-se a esse fardo, a política mercantilista do governo francês, confrontada com uma agora agressiva expansão britânica, manteve baixos os preços de sua produção agrícola para oferecer subsistência barata às manufaturas domésticas que, por sua vez, podiam ser produzidas a baixo custo e exportadas em troca do tão cobiçado ouro — ainda visto, em geral, como uma medida da riqueza nacional. Diante dessa situação, Quesnay e seus seguidores desenvolveram um sólido argumento em favor dos agricultores e contra os mercantilistas. Embora tenham ficado conhecidos como "os fisiocratas", em referência a uma das publicações de Quesnay, o grupo dava a si um nome diferente: "Les Économistes".

Contrapondo de maneira veemente o pensamento mercantilista em voga, que concedia ao ouro um lugar privilegiado, Quesnay acreditava que a terra era a fonte de todo valor. A figura 3 ilustra a maneira como, para ele, no fim das contas, tudo que nutria os seres humanos provinha da terra. Ele ressaltava que, diferente dos humanos, a natureza, de fato, produzia coisas novas: grãos a partir de sementes (comida), árvores a partir de mudas e minerais brutos a partir da terra, os dois últimos empregados na construção de casas, barcos e maquinários. Em contrapartida, os humanos não eram capazes de produzir valor, só conseguiam transformá-los: semente em pão, árvore em madeira, ferro em aço. Como a agricultura, a pecuária, a pesca, a caça e a mineração (todas pertencentes à parte mais escura da figura 3) traziam a dádiva da natureza para a sociedade, Quesnay denominou-as de "classe produtiva". Por outro lado, ele acreditava que quase todos os demais setores da economia — a produção da família, o governo, os serviços e até a indústria, agrupados na parte mais clara da figura 3 — eram improdutivos.

A classificação proposta por Quesnay era revolucionária. Rompendo com os mercantilistas, que colocavam o comércio e o que se ganhava com ele — ouro — no centro da criação de valor, Quesnay agora relacionava criação de valor, de maneira inextricável, com a

Figura 3. A fronteira da produção nos anos 1700.

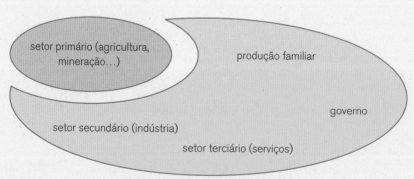

UMA BREVE HISTÓRIA DO VALOR

produção. Desenvolvendo sua classificação de trabalho produtivo e improdutivo, Quesnay agrupou a sociedade em três classes. Primeiro vinham os agricultores e as ocupações relacionadas ao trabalho na terra e na água; de acordo com Quesnay, essa era a única classe produtiva. Depois estavam os manufatureiros, artesãos e trabalhadores afins que transformavam o material que recebiam da classe produtiva: madeira e pedra em móveis e casas, lã de ovelha em roupas, e metais das minas em ferramentas.[15] Ainda assim, sustentava Quesnay, essa classe não adicionava valor; em vez disso, seu trabalho apenas fazia

Figura 4. Exemplo retirado do *Tableau économique*.

	Classe produtiva		Proprietários		Classe estéril	
Etapas	Dinheiro	Produtos	Dinheiro	Produtos	Dinheiro	Produtos
			CIRCULAÇÃO			
0 (início)	0	4 alimentos 1 matéria-prima	2	nada	0	2 bens
1	1	3 alimentos 1 matéria-prima	1	1 alimento	0	2 bens
2	1	2 alimentos 1 matéria-prima	0	1 alimento 1 bem	1	1 bem
3	2	2 alimentos 1 matéria-prima	0	1 alimento 1 bem	0	1 bem 1 alimento
4	1	2 alimentos 1 matéria-prima 1 bem	0	1 alimento 1 bem	1	1 alimento
5	2	2 alimentos 1 bem	0	1 alimento 1 bem	0	1 alimento 1 matéria-prima
6	0	2 alimentos 1 bem	2	1 alimento 1 bem	0	1 alimento 1 matéria-prima
			PRODUÇÃO			
		2 alimentos + 1 bem consumidos produtos: 4 alimentos 1 matéria-prima		1 alimento + 1 bem consumidos produtos: nada		1 alimento e 1 matéria-prima consumidos produtos: 2 bens

NOVA CIRCULAÇÃO ⟶ INICIA-SE NA PARTE DE CIMA

O VALOR DE TUDO

com que o valor existente voltasse a circular. A terceira classe era a classe "proprietária" improdutiva, "distributiva" ou "estéril", composta por donos de terra, nobres e membros do clero. Aqui, "distributivo" era visto de maneira pejorativa, uma vez que essa classe redistribuía valor, mas somente para si mesma, e por uma única razão: ser proprietária de terra e não dar nada em troca.[16]

Na tabela elaborada por Quesnay, a parte produtiva do sistema baseia-se por completo nos agricultores, mas outros também têm um papel útil para assegurar que o sistema se reproduza. A figura 4 mostra em detalhe o processo de produção, de renda e de consumo de cada classe ou setor econômico, e como eles interagem. Talvez seja a primeira planilha do mundo e é o primeiro modelo abstrato consistente de crescimento econômico.

Mais significativo é como a tabela mostra perfeitamente, de uma linha para outra, que enquanto a produção for maior do que o consumo, sobrará uma quantia para ser reinvestida, permitindo, assim, que a economia continue a se reproduzir. Caso algum dos membros improdutivos da sociedade faça uma retirada excessiva, diminuindo a quantidade que os agricultores têm para reinvestir na produção, a economia irá aos poucos parar de funcionar. Em outras palavras, se a extração de valor realizada pelos elementos improdutivos exceder a criação de valor dos membros produtivos, o crescimento cessa.

Embora ele próprio não tenha usado o termo, a teoria do valor de Quesnay incorpora uma fronteira da produção bastante clara, a primeira a ser elaborada com tamanha precisão, o que torna claro que o excedente gerado pelos setores "produtivos" permite a sobrevivência dos demais.

Outros economistas prontamente contribuíram com análises e críticas da classificação adotada por Quesnay. Seus ataques concentraram-se no fato de Quesnay ter classificado artesãos e trabalhadores como "estéreis": um termo que servia aos objetivos políticos de Quesnay, que defendia a ordem social agrária existente, mas contradizia a experiência diária de uma grande quantidade de pessoas. Aperfeiçoando as ideias de Quesnay, A. R. J. Turgot, seu contemporâneo, manteve a noção de que todo valor provém da terra, mas ressaltou o importante

56

UM EXEMPLO NUMÉRICO PARA O *TABLEAU ÉCONOMIQUE*

A lógica do modelo de Quesnay está ilustrada na figura 4. O mais importante é de onde a riqueza inicial provém, como ela circula e qual porcentagem é reinvestida na produção (na natureza) na etapa seguinte, criando mais valor — este sendo a essência do processo de crescimento. No caso mais simples de uma economia que não esteja em expansão, a classe produtiva tem uma quantidade inicial de "produtos da terra" *(tradução de produits de la terre)*, avaliada aqui, para efeitos de discussão, em 5 bilhões de libras francesas. Esses são divididos em quatro quintos em alimentos (para a subsistência dos agricultores) e um quinto em material para a classe estéril. Os proprietários detêm 2 bilhões em espécie advindos da coleta de impostos da classe produtiva; já a classe estéril possui um inventário avaliado em 2 bilhões de libras francesas em ferramentas e outros produtos manufaturados.

A partir disso, ocorre um processo de circulação, com cada etapa correspondendo ao movimento de uma linha da tabela a outra. Em cada etapa a mesma quantidade de valor muda de mão em preparação para a próxima fase da produção; mas nenhum valor novo é criado. Uma exceção é a etapa que vai do momento 5 para o 6 no processo de circulação, no qual ocorre uma transferência, em vez de uma troca, no valor de 2 bilhões de libras francesas. Somente o dinheiro circula, não os produtos.[17] No fim, ocorre a produção, com um excedente de 2 bilhões de libras francesas em produtos no setor produtivo, enquanto 2 bilhões de libras francesas são consumidos de maneira improdutiva na classe proprietária, dando início a uma nova rodada de circulação. Claro que, se o excedente for maior do que o consumo, a economia vai crescer de uma etapa para outra.

(Todas as unidades estão em bilhões de libras francesas; as setas contínuas indicam o fluxo de produtos; já as setas tracejadas, o fluxo de dinheiro.)[18]

---

papel dos artesãos em manter a sociedade em funcionamento. Ele também reconheceu a existência de outras "necessidades gerais" que precisavam ser ocupadas — tais como juízes para conduzir a justiça — e que essas funções eram essenciais para a criação de valor. Dessa forma, ele reclassificou a classe "estéril" de Quesnay como classe "estipendiária", ou assalariada. E como os ricos proprietários de terra podiam decidir

O VALOR DE TUDO

se realizavam eles próprios o trabalho ou se contratavam outros para fazê-lo, usando as receitas provenientes da terra, Turgot classificou-os como "a classe disponível". Além disso, acrescentou também que alguns agricultores ou artesãos empregariam outras pessoas e teriam lucro. À medida que os agricultores deixam de cultivar a terra e passam a empregar outrem, defendia Turgot, mantêm-se produtivos e obtêm os lucros dessa iniciativa. Somente quando deixam de supervisionar por completo a agricultura e passam a viver apenas de suas rendas é que se tornam coletores de renda "disponíveis". Portanto, a análise mais aprimorada de Turgot enfatiza o caráter do trabalho realizado, em vez da categoria do trabalho em si.

As melhoras na proposta apresentada por Turgot foram bastante significativas. Nelas observamos as seguintes categorias emergentes: salários, lucros e rendas, uma referência explícita à distribuição de riqueza e receita, que se tornaria uma das pedras angulares do pensamento econômico nos séculos subsequentes e que ainda é usada na contabilidade da renda nacional hoje em dia. Porém, para Turgot, a terra continuava sendo fonte de valor: aqueles que não a cultivavam não podiam ser incluídos na fronteira da produção.[19]

A quase completa identificação de produtividade com o setor agrícola nas formulações de Quesnay e Turgot tinha um objetivo principal. A fronteira da produção restritiva proposta por ambos dava à aristocracia rural munição para ser usada contra o mercantilismo, que favorecia a classe mercantil e se adequava melhor a uma sociedade agrícola do que a uma industrial. Dada a desconsideração dos fisiocratas pela indústria, pouco surpreende que a crítica mais significativa a suas ideias venha de um lugar onde já estava claro que o valor era produzido não só na agricultura, mas em outros setores emergentes: a Inglaterra, que se encontrava em rápido processo de industrialização. O crítico mais influente de todos era um contemporâneo de Quesnay, um homem que viajara à França e com ele conversara longamente: Adam Smith.

58

Economia clássica: o valor no trabalho

À medida que a indústria se desenvolvia de modo rápido nos séculos XVIII e XIX, o mesmo acontecia com as ideias de uma sucessão de pensadores eminentes como Adam Smith (1723-90), David Ricardo (1772-1823) e Karl Marx (1818-83), um alemão que realizou boa parte de seus principais trabalhos na Inglaterra. Os economistas passaram a medir o valor de mercado de um produto em termos da quantidade de trabalho, ou mão de obra, dedicada à sua produção. Dessa maneira, deram muita atenção ao modo como a mão de obra e as condições de trabalho estavam se alterando, bem como à adoção de novas tecnologias e de formas de organização da produção.

Em *A riqueza das nações*, publicado pela primeira vez em 1776 e amplamente considerada a obra fundadora das ciências econômicas, a famosa descrição realizada por Adam Smith a respeito da mão de obra em fábricas de alfinetes mostrava sua compreensão acerca de como as mudanças na organização do trabalho podiam afetar a produtividade e, portanto, o crescimento econômico e sua riqueza. Outro livro de extrema influência, *Princípios de economia política e tributação*, de David Ricardo, publicado em 1817, contém um capítulo famoso intitulado "Sobre a maquinaria", no qual ele defende que a mecanização estava reduzindo a demanda por mão de obra qualificada bem como os salários. E no primeiro volume de *O capital*, de Marx, cuja primeira publicação é de 1867, o capítulo denominado "A jornada de trabalho", que discute o desenvolvimento dos English Factory Acts, as leis fabris inglesas que regulamentavam as condições de trabalho, mostra seu fascínio pela produção como o campo onde a batalha pelos direitos dos trabalhadores por maiores salários e melhores condições de trabalho estava sendo travada.

Adam Smith e David Ricardo, entre outros daquele período, ficaram conhecidos como os economistas "clássicos". Karl Marx, um precursor tardio, encontra-se um tanto à margem dessa descrição coletiva. A palavra "clássico" era um eco consciente do status dado a escritores e pensadores da Grécia e da Roma antiga cujos trabalhos ainda eram a pedra angular da educação quando o termo "economia clássica" começou a ser usado, no final do século XIX. Os economistas clássicos redefiniram a fronteira da produção de uma maneira que fazia mais sentido para o momento em que viviam: um período que viu a produção artesanal das guildas, ainda proeminentes na época de Adam Smith, dar lugar à indústria em larga escala que empregava um grande número de trabalhadores urbanos — o proletariado —, a respeito dos quais Marx escreveu durante as últimas décadas do século XIX. Não era à toa que sua disciplina, emergente àquela altura, era chamada de "economia política". Para os contemporâneos da época, o fato de a economia ser parte intrínseca do estudo da sociedade não era algo estranho: eles teriam achado esquisita a ideia, difundida nos dias de hoje, de que as ciências econômicas são uma disciplina técnica neutra que pode ser estudada de maneira independente do contexto social e político vigente. Embora suas teorias apresentassem muitos pontos divergentes, os economistas clássicos compartilhavam duas ideias básicas: a de que o valor era derivado dos custos de produção, especialmente da mão de obra, e que, portanto, as atividades subsequentes ao valor criado pela mão de obra, como as finanças, não criavam, por si, valor. A percepção de Marx acerca dessa distinção, veremos, era mais sutil.

ADAM SMITH: O NASCIMENTO DA TEORIA DO VALOR-TRABALHO

Nascido em 1723 em uma família de oficiais aduaneiros em Kirkcaldy, no condado de Fife, Escócia, Adam Smith tornou-se professor de filosofia moral na Universidade de Glasgow antes de se voltar para o que nos dias de hoje chamamos de questões econômicas, embora, naquele tempo, tais questões fossem altamente influenciadas pela filosofia e pelo pensamento político.

Com a Grã-Bretanha seguindo o caminho do capitalismo industrial, *A riqueza das nações*, de Adam Smith, ressaltava o papel da divisão de trabalho no setor manufatureiro. Seu relato sobre a fabricação de alfinetes continua a ser citado atualmente como um dos primeiros exemplos de mudança organizacional e tecnológica no cerne do processo de crescimento econômico. Explicando o substancial aumento na produtividade que ocorria quando um trabalhador deixava de ser responsável pela produção de um alfinete inteiro, passando a se responsabilizar apenas por parte do processo, Smith descreve como a divisão do trabalho permitiu um aumento na especialização e, por conseguinte, na produtividade:

Vi uma pequena manufatura desse tipo, com apenas dez empregados, e na qual alguns desses executavam duas ou três operações diferentes. Mas, embora não fossem muito hábeis, e portanto não estivessem particularmente treinados para o uso das máquinas, conseguiam, quando se esforçavam, fabricar em torno de doze libras de alfinetes por dia. Ora, uma libra contém mais do que 4 mil alfinetes de tamanho médio. Por conseguinte, essas dez pessoas conseguiam produzir entre elas mais do que 48 mil alfinetes por dia. Assim, já que cada pessoa conseguia fazer um décimo de 48 mil alfinetes por dia, pode-se considerar que cada uma produzia 4,8 mil alfinetes diariamente. Se, porém, tivessem trabalhado independentemente um do outro, e sem que nenhum deles tivesse sido treinado para esse ramo de atividade, certamente cada um deles não teria conseguido fabricar vinte alfinetes por dia, e talvez nem mesmo um, ou seja: com certeza não conseguiria produzir a 240ª parte, e talvez nem mesmo a 4800ª parte daquilo que hoje são capazes de produzir, em virtude de uma adequada divisão do trabalho e combinação de suas diferentes operações.[20]

Essas percepções eram originais e profundas. Adam Smith estava escrevendo no momento em que a Revolução Industrial introduzia, em grande escala, o maquinário nas fábricas. Quando subordinada à divisão de trabalho, a mecanização aumentava de modo radical a produtividade — o principal propulsor do crescimento econômico. Mas mesmo a simples reorganização da mão de obra, sem as máquinas, na qual cada trabalhador se especializava e desenvolvia habilidades em uma área específica, permitiu que Adam Smith defendesse seu principal argumento.

Igualmente significativa seria a análise de Adam Smith sobre como o "mercado" determina a forma de interação entre consumidores e produtores. Tal interação, sustentava ele, não tinha apenas a ver com "benevolência" ou com a planificação centralizada.[21] Na verdade, ocorria graças à "mão invisível" do mercado:

Todo indivíduo empenha-se continuamente em descobrir a aplicação mais vantajosa de todo capital que possui. Com efeito, o que o indivíduo tem em vista é sua própria vantagem, e não a da sociedade. Todavia, a procura de sua própria vantagem individual natural ou, antes, quase necessariamente, leva-o a preferir aquela aplicação que acarreta as maiores vantagens para a sociedade [...]. Ele visa apenas a seu próprio ganho e, neste, como em muitos outros casos, é levado como que por mão invisível a promover um objetivo que não fazia parte de suas intenções.[22]

Assim como Quesnay, Adam Smith lançou um ataque mais genérico às políticas do mercantilismo que, segundo ele afirmava, restringiam a concorrência e o comércio. Ele também defendia de maneira veemente políticas que aumentassem a poupança e, assim, a quantidade de capital disponível para investimento em detrimento do consumo improdutivo (digamos, em produtos de luxo). Mas para Adam Smith, trabalhadores industriais — não os agricultores, como afirmou Quesnay — encontravam-se no cerne da economia produtiva. O trabalho manufatureiro, não a terra, era a fonte de valor.[23] Nascia a teoria do valor-trabalho.

Adam Smith tornou-se o representante de grande parte da teoria econômica moderna graças a suas ideias a respeito de como o capitalismo está enraizado em um comportamento humano supostamente imutável, em especial o interesse próprio, e na competição em uma economia de mercado. Sua metáfora da "mão invisível" tem sido usada *ad nauseam* para defender a atual ortodoxia de que os mercados, deixados à vontade, podem atingir um resultado muito favorável do ponto de vista social — mais benéfico do que se houver uma intervenção do Estado.

O livro de Adam Smith é, na verdade, uma coleção de receitas para políticos e formuladores de políticas. Longe de deixar tudo nas mãos do mercado, o autor se vê como alguém que oferece orientação para "estadistas" acerca de como agir para "enriquecer tanto a população quanto o soberano"[24] — como aumentar a riqueza das nações. É aí que a teoria do valor de Adam Smith entra em cena. Ele estava convencido de que o crescimento dependia do aumento da participação das "manufaturas" — fábricas que empregavam artesãos ou trabalhadores rurais, até então independentes, como mão de obra assalariada — na composição geral da indústria, e acreditava que o livre mercado era essencial para que isso acontecesse. Para o autor, os inimigos do crescimento eram, primeiro, as políticas protecionistas dos mercantilistas; depois, as guildas que protegiam os privilégios dos artesãos; em terceiro lugar, a nobreza que desperdiçava seu dinheiro em mão de obra improdutiva e no consumo extravagante. De acordo com Adam Smith (assim como para Quesnay), empregar uma quantidade muito grande da mão de obra em fins não produtivos — como o acúmulo de dinheiro, prática que ainda aflige nossas economias modernas — impede uma nação de acumular riqueza.

O valor, acreditava Adam Smith, era proporcional ao tempo que os trabalhadores dedicavam à produção. Para os objetivos de sua teoria ele imaginava um trabalhador que atuava a uma velocidade mediana. A figura 5 mostra de que maneira ele traçou uma linha clara (a fronteira da produção) entre a mão de obra produtiva e a improdutiva. De acordo com Adam Smith, a fronteira encontrava-se entre a produção material — a agricultura, a manufatura, a mineração, presentes na parte mais escura da figura — e a produção imaterial, na parte mais clara. Esta última incluía todos os tipos de serviços (advogados, carroceiros, funcionários etc.) úteis para as manufaturas, mas que não se envolviam de fato com a produção em si. Adam Smith afirmava que o trabalho é produtivo quando se "converte" em um objeto duradouro.[25] Sua ideia de que o Estado ficava do lado "improdutivo" da fronteira definiu o tom de análises feitas muito tempo depois e é um tema recorrente nos debates atuais sobre o papel do governo na economia, epitomado pela reafirmação feita por Margaret Thatcher e Ronald Reagan, nos anos 1980, acerca da primazia dos mercados na solução de problemas econômicos e sociais.

Segundo Adam Smith, "por mais honrado, útil ou necessário" que um serviço seja, ele simplesmente não reproduz o valor usado para a manutenção (alimentação, vestuário, moradia) de trabalhadores improdutivos. Para ele, mesmo o "soberano", ao lado de todos os funcionários que o serviam, tanto da justiça quanto da guerra, bem como "todo o Exército e a Marinha, são trabalhadores improdutivos".[26] Padres, advogados, médicos e artistas eram todos vistos também como improdutivos.

O que caracteriza a classificação de Adam Smith é sua convicção de que alguns tipos de trabalho não "reproduzem" o valor necessário para manter esses trabalhadores vivos no nível da subsistência. Em outras palavras, se toda subsistência que se faz necessária para manter uma pessoa viva fosse determinada quantidade de grãos, qualquer um que não produzisse tanto valor quanto essa quantidade de grãos seria, por definição, improdutivo.

Então, de que maneira aqueles que não produzem essa unidade de valor mantêm-se vivos? A resposta de Adam Smith encontra-se no conceito de "excedente". Muitos trabalhadores produtivos geram o equivalente a mais grãos do que precisam para se alimentar e sobreviver. Um fabricante produz bens que, quando comercializados, irão render mais grãos do que o necessário para manter os trabalhadores produtivos vivos. O excedente, assim, sustenta aqueles improdutivos, incluindo os séquitos dos aristocratas, que mantêm "uma mesa farta e suntuosa", além de um "grande número de criados e uma infinidade de cães e cavalos".

É nesse ponto que Adam Smith aborda de forma direta como a riqueza das nações poderia crescer. Na verdade, este era seu conselho político. Em vez de "desperdiçar" o excedente com o pagamento de mão de obra improdutiva, defendia ele, devia-se poupar e investir na produção a fim de que toda a nação pudesse se tornar mais rica.[27] Adam Smith não

Figura 5. O limite de produção segundo Adam Smith.

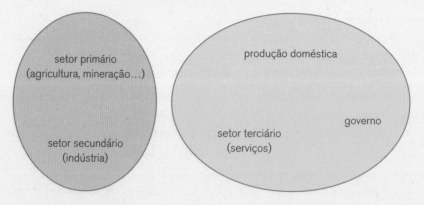

UMA BREVE HISTÓRIA DO VALOR

estava criticando a riqueza per se, mas aqueles que a desperdiçavam com consumos de bens luxuosos — "uma coleção de livros, estátuas, quadros", ou "objetos mais frívolos tais como joias, ninharias, bugigangas engenhosas" — em vez de realizar investimentos produtivos (afinal, aquela era a época do *Grand Tour*, quando jovens aristocratas viajavam para o continente com o objetivo de aprimorar sua educação e regressavam carregados de artefatos antigos). O autor sentia-se particularmente atraído pela perspectiva de investir em maquinário, algo que, àquela altura, estava começando a ser usado nas fábricas porque aumentava a produtividade dos trabalhadores.

A ênfase dada por Adam Smith ao investimento ligava-se de maneira direta a suas ideias sobre renda. Ele acreditava que havia três tipos de receitas: salários conseguidos por meio do trabalho em empreendimentos capitalistas; lucros obtidos por capitalistas donos dos meios de produção; e as rendas provenientes da propriedade de terra. Quando essas três fontes de renda são pagas em um nível competitivo, elas, juntas, determinam aquilo que ele chamou de "preço natural".[28] Como a terra era necessária, a renda obtida com ela era uma parte "natural" da economia. Mas isso não queria dizer que a renda era produtiva: "os proprietários de terra, como todos os outros homens, adoram colher em lugares onde nunca semearam e exigir uma renda [da terra] mesmo para seu produto natural".[29] De fato, afirmava Adam Smith, o princípio da renda cobrada da terra podia ser estendido a outros monopólios, como o direito de importar uma mercadoria específica ou o de exercer a advocacia. Ele tinha plena consciência do mal que os monopólios podiam causar. No século XVII, um governo desesperado por receitas concedera — muitas vezes a membros da corte bem posicionados — uma variedade extraordinária de monopólios, que variavam desde necessidades básicas como cerveja e sal a ratoeiras e óculos. Em 1621 dizia-se haver setecentos monopólios que no final dos anos 1630 rendiam 100 mil libras por ano ao Tesouro.[30] Mas essa epidemia de rentismo era bastante impopular e estava sufocando a economia — mais do que isso, foi uma das causas da guerra civil que levou à execução de Carlos I. Muitos ingleses entenderam o que Adam Smith queria dizer quando ele afirmou que um livre mercado era aquele livre de rentismo.

O VALOR DE TUDO

A análise perspicaz de Adam Smith sobre como economias capitalistas avançadas funcionavam rendeu-lhe muitos seguidores. Do mesmo modo, sua firme defesa do livre mercado, em uma época em que políticas mercantilistas estavam começando a ser vistas como antiquadas (Adam Smith de fato acreditava que os comerciantes eram improdutivos porque ofereciam apenas o efêmero serviço de transferir os produtos de lugar, em vez de produzir alguma coisa de valor), transformou seu livro em um sucesso entre os "partidários do livre mercado" que, com o passar do tempo, revogaram as Corn Laws, as Leis dos Cereais, vigentes na Inglaterra e que impunham tarifas pesadas à importação de cereais a fim de proteger proprietários de terras locais, bem como outras medidas protecionistas. Armados com as ideias propagadas por Adam Smith, sectários do livre-comércio mostraram que as nações podiam ficar mais ricas mesmo que não houvesse excedente comercial nem acúmulo de ouro. Amealhar ouro era desnecessário e insuficiente para o crescimento. Enormes quantidades de ouro chegavam à Espanha vindas de suas colônias, mas aquele reino não se tornou mais produtivo.

A vitória dos partidários do livre-comércio sobre os mercantilistas é mais bem entendida por meio de suas concepções opostas de valor. Os mercantilistas acreditavam que o ouro tinha um valor inerente e que todo o resto podia ser valorizado com base na quantidade de ouro usada para que fosse comercializado. Valendo-se dos ideais de Adam Smith, os partidários do livre-comércio podiam rastrear a origem do valor até o trabalho e, dessa forma, a lógica do valor se invertia. O ouro, assim como todas as outras coisas, era valorizado pela quantidade de trabalho necessária para produzi-lo.[31]

A teoria de Adam Smith não era imune a críticas. Ele havia, na verdade, apresentado pelo menos duas teorias do valor, que eram confusas tanto em relação à fronteira da produção quanto a quem realmente era produtivo — em particular, se a oferta de serviços em si criava valor.[32]

Em essência, Adam Smith mostrava-se confuso a respeito da distinção entre produção material e imaterial. Para ele, como vimos, um criado não "adiciona" nenhum valor que possa ser usado pelo seu mestre em outra coisa que não manter, literalmente, o criado vivo. Mas ele também defendia que se um trabalhador do setor manufatureiro

66

ganhava uma libra para transformar uma quantidade de algodão, cujos demais fatores de produção também custavam uma libra, em um pedaço de pano que era vendido por três libras, então esse trabalhador havia devolvido o valor de seu serviço, e seu mestre obtido um lucro de uma libra. Aqui, surge uma definição de produtividade, não importando se o que é produzido é um produto sólido ou um serviço. Em qualquer setor de produção, adicionar valor é produtivo; não adicionar, improdutivo. Tomando essa definição como base, serviços como limpeza ou o conserto de um automóvel podem ser produtivos — invalidando, assim, a divisão do próprio Adam Smith da fronteira da produção em material e imaterial. As discussões a respeito das teorias do valor de Adam Smith arrastaram-se por séculos. Outras de suas ideias, como o livre mercado e a natureza improdutiva do governo, também deixaram um legado duradouro.

Todavia, ele é, muitas vezes, mal interpretado. Seu entendimento sobre política e filosofia nunca foi deixado de lado em suas análises econômicas. *A teoria dos sentimentos morais* e *A riqueza das nações* não são obras contraditórias, mas partem de sua profunda análise acerca do que motiva o comportamento humano e de como as sociedades se organizam — e de por que algumas sociedades podem aumentar sua riqueza mais do que outras. A análise de Adam Smith sobre o "livre mercado" estava intimamente relacionada a seu entendimento da produção e à necessidade de limitar o comportamento rentista.

DAVID RICARDO: A FUNDAMENTAÇÃO DA TEORIA DO VALOR DE ADAM SMITH

Em 1810, outra figura proeminente da escola econômica clássica inglesa fez uso da teoria do valor-trabalho e da produtividade para explicar como a sociedade mantinha as condições que lhe permitiam se reproduzir. David Ricardo provinha de uma família judia sefardita originária de Portugal e vivera na Holanda antes de fixar residência na Inglaterra. Assim como seu pai, David Ricardo foi corretor da Bolsa; no entanto, tempos depois, após ter se tornado unitarista, distanciou-se de sua família. Graças a suas atividades especulativas, ele enriqueceu sobremaneira, em especial com as informações imprecisas que circulavam a respeito da Batalha de Waterloo, em 1815. Dizem que arrecadou 1 milhão de libras (em valores da época) com a conservação de títulos em um momento em que todos os vendiam (devido aos falsos rumores de que Wellington estava sendo derrotado por Napoleão), uma soma quase inimaginável para a época; depois disso, pronta e sabiamente, refugiou-se no campo, bem longe de Londres.

Ao ler *A riqueza das nações*, de Adam Smith, Ricardo sentiu-se atraído pela economia; contudo, tinha uma preocupação com algo que achava estar, de maneira evidente, ausente da teoria do valor de Adam Smith: o modo como o valor era distribuído na sociedade — ou o que chamaríamos hoje de distribuição de renda. Não é preciso dizer que no mundo atual, em que a desigualdade de renda e de riqueza aumenta cada vez mais, essa questão continua a ter extrema relevância.

Adam Smith havia notado que o valor produzido pelo trabalho, quando vendido, era redistribuído na forma de salários, lucros e rendas; observara, ainda, que a porção exata desse valor no tocante ao trabalho — os salários — variava.[33] No entanto, Adam Smith não tinha uma explicação coerente para a maneira como os salários eram repartidos ou por que variavam entre profissões e países, ou com o tempo.[34] Ricardo, por sua vez, acreditava que a distribuição salarial era, como ressaltou em sua obra-prima, *Princípios de economia política e tributação*, o "verdadeiro problema" da economia, e regulava, em última instância, o crescimento e a riqueza de uma nação.

De fato, David Ricardo acreditava na teoria do valor-trabalho e, diferente de Adam Smith, esforçou-se para deixar claro que o valor de uma mercadoria era estritamente proporcional à quantidade de tempo de trabalho necessário para produzi-la. Por uma razão diversa daquela exposta por Quesnay, Ricardo concedia especial relevo à agricultura: queria explicar a distribuição de renda e, para ele, a produtividade agrícola era a base de sustentação daquela distribuição. Em sua opinião, os trabalhadores recebiam um salário de subsistência; em essência, o suficiente para pagar comida e abrigo. Porém, a comida provinha da agricultura, então os preços dos alimentos regulavam os salários — o baixo preço dos alimentos (ou dos "cereais", como escreveu David Ricardo na linguagem da época) permite que os salários sejam menores e, por conseguinte, que os lucros sejam mais elevados, além de incentivos para o investimento na produção futura (por exemplo, na manufatura) e a promoção do crescimento econômico. Um alto salário, devido à baixa produtividade na agricultura, significaria lucros menores e, assim, pouco investimento na produção futura, o que, por sua vez, levaria a um crescimento econômico mais lento.

Ricardo herdou essa "teoria sombria" dos salários de seu contemporâneo Thomas Malthus (1766-1834), outro inglês a escrever a respeito de economia política e que propôs que sempre que os salários reais estivessem acima do nível de subsistência, a população cresceria até que se tornasse tão grande que a demanda por comida forçaria o aumento dos preços o suficiente para fazer com que os salários voltassem ao nível da subsistência.[35]

Dessa maneira, segundo Ricardo, os salários dependiam demais da produtividade agrícola: se a produtividade crescesse e o alimento passasse a ser mais barato, os salários diminuiriam; e na manufatura e em outros setores da economia, tudo aquilo que não tivesse de ser pago ao trabalhador iria para os capitalistas na forma de lucro. Lucros são o residual do valor que os trabalhadores produzem e que não precisam consumir para sua própria "manutenção", como escreveu Ricardo, "para subsistir e perpetuar sua raça".[36]

Isso, por sua vez, conduz à teoria de crescimento e acúmulo proposta por David Ricardo — aumentar a reserva de capital ou de riqueza para ajudar a fomentar subsequentes crescimentos de riqueza. À medida que os lucros crescem, os capitalistas investem na produção, expandindo-a, o que, por sua vez, cria mais empregos e aumenta os salários, ampliando, dessa forma, a população, cujos salários finalmente voltam ao nível de subsistência, e assim por diante. A economia é uma máquina de crescimento perpétuo, com um número cada vez maior de pessoas ganhando um salário de subsistência.

No entanto, a genialidade teórica de Ricardo veio à tona, de fato, quando ele confrontou a terceira classe da sociedade: os proprietários de terra. A produção na agricultura depende de dois tipos de insumos:

os bens e os serviços necessários para a produção. Um tipo pode ser ampliado — sua proporção aumenta de acordo com as necessidades — e inclui mão de obra, maquinário, sementes e água; o outro não pode ser ampliado: a terra cultivável. Como teria dito Mark Twain: "Compre terra; é coisa que não se fabrica mais".

Tendo em vista que a população cresceria graças ao investimento e ao aumento dos salários, e mais e mais alimentos precisariam ser produzidos para que todos se alimentassem, em algum momento toda a melhor terra para a produção de cereais já teria dono. Terras menos férteis ou produtivas seriam, então, cultivadas. Contudo, como todo cereal é vendido a um mesmo preço para os trabalhadores, que recebiam um salário de subsistência, a terra mais produtiva já em uso geraria um lucro maior do que a terra menos produtiva. É aqui que David Ricardo desenvolve sua celebrada teoria da renda.

Ricardo definiu renda como uma transferência de lucro para os proprietários de terra apenas porque eles possuem o monopólio de um ativo escasso. Não se pressupunha, como na teoria neoclássica moderna (a ser discutida no capítulo 2), que essas rendas desapareceriam devido à competição; seriam mantidas devido aos relacionamentos poderosos inerentes ao sistema capitalista. No tempo de Ricardo, muitas das terras aráveis pertenciam aos aristocratas e à nobreza rural, mas eram cultivadas por agricultores arrendatários ou lavradores. O pensador inglês acreditava que a renda das terras mais produtivas sempre ia para o proprietário, em virtude da competição entre arrendatários. Se o agricultor capitalista — o arrendatário — quisesse reter para si o maior lucro possível pagando menos, o proprietário de terra a podia outorgar para um agricultor rival, que pagaria mais e estaria, portanto, disposto a trabalhar recebendo somente o lucro-padrão. À medida que esse processo se desenvolvia, terras de qualidade cada vez mais baixa passavam a ser cultivadas, e uma parcela maior da receita ia parar nas mãos dos proprietários. David Ricardo previa um aumento das atividades rentistas.

De maneira mais significativa, rendas em crescimento eram o outro lado da moeda do aumento dos preços dos alimentos, provocado pela falta de terras agrícolas de boa qualidade. Alimentos mais caros faziam

UMA BREVE HISTÓRIA DO VALOR

com que os trabalhadores precisassem de salários mais altos para sua subsistência. Essa parcela crescente das receitas alocadas aos salários, acreditava David Ricardo, reduzia os lucros em outros setores, como o manufatureiro. Conforme o desenvolvimento econômico fosse levado a cabo, a taxa de lucro — basicamente a taxa de remuneração do capital do capitalista manufatureiro — cairia. A divisão dos lucros, a parte da renda nacional destinada aos capitalistas, também seria reduzida. Da mesma forma, a parcela das receitas alocadas aos salários dos trabalhadores manufatureiros cresceria; porém, esse aumento salarial teria de ser gasto com comida, que estava mais cara porque os proprietários de terra cobravam rendas mais altas. Por conseguinte, grande parte da receita do país iria, em última instância, para as mãos dos proprietários de terra. Isso impediria o crescimento econômico e os investimentos em, digamos, manufatura, uma vez que os lucros baixos não justificariam os riscos.[37]

Ao ressaltar os diferentes tipos de receitas auferidas, tais como renda, lucros e salários, David Ricardo chamou a atenção para uma pergunta importante: quando os produtos são vendidos, como são divididos os proventos dessa venda? Todos os envolvidos recebem sua "parcela justa" pela quantidade de trabalho que colocaram na produção? A resposta de Ricardo foi um enfático "não".

Se algum dos insumos da produção, como uma terra arável boa, é escasso, o custo do cultivo do mesmo produto, uma determinada quantidade de cereal, variará de acordo com a disponibilidade do insumo. É provável que o custo seja menor em uma terra boa e maior em uma terra de qualidade inferior. Os lucros, por sua vez, provavelmente serão maiores em uma terra boa e menores em uma terra de qualidade inferior. O proprietário da terra mais propícia para o cultivo irá embolsar a diferença em lucro entre a terra de melhor qualidade e aquela de qualidade inferior apenas porque possui o monopólio daquele ativo.[38] A teoria de Ricardo era tão convincente que, em essência, é usada ainda hoje em economia para se explicar como funciona a ideia de renda.[39] Nesse sentido, renda pode significar a patente de um remédio, o controle de um mineral raro como o diamante ou rendas no sentido usado em nosso cotidiano para designar o valor que se paga

71

ao dono de uma casa para ali morar. No mundo moderno, produtores de petróleo, como aqueles que fazem parte da Organização dos Países Exportadores de Petróleo (Opep), recebem rendas graças ao controle que exercem sobre um recurso essencial.

O panorama lúgubre da estagnação econômica apresentado por David Ricardo é relevante para uma discussão atual sobre como o aumento do setor financeiro nas últimas décadas e as rendas gigantescas obtidas por meio da atividade especulativa desencorajaram a produção industrial. Alguns economistas heterodoxos dos dias de hoje defendem que o crescimento diminuirá se as finanças se tornarem grandes demais em relação ao resto da economia (indústria), uma vez que os lucros reais provêm da produção de novos produtos e serviços, e não da simples transferência do dinheiro obtido com esses produtos e serviços.[40] Para "reequilibrar" a economia, afirmam, deve-se permitir que os verdadeiros lucros da produção superem os provenientes das rendas — o que, como vimos, é precisamente a ideia proposta por Ricardo duzentos anos atrás, e que John Maynard Keynes defenderia cem anos depois.[41]

De fato, como também se defende hoje em dia, Ricardo acreditava que os trabalhadores (em especial os pouco capacitados) estavam fadados a perder. Na época do autor, trabalhadores agrícolas migravam para as cidades em crescimento acelerado e onde a oferta de trabalhadores pouco capacitados era maior do que a demanda. Sem poder de negociação, esses trabalhadores recebiam um escasso salário de subsistência. O panorama apresentado por Ricardo, que mostrava que as rendas sobrepujavam a produção, teve também um impacto político: ajudou a convencer a Grã-Bretanha a abolir as Leis dos Cereais em 1846 e adotar o livre mercado, diminuindo o poder dos grandes interesses estabelecidos e permitindo que a produção fosse controlada por seus custos, e não mais pelo monopólio enraizado e seus privilégios. As décadas seguintes viram a Grã-Bretanha tornar-se a "fábrica do mundo". Contudo, a abolição das Leis dos Cereais promoveu uma transformação tanto política quanto econômica: ao longo do século XIX, o equilíbrio de poder foi saindo das mãos dos proprietários de terra aristocratas em direção aos manufatureiros. A teoria do valor influenciou o comportamento político e vice-versa — a ideia de performatividade citada no prefácio.

Outros ensinamentos acerca das fontes de valor e de quem o gera podem ser tirados do modelo de acúmulo proposto por David Ricardo. Assim como Adam Smith, Ricardo preocupava-se em entender como a economia se reproduzia; e ele também se concentrou na diferença entre o investimento em um capital durável e o consumo: "Quando as produções anuais de uma nação suplantam seu consumo anual, diz-se que o capital aumenta; quando seu consumo anual não é suplantado pela produção anual, afirma-se que o capital diminui".[42] No entanto, Ricardo apressou-se em acrescentar que todos os bens produzidos — desde vestimentas até carroças — devem ser consumidos ou usados; caso contrário, se desvalorizariam tal qual itens em estoque.

Aqui, David Ricardo estabeleceu uma ideia fundamental a respeito do consumo, referindo-se ao consumo dos capitalistas, não apenas das famílias. Assim como ocorre com a produção, o consumo pode ser produtivo ou improdutivo. O tipo produtivo pode ser o de um capitalista que "consome" seu capital para comprar mão de obra, o que, por sua vez, reproduz aquele capital e transforma-o em lucro. A alternativa — o consumo improdutivo — é o capital gasto com luxos que não levam à reprodução daquele gasto com capital. A esse respeito, Ricardo é bastante claro: "Faz uma enorme diferença, a maior que se pode imaginar, se são consumidos por aqueles que reproduzem ou por aqueles que não reproduzem outro valor".[43]

Desse modo, os heróis de David Ricardo são os capitalistas industriais, "aqueles que reproduzem", que podem garantir que os trabalhadores subsistam e gerem um excedente que seja livre para ser usado da maneira que os capitalistas acharem melhor. Seus vilões são aqueles "que não reproduzem" — a nobreza latifundiária, os proprietários de terras escassas que cobram altos valores de renda e apropriam-se do excedente.[44] Para Ricardo, os capitalistas dariam àquele excedente um uso produtivo, ao passo que os proprietários de terra — incluindo a nobreza — o desperdiçariam com um estilo de vida extravagante. Nesse ponto, Ricardo alude a Adam Smith. Ambos haviam visto com os próprios olhos a extravagância da aristocracia, uma classe que muitas vezes parecia mais capaz de gastar dinheiro do que de ganhá-lo, e que era viciada na atividade improdutiva suprema: realizar apostas. No entanto,

O VALOR DE TUDO

Ricardo afastou-se de Adam Smith porque não estava preocupado se as atividades produtivas eram "materiais" (a produção de uma roupa) ou "imateriais" (vender a peça de roupa). Para ele, era mais importante que, havendo um excedente, este fosse gasto de maneira produtiva.

Um ponto fundamental para nossa discussão é o fato de David Ricardo ter escolhido o Estado como o exemplo máximo de consumo improdutivo. O governo, defendia ele, é um sanguessuga perigoso para o excedente. A maior parte dos gastos estatais provinha de impostos — uma parcela demasiadamente grande da renda nacional, "os recursos das pessoas e do Estado, irão se esvair com incrível rapidez, o que provocará miséria e ruína".[45] Ricardo acreditava que os governos eram, por natureza, improdutivos.

Na época em que David Ricardo estava escrevendo, tais questões eram primordiais. Poucos anos antes, o governo britânico tivera de arrecadar uma quantidade de dinheiro sem precedentes por meio de impostos e da emissão de títulos para travar a guerra contra Napoleão, da qual o país emergiu extremamente endividado. Podia o país bancar os imensos gastos militares que a teoria de Ricardo julgava improdutivos? Para seu alívio, ele descobriu que o aumento da produção de valor por empresas privadas mais do que compensava o consumo improdutivo do governo. Diferente de Adam Smith, Ricardo não escreveu sobre aquela parte dos gastos estatais que criam as condições para que haja produtividade: infraestrutura (pontes, estradas, portos etc.), a defesa nacional e o Estado de direito. Ao deixar de discutir o papel do governo na produtividade, ele abriu caminho para que gerações de economistas fossem igualmente alheias a esse tópico — o que teve consequências significativas que serão avaliadas no capítulo 8.

Em essência, a teoria do valor e crescimento de Ricardo conduz a uma fronteira da produção que não depende de um emprego ou de uma profissão em si (fabricante, agricultor ou vigário) ou da materialidade ou imaterialidade da atividade. Ele acreditava que, em geral, a produção industrial levava a excedentes, mas, para ele, a verdadeira pergunta é como esses excedentes são usados; se os excedentes financiam gastos produtivos, são produtivos; caso contrário, são improdutivos.

74

UMA BREVE HISTÓRIA DO VALOR

Ricardo concentrou-se na "situação" dos capitalistas e em sua luta contra os proprietários de terra. Contudo, nunca examinou o estranho fato de que, embora o trabalho gerasse valor, eram os capitalistas que ficavam com o espólio — o excedente além dos salários de subsistência pagos aos trabalhadores. Ao longo do século XIX, à medida que a Inglaterra se industrializava, desigualdades e injustiças multiplicavam-se. A teoria do valor-trabalho interpretaria a produção de uma maneira que colocaria os capitalistas sob uma óptica bem menos favorável.

KARL MARX SOBRE O TRABALHO "PRODUTIVO"

A avaliação realizada por David Ricardo a respeito do dinamismo do capitalismo, se comparada às realizadas anteriormente, prefigura a ênfase que seria dada por Karl Marx, uma geração depois, ao poder sem precedentes desse sistema para transformar as sociedades. Nascido em 1818, Marx cresceu na cidade alemã de Trier e provinha de uma família judia, um dos nove filhos de pais advogados. Durante seus estudos universitários, cursando direito, Marx foi atraído por uma versão crítica da filosofia dialética hegeliana, apresentada por discípulos de Hegel, que estabelecia como o pensamento intelectual avança mediante a negação e a contradição, sua tese e sua antítese, e, então, sua síntese. Marx estava, em especial, interessado em como a história se moldava nessas contradições entre forças materiais — como capital e mão de obra — e na resolução ou síntese dessas contradições. Após ter sido proibido de assumir o cargo de professor na Universidade de Jena devido a suas inclinações políticas radicais, tornou-se editor de um jornal progressista, *Rheinische Zeitung* [Gazeta Renana]. Em 1843, mudou-se para Paris, onde conheceu Friedrich Engels, que viria a ser seu colaborador e coautor. Dois anos depois, Marx foi expulso da França em virtude de suas atividades políticas socialistas, e então se estabeleceu em Bruxelas. Ali, em 1848, publicou com Engels o *Manifesto do Partido Comunista*. Marx escreveu em profusão sobre política ao longo de sua vida, mas é marcante que, embora se opusesse ao capitalismo, tenha-o analisado de maneira objetiva para entender aonde o capitalismo estava levando a humanidade e quais poderiam ser as alternativas.

Marx desenvolveu sua própria versão da teoria do valor-trabalho. Ele destacou como as definições de atividade "produtiva" dependiam de circunstâncias históricas, isto é, da sociedade em determinado momento. Também se voltou para a natureza da atividade produtiva dentro do sistema capitalista. No capitalismo, empresas produzem mercadorias, um termo geral para qualquer coisa, desde porcas e parafusos até maquinários completos. Se as mercadorias são comercializadas — vendidas —, afirma-se que possuem valor de mercado. Caso a mercadoria produzida seja consumida pelo próprio produtor, ela não tem valor de mercado. Valor de mercado materializa o valor inerente às mercadorias.

A fonte desse valor inerente é a única mercadoria especial que os trabalhadores possuem: sua força de trabalho, ou, dito de outra maneira, sua capacidade de trabalhar. Os capitalistas compram a força de trabalho com seu capital; em troca, pagam um salário aos trabalhadores. Os trabalhadores compram mercadorias tais como comida e moradia, necessárias para restaurar sua capacidade de trabalho. Dessa forma, os salários expressam o valor dos bens que restauram a força de trabalho.

Essa descrição da fonte de valor seguia em grande medida a ideia proposta por David Ricardo. Contudo, Ricardo tentara, sem sucesso, encontrar uma mercadoria externa que pudesse servir como um "padrão invariável de valor" e determinasse o valor de todos os demais produtos. Marx resolveu esse problema fixando essa medida invariável nos próprios trabalhadores; e foi cuidadoso a ponto de fazer a distinção entre o trabalho gasto na produção e a força de trabalho, que é a *capacidade* de trabalhar. Os trabalhadores empregam mão de obra, não força de trabalho. E nessa distinção se encontra o segredo da teoria do valor de Marx. Os seres humanos são capazes de criar mais valor do que precisam para restaurar sua força de trabalho. Por exemplo, se um trabalhador tem de trabalhar cinco horas para produzir o valor necessário para restaurar a força de trabalho diária, o valor da força de trabalho é equivalente a cinco horas de trabalho. Todavia, se a jornada dura dez horas, as cinco horas adicionais criarão valor além do necessário para restaurar a força de trabalho. A força de trabalho cria mais-valia.

UMA BREVE HISTÓRIA DO VALOR

A engenhosidade do capitalismo, segundo Marx, está no fato de que pode organizar a produção para fazer com que os trabalhadores gerem quantidades sem precedentes dessa mais-valia. Em sociedades primitivas de caçadores-coletores e agricultores de subsistência, as pessoas trabalhavam o suficiente para criar o valor que lhes permitiria sobreviver, mas nenhum excedente além daquilo. Depois, no feudalismo, podiam ser forçadas a produzir excedente suficiente para satisfazer o consumo (não produtivo) do senhor feudal, que, como Adam Smith e David Ricardo sabiam, podia ser substancial. No entanto, depois que os meios de produção foram tirados das mãos dos produtores independentes — sobretudo por meio da violência e da expropriação amparada pelas leis de direito à propriedade, como os cercamentos de terras comuns na Inglaterra por latifundiários —, eles tornaram-se trabalhadores, "livres" e sem propriedade.

Os capitalistas eram capazes de comprar força de trabalho porque os trabalhadores haviam perdido seus meios independentes de subsistência e precisavam de um salário para sobreviver. O truque era conseguir com que eles trabalhassem mais tempo do que o necessário para produzir o valor (salário) que gastavam em suas necessidades de subsistência — ou seja, comida e moradia.[46] Em outras palavras, os trabalhadores eram *explorados* porque os capitalistas embolsavam a mais-valia produzida além de suas necessidades de subsistência. E, diferente dos senhores feudais, os capitalistas não desperdiçarão todo o excedente com consumo, mas terão incentivos para reinvestir parte dele na expansão da produção com o intuito de obter ainda mais lucro. Porém, Marx observou que havia uma contradição no sistema. O esforço para aumentar a produtividade aumentaria também a mecanização, que, ao tomar o lugar da mão de obra (máquinas assumindo o trabalho humano), iria, com o tempo, reduzir a principal fonte de lucros: a força de trabalho. Marx também anteviu o problema da crescente financeirização, que, potencialmente, poderia minar a produção industrial. Ao longo de toda sua análise, Marx centrou-se na mudança e nos efeitos que teria na criação de valor.

De fato, o aspecto extraordinário da teoria de Marx é sua percepção de que o capitalismo é dinâmico e está em constante mutação. Mas não era dinâmico apenas do ponto de vista econômico. Marx ficou impressionado com as revoltas sociais que via ocorrer ao seu redor, como a migração em massa dos trabalhadores rurais para a cidade, que criou um proletariado urbano. Ele observou que a *sociedade* capitalista, não apenas a economia capitalista, era completamente diferente das sociedades precedentes e encontrava-se em um fluxo constante — um fenômeno bastante evidente nos dias de hoje, quando enfrentamos dificuldades para aceitar as enormes mudanças trazidas pelas tecnologias digitais, pela nanotecnologia, pela biotecnologia e outras.

Até então, os economistas haviam pensado no "capital" como algo puramente físico — maquinários e edifícios, por exemplo — e no excedente como totalmente positivo, ajudando a economia a se reproduzir e crescer. No entanto, Marx dá ao capital uma dimensão social, e ao excedente, uma conotação negativa. O trabalho produz mais-valia, que fomenta o acúmulo de capital e o crescimento econômico. Mas o acúmulo de capital não se deve apenas ao trabalho produtivo; é, também, profundamente social. Uma vez que os trabalhadores não são donos dos meios de produção, eles se encontram "alienados" de seu trabalho. O excedente que produzem lhes é tirado. O trabalho é necessário para receber um salário, com o qual compram comida, abrigo e as roupas de que precisam para sobreviver.[47] Ademais, em uma sociedade de mercado capitalista, as relações entre as pessoas são mediadas pela troca de mercadorias. Em uma sociedade especializada em que há divisão de trabalho, humanos produzem juntos o produto social — a renda nacional líquida — e dependem de outros humanos. Porém, precisamente porque a divisão de trabalho, exaltada por Adam Smith, deixou a maior parte dos trabalhadores bastante especializados em aspectos distintos do processo de produção, Marx acreditava que as relações sociais se tornariam relações entre mercadorias (coisas).[48]

Marx ficou tão fascinado pelas dinâmicas do capitalismo que criou sua própria teoria do valor para explicar seu funcionamento. Diferente dos economistas anteriores, que tinham a tendência de definir produção com base no setor ou na ocupação (agricultura ou manufatura, comerciante ou clérigo), Marx definiu as fronteiras da produção em virtude de *como* os lucros eram obtidos. O pensador alemão indagou como, por serem donos dos meios de produção, os capitalistas podiam se apropriar da mais-valia, ao passo que os trabalhadores que forneciam a mão de obra recebiam apenas o suficiente para sobreviver — exatamente a pergunta feita por Big Bill Haywood. Ao colocar essa distinção no cerne da teoria do valor, Marx criou uma fronteira da produção nova e sem precedente. Sua teoria do valor mudou a economia — ao menos por um tempo.

Marx sustentava que os trabalhadores são produtivos se criam mais-valia, retida pela classe capitalista. Para ele, enquanto os trabalhadores do sistema de produção capitalista são produtivos, as perguntas fundamentais a serem feitas quando se está traçando a fronteira da produção são: quem participa da produção capitalista? Quem recebe o excedente produzido?

A figura 6 oferece uma resposta gráfica para essas questões. A esfera da produção, que corresponde à parte mais clara, inclui três setores básicos: primário, composto por materiais essenciais como alimentos e minerais (a única fonte de valor para Quesnay); secundário, a indústria, a base da criação de valor para Adam Smith e David Ricardo; e terciário, os serviços que Adam Smith considerava "imateriais". A parte mais escura em seu interior, chamada de "esfera da circulação", reflete a análise de Marx, que será discutida mais tarde, segundo a qual alguns aspectos das finanças são essenciais para a produção e merecem estar desse lado da fronteira da produção. Do outro lado, Marx seguiu as

Figura 6. A fronteira da produção segundo Karl Marx.

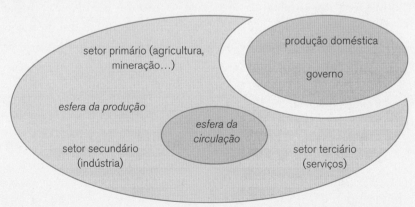

O VALOR DE TUDO

ideias de Adam Smith e Ricardo e considerou improdutivos tanto o Estado como a família.

Em uma economia capitalista, a todo momento ocorre uma relação entre a mais-valia e o valor usado para a subsistência dos trabalhadores — o que Marx chamou apenas de taxa de mais-valia; ela determina que parcela do produto econômico em potencial pode ser usada para o acúmulo e o crescimento. Marx referia-se ao capital usado para contratar mão de obra como capital "variável": os trabalhadores produzem mais capital do que neles é investido, por isso o capital que os contrata "varia" em relação ao total de capital do capitalista. O capital não utilizado para contratar mão de obra é investido em outros meios de produção, chamado capital "constante" — que inclui maquinário, terra, edifícios e matérias-primas —, cujo valor é preservado, não aumentando durante a produção.[49]

O valor usado para a subsistência dos trabalhadores, a parcela da receita alocada aos salários, não podia ser menor do que o necessário para restaurar a força de trabalho ou os trabalhadores pereceriam, o que impediria o capitalista de produzir mais-valia. Historicamente, os salários dos pobres tendiam a estar no nível da subsistência; contudo, aqui Marx apresenta uma ideia nova e poderosa que, desde então, vem sendo a base de diferentes conceitos: a luta de classes. O salário dos trabalhadores era determinado pela luta de classes. O lado mais forte era capaz de impor uma taxa salarial que lhe fosse favorável. Qual classe tinha mais poder era algo que estava relacionado ao que hoje podemos chamar de "rigidez" do mercado de trabalho. Se os salários aumentassem porque os trabalhadores tinham muito poder de negociação em um mercado de trabalho rígido, os capitalistas substituiriam mais mão de obra por máquinas, criando mais desemprego e competição entre os trabalhadores na luta por trabalho. Marx acreditava que os capitalistas tentariam manter uma "reserva" de desempregados para deixar baixos os salários e manter ou ampliar sua parcela do valor criado pelos trabalhadores.

Para os trabalhadores, o valor da força de trabalho é expresso em salário; para os capitalistas, em lucros. A taxa de lucro para uma empresa é a mais-valia dividida pelo capital constante e variável — em linhas gerais, o que hoje chamamos de taxa de retorno dos ativos de uma empresa. A taxa média de lucro da economia como um todo é a mais-valia total dividida pelo total de capital variável e constante. Mas o tamanho da taxa média de lucro depende do que compõe o capital (quanto há de capital variável e de constante) e da luta de classes — na prática, a relação entre o tamanho dos salários dos trabalhadores e o valor produzido. A taxa média de lucro também é afetada pela economia de escala à medida que a produtividade dos trabalhadores cresce em um mercado em expansão e com o aumento da especialização dos trabalhadores.[50] Marx acreditava, em especial, que o aumento da produção agrícola não levaria ao mundo estacionário e tolhido de alimentos imaginado por Ricardo.[51] E tinha razão: em linhas gerais, a produção de comida seguiu o ritmo do crescimento populacional. Marx também foi preciso em seu entendimento da capacidade da tecnologia de transformar a sociedade. Ele não teria ficado surpreso em observar até que ponto a automação substituiu as pessoas, nem, talvez, com a possibilidade de haver máquinas mais inteligentes do que seus criadores humanos.

A análise de Marx sobre quem recebia o que no capitalismo não parou por aí. Ele também fez a distinção entre as diferentes funções dos vários atores capitalistas na economia. Ao fazer isso, utilizou com astúcia sua teoria do valor para identificar aqueles que produzem e aqueles que não produzem valor.

Assim como os economistas que o precederam, Marx imaginava que a competição tenderia a uniformizar as taxas de lucros por toda a economia.[52] No entanto, nesse momento Marx apresentou uma distinção que é de fundamental importância tanto para sua teoria do valor quanto para as teorias subsequentes: a maneira como diferentes tipos de capitalistas obtêm seus lucros. As duas primeiras categorias identificadas por Marx foram capital de produção (ou industrial) e capital comercial. O primeiro produz mercadorias; o segundo faz com que as mercadorias circulem, vendendo-as, e possibilita que o dinheiro recebido esteja disponível para que o capital de produção adquira os meios de produção (o círculo cinza-escuro dentro da área mais clara da figura 6). Como explicou Marx, o primeiro cria mais-valia; o segundo a "realiza". Qualquer mercadoria que não seja vendida não terá, portanto, uso para um capitalista, independente de quanto ele explore seus trabalhadores, uma vez que não há a realização de mais-valia. O capital comercial, observou Marx, existia há milênios: comerciantes internacionais como os fenícios e os da Liga Hanseática compravam barato e vendiam a um preço elevado. O que eles não faziam era adicionar valor por meio de uma produção capitalista. No capitalismo, os capitalistas comerciais realizam o valor produzido pelos capitalistas de produção. Um exemplo do mundo moderno no qual se pode aplicar a teoria proposta por Marx é a Amazon; a empresa é um exemplo de capitalista comercial porque é um meio pelo qual capitalistas de produção vendem suas mercadorias e realizam a mais-valia. Os serviços de transferência de dinheiro oferecidos pelos bancos também são um exemplo de capital comercial.[53]

Marx sugeriu que, em princípio, empresas de produção também podiam realizar atividades de capital comercial. À medida que a produção se amplia, contudo, empresas capitalistas independentes provavelmente surgirão para levar a cabo essas funções como capitalistas de mercadoria ou de dinheiro. Em essência, esses capitalistas e a mão de obra que empregam estão preocupados apenas com a "circulação" do capital; não produzem mercadorias que geram mais-valia e, portanto, são improdutivos.[54] Todavia, uma vez que também se configuram como empresas capitalistas, exigem a mesma taxa de lucro que o capital de produção. Por conseguinte, uma parte da mais-valia é desviada para que se converta em receita, diminuindo a taxa média de lucro na economia.[55] Embora a mão de obra em empresas voltadas para a circulação de capital não crie mais-valia, ela é vista como produtiva pelos capitalistas comerciais porque assegura a parcela dos capitalistas na mais-valia existente, tornando-se lucro.[56] O surgimento de empresas distintas de capital comercial altera não só a estrutura de toda a economia, mas também a quantidade de mais-valia disponível para os capitalistas de produção.

Marx então identificou o capital "portador de juros" — capitalistas que, como os bancos, ganhavam juros sobre empréstimos realizados pelos capitalistas de produção para que expandissem sua produtividade. A geração de juros é possível porque, no capitalismo, dinheiro representa não apenas poder de compra — comprar mercadorias para o consumo —, mas também potencial para que mais lucro seja gerado no futuro por meio de seu investimento como capital.[57] O juro é deduzido da taxa de lucro do capitalista de produção. O capital portador de juros, diferente do capital comercial, não reduz a taxa geral de lucro; apenas o subdivide entre aqueles que recebem os juros e os que obtêm lucro.

A relação entre esses dois tipos de capital apresenta diferentes vantagens. É capaz de aumentar a dimensão e a velocidade da produção capitalista ao facilitar a obtenção de capital e reduzir o tempo de rotação (o tempo que o capital leva para produzir, vender e adquirir novos meios de produção — um "período" de produção). O capital portador de juros e o sistema de crédito que ele provê reduzem também a importância do capital comercial, por exemplo ao diminuir o tempo que os capitalistas de produção têm de esperar até que o comerciante volte com os ganhos obtidos com as vendas. Porém, como o capital portador de juros não produz nenhuma mais-valia, não é diretamente produtivo.[58]

Por fim, além desses tipos de capitalistas, Marx identificou um outro: proprietários de coisas escassas tais como terra, carvão, uma patente, o direito de exercer a advocacia etc. Essas coisas escassas podem melhorar a produtividade para além de seu nível usual — o mesmo artigo pode ser produzido em menos tempo de trabalho ou com menor quantidade de meios de produção. Isso, por sua vez, cria "lucros excedentes" — aquilo a que Adam Smith e David Ricardo poderiam ter se referido como "renda" — para capitalistas, ou latifundiários, ou proprietários, que podem explorar essas condições de produção vantajosas. Dessa forma, Marx esboça uma teoria de ganho de "monopólio".

O fundamental, sob o ponto de vista de Marx, é que o trabalho é produtivo se — e somente se — produz uma mais-valia para o capital de produção, o motor do sistema capitalista; isto é, se produz valor além do valor da força de trabalho. Para Marx, então, a fronteira da produção é definida não por setores e ocupações, mas pela maneira como se geram os lucros; mais especificamente, se uma ocupação é realizada em um contexto de produção capitalista. Apenas a empresa capitalista acumulará a mais-valia que pode conduzir a uma expansão da produção. Assim, a economia capitalista se reproduz a si mesma.

Participar da "circulação" ou da obtenção de juros não é um critério de avaliação da "utilidade" de tais atividades. Apenas se fazia necessário, sustenta Marx, que o capital se transformasse de forma-mercadoria para forma-dinheiro e de novo em forma-mercadoria.[59] Na verdade, Marx achava que uma esfera da circulação em bom funcionamento podia aumentar a taxa de lucro reduzindo o tempo de rotação do capital. Se a "esfera da circulação" não funcionava de maneira adequada — por exemplo, se o sistema de crédito que a fomentava era ineficaz —, havia o risco de se absorver uma parcela muito grande de mais-valia que os capitalistas esperavam gerar com a venda de seus produtos, impedindo, assim, o crescimento.

Marx aprimorou a distinção feita por Adam Smith entre os setores produtivos (indústria) e improdutivos (serviços), transformando-a em algo bem mais sutil. Como pode ser visto na figura 6, na teoria do valor de Marx toda empresa organizada de maneira privada que pertença ao lado interno da esfera da *produção* é produtiva, seja um serviço ou qualquer outra coisa. Aqui, o êxito de Marx foi ter ido além da simples categorização de ocupações, inserindo-as no panorama da reprodução capitalista.[60] A fronteira da produção de Marx estende-se agora entre a produção de bens e serviços de um lado e todas aquelas funções do capital que não criavam mais-valia adicional, tais como os juros cobrados por usurários ou o comércio especulativo de ações e títulos, do outro. As funções que se encontram do lado de fora da fronteira da produção conseguem uma parcela da mais-valia por meio da troca de capital circulante, da oferta de dinheiro ou possibilitando lucros excedentes (ou de monopólio).

Ademais, ao fazer a distinção entre diferentes tipos de atividades capitalistas — produção, circulação, capital portador de juros e renda —, Marx dá ao economista uma ferramenta extra de diagnóstico para examinar o estado da economia. A esfera da circulação está funcionando bem? Há capacidade suficiente para trazer capital para o mercado de modo que possa ser comercializado, que seu valor possa ser realizado e reinvestido na produção? Que parcela dos lucros é destinada ao pagamento dos juros? É a mesma para todos os capitalistas? Recursos escassos, por exemplo os "intelectuais" — patentes ou invenções —, criam condições vantajosas para os produtores com acesso a eles e geram "lucros excedentes" ou rendas para esses produtores?

David Ricardo e Karl Marx aprimoraram a teoria de renda para deixar claro que renda é uma receita obtida com a *redistribuição* de valor, e não com sua criação. Proprietários de terra não criam o solo, mas podem gerar receita graças a seu direito de excluir da terra outros (capitalistas) que poderiam usá-la para produzir valor. Qualquer tipo de renda é basicamente uma reivindicação do total da mais-valia social e, portanto, reduz os lucros dos capitalistas produtivos. Como se verá no próximo capítulo, a economia neoclássica (em voga) alterou de modo fundamental essa ideia de renda, transformando-a em um conceito de imperfeições e impedimentos que podem ser eliminados pela competição.

Todas essas questões voltaram uma vez mais à tona desde a crise financeira de 2008. No cerne de todas elas está a forma como as finanças têm atuado em benefício próprio, e não, de fato, a serviço daquilo que o economista americano Hyman Minsky (1919-96) chamou de "o desenvolvimento do capital da economia".[61] Em outras palavras, em vez de facilitar a produção industrial, as finanças simplesmente se degeneraram em um cassino, tendo como objetivo apropriar-se da maior quantidade possível do excedente que existe.[62] Porém, ver esse cassino como mera imperfeição ou uma fonte estável de receita não merecida (de modo que atividades que não criam valor possam, de alguma forma, apresentar-se como tais) faz toda a diferença para políticas cujo intuito é reformar o sistema.

A tentativa de Marx de definir a fronteira da produção foi mais rigorosa do que aquela feita por Adam Smith e por David Ricardo e, sem dúvida, estava bem longe das propostas por Sir William Petty e Gregory King. Marx apresentou a ideia de força de trabalho como um padrão de valor objetivo e invariável, partindo da premissa essencial compartilhada por economistas anteriores de que o valor deriva do trabalho. Também dividiu com eles a crença de que o governo é improdutivo. Os economistas antigos e os clássicos deixaram um legado de ideias a respeito do valor — sobre moedas e proteção, livre mercado, renda, governo e tecnologia — que reverberaram por séculos e ainda hoje permanecem vivas.

O próximo capítulo analisa como o mundo intelectual dos economistas clássicos estava prestes a virar de ponta-cabeça, quando a tinta dos textos de Marx escritos na sala de leitura do Museu Britânico ainda estava fresca.

2
O valor está nos olhos de quem vê: a ascensão dos marginalistas

[...] *a distribuição da receita da sociedade é controlada por uma lei natural* [...] *essa lei, caso funcionasse sem atritos, concederia a cada agente de produção a quantidade de riqueza por ele criada.*

J. B. Clark, *The Distribution of Wealth: A Theory of Wages, Interests and Profits* (1965)[1]

NAS MÃOS DE MARX, A TEORIA DO VALOR tornou-se uma poderosa ferramenta para analisar a sociedade. Enquanto Adam Smith elogiara os méritos da busca individual por felicidade e lucro, e Ricardo transformara o capitalista empreendedor no herói da economia, Marx mostrou-se bem mais crítico. À medida que a Revolução Industrial progredia e jogava massas de trabalhadores europeus na pobreza urbana, sua teoria do valor-trabalho não era apenas um conjunto de ideias abstratas, mas uma crítica ativa ao sistema que ele via se desenvolver a seu redor. Se a mão de obra produzia valor, por que os trabalhadores continuavam a viver na pobreza e na miséria? Se os financistas não criavam valor, por que se tornaram tão ricos?

No entanto, a teoria do valor-trabalho estava com seus dias contados. Este capítulo é dedicado ao surgimento de um novo conjunto de ideias que inverteu o argumento anterior de que o valor estava arraigado a condições objetivas de produção, e de que todas as demais categorias econômicas, como o preço dos produtos e dos serviços, estavam subsumidas a ele. Os economistas clássicos perderam sua coroa para uma nova dinastia: os neoclássicos.

Novos tempos, nova teoria

Críticas socialistas da teoria do valor estavam se multiplicando mesmo antes de Marx escrever *O capital*. Um grupo chamado "socialistas ricardianos" usou a teoria do valor-trabalho proposta por Ricardo para exigir melhores salários para os trabalhadores. Entre eles estavam o irlandês William Thompson (1775-1833), Thomas Hodgskin (1787-1869) e John Gray (1799-1883), ambos britânicos, e John Bray (1809-97), nascido nos Estados Unidos, mas que, durante parte de sua vida, trabalhou na Inglaterra. Juntos, eles sustentavam o argumento óbvio de que se o valor das mercadorias derivava da mão de obra, a receita de suas vendas deveria ir para os trabalhadores. Essa ideia fundamenta o cooperativismo do fabricante têxtil Robert Owen (1771-1858), para quem a solução era dar aos trabalhadores participação como proprietários, tanto das fábricas quanto das infraestruturas criadas pelo Estado. Marx e Engels eram amigos de alguns desses grupos, mas tinham pouca afinidade com aqueles que, segundo ambos acreditavam, não faziam uma análise apropriada dos motivos de as coisas estarem dando errado. Os dois colaboraram com grupos dispostos a promover críticas ao capitalismo.

A oposição intelectual ao capitalismo encontrou seu equivalente prático em uma variedade crescente de organizações políticas radicais e socialistas que vinculavam as condições, muitas vezes terríveis, dos trabalhadores aos programas de ação para remediá-las. Na Inglaterra, os cartistas (1837-54) exigiam reformas no sistema político; o sindicalismo começou a angariar uma quantidade significativa de seguidores. Em 1851, foi criada a Amalgamated Society of Engineers [Sociedade Unida dos Engenheiros]; em 1868, o Trade Union Congress [Congresso de Sindicatos]. Durante a recessão dos anos 1880, o socialismo tornou-se mais difundido, culminando com a fundação do Partido Trabalhista, em 1900. Nesse aspecto, a Inglaterra estava um tanto atrasada: o Partido Social-Democrata da Alemanha havia sido fundado em 1875 e a Federação dos Trabalhadores Socialistas da França, quatro anos depois.

Enfrentando essas ameaças ao status quo, os poderes existentes precisavam de uma nova teoria do valor que os colocasse sob uma óptica mais positiva. Outras influências também encorajavam a busca por uma

O VALOR DE TUDO

análise nova a respeito do funcionamento do capitalismo e da preocupante questão acerca da procedência do valor. O pessimismo de Thomas Malthus em relação aos perigos do crescimento populacional era uma afronta à crença no progresso, em voga no final do século XIX — e as evidências não pareciam sustentar suas ideias, uma vez que a escassez de alimentos que ele previra não se materializara. O inconformismo oferecia uma base moral com a qual era possível argumentar que o empobrecimento das massas, temido por Marx e outros intelectuais, não era inevitável nem desejável. O desenvolvimento das ciências naturais e da matemática encorajou tentativas de colocar a economia em pé de igualdade "científica", em oposição ao que vinha sendo visto como uma tentativa, por parte dos economistas políticos, de situá-la como mais "literária". Mais importante de tudo, talvez, o aumento do poder dos capitalistas em uma sociedade há tempos dominada por proprietários de terra aristocratas e pela nobreza local significava que era preciso uma nova análise sobre o capitalismo para que sua posição se justificasse.

O eclipse dos clássicos

Uma série de pensadores e economistas que eram, de certa forma, contemporâneos de Marx começou a estabelecer as bases para aquilo que passaria a ser a economia moderna dominante. Lorde Lauderdale (1784-1860), conde escocês, defendia a ideia de que os proprietários de terra eram produtivos; para o advogado e economista inglês Nassau Senior (1790-1864), os lucros eram uma recompensa pela abstenção do consumo. Relacionar lucros com a noção de sacrifício permitiu uma justificativa moral útil para a grande desigualdade de rendas entre capitalistas e trabalhadores.[2] Ademais, como o capital escasso podia tanto ser investido quanto poupado, os lucros não estavam mais vinculados a teorias de exploração, mas passaram a ser vistos apenas como uma compensação por se ter poupado e não consumido.

No entanto, para enterrar de vez os clássicos, uma nova teoria do valor tinha de ser criada. Dois dos principais arquitetos daquilo que viria a ser conhecido como economia neoclássica foram Léon Walras

88

(1834-1910) e William Stanley Jevons (1835-82). Walras era professor de economia em Lausanne, Suíça. Para ele, "a característica de uma ciência propriamente dita é a indiferença completa a qualquer consequência, vantajosa ou indesejável, de seu vínculo com a busca da pura verdade".[3] Walras estava interessado em mostrar que a economia era uma verdadeira ciência, menos nebulosa do que a sociologia ou a filosofia, e que se propunha a descobrir "puras verdades" na ciência econômica teórica, em vez de se voltar para suas aplicações. Jevons, professor de economia política na University College em Londres, abriu seu livro *A teoria da economia política* afirmando que a economia, "se quiser ser de fato uma ciência, deve ser uma ciência matemática". Ele justificava essa declaração dizendo que a economia lidava com quantidades: havia, continua Jevons, "leis" na economia, que podia se tornar como qualquer outra ciência "exata" se dados estatísticos comerciais suficientes estivessem disponíveis. Jevons chamou sua teoria econômica de "a mecânica da utilidade e do autointeresse".

Outro economista que vinculou valor à utilidade foi Carl Menger (1840-1921), um dos fundadores da "escola austríaca" de economia. Como veremos mais tarde, utilidade é um conceito amplo, que combina ideias sobre a eficiência de um produto — o carro é confiável? — com noções mais vagas a respeito de satisfação e até de felicidade — o novo carro impressiona os vizinhos? Para Menger, o valor oriundo da utilidade determina o custo de produção; o custo de produção, incluindo o custo da mão de obra, não determina valor. Ainda que originais, as ideias de Menger não se encaixavam confortavelmente na nova narrativa de que a economia tinha de ser muito mais abstrata, expressa de modo eficiente em equações matemáticas com base na física newtoniana.

Do objetivo ao subjetivo: uma nova teoria do valor baseada nas preferências

Walras, Jevons e Menger ofereceram um ponto de vista positivo e "científico" para a reprodução, o comércio e a distribuição de receita. Eles usaram o conceito que tempos depois viria a ser chamado de "utilidade marginal", e sua propagação de uma nova visão sobre a teoria do valor é, hoje, vista como uma "revolução marginal"[4] — no entanto, foi uma revolução lenta.

A teoria da utilidade marginal do valor afirma que toda receita é a recompensa de uma atividade produtiva. Devido aos vastos investimentos que estavam sendo feitos em fábricas e em edifícios durante a Revolução Industrial, ela ajustava-se às circunstâncias instáveis da segunda metade do século XIX. Mas ela não surge do nada; sua história, na verdade, vem de longe. Na época medieval, pensadores afirmavam que "preços justos" eram aqueles que refletiam a utilidade de um objeto. Tomás de Aquino, filósofo e teólogo do século XIII, em sua *Suma teológica*, discutiu o conceito do preço justo em uma seção de sua obra chamada "Da fraude cometida na compra e na venda". O preço justo era um conceito normativo, contra aquilo que era visto como o preço injusto, resultante da ganância moralmente má. A Igreja medieval condenava o pecado da ganância e da avareza, o que, grosso modo, significava a exploração posta em prática por intermediários e usurários. No *Inferno*, de Dante, usurários são relegados à parte mais quente do inferno (sétimo círculo) porque estavam ganhando dinheiro não por meio de recursos produtivos, que, para Dante, eram a natureza ou a arte, mas pela especulação e a diferença nas taxas de juro. De fato, o poeta italiano sentia-se tão enojado pela usura que colocou os usurários logo abaixo do círculo do inferno que abrigava os sodomitas.

Essa visão normativa e moral do preço, vinculada à fraude ou a um comportamento criminoso, começou a esmorecer após o século XVII — época de Sir William Petty e de Gregory King —, mas persistiu até ser suplantada de maneira definitiva pelo conceito de utilidade individual, que defendia que não se tratava de bom ou mau, mas do modo como objetivos comuns podiam ser atingidos com cada pessoa tentando maximizar o lucro para si. Em 1776 — ano em que Adam Smith publicou *A riqueza das nações* —, o inglês Jeremy Bentham afirmou que "a maior felicidade para o maior número [de pessoas]" deve ser "o fundamento da moral e da legislação".[5] Em outras palavras, uma ação deve ser avaliada de acordo com suas consequências em determinado contexto: o assassinato pode ser justificável se evita mais mortes. Essa teoria "utilitarista" da ética respingou nas ideias sobre produção. Na França, Jean-Baptiste Say (1767-1832), contemporâneo de Adam Smith e ferrenho crítico de Quesnay, afirmou, em seu *Tratado de economia política*, de 1803, que o valor de uma mercadoria reside em sua utilidade para o comprador e que, portanto, a mão de obra produtiva é aquela que produz utilidade. Sob o ponto de vista de Say, a mão de obra dos serviços — que os economistas clássicos acreditavam pertencer por completo à categoria "improdutiva", uma vez que não eram capazes de produzir "coisas" — podia, na verdade, ser reclassificada como produtiva, desde que esses serviços atingissem um preço e a mão de obra recebesse um salário.[6]

A pessoa mais influente no desenvolvimento da teoria da utilidade foi o economista britânico do final do século XIX e início do século XX Alfred Marshall (1842-1924), professor de economia política (nome ainda utilizado àquela altura) em Cambridge. É significativo o fato de Marshall ter estudado matemática. Sua obra *Princípios de economia*, de 1890, propagou ideias novas a gerações de estudantes. A biblioteca de economia de Cambridge é conhecida apenas como a biblioteca Marshall; livros didáticos de introdução à economia ainda incluem diagramas elaborados por ele no século XIX.

Em muitos aspectos, Marshall era um herdeiro natural da tradição clássica; aceitava que o custo da produção era importante para determinar o valor da mercadoria. Porém, ele e seus seguidores transformaram os conceitos sobre valor, que se voltava para o estudo de grandes quantidades de capital, mão de obra e insumos tecnológicos e seus retornos, para ideias de pequenas quantidades regulares. Valendo-se de cálculos matemáticos, eles se concentraram em como uma mudança pequena — ou "marginal" — em uma variável provoca uma mudança em outra; por exemplo, como uma pequena mudança no preço afeta a oferta e a demanda do produto.

Então, o que é essa nova teoria do valor, o marginalismo? Primeiro, ela se baseia nas noções de utilidade e escassez e é subjetiva: o valor das coisas é medido pela sua utilidade para o consumidor. Portanto, não há um padrão "objetivo" de valor, uma vez que a utilidade pode variar entre indivíduos e em momentos diferentes. Depois, essa utilidade diminui à medida que aumenta a quantidade de alguma coisa que se tem ou se consome. A primeira barra de chocolate que você come num dia pode lhe ser muito útil ou proporcionar-lhe satisfação, até mesmo felicidade; é agradável e pode até evitar pontadas de fome. No entanto, conforme você continua a comer barras de chocolate, elas deixam de ser tão prazerosas e talvez façam com que você se sinta mal. Em algum momento a utilidade conquistada por meio de sua ingestão diminuirá.[7] Dessa forma, a utilidade da última barra de chocolate é menor, provavelmente bem menor, do que a das primeiras consumidas. Isso é a "utilidade marginal" — no caso das barras de chocolate, das quais as últimas valem bem menos para você do que as anteriores, uma "utilidade marginal decrescente". Do mesmo modo, quanto mais escassa alguma coisa for, maior será a sua utilidade — isso é a "utilidade marginal crescente". Uma barra de chocolate em uma ilha deserta pode lhe proporcionar mais felicidade do que qualquer quantidade de barras de chocolate que você compre no supermercado da esquina.

A ascensão dos "neoclássicos"

Os preços, então, refletem a utilidade que os compradores conseguem extrair das coisas. Quanto mais escassas forem — quanto maior sua utilidade marginal —, mais consumidores estarão dispostos a pagar por elas. Essas mudanças na utilidade marginal de um produto passaram a ser conhecidas como "preferências" do consumidor. O mesmo princípio se aplica aos produtores. "Produtividade marginal" é o efeito que uma unidade extra de bens produzidos teria nos custos de produção. O custo marginal de cada barra de chocolate extra que sai da linha de produção é menor do que o custo da anterior.

O conceito de marginalismo está no cerne daquilo que hoje é conhecido como teoria "neoclássica" — o conjunto de ideias que seguiram a teoria clássica desenvolvida por Adam Smith e David Ricardo e que foi ampliada por Marx. O termo *neo*clássico reflete o modo como os novos teóricos beberam na fonte dos grandes clássicos que os precederam, e, então, levaram o conceito a novas direções. A teoria da microeconomia, teoria a respeito de como empresas, trabalhadores e consumidores fazem escolhas, baseia-se na teoria neoclássica de produção e consumo, que se apoia na maximização dos lucros (empresas) e na utilidade (consumidores e trabalhadores).

Como matemático, Marshall usou o cálculo matemático, que tomou emprestado da física newtoniana, para desenvolver sua teoria sobre o funcionamento da economia. Em seu modelo, o ponto em que o dinheiro de um consumidor tem mais valor para ele do que a unidade extra (marginal) de uma mercadoria (aquela próxima barra de chocolate) que seu dinheiro pode comprar é o momento em que o sistema se encontra em "equilíbrio", uma ideia que evoca a descrição de Newton a respeito de como a gravidade mantém o Universo unido. As curvas leves e contínuas dessas forças equilibradoras e evolutivas retratam um sistema pacífico e potencialmente "ideal". A inclusão de conceitos como o equilíbrio no modelo neoclássico teve o efeito de mostrar o capitalismo como um sistema pacífico impulsionado por mecanismos competitivos autoequilibrantes — um contraste gritante com o modo como o sistema havia sido retratado por Marx (uma luta de classes), cheio de desequilíbrio e longe do ideal, e cujas revoluções dele resultantes teriam sido mais bem descritas pelo conceito de salto quântico de Erwin Schrödinger e pela mecânica ondulatória.

Marshall estava tão ávido por enfatizar as forças equilibradoras e evolutivas da economia, com suas curvas leves e contínuas capazes de serem descritas pelo cálculo matemático, que a epígrafe de seu *Princípios de economia*, de 1890, continha a citação latina *Natura non facit saltum*, um aceno ao uso feito por Darwin em *A origem das espécies*, de 1859, para mostrar que a natureza, em vez de progredir por meio de saltos e ricochetes, evolui a passos graduais, partindo de mudanças anteriores.

O conceito de equilíbrio teve grande apelo no início do século xx, quando a ascensão do socialismo e dos sindicatos na Europa ameaçava a velha, e muitas vezes autocrática, ordem; segundo a sabedoria popular, o capitalismo era, em grande medida, autorregulador, e o envolvimento do Estado era desnecessário ou mesmo perigoso.

O equilíbrio baseava-se na noção de escassez e em seu efeito nos rendimentos decrescentes: quanto mais se consome, menos se aprovei-

O VALOR DE TUDO

ta cada unidade de consumo após determinado período (prazer máximo); e quanto mais se produz, menos lucro se obtém de cada unidade marginal produzida (lucro máximo). É esse conceito dos rendimentos decrescentes que permite aos economistas da atualidade traçar leves curvas em diagramas, usando cálculo matemático, de modo que os pontos máximo e mínimo (por exemplo, a base de uma curva em forma de U que mostra como os custos variam com o aumento da produção) indiquem as metas de equilíbrio e a maximização da utilidade.

Economistas do século XIX gostavam de ilustrar a importância da escassez para o valor usando o paradoxo da água e do diamante. Por que a água é barata apesar de necessária para a vida humana e os diamantes são caros e, portanto, de alto valor, ainda que os seres humanos possam facilmente viver sem eles? A teoria do valor-trabalho de Marx — aplicada de maneira ingênua — asseguraria que os diamantes exigem muito mais tempo e esforço para serem produzidos. Mas a nova teoria do valor com base na utilidade, como definiram os marginalistas, explicava que a razão para a diferença no preço estava na *escassez* de diamantes. Onde há uma abundância de água, ela é barata; onde há uma escassez (como no deserto), seu valor pode se tornar mais alto. Para os marginalistas, essa teoria de escassez do valor tornou-se a justificativa para o preço de tudo, de diamantes a água e até do salário dos trabalhadores.

A ideia de escassez tornou-se tão importante para os economistas que, no início dos anos 1930, levou um influente economista britânico, Lionel Robbins (1898-1984), professor de economia da London School of Economics, a definir o próprio estudo da economia com base na escassez; sua descrição desta como "o estudo da alocação de recursos sob condições de escassez" ainda é amplamente utilizada.[8] O surgimento do marginalismo foi um momento crucial na história do pensamento econômico, lançando as bases para a teoria econômica dominante nos dias de hoje.

A REVOLUÇÃO MARGINAL

Os "revolucionários marginais", como foram chamados, usaram a utilidade marginal e a escassez para determinar os preços e o tamanho do mercado. Em sua óptica, a oferta e a procura de recursos escassos regulam o valor expresso em dinheiro. Como as coisas comercializadas em uma economia de mercado monetário possuem preços, o preço é, em última instância, a medida de valor. Essa nova e poderosa teoria explicava como se chegava a um preço e quanto de determinada coisa era produzido.[9] A competição garante que a "utilidade marginal" do último item vendido determine o preço dessa mercadoria. O tamanho do mercado em relação a uma mercadoria específica — isto é, o número de itens que precisa ser vendido até que a utilidade marginal deixe de cobrir o custo de produção — é explicado pela escassez e, portanto, pelo preço dos insumos alocados à produção. O preço é uma medida direta do valor.[10] Estamos, logo, muito longe da teoria do valor-trabalho.

No entanto, o que esse modelo ganha em versatilidade — a noção de que a preferência de milhões de indivíduos determina os preços e, portanto, o valor —, perde em capacidade, ou melhor, falta de capacidade para medir aquilo que Adam Smith chamou de "a riqueza das nações", a produção total de uma economia em termos de valor. Como agora o valor é meramente um conceito relativo (pode-se comparar o valor de duas coisas por meio de seus preços e de como esses preços podem variar), não é mais possível medir o trabalho que produziu os bens na economia e, assim, estimar quanta riqueza foi criada.

Utilidade e escassez marginal precisam de algumas premissas extras para que a determinação do preço funcione como pretendido. Em primeiro lugar, todos os seres humanos têm de ser calculadores de utilidade unidimensionais que sabem o que é melhor para si, que preço pagar por cada mercadoria e como fazer uma escolha economicamente "racional".[11] Depois, não deve haver interferência, por exemplo de monopólios, na determinação dos preços. "Equilíbrio" com uma "competição perfeita" — na qual oferta e procura são equilibradas de maneira exata, uma ideia desenvolvida por Jean-Baptiste Say ainda no início do século XIX — se tornou um conceito necessário e central para a economia. Essas premissas, como veremos, possuem forte implicação nas discussões atuais acerca da criação de valor.

A FRONTEIRA DA PRODUÇÃO TORNA-SE MALEÁVEL

As consequências do pensamento marginal para a fronteira da produção são gigantescas. Como vimos, pensadores clássicos divergiram em suas definições a respeito de quem era e quem não era produtivo. Para Quesnay, apenas os agricultores eram produtivos; Adam Smith situa os serviços na faixa "improdutiva"; e mesmo Marx definiu os trabalhadores produtivos como aqueles que atuavam na produção capitalista. Todavia, no pensamento marginal essas classificações foram ignoradas, sendo substituídas pela noção de que apenas aquilo que alcança um preço no mercado (legalmente) pode ser classificado como atividade produtiva. Ademais, a produtividade flutuará com os preços, uma vez que são os preços que determinam o valor, não o contrário. Dessa forma, a teoria da utilidade muda por completo o conceito de trabalho produtivo e improdutivo. Na verdade, a distinção cai por terra, tendo em vista que todo setor que produz para o mercado comercializa seus produtos — o que significa que agora há poucos setores que são de fato improdutivos. A única parte da economia que, de modo evidente, encontra-se do lado de fora da fronteira da produção e é improdutiva, como mostra a figura 7, compreende aqueles que recebem receita apenas como transferência, tais como subsídios para empresas ou pagamentos referentes à seguridade social dos cidadãos.

No estado de "equilíbrio" de Marshall, no qual os preços não são distorcidos, todos recebem aquilo que merecem — o que pode mudar caso os consumidores alterem seus gostos ou a tecnologia avance. Isso tem consequências importantes para o modo como as receitas são calculadas e justificadas. O que os trabalhadores recebem reflete-se em sua produtividade marginal e em suas preferências reveladas (utilidade marginal) em relação ao lazer frente ao trabalho. Não há mais espaço para as distinções analíticas que Ricardo ou Marx apresentaram sobre a contribuição dos trabalhadores para a produção, muito menos para a exploração desse trabalhador. Tem-se valor porque o que está sendo oferecido é escasso. Como diante da escassez calculamos racionalmente a utilidade, não admitimos desperdícios. Os trabalhadores podem optar pelo desemprego porque isso lhes dá mais utilidade marginal do que

Figura 7. A revolução marginal.

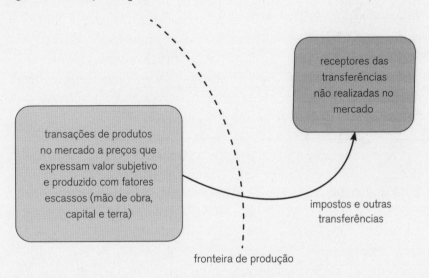

trabalhar por esse ou aquele salário específico. O corolário dessa lógica é que o desemprego é voluntário. O desemprego voluntário surge a partir do momento em que se veem agentes econômicos escolhendo de modo racional entre trabalho e lazer (isto é, "maximização intertemporal", na economia moderna). Em outras palavras, o conceito de Marx da "reserva de desempregados" desaparece por completo.

Como bem destacou Lionel Robbins:

> Em primeiro lugar, um homem isolado deseja tanto a renda real quanto o lazer. Em segundo lugar, ele não possui o suficiente de qualquer um dos dois para satisfazer a necessidade que tem de cada um. Em terceiro lugar, ele pode gastar seu tempo aumentando sua renda real ou pode gastá-lo em mais lazer. Em quarto lugar, pode-se presumir que, salvo em casos excepcionais, seu desejo pelos diferentes elementos que integram a renda real e pelo lazer será diferente. Portanto, ele tem de escolher. Ele tem de economizar.[12]

Inerente ao conceito de equilíbrio está a ideia de que todos se interessam por tudo. Nos anos 1940, o economista britânico nascido na Rússia

O VALOR DE TUDO

Abba Lerner (1903-82) formulou o que chamou de "o primeiro teorema fundamental do bem-estar",[13] que basicamente afirma que mercados competitivos levam a resultados "ótimos" para todos. A partir do momento em que os preços atingem equilíbrio nas trocas no mercado, ninguém pode estar em condição melhor, ou, na linguagem econômica, ter um aumento de seu "bem-estar" (por exemplo, aceitando mais trabalho) sem fazer com que isso prejudique alguém.

Nos dias de hoje, mercados competitivos em que ninguém pode melhorar sua condição sem prejudicar a condição de outrem são conhecidos como "ótimo de Pareto", em homenagem ao sucessor de Walras em Lausanne, Vilfredo Pareto (1848-1923), que foi o primeiro a apresentar o termo "maximização do bem-estar". Em seu *Manual de economia política* (1906), Pareto estudou o equilíbrio econômico em relação a soluções para problemas individuais de "objetivos e restrições" e foi o primeiro economista a sustentar que a maximização da utilidade não precisava ser cardinal (isto é, uma representação exata do quanto alguém desejava alguma coisa), mas apenas sua quantia ordinal (quanto eles desejavam aquilo mais do que alguma outra coisa — X versus Y). Isso fez com que os cálculos matemáticos ficassem ainda mais fáceis de serem usados, e muitas propriedades do bem-estar na economia atual levam seu nome. Ele usou suas teorias para defender o livre-comércio na Itália, o que fez com que não fosse popular entre o governo fascista da época, que era mais protecionista.

Contudo, para que se chegue a esses resultados "ótimos", deve-se assegurar que o equilíbrio se sustente: todos os obstáculos ao equilíbrio, tais como um governo interventor, monopólios, outras rendas que surgem com a escassez etc., devem ser removidos. Nossos problemas, asseguram os marginalistas, são derivados apenas das imperfeições e das inibições presentes no funcionamento fluido da máquina capitalista. A renda não é mais considerada "receita não merecida", como era o caso com os economistas clássicos, mas uma imperfeição que pode ser solucionada por meio da competição. Deixado à vontade, o capitalismo, portanto, é capaz de criar valor máximo para todos, o que é, convenientemente, o que todos "merecem" de acordo com seu produto marginal. O contraste com os economistas clássicos é flagrante. Para

Marx, os capitalistas apropriam-se da mais-valia ao pagar um salário menor do que o valor do trabalho. Adam Smith e David Ricardo sustentavam que o valor era criado pelo esforço que diretamente se adicionava à riqueza das nações. Porém, com a utilidade marginal já não há mais classes, apenas indivíduos, e tampouco há uma medida objetiva de valor.

Essa abordagem tem uma consequência muito importante: sugere que o governo não deve jamais intervir na economia a não ser que ocorram falhas no mercado. A teoria da falha de mercado usa o primeiro teorema fundamental da economia de bem-estar como ponto de partida. Essa teoria determina que os mercados são os alocadores mais eficazes de recursos sob três condições específicas: primeiro, que exista um conjunto completo de mercados, de modo que todos os bens e serviços que se procuram e se oferecem sejam comercializados a preços conhecidos publicamente; que todos os consumidores e produtores se comportem de modo competitivo; e que exista um equilíbrio.

O descumprimento de qualquer uma dessas três premissas leva o mercado a realizar uma alocação ineficiente de recursos, ou, na linguagem dos marginalistas, "falhas de mercado". Falhas de mercado podem surgir quando há "externalidades positivas", benefícios para a sociedade como pesquisa científica básica que dificilmente geram lucros para empresas ou indivíduos; ou "externalidades negativas", coisas ruins como a poluição, que prejudicam a sociedade, mas não estão incluídas nos gastos da empresa. Se os mercados não são "ótimos de Pareto", então todos poderiam estar em uma situação melhor em virtude da implementação de políticas públicas que corrigissem a falha de mercado em questão.[14] No entanto, conforme veremos no capítulo 8, um ramo da economia conhecido como "teoria da escolha pública", defendida pelo vencedor do prêmio Nobel James Buchanan (1919-2013), sustentou, tempos depois, que como as falhas dos governos são ainda piores do que as dos mercados (devido à corrupção e à apropriação), a correção das falhas do mercado realizada por burocratas pode piorar ainda mais as coisas.

O VALOR DE TUDO

DA LUTA DE CLASSES AOS LUCROS E SALÁRIOS EM "EQUILÍBRIO"

A definição de que tudo que pode conter preço tem valor levou os marginalistas a concluírem que se ganha o quanto se vale. Os lucros não são determinados pela exploração, mas pela tecnologia e o "produto marginal do capital". Capital e trabalho são vistos como os dois principais insumos da produção, e assim como o trabalho recebe salário por sua contribuição produtiva (produto marginal do trabalho), o capital ganha um rendimento (produto marginal do capital). John Bates Clark (1847-1938), um ex-crítico do capitalismo que se converteu e passou a ser um dos mais fervorosos contribuintes da revolução marginalista, refutava com veemência a ideia de que a mão de obra era explorada. O capital não pode explorar a mão de obra, sustentava ele, porque trabalho e capital apenas recebem suas "justas recompensas" — seus produtos marginais. De acordo com Clark, os próprios bens de capital eram as recompensas pelo autocontrole capitalista. Em vez de consumir seus lucros, eles os haviam poupado — poupança que, em algum momento, resultaria em um maior investimento em mais bens de capital (voltaremos a isso no capítulo 8).

O ponto de vista do equilíbrio desviou a atenção das tensões entre capital e mão de obra e, em última instância, das teorias alternativas sobre as fontes e a distribuição de valor — que quase desapareceram do final do século XIX em diante, excetuando-se em círculos expressamente marxistas e nas ideias de economistas como Joan Robinson (1903-83), professora de economia em Cambridge, e Piero Sraffa (1898-1983), um italiano que também estudou e trabalhou em Cambridge. Ambos eram críticos ferrenhos da ideia neoclássica de produção, acreditando que o conceito de produto "marginal" de trabalho e de capital tinha uma fundamentação ideológica e era, ainda, sujeito a uma "falácia de composição": a teoria neoclássica de produção não podia ser aplicada ao sistema todo. Eles se envolveram de maneira ativa no que depois ficou conhecido como "a controvérsia de Cambridge": um debate entre a dupla Robinson e Sraffa, baseados em Cambridge, no Reino Unido, e Solow e Samuelson, que faziam parte do MIT, em Cambridge, Massachusetts.

O VALOR ESTÁ NOS OLHOS DE QUEM VÊ: A ASCENSÃO DOS MARGINALISTAS

Sraffa e Robinson defendiam que o "capital" era heterogêneo e, por isso, não poderia ser usado como um conceito adicionado, isto é, não era possível ser adicionado porque seria como adicionar maçãs a laranjas. Em 1952, Robinson, influenciada pelos escritos de Sraffa, sustentou que a ideia de lucros como medida de valor do capital é uma tautologia: não há como saber o valor do capital sem saber os preços de equilíbrio, e esses exigem uma taxa de lucro de equilíbrio que não pode ser obtida a menos que se tenha estimado o valor do capital. Ademais, seguindo as ideias de Marx, Robinson e Sraffa pleiteavam que a taxa de lucro não era uma recompensa pela contribuição produtiva de "capital"; era derivada de relações sociais, isto é, quem possuía os meios de produção e quem era obrigado a trabalhar para eles. A circularidade da lógica da teoria neoclássica foi aceita, em partes, por Samuelson em um artigo famoso de 1966 publicado no prestigioso *Quarterly Journal of Economics*, em que ele admite a validade lógica das ideias apresentadas por Robinson e Sraffa. Solow, por sua vez, afirmava que a economia neoclássica não deveria se abalar por aquelas críticas; e, de fato, o debate entre os "clássicos" e os "neoclássicos" viria a desaparecer tempos depois — tanto que a maior parte dos estudantes de economia hoje em dia nem sabe que ele aconteceu.

De maneira surpreendente, a teoria neoclássica do valor não mudou muito nos últimos cem anos. A maximização da utilidade estendeu-se para além da esfera econômica a fim de explicar o comportamento humano, incluindo o crime, o vício em drogas e até modelos de divórcio. Essa ideia singular surgiu com Gary Becker (1930--2014), um americano que era professor de economia e sociologia na Universidade de Chicago e que, em 1992, ganhou o prêmio Nobel de economia. Em essência, Becker postulou que duas pessoas se casam quando essa união provoca um excedente positivo em comparação ao ato de se manter solteiro. Esses ganhos podem advir de, por exemplo, economias de escala, provisão de seguros e compartilhamento de riscos em geral. As ideias de Becker encorajaram muitos outros a realizar estudos semelhantes.

Tentou-se também forjar conexões sólidas entre padrões macroeconômicos (a economia toda; por exemplo, inflação, desemprego e ciclos econômicos) e decisões microeconômicas tomadas por pessoas e por empresas. E, como veremos, outro trabalho voltou-se para a necessidade de se incluir bens não precificados (como os cuidados com as pessoas) no PIB.

Todavia, apesar das críticas, a teoria da utilidade marginal prevalece e é bastante influente. A estreita ideia de equilíbrio segundo a qual todos nós nos beneficiaríamos da competição perfeita influenciou — e segue influenciando — políticas estatais e organizações multilaterais poderosas, caso do Fundo Monetário Internacional e do Banco Mundial: a maneira pela qual, a partir da concorrência perfeita, os indivíduos vão, supostamente, maximizar suas preferências e as empresas seus lucros de modo que todos nos beneficiemos. Com base nas pressuposições da economia contemporânea, não se pode mais afirmar com segurança quem cria valor e quem o extrai e, portanto, como os ganhos da produção (receita) devem ser distribuídos de modo razoável. No próximo capítulo veremos como essa abordagem subjetiva do valor também teve um grande impacto no modo como se *medem* a riqueza e as receitas nacionais por meio da ideia de PIB.

O desaparecimento da renda e por que isso é importante

Quando alunos aprendem sobre microeconomia na sala de aula (como se determinam os preços, incluindo os salários), não lhes é dito que essa é apenas uma de muitas abordagens diferentes para se pensar valor; até onde sabem, essa é a única e, por conseguinte, não é preciso fazer referência à palavra "valor". O termo, em essência, desaparece do discurso; é apenas introdução à microeconomia.

Ao concluir nossa história acerca do pensamento econômico, devemos perguntar: isso é apenas um exercício acadêmico ou é mais relevante? A tese deste livro é que é *realmente* relevante, fundamental para nosso entendimento da extração de valor — e, portanto, para nossa capacidade de limitá-la.

O conceito de "renda" mudou no pensamento econômico ao longo dos séculos porque a renda é o principal meio pelo qual se extrai valor.

102

O VALOR ESTÁ NOS OLHOS DE QUEM VÊ: A ASCENSÃO DOS MARGINALISTAS

Os economistas do século XVIII descreveram renda como receita não merecida, vista por eles como receita advinda apenas da movimentação de recursos de uma mão para outra. Sua desaprovação em relação à receita não merecida surgiu, em parte, como vimos, das restrições medievais à usura — à cobrança de juros. Contudo, também era prático. Adam Smith acreditava que um mercado livre de fato era um mercado livre de renda, e por isso os formuladores de políticas tinham de fazer o melhor para eliminá-la. Ricardo, seu seguidor, considerava que os proprietários de terra que coletavam renda sem contribuir para sua produtividade eram parasitas econômicos; ele negou, de modo veemente, haver qualquer valor na receita ou na renda conseguidas graças ao fato de se possuir terra. Rendas eram receitas *não merecidas* e encaixavam-se precisamente do lado de fora da fronteira da produção. Tanto Adam Smith quanto David Ricardo perceberam que para libertar a economia da renda era preciso uma forte intervenção — na prática, a ser realizada pelo governo — para impedir a extração de valor; os economistas neoclássicos também; para eles, renda é um impedimento para a "livre competição" (entrada e saída livres de diferentes tipos de produtores e consumidores). Removendo-se tais impedimentos, a competição beneficiará a todos.

Na abordagem subjetiva dos marginalistas, renda, bem como salários e lucros, surgem da "maximização": indivíduos que maximizam utilidade e empresas que maximizam lucros. Desse modo, mão de obra, capital e terra são fatores de insumo em pé de igualdade. A distinção entre classes sociais, incluindo quem tem o quê, é eliminada, pois se alguém empresta capital ou trabalha em troca de salário, depende de uma provisão inicial de recursos inexplicável.[15]

Os salários são determinados pelo fato de os trabalhadores equipararem a utilidade marginal (decrescente) do dinheiro obtido mediante o trabalho com a "desutilidade" do trabalho, como, por exemplo, com menos tempo de lazer. De acordo com o índice salarial corrente, a quantidade de tempo gasto no trabalho determina a receita. Isso pressupõe que a quantidade de emprego pode ser ajustada de modo flexível. Se não for esse o caso, a utilidade marginal de se aceitar um emprego pode se tornar menor do que a utilidade derivada de um tempo de lazer equivalente;

alguém opta por não trabalhar. Como vimos, isso quer dizer que o desemprego é, portanto, voluntário.

Assim, lucros e rendas são determinados de maneira análoga: os proprietários de capital (dinheiro) irão emprestá-lo até que a utilidade marginal seja menor do que do consumo de seu capital. Proprietários de terra fazem o mesmo com suas terras. Por exemplo, o dono de uma casa pode alugá-la e depois decidir que sua filha irá morar ali de graça, consumindo, efetivamente, capital, uma vez que os ganhos com a renda deixam de existir. A justificativa para qualquer lucro está, portanto, relacionada às escolhas individuais (com base na psicologia) e à *pressuposição psicológica* de que as pessoas obtêm menos utilidade de um consumo futuro (desconto). Dessa forma, a taxa de remuneração do capital e da terra é vista como compensação pela utilidade marginal futura em um nível que poderia ser desfrutado hoje se o capital fosse consumido em vez de emprestado.

Na economia clássica, portanto, rendas são parte do processo "normal" de reprodução. Na economia neoclássica, rendas são um equilíbrio abaixo do que teoricamente é possível — lucros "anormais". A principal semelhança é que ambas as teorias veem a renda como um tipo de receita monopolista. Mas a renda tem um status bastante diferente nessas duas abordagens. Por quê? Devido, em especial, a suas teorias do valor divergentes, a economia clássica define, de modo bastante claro, renda como receita oriunda de ativos escassos não produzidos. Isso inclui, por exemplo, patentes sobre novas tecnologias que, uma vez produzidas, não precisam mais ser reproduzidas novamente; o direito de emitir crédito financeiro, restrito a organizações que possuem licença bancária; e o direito de representar clientes no tribunal, limitado àqueles autorizados a atuar como advogados nos tribunais.[16] Em essência, é uma reivindicação daquilo que Marx chamou de mais-valia social total, que é enorme se comparada a qualquer capitalista de produção, capitalista de circulação proprietário de terra, dono de uma patente etc.

Em contrapartida, na economia neoclássica — no equilíbrio geral —, a receita deve, por definição, refletir produtividade. Não há espaço para rendas no sentido de que as pessoas obtêm alguma coisa em troca de nada. De maneira notável, Walras escreveu que o empreendedor

O VALOR ESTÁ NOS OLHOS DE QUEM VÊ: A ASCENSÃO DOS MARGINALISTAS

não adiciona ao valor produzido e nem dele subtrai.[17] O equilíbrio geral é estático: nem rendas nem inovações são permitidas. Um aprimoramento relativamente recente, uma análise mais flexível do equilíbrio parcial, permite que desconsideremos interações entre outros setores e apresentemos quase rendas; e isso, desde os anos 1970, levou à ideia de "busca de renda" mediante a criação de monopólios artificiais, por exemplo tarifas sobre o comércio. O problema é que não há um critério definitivo com o qual avaliar se o empreendedor cria coisas novas "boas" ou se está impondo barreiras artificiais na busca pela renda.

A abordagem neoclássica da renda, que hoje se encontra amplamente em voga, é o cerne do restante deste livro. Se o valor se origina no preço, como assegura a teoria clássica, a receita oriunda da renda deve ser produtiva. Nos dias atuais, o conceito de *receita não merecida* desapareceu. Após ter sido visto como um comportamento semiparasita por Adam Smith, David Ricardo e seus sucessores — extração de valor de uma atividade criadora de valor —, passou a ser, no discurso econômico tradicional, apenas um "obstáculo" no caminho para a "competição perfeita". Os bancos, considerados "grandes demais para quebrar" e que, por conseguinte, gozam de subsídios implícitos do governo — uma forma de monopólio —, contribuem para o PIB, assim como fazem os altos ganhos de seus executivos.

Nossa compreensão acerca da renda e do valor afeta de maneira profunda como calculamos o PIB, como consideramos as finanças e a "financeirização" da economia, como lidamos com a inovação, como vemos o papel do governo na economia e como podemos conduzir a economia em uma direção em que seja impulsionada por mais investimento e inovação, sustentável e inclusiva. Começaremos examinando, no próximo capítulo, o que entra — e o que é omitido — nessa categoria totêmica, o PIB, além das consequências dessa escolha para nossa análise do valor.

3
A medida da riqueza
das nações

*O que medimos afeta o que fazemos; e se nossas medidas são
equivocadas, nossas decisões podem ser deturpadas.*

Joseph Stiglitz, Amartya Sen e
Jean-Paul Fitoussi, *Mismeasuring Our Lives* (2010)

É RARO QUE SE PASSE UM DIA SEM que os políticos, a imprensa ou
os especialistas emitam uma opinião sobre a situação do PIB de um
país — a medida utilizada para calcular a produção de bens e serviços
em uma economia: a "riqueza das nações". O sucesso ou o fracasso, real
ou imaginário, na gestão do PIB pode fortalecer ou destruir governos e
carreiras. Se o PIB cai por mais de dois trimestres consecutivos, fala-se
em "recessão"; caso a queda se sustente por um ano, é depressão. Mas
de onde provém essa medida? E de que forma ela é influenciada pela
maneira como se entende o valor?

A utilidade marginal exerce, hoje, grande influência na medição
de atividades econômicas e no crescimento. Isso tem efeito na lógica
dos tipos de atividades econômicas consideradas produtivas — que,
como vimos no capítulo 2, refere-se basicamente a qualquer coisa que
consiga um preço (dentro da lei) no mercado. De acordo com os marginalistas, como o valor é derivado do preço, receber um salário bastante
alto é um indício da produtividade e da importância desse alguém. Ao
mesmo tempo, qualquer pessoa que mantenha um emprego supostamente reflete sua preferência pelo trabalho: a utilidade do trabalho
contra a do lazer. O PIB pode ser medido como a quantidade total

A MEDIDA DA RIQUEZA DAS NAÇÕES

dos bens produzidos, o total demandado ou a receita total auferida (com os ajustes que analisaremos adiante). Porém, se a receita não é necessariamente um sinal de produtividade, mas de outra coisa — por exemplo, a ideia dos clássicos sobre renda como uma "receita não merecida" —, quais são as implicações para o PIB como uma medida confiável da produtividade de uma economia?

Um aumento nas receitas no setor financeiro, por exemplo, afetaria o PIB. Assim, o modo como os setores são valorizados influencia nossos cálculos dos índices de crescimento, e isso pode, por sua vez, influenciar a maneira como decidimos conduzir a economia. Em outras palavras, a forma de medirmos o PIB é determinada pelo modo com que valorizamos as coisas, e o valor resultante do PIB pode determinar o quanto de alguma coisa decidiremos produzir. Performatividade!

Contudo, se há problemas na forma como o PIB é medido, formuladores de políticas podem receber sinais enganosos acerca do que é produtivo e de que maneira conduzir a economia. Desde o advento da teoria da utilidade marginal, discussões sobre quais partes da sociedade são produtivas e quais não são se tornaram bem menos explícitas. Enquanto produtos e serviços atingirem um preço no mercado, merecem ser incluídos no PIB; se contribuem para a criação ou a extração de valor é algo ignorado. O resultado disso é uma distinção confusa entre lucros e rendas, e uma extração de valor (renda) que pode se mascarar como criação de valor.

Este capítulo examinará as maneiras utilizadas pelos governos para calcular o crescimento por meio de métodos de contabilidade nacional, a relação entre esses métodos e a teoria do valor e os resultados bastante estranhos que se seguiram, incluindo a subvalorização de determinadas atividades (como o cuidado com nossas crianças) e a supervalorização de outras (como empresas poluentes). No capítulo 4 observaremos como a teoria da utilidade marginal também fracassou na explicação de um dos problemas-chave do capitalismo moderno: as atividades extrativistas do setor financeiro.

107

PIB: uma convenção social

É fundamental lembrar que todos os tipos de métodos contábeis são convenções sociais em evolução definidas não por leis físicas e "realidades" precisas, mas por ideias, teorias e ideologias que são reflexos da época em que são concebidas.[1] A forma como se elabora uma planilha reflete, por si só, valores. Um exemplo interessante é a ordem jesuíta. Nos anos 1500, a ordem recém-fundada elaborou um sistema contábil inovador que combinava visão e finanças. Para alinhar as finanças aos valores de sua ordem, os jesuítas asseguraram que o cofre só pudesse ser aberto com duas chaves: uma usada pela pessoa encarregada pelas finanças (o procurador, atual CFO) e outra por aquele responsável pela estratégia (o vigário, atual CEO).[2] Como esse exemplo ilustra, a contabilidade não é neutra e tampouco é definitiva; pode ser modelada para se adequar ao objetivo de uma organização e, ao fazê-lo, afeta a evolução dessa organização.

Dessa mesma maneira, o conceito contábil moderno do PIB é afetado pela teoria do valor subjacente utilizada para calculá-lo. O PIB baseia-se no "valor adicionado" das indústrias de uma economia nacional. Valor adicionado é o valor monetário daquilo que essas empresas produzem menos os custos dos insumos materiais ou o "consumo intermediário"; em essência, receita menos o custo dos insumos materiais. Os responsáveis pela contabilidade chamam os insumos intermediários de fator de "balanceamento", uma vez que equilibram a conta da produção: o custo e valor adicionado são iguais ao valor de produção. Contudo, valor adicionado é uma cifra calculada especificamente para a conta nacional: a diferença residual (resíduo) entre o lado do recurso (produção) e o lado do uso (consumo).

A soma dos residuais do valor adicionado de toda a indústria na economia leva ao "valor adicionado bruto", uma cifra igual ao PIB, descontados os impostos. O PIB pode ser calculado tanto pelo lado da produção quanto pelo da receita; este se dá por meio da adição de receitas pagas em todas as indústrias que acrescentam valor: todos os lucros, rendas, juros e royalties. Como veremos a seguir, há uma terceira maneira de se calcular o PIB: adicionando despesas (demanda) em produtos finais, cujo preço é igual à soma do valor adicionado ao longo de toda a cadeia de produção. Dessa maneira, pode-se analisar o PIB por meio da produção (todos os bens e serviços produzidos), receita (todas as receitas geradas) ou despesa (todos os bens e serviços consumidos, incluindo aqueles no estoque).

Assim sendo, quais indústrias adicionam valor? Seguindo o conceito dos marginalistas, as contas nacionais atualmente incluem no PIB todos os bens e serviços que atingem um preço no mercado. Isso é conhecido como "fronteira abrangente". Como foi visto no capítulo 2, de acordo com o marginalismo os únicos setores econômicos externos à fronteira da produção são o governo — que depende dos impostos pagos pelos setores produtivos — e a maior parte daqueles que recebem assistência do governo, financiada pela tributação. Adotar esse princípio para calcular o PIB pode parecer lógico; contudo, cria, de fato, algumas verdadeiras estranhezas que suscitam dúvidas a respeito do rigor do sistema de contas nacionais e da maneira como o valor é alocado na economia. Entre essas estranhezas encontram-se: como serviços estatais são estimados; a forma como investimentos em capacidade futura, tais como em pesquisa e desenvolvimento (P&D), são medidos; de que maneira empregos que auferem grandes receitas, o setor financeiro, por exemplo, são tratados; e como se lida com serviços importantes não precificados (cuidados com as pessoas) ou sem preço legal (o mercado negro). Para explicar de que modo essas estranhezas surgiram e por que o sistema parece ser tão idiossincrático, é preciso examinar a maneira como as contas nacionais e a ideia de "valor adicionado" se desenvolveram ao longo dos séculos.

UMA BREVE HISTÓRIA DAS CONTAS NACIONAIS

A teoria do valor encontra-se no cerne das contas nacionais há bastante tempo. As primeiras e mais significativas iniciativas ocorreram no final do século XVIII na França, quando houve ao menos oito tentativas, realizadas por diferentes pensadores, de estimar o produto nacional da França valendo-se da teoria do valor com base na terra,

O VALOR DE TUDO

elaborada por Quesnay. Tendo em vista que para Quesnay, como visto, a fronteira da produção englobava apenas a produção agrícola — com todos os demais sendo classificados como dependentes de transferências do setor agrícola —, a manufatura encontrava-se do lado improdutivo da fronteira, ignorando, no processo, vozes dissonantes como a de Say que, utilizando uma abordagem amplamente utilitarista, defendia que mão de obra produtiva é apenas aquela que produz utilidade. Se o produto for algo que as pessoas desejam comprar (que tem utilidade para elas), então fazê-lo é produtivo.

Para os seguidores de Quesnay, excluir a manufatura do produto nacional parecia tão óbvio quanto é para nós nos dias de hoje incluir qualquer coisa que atinja um preço. Esses primeiros franceses que tentaram estimar o produto nacional eram figuras ilustres. Entre eles estavam o escritor Voltaire (1694-1778); Antoine Laurent de Lavoisier (1743-94), um dos fundadores da química moderna; e seu amigo e matemático Joseph-Louis Lagrange (1736-1813), mais conhecido hoje por seu trabalho com mecânica e técnicas matemáticas que ainda são utilizadas por economistas. As ideias de Quesnay provaram-se notavelmente duráveis: ainda em 1878, uma das estimativas do produto nacional francês tinha como base seus conceitos.[3]

Igualmente influentes foram as ideias de Adam Smith a respeito da produção de valor. Suas estimativas da renda nacional incluíam apenas a produção ou a receita proveniente da mão de obra agrícola ou industrial, que produzia bens materiais — coisas de fato — e excluía todos os serviços, fossem públicos ou bancários. As ideias de Adam Smith sustentaram até o primeiro cômputo do produto nacional na França revolucionária quando, em 1789, Napoleão encarregou Charles Ganilh (1758-1836), discípulo de Adam Smith, de elaborar um panorama atual e preciso da renda nacional francesa.[4]

No final do século XIX, prevalecia a teoria da utilidade marginal. Embora fosse radicalmente diferente das ideias dos economistas predecessores, ela continuava a ressaltar a importância da teoria do valor para as contas nacionais. Cada vez mais, os responsáveis pelas contas nacionais, sob a influência dessa teoria, incluíam tudo aquilo que fosse comprado graças à renda: para eles, a soma da renda da atividade do

110

A MEDIDA DA RIQUEZA DAS NAÇÕES

mercado, independentemente do setor, era adicionada à receita nacional. À medida que as estatísticas a respeito do imposto de renda passaram a ficar mais disponíveis, passou a ser mais fácil elaborar estimativas com base em dados de renda e analisar a distribuição pessoal da renda.

Alfred Marshall, pai da teoria da utilidade marginal na Inglaterra, foi a força motriz por trás de sua aplicação às estimativas da renda nacional.[5] Em seu livro bastante influente, *Princípios de economia*, ele descreveu de maneira explícita como o produto nacional poderia ser estimado. Em um livro anterior, *The Economics of Industry*, escrito em parceria com sua esposa, Mary Paley Marshall (1850-1944), já ficava claro o critério da utilidade da renda nacional: "tudo o que é produzido ao longo de um ano, todo serviço prestado, toda nova utilidade criada é uma parte da renda nacional".[6]

Entrementes, a teoria do valor-trabalho que, inteiramente desenvolvida por Marx, vinculava com firmeza a produtividade aos conceitos da produção da "mais-valia" era ou questionada ou, cada vez mais, ignorada por completo em estimativas da renda nacional. No início do século XX, estava associada ao programa revolucionário e, portanto, não poderia, por definição, acomodar-se nas estatísticas oficiais dos mesmos países que eram tão criticados pelos marxistas. Claro que as coisas eram diferentes em nações onde os comunistas haviam chegado ao poder: primeiro, na União Soviética, após a Revolução Bolchevique de 1917, e, depois, na Europa do Leste, após a Segunda Guerra Mundial (ainda que, para justificar a elaboração de um "sistema de produção material" que valorizava apenas bens materiais, eles devessem, tecnicamente, ter invocado Adam Smith, não Marx). Com exceção desses estados socialistas, a ideia de que estimativas da renda nacional deveriam basear-se na soma integral de todas as rendas, formando, assim, uma fronteira da produção "abrangente", espalhou-se rapidamente por vários países.[7]

Na primeira metade do século XX, os marginalistas haviam compreendido as limitações de sua teoria e começaram a discutir a inclusão de atividades não mercantis na contabilidade da renda nacional. Um dos estudantes de Alfred Marshall, o economista britânico Arthur Cecil Pigou (1877-1959), que o substituiu como professor de economia política em Cambridge, defendia que como os preços de mercado indicavam

111

O VALOR DE TUDO

apenas a satisfação (utilidade) obtida por meio da transação, a renda nacional deveria, na verdade, ir além: deveria medir o bem-estar. Para Pigou, o bem-estar era uma medida da utilidade que as pessoas podiam obter com o dinheiro — em outras palavras, o padrão de vida material. Em seu influente livro de 1920, *The Economics of Welfare* [A economia do bem-estar], Pigou especificou ainda que "o alcance de nossa investigação" estava "restrito àquela parte do bem-estar social que pode ser correlacionada direta ou indiretamente ao dinheiro".[8] Por um lado, Pigou estava afirmando que todas as atividades que não melhoram de fato o bem-estar (recordemos a discussão dos princípios do bem-estar de Pareto apresentada no capítulo 2) deveriam ser excluídas da renda nacional, mesmo que custem dinheiro. Por outro lado, enfatizava ele, atividades que promovem o bem-estar deveriam ser incluídas — ainda que não se pague por elas. Entre essas, ele acrescentava serviços públicos gratuitos ou subsidiados.

Um dos discípulos mais proeminentes de Pigou foi a primeira pessoa a apresentar uma estimativa da queda na renda nacional dos Estados Unidos durante a Grande Depressão: Simon Kuznets (1901-85). Nascido na Bielorrússia, professor de economia em Harvard, Kuznets recebeu o prêmio Nobel de economia em 1971 por seu trabalho sobre rendas nacionais. Acreditando que incorriam em gastos sem nada acrescentar ao resultado econômico final, Kuznets, diferentemente de Pigou, excluiu da fronteira da produção todas as atividades estatais que não resultavam, de modo imediato, em um fluxo de bens ou serviços para as famílias — administração pública, defesa, justiça, relações internacionais, oferta de infraestrutura etc.[9]

Kuznets acreditava ainda que algumas despesas familiares não aumentavam o padrão de vida material, mas apenas pagavam os custos da vida moderna — em especial as "despesas inflacionadas da civilização urbana", como ter de manter uma conta bancária, pagar contribuições a sindicatos ou a obrigação social de pertencer a um clube. Kuznets estimava que entre 20% e 30% das despesas dos consumidores destinavam-se a esses serviços.[10] No entanto, ele defendia que atividades familiares não remuneradas deveriam ser incluídas, uma vez que aprimoravam, de maneira evidente, o bem-estar econômico. Desse modo, Kuznets elaborou a fronteira da produção de acordo com o que acreditava melhorar ou não o padrão de vida material.

Talvez as ideias de Kuznets tivessem obtido maior aceitação em um mundo pacífico. Contudo, as exigências da Segunda Guerra Mundial, que obrigou os governos a se dedicarem ao esforço de guerra, conduziram os economistas por um caminho diferente: estimar a produção em vez de se preocuparem com o bem-estar. Por conseguinte, os economistas que prevaleceram foram aqueles que acreditavam que o produto nacional era a soma total dos preços de mercado.

As formas resultantes pelas quais as estimativas de produção foram usadas para calcular o PIB pareciam seguir a teoria da utilidade marginal, mas, na verdade, estavam em desacordo com ela. Primeiro, ignoravam a ideia do valor como utilidade — o benefício que oferecia ao consumidor — e incluíam elementos que o conceito de bem-estar elaborado por Pigou e Kuznets julgaria "necessários" para a criação de valor. Em vez de avaliar se o consumo final aumentava a utilidade, acrescentava-se *qualquer* consumo final à renda nacional. Nas palavras do próprio Kuznets:

> Muitos alimentos e medicamentos não têm valor nenhum segundo padrões científicos de nutrição e medicação; inúmeros equipamentos domésticos são irrelevantes para qualquer necessidade de abrigo e conforto estabelecida de maneira científica; várias atividades de serviço, assim como mercadorias, são desejadas apenas para impressionar estrangeiros ou nossos compatriotas e dificilmente corresponderiam aos princípios éticos de comportamento em relação ao resto da humanidade.[11]

Desse ponto de vista, as novas contas nacionais superestimavam o bem-estar.

Em segundo lugar, em geral, a competição em economias é imperfeita — uma realidade que se mostrou particularmente incômoda para os responsáveis pelas contas nacionais que seguiam as ideias neoclássicas de competição perfeita e "equilíbrios". Ao apenas somar preços de mercado, ignoraram o fato de que esses preços nem sempre produziriam um equilíbrio e seriam compatíveis com a "competição perfeita"; desse

O VALOR DE TUDO

modo, os preços poderiam ser mais altos ou mais baixos do que seriam caso o equilíbrio predominasse, fornecendo, assim, uma impressão distorcida da criação de valor. Em suma, durante os anos de guerra, a prática distanciou-se significativamente da teoria em vigor; ou, visto de outro modo, a teoria do valor com base na utilidade não solucionou os problemas urgentes da época relacionados à guerra.

De várias formas, as contabilidades nacionais como as conhecemos hoje derivam do trauma da Grande Depressão de 1930 e das necessidades do esforço de guerra durante a Segunda Guerra Mundial. Nesse, bem como em outros tantos aspectos, o economista britânico John Maynard Keynes (1883-1946) foi uma figura fundamental. Em sua obra-prima de 1936, *A teoria geral do emprego, do juro e da moeda*, escrita durante a Grande Depressão, Keynes presumiu que os trabalhadores subestimariam o poder de compra de seus salários e, portanto, estariam dispostos a produzir mais do que era preciso. Dessa maneira, sua superprodução involuntária iria, por sua vez, criar um desemprego involuntário — menos trabalhadores seriam necessários para realizar a mesma quantidade de trabalho — e a economia se encontraria em um equilíbrio de baixa produção. Essa é uma situação em que forças da economia, tais como a oferta e a procura, estão em equilíbrio e não há incentivo para mudá-las, ainda que a produção total da economia seja baixa, e os salários e a oferta de empregos estejam decrescendo. Keynes valeu-se dessa ideia para desenvolver uma teoria da macroeconomia, isto é, da economia como um todo, na qual os gastos governamentais pudessem estabilizar o ciclo de negócios quando as empresas estivessem investindo muito pouco e até aumentar a produção econômica.

Para tirar a economia da depressão, os governos precisavam de informações para avaliar como suas políticas públicas estavam funcionando. Até aquele momento, seu voo era cego: não havia necessidade de estatísticas detalhadas porque se supunha que a economia deveria se autorregular. O livro *How to Pay for the War* [Como pagar pela guerra], de Keynes, publicado em 1940, apresentava a ideia de registrar a renda nacional em um conjunto de contas, mudando completamente a forma como os governos utilizavam aquelas informações.

A MEDIDA DA RIQUEZA DAS NAÇÕES

No fim dos anos 1930 e 1940, os responsáveis pelas contas nacionais adotaram as ideias de Keynes sobre a maneira como o governo poderia fortalecer a economia, passando a ver os gastos estatais como contribuintes diretos pelo aumento da produção. Pela primeira vez na história do pensamento econômico moderno as despesas governamentais se tornaram importantes — em um gritante contraste com a omissão de Kuznets dos muitos serviços estatais da renda nacional. Essa redefinição do Estado como um contribuinte para a renda nacional foi um momento decisivo para a teoria do valor. As ideias de Keynes rapidamente ganharam aceitação e passaram a figurar entre as principais influências por trás da publicação do primeiro manual para o cálculo do PIB, o Sistema de Contas Nacionais das Nações Unidas (SNA, na sigla em inglês): um trabalho monumental que em sua quarta edição possui atualmente 662 páginas.

O nascimento do sistema de contas nacionais

Após a Segunda Guerra Mundial, regras formais internacionais foram estabelecidas padronizando a contabilidade nacional para produção, receita e despesa. A primeira versão do SNA, compilado pelas Nações Unidas, surgiu em 1953.[12] O SNA apresenta-se como "um quadro estatístico que oferece um conjunto abrangente, consistente e flexível de contas macroeconômicas para fins de elaboração de políticas públicas, bem como análises e pesquisas".[13] Ele define a contabilidade nacional como a medida "do que acontece na economia, entre quais agentes e por quais motivos"; em seu cerne "está a produção de bens e serviços".[14] O PIB é, "em termos simples, a quantidade de valor adicionado gerado pela produção".[15] É definido de maneira explícita como uma medida da criação de valor. Portanto, pode-se afirmar que as contas nacionais também possuem uma fronteira da produção.

O surgimento do SNA nos primeiros anos do pós-guerra deu-se, em grande medida, devido aos recentes avanços econômicos, políticos e intelectuais. A experiência da Depressão e da guerra influiu bastante nas decisões dos formuladores de políticas. Muitos países considera-

O VALOR DE TUDO

vam um sucesso o planejamento realizado no período da guerra, que se baseava em uma quantidade de informações econômicas sem precedente. Pressões políticas também foram importantes. Nos Estados Unidos, o New Deal dos anos 1930 e o pleno emprego durante a guerra levaram muitos eleitores a acreditar que o governo podia intervir na economia de maneira benigna e progressiva. Na Europa, a força dos partidos políticos de esquerda após o fim da guerra — exemplificada pela vitória do Partido Trabalhista nas eleições de 1945 no Reino Unido — também mudou, e com ela as atitudes das pessoas, o que fez com que contas nacionais mais completas e precisas se tornassem fundamentais. A pergunta crucial era e ainda continua a ser: em que teoria do valor se baseavam?

As estimativas da renda nacional "simples" tiveram de somar o preço da produção (menos bens intermediários) na economia, ou o das receitas, ou o das despesas de todos os atores econômicos nos bens finais: *produção nacional = renda nacional = gasto nacional*. Para realizar essa estimativa, era de esperar que os autores do SNA tivessem usado como metodologia a teoria do valor econômico vigente, a utilidade marginal. Mas eles não fizeram isso — ou, ao menos, não por completo. Na verdade, o modelo resultante era e continua sendo uma estranha confusão na qual a utilidade é o principal, mas não o único, ingrediente.

O SNA reúne diferentes formas de estimativa da renda nacional desenvolvidas ao longo de séculos de pensamentos econômicos. Decisões sobre o que é incluído na fronteira da produção têm sido descritas como ad hoc,[16] ao passo que os responsáveis pelas contas nacionais admitem que as regras do SNA a respeito da produção são uma "mistura de convenção, opinião acerca da adequação das informações, e um consenso em relação à teoria econômica".[17] Em meio a tudo isso, inclui-se a criação de soluções com base no "bom senso"; elaborar hipóteses em nome da "conveniência computacional" — que têm consequências importantes para os números reais obtidos ao se estimar o crescimento econômico; e a realização de lobby por interesses econômicos particulares.

Para sermos justos, houve, sempre, razões práticas para essa abordagem ad hoc. Aspectos da economia, desde P&D (pesquisa e desenvolvimento) e atividades domésticas até o meio ambiente e a economia in-

116

A MEDIDA DA RIQUEZA DAS NAÇÕES

formal, mostraram-se difíceis de serem estimados por meio da utilidade marginal. Estava claro que um sistema de contas nacionais abrangente teria de incluir receitas de transações mercantis e *não* mercantis — em especial, as estatais. Com a atividade intermediada pelo mercado no cerne do conceito marginalista de valor, a maior parte daqueles que estimavam a renda nacional desejava adotar uma abordagem mais ampla.[18]

A CONTABILIDADE DA RENDA NACIONAL REÚNE TUDO

O cálculo da renda nacional, portanto, incorpora diferentes métodos de contabilização. O sistema permite uma visão integrada e simultânea de diferentes aspectos da economia — tanto a produção (bens) e a distribuição de rendas — e força os responsáveis pela renda nacional a relacionar cada mercadoria produzida com a receita de alguém, assegurando, assim, consistência. Para manter a coerência entre produção, receita e despesa, as contas nacionais devem registrar todos os valores produzidos, as receitas obtidas, o dinheiro pago para produtos intermediários e finais etc., como transações entre atores econômicos (o governo, ou a família, ou um setor em particular) nas quais cada um tenha uma conta. Isso ajuda a oferecer um panorama detalhado da economia como um todo.

Despesas com produtos finais devem equivaler ao PIB (uma vez que os preços dos bens intermediários fazem parte do preço dos bens finais). Dessa maneira, é possível computar o PIB da perspectiva das despesas e, como foi visto no capítulo 1, Petty usou esse método para estimar a produção nacional ainda no século XVII. Contas nacionais modernas dividem as despesas nas seguintes categorias:

PIB = consumo familiar (C) + investimentos de empresas e investimento imobiliário em moradia (I) + despesas governamentais (G). Isso pode ser expresso da seguinte forma: PIB = C + I + G.

Para simplificar, ignoraremos a contribuição das exportações líquidas. Duas observações se fazem necessárias: primeiro, do ponto de vista das despesas, as empresas aparecem apenas como investidoras (exigindo produtos finais de investimentos de outras empresas). O restante das despesas (demanda adicionada) é dividido entre famílias e governo. A despesa estatal refere-se somente ao que o próprio governo gasta, isto é, excluem-se as transferências realizadas para as famílias (tais como aposentadorias ou benefícios para os desempregados); trata-se de seu gasto com consumo coletivo em favor da comunidade. Ao se voltar ao governo apenas em termos de suas despesas, presume-se, por definição, que o Estado é "improdutivo" — enquadrando-se do lado externo da fronteira da produção.

O cálculo do valor adicionado pelo governo ao PIB

No capítulo 8 veremos que poucas vezes se reconhece o governo como um criador de valor — de fato, acontece o oposto. Ainda assim, na verdade, convenções sobre as contas nacionais vêm registrando discretamente sua contribuição ao valor adicionado durante os últimos cinquenta anos, e ela não é pequena! Enquanto o capítulo 8 dedica-se por inteiro a observar as diferentes maneiras pelas quais os economistas, e aqueles por eles aconselhados, têm se referido ao governo — uma entidade criadora de valor ou apenas um peso para a economia —, este capítulo volta-se para a importância dessa discussão para a maneira como o PIB é calculado. A coisa mais surpreendente surgida dessas análises é o fato de que, ao contrário da visão da maior parte dos economistas, o governo seguramente acrescenta, sim, valor para a economia.

A figura 8 apresenta o valor adicionado e as despesas do governo dos Estados Unidos desde 1930. Durante a Segunda Guerra Mundial, o governo, de maneira surpreendente, comprou metade da produção nacional. Na figura, pode-se ver que o valor adicionado pelo governo oscilou entre 11% e 15% do PIB durante o período do pós-guerra. Para efeito de comparação, a indústria financeira acrescenta cerca de 4% ao PIB nos Estados Unidos e 8% ao do Reino Unido. Contudo, o gráfico revela o que parece uma discrepância estranha: mostra que a despesa

Figura 8. Despesa e valor adicionado do governo dos Estados Unidos em relação ao PIB, 1930-2014.[19]

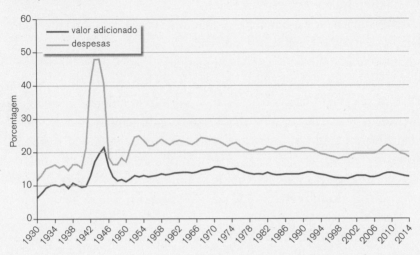

estatal tem sido constantemente mais alta do que seu valor adicionado, entre 20% e 25% do PIB.

É importante ressaltar, porém, que a diferença entre o valor adicionado e o gasto final não representa o déficit orçamentário do governo. Na verdade, o déficit é a receita governamental (impostos, primordialmente) menos as despesas, que incluem transferências de fundos do Estado para famílias, tais como aposentadoria ou benefícios para os desempregados — que são definidos pelas contas nacionais como gastos familiares, em vez de gastos estatais, pois são as famílias que gastam o dinheiro das aposentadorias e dos benefícios (é a despesa final que importa, lembrem-se). É essa despesa familiar que conta para a demanda final em relação à economia como um todo. Então, o que está acontecendo?

GASTO E VALOR

Antes de responder a essa pergunta, temos de reconhecer que o valor adicionado pelo governo não pode ser computado da mesma maneira como ocorre com outras indústrias e, por conseguinte, trata-se de uma questão complicada para os institutos de estatísticas nacionais. Muitas das atividades governamentais não são vendidas a preços de mercado, isto é, preços que pagam por todos os gastos da produção (incluindo salários, renda, juros e royalties, além de insumos da produção) e geram lucro para uma empresa do setor privado. Em vez disso, atividades estatais são ofertadas a preços mais baixos, "não mercantil" — ou até mesmo de maneira gratuita. É o caso de escolas, universidades financiadas pelo Estado, sistema de saúde e transporte público, parques, recreação e artes, policiamento e serviço dos bombeiros, os tribunais de Justiça, proteções ambientais como prevenção de enchentes etc. Esses bens são financiados em grande parte por impostos ou dívidas.

Devido a esses preços mais baixos, a maneira usual de se calcular o valor adicionado de uma empresa não funciona com as atividades estatais. Vale lembrar que o valor adicionado é, em geral, o valor do produto menos os custos dos insumos intermediários usados em sua produção. O valor adicionado de uma empresa é, basicamente, os salários dos trabalhadores mais o superávit operacional da empresa, sendo que esse último é bastante similar ao *lucro operacional bruto*, em termos contábeis da organização. Assim, é provável que a soma dos preços não mercantis das atividades estatais mostre menor valor adicionado, uma vez que são definidos com um objetivo diferente, não comercial: oferecer um serviço à população. Se os preços não mercantis do produto forem mais baixos do que o gasto total dos insumos intermediários, o valor adicionado apareceria até como negativo — na verdade, atividades governamentais "subtrairiam" valor. Todavia, não faz sentido dizer que professores, enfermeiros, policiais, bombeiros etc. destroem valor na economia. Não há dúvida de que uma forma diferente de medição se faz necessária. Como defende Charles Bean, antigo vice-diretor para políticas econômicas do Banco da Inglaterra, em sua *Independent Review of UK Economic Statistics* [Avaliação independente das estatísticas econômicas do Reino Unido] (2016),[20] a contribuição dos serviços do setor público para a economia tem de ser medida em termos do "valor fornecido".[21] Contudo, se o valor não é o lucro, o que é?

Os responsáveis pelas contas nacionais vêm, portanto, adotando há muito tempo a chamada abordagem "insumo = produto". Uma vez que o produto é definido, o valor adicionado pode ser calculado porque os custos dos insumos intermediários, tais como os computadores utilizados pelos empregados, são conhecidos. No entanto, como o produto estatal é composto basicamente de insumos intermediários mais o custo da mão de obra, seu valor adicionado é apenas igual aos salários dos funcionários. Uma consequência significativa disso é o fato de a estimativa do valor adicionado pelo governo, diferente daquele das empresas, não presumir "lucro" ou superávit operacional sobre os salários (na figura 8, apresentada anteriormente, a linha mais escura mostra o valor adicionado pelo governo, que corresponde — com pequenos ajustes — à proporção da receita do emprego público em relação ao PIB). Em um sistema capitalista no qual a obtenção de lucro é vista como a comprovação de que se é produtivo, isso é importante porque faz com que os governos, cujas atividades tendem a não ser lucrativas, sejam vistos como improdutivos.

Mas o que dizer da linha mais clara, que representa as despesas estatais com o consumo final? Já vimos que aposentadorias e benefícios para desempregados pagos pelo Estado fazem parte do consumo final das famílias, não das despesas do governo. De modo geral, não é óbvio por que este deveria ter *qualquer* despesa com o consumo final da mesma forma como acontece com as famílias. Afinal, as empresas não são classificadas como consumidoras finais; seu consumo é visto como intermediário no processo de produção de bens finais para as famílias. Então, por que as despesas públicas não são também classificadas como despesas intermediárias? Afinal, há, por exemplo, milhões de estudantes ou pacientes que são consumidores de serviços estatais.

De fato, seguindo essa lógica, o Estado também é um produtor de insumos intermediários para as empresas. A educação, as estradas, ou a polícia, ou os Tribunais de Justiça podem, certamente, ser vistos como insumos necessários para a produção de uma variedade de bens? Porém, há um problema aqui. Se o gasto do governo aumentasse, isso significaria que o Estado estaria produzindo mais bens intermediários; as empresas comprariam ao menos alguns desses bens (alguns serviços públicos custam dinheiro) por um valor. Contudo, ao gastar mais com eles (do que se o governo não estivesse produzindo alguma coisa e, portanto, não comprasse suprimentos das empresas), seu superávit operacional e seu valor adicionado inevitavelmente cairiam. A proporção estatal do PIB aumentaria, mas o valor absoluto do PIB se manteria o mesmo. Isso, claro, contraria tentativas keynesianas de mostrar como o aumento na demanda estatal poderia fazer o PIB crescer.

Muitos economistas apresentaram esse mesmo argumento nos anos 1930 e 1940 — em especial, Simon Kuznets, que indicou que apenas produtos estatais não mercantis e oferecidos gratuitamente às famílias poderiam aumentar o PIB. Não obstante, a convenção de que todas as despesas públicas contam como consumo final surgiu durante a Grande Depressão e a Segunda Guerra Mundial, quando os Estados Unidos precisavam justificar seus gastos governamentais gigantescos (o pico na linha mais clara da figura 8, início dos anos 1940). As despesas do governo foram apresentadas como uma adição ao PIB, e as contas nacionais modificaram-se em conformidade a isso.[22]

Tempos depois, já no século XX, ocorreram repetidas tentativas de resolver essa confusão sobre se certos tipos de despesas públicas contavam como consumo intermediário ou final. Isso foi feito pela identificação de quais atividades do governo forneciam serviços não mercantis e gratuitos para as famílias (escolas, por exemplo), em oposição a serviços intermediários para empresas (regulamentações bancárias). Não é uma distinção fácil de fazer. O Estado constrói estradas; mas quanto de seu valor beneficia as famílias saindo de férias e quanto beneficia as empresas de transportes carregando peças sobressalentes essenciais desde a fábrica até o usuário? Nem a família nem a empresa de transporte podem construir a estrada. Porém, a família em férias adiciona à demanda total final; a companhia de transporte representa uma despesa intermediária para as empresas.

Em 1982, os responsáveis pelas contas nacionais estimaram que de 3% a 4% do PIB da Suécia, da Alemanha e do Reino Unido representavam gastos públicos que, anteriormente classificados como despesas de consumo final, deveriam ser reclassificados como insumos (intermediários) para empresas. Isso teve o efeito de reduzir

A MEDIDA DA RIQUEZA DAS NAÇÕES

de 15% a 20% o valor adicionado total do Estado.[23] Para dar um exemplo dessa reclassificação, em 2017 o Ofcom, órgão regulador de telecomunicações do Reino Unido, obrigou a British Telecom (uma empresa privada) a transformar sua operadora de rede de banda larga, a Openreach, em uma empresa independente após ter recebido reclamações recorrentes de clientes e de outras provedoras de banda larga de que o progresso na sua difusão por todo o país vinha sendo muito lento, e de que o serviço era inadequado. Ao menos parte dos custos da Ofcom poderia ser vista como benéfica para o setor privado de telecomunicações. Ainda assim, a convenção de que todas as despesas públicas devem contar como consumo final tem se mostrado incrivelmente resistente a mudanças.

Agora podemos entender por que a despesa de consumo final estatal é maior do que seu valor adicionado na figura 8. O valor adicionado do governo inclui apenas salários. Contudo, o Estado também compra muitos bens e serviços das empresas, de café a carros, de lápis a passagens de avião e aluguel de escritórios para órgãos reguladores como a Ofcom. São os produtores desses bens e serviços, não o governo, que recebem o crédito pelo valor adicionado. Como o Estado é considerado um consumidor final, a compra de bens e serviços aumenta suas despesas. Evidentemente, as despesas públicas podem ser maiores do que a cobrança estatal (com taxas de serviços, por exemplo), uma vez que o governo aumenta impostos para cobrir a diferença. Mas o valor do governo precisa ser prejudicado devido ao modo como os preços são estabelecidos? Ao não ter uma forma de identificar o valor de produção criado pelo governo — e se concentrar mais em seu papel de "gastador" —, as contas nacionais contribuem para o mito de que o Estado está apenas facilitando a criação de valor, em vez de ser um ator principal. Como veremos no capítulo 8, isso, por sua vez, afeta a visão que se tem do governo, o modo como ele se comporta e como pode ser facilmente "capturado" por aqueles que, de maneira confiante, veem-se como criadores de valor.

O VALOR DE TUDO

Algo estranho a respeito das contas nacionais: PIB *facit saltus*!

Além dessa visão curiosa a respeito do governo, as contas nacionais apresentam uma série de estranhezas contábeis. O PIB, por exemplo, não faz uma distinção clara entre um custo e um investimento na capacitação futura, como P&D; serviços valiosos para a economia, tais como os "cuidados", podem ser realizados sem qualquer pagamento, tornando-os invisíveis para os responsáveis pelos cálculos do PIB. Da mesma forma, atividades ilegais no mercado negro são capazes de constituir uma grande parcela de uma economia. Um recurso destruído pela poluição pode não ser contabilizado como subtração de valor pelo PIB — mas quando a poluição é extinta por serviços mercantis, o PIB aumenta. E então há a maior estranheza de todas: o setor financeiro.

O setor financeiro apenas facilita o intercâmbio do valor existente ou cria novo valor? Como será visto nos capítulos 4 e 5, essa é a pergunta de 1 milhão de dólares: se respondida de maneira equivocada, pode ser que o tamanho crescente do setor financeiro reflita não um aumento do crescimento, mas renda sendo arrecadada por alguns atores da economia. No entanto, antes de mais nada, há algumas outras inconsistências que precisam ser consideradas.

INVESTIMENTO EM CAPACIDADE FUTURA

Primeiro, vejamos como as contas nacionais lidam com pesquisa e desenvolvimento. Antes de 2008, o SNA considerava P&D internos um insumo da produção[24] — em outras palavras, as despesas de uma empresa com P&D (equipamento de pesquisa, laboratórios, funcionários e afins) eram tratadas como um custo, sendo subtraído do produto final da empresa. No entanto, depois da versão do SNA de 2008, P&D internos foram reclassificados como um investimento na gama de conhecimentos da empresa, sendo estimada "com base nos custos totais da produção, incluindo os dos ativos fixos usados na produção".[25] Pas-

124

sou a ser uma atividade produtiva final em vez de apenas um custo intermediário daquela atividade.

A decisão do SNA de reclassificar P&D justificava-se menos pela teoria do valor do que pelo "bom senso": a contribuição do "conhecimento" para a produção parecia ser significativa e, portanto, deveria ser reconhecida. P&D passou a ser produtivo porque era considerado importante.

Como resultado, a partir de 2008 o PIB foi ampliado pelo custo anual com P&D, incluindo a depreciação dos ativos fixos utilizados. Quando em 2013 os Estados Unidos implementaram essa mudança, o valor de P&D adicionou 400 bilhões de dólares — 2,5% do PIB americano — à renda nacional da noite para o dia.[26] Claro que os setores com as maiores contribuições de P&D melhoraram sua participação no PIB, fazendo com que parecessem mais importantes do que outros.

O VALOR DO TRABALHO DOMÉSTICO... E DA CASA

Existe também o trabalho doméstico. Há tempos as feministas protestam contra a falta de reconhecimento dado à contribuição do trabalho doméstico para a economia. As contas nacionais excluem qualquer trabalho doméstico e, por conseguinte, uma ampla parte do trabalho das mulheres, da produção. O arquiteto da primeira e da segunda edições do SNA (1953 e 1968), o economista britânico Sir Richard Stone (1913--91), vencedor do Nobel — às vezes chamado de "pai da contabilidade da renda nacional" —, possuía pontos de vista categóricos sobre esse assunto. Escrevendo para o comitê das Nações Unidas, criadora da primeira avaliação do SNA sobre a produção familiar, Stone afirmou ser "desnecessário imputar uma renda aos serviços familiares ou aos serviços de equipamentos domésticos e pode ser um constrangimento fazê-lo, já que não apenas há poucos dados nesse campo, mas os princípios sobre os quais tais imputações devem ser feitas são obscuros".[27] Ele simplesmente achava ser impossível encontrar uma forma de fazê-lo — e ainda que uma solução fosse criada, sua realização seria socialmente embaraçosa.

O VALOR DE TUDO

Agora, setenta anos depois, como ainda não há teoria — além da ignorância ou da vergonha — que explique por que donas de casa (e donos de casa) não devem fazer parte do PIB, os arquitetos do SNA apresentaram uma justificativa diferente. Expressaram uma "relutância" em incluir tal trabalho porque, embora seja equivalente ao trabalho realizado pelos empregados domésticos, "por convenção... apenas os salários dos empregados domésticos são tratados como valor de produção".[28] A "convenção" aqui, ironicamente, está próxima da teoria do valor de Marx, na qual apenas alguém que produz um excedente para um capitalista gera mais-valia. Porém, a ideia de Marx estava ligada a sua teoria do valor e seu entendimento de como o capitalismo funciona (ou não funciona), ao passo que, nesse caso, a convenção foi escolhida a dedo porque é oportuna para o sistema atual.

Para explicar o motivo que faz com que o trabalho doméstico seja contabilizado como improdutivo, os responsáveis pelas contas nacionais são a todo momento forçados a recorrer a sua fronteira da produção "abrangente" e esforçam-se bastante para invocar o "bom senso". Essas explicações incluem: "o isolamento e a independência relativos dessas atividades no que se refere aos mercados, a grande dificuldade de realizar estimativas economicamente significativas de seus valores, e os efeitos adversos que teriam na utilidade das contas para fins de elaborações políticas e na análise dos mercados e de seus desequilíbrios".[29]

De acordo com essa lógica estranha, haveria um aumento no PIB de um país se pagássemos nossos vizinhos para cuidar de nossas crianças e lavarem nossas roupas e eles nos pagassem para fazermos o mesmo para eles.[30] Subjacente a essa abordagem do "bom senso" em relação ao trabalho doméstico, está a teoria do valor com base na utilidade: tem valor aquilo que é comercializado no mercado. A fronteira da produção implícita é determinada pelo fato de o dinheiro trocar ou não de mãos pelo serviço prestado. Portanto, há uma "dificuldade enorme" em se dar um valor ao trabalho realizado por mulheres (ou homens) que não recebem um salário por ele.

Por outro lado, é impressionante como os responsáveis pelas contas nacionais não medem esforços para incluir a moradia em si, a propriedade onde ocorre o suposto trabalho doméstico improdutivo, no

126

A MEDIDA DA RIQUEZA DAS NAÇÕES

lado interno da fronteira da produção. Nas contas nacionais, casas que pertencem a seus ocupantes geram serviços que são incluídos no PIB. Nos Estados Unidos, tal "trabalho" corresponde a 6% do PIB — isso representa a incrível soma de 1 trilhão de dólares —, ainda que nenhum desses dólares exista de fato.

Como os estatísticos chegam a tamanho desatino? Eles imputam uma renda para todos os que vivem em suas próprias casas. Uma renda de mercado é estimada para uma propriedade na qual o proprietário-inquilino paga a si mesmo como se fosse um locador dos serviços ofertados pela casa. Como a renda imputada é considerada receita, também é registrada nas contas nacionais como produção. Os responsáveis pelas contas nacionais justificam isso com o argumento de que "tanto comparações internacionais e intertemporais da produção e do consumo de serviços familiares poderiam ser distorcidas caso não se imputasse, por conta própria, algum valor para os serviços de habitação".[31]

Como isso pode funcionar? Comparemos dois países. Em um há somente inquilinos que pagam os proprietários — por exemplo, por meio de imobiliárias (na Suíça, em 2014, mais pessoas moravam em casas alugadas do que em casas próprias). No outro, todas as casas são próprias (nos Estados Unidos e no Reino Unido, a porcentagem de pessoas que moram em casa própria é maior do que a daquelas que pagam aluguel). Tendo em vista que o mercado imobiliário adiciona valor e receita (renda) do aluguel verdadeiro cobrado (diferente do "aluguel imputado" calculado), o primeiro país teria um PIB injustamente maior em comparação ao outro, ao menos em termos da porcentagem do PIB advinda da propriedade.

De outro ponto de vista — que não veja maior valor em se alugar uma casa em vez de ser proprietário da própria, principalmente quando não há um controle do aluguel —, também seria possível indagar, antes de mais nada, por que aluguéis de imóveis devem adicionar valor. Outra pergunta válida é por que um aumento nos aluguéis deveria ampliar o valor produzido pelas imobiliárias, principalmente se a qualidade do serviço de aluguel não está melhorando. Inquilinos de Londres e de Nova York, por exemplo, sabem muito bem que serviços de administra-

O VALOR DE TUDO

ção imobiliária não melhoram, ainda que os aluguéis subam — no caso de Londres, de modo bastante acelerado nos últimos anos.[32]

Também é importante ressaltar que as contas nacionais tratam propriedade e imóveis (tanto residencial quanto comercial) como se fossem uma empresa. Comprar uma casa ou uma fábrica é chamado de "investimento". Pressupõe-se que o proprietário continuará a fazer a "manutenção" da propriedade, investindo em sua manutenção ou melhoria, por isso sua receita é o "pagamento por um serviço", e não apenas renda. Tratam-se da mesma maneira os ganhos de capital por meio da compra e venda de uma propriedade e os oriundos de uma empresa ou de um ativo financeiro — embora seja discutível até que ponto uma propriedade é "produtiva". Ganhos de capital resultantes da posse de uma propriedade surgem de aumentos no valor da terra, que, por sua vez, são determinados por um investimento coletivo (em estradas, escolas etc.) — algo que tem pouco a ver com o esforço do dono da propriedade.

Assim como ocorre com o absurdo da ideia de vizinhos pagando uns aos outros para fazerem seus trabalhos domésticos, é como se os estatísticos estivessem dizendo que uma nação de proprietários que ocupam suas casas poderia ampliar artificialmente seu PIB ao trocar de casa com seus vizinhos e passar a pagar aluguel entre si. Estatísticos defendem fervorosamente o tratamento que é dado às receitas de propriedade. Mas quando os preços do mercado imobiliário disparam, como nos Estados Unidos e no Reino Unido, antes de 2007, e em lugares populares como Londres, mesmo depois da crise financeira, há implicações alarmantes para sua medição. O aumento dos preços com moradia significa um acréscimo nas rendas implícitas e, por conseguinte, um aumento nas receitas quando a renda implícita está incluída. O resultado paradoxal é que a bolha dos preços do setor imobiliário, consequência talvez das baixas taxas de juro ou condições de empréstimos facilitadas, aparecerá como uma aceleração do crescimento do PIB. Por quê? Porque os serviços domésticos prestados para si mesmo — como seus próprios senhorios, cobrando rendas implícitas de si — estão subindo de valor de maneira repentina, e isso é contabilizado como receita que aumenta o PIB. Da mesma forma, se

A MEDIDA DA RIQUEZA DAS NAÇÕES

você excluir essas rendas imputadas, pode-se demonstrar que o PIB cresceu mais devagar nos anos que antecederam a crise financeira do que após 2009.[33]

PROSTITUIÇÃO, POLUIÇÃO E PRODUÇÃO

Assim, a abordagem dos responsáveis pelas contas nacionais acerca da estimativa de valor afeta a fronteira da produção — às vezes de maneiras intrigantes. Na Holanda, onde a prostituição é legal e regulamentada, as autoridades fiscais pediram aos profissionais do sexo que declarassem seus vencimentos, que entram na renda nacional. Em outros países, como o Reino Unido, ganhos oriundos da prostituição não fazem parte da renda nacional, exceto, talvez, nas estimativas da economia informal.

Igualmente importante, a fronteira dá voltas em torno da questão do meio ambiente. Consideremos um rio poluído por lixo industrial. Quando o responsável pela poluição paga para limpá-lo, a despesa é tratada como um custo que reduz os lucros e o PIB. Porém, quando o Estado paga outra empresa para despoluir o rio, a despesa faz com que o PIB cresça porque o pagamento dos trabalhadores adiciona valor. Se o gasto com a despoluição é arcado por outro que não o responsável pela poluição, é chamado de externalidade — o custo está "fora" da conta de lucros e perdas daquele que é responsável pela poluição — e aumenta o PIB. Kuznets defendia que esse cálculo deveria ser equilibrado pelo "desserviço" que foi criado pela poluição e, portanto, que o custo desse "desserviço" deveria ser retirado do cálculo "líquido" do valor adicionado. Mas as contas nacionais não fazem isso; na verdade, asseguram não ser "apropriado" ou "analiticamente útil" que "as contas econômicas tentem corrigir supostas falhas institucionais desse tipo atribuindo gastos a produtores que a sociedade escolheu não reconhecer".[34]

Os responsáveis pelas contas nacionais apresentam essa questão de se alguma coisa é "analiticamente útil" ou não como uma discussão vaga, sem referência ao valor. Para ser justa, eles também advertem, com acerto, que seria muito difícil orçar plenamente tais externalida-

O VALOR DE TUDO

des — os "efeitos colaterais" negativos e positivos da produção — que não são precificadas. Tudo isso apenas ressalta as dificuldades em ser consistente e em se elaborar uma fronteira de produção que seja clara.

Assim, enquanto Marshall alegava que a natureza não dá saltos (recordemos a discussão de *natura non facit saltus* apresentada no capítulo 2), a renda nacional, ao que parece, pode fazê-lo! Se o trabalho autônomo (referido como produção por conta própria para pequenos agricultores ou profissionais do sexo, por exemplo) cresce em importância ou se for possível achar uma maneira de orçar as externalidades, a renda nacional irá saltar quando os estatísticos decidirem incluí-lo.

A ECONOMIA INFORMAL ENTRA NO SNA

Algo parecido acontece com a economia paralela ou — para usar o eufemismo oficial — "informal" quando os países concluem que ela cresceu tanto que suas estimativas precisam começar a ser incluídas nas contas nacionais. Peguemos o exemplo da Itália, um país "desenvolvido". O G7, grupo internacional com as sete maiores economias do mundo, estimava que em 2015 a economia informal representava 12,6% do PIB italiano.[35] Esse cálculo exclui atividades ilegais, que os estatísticos italianos resolveram deixar de fora de suas medições do PIB. Desde a Grande Recessão, que teve início em 2008, um número cada vez maior de desempregados italianos adotou a produção informal. A Organização para Cooperação e Desenvolvimento Econômico (OCDE), grupo que conta sobretudo com países de alta renda, estimou que, em 2013, o mercado negro italiano (incluindo atividades ilegais — cerca de 1% do PIB) representava incríveis 21% do PIB.[36] O mesmo estudo revelou que, entre outros países europeus, as atividades informais compreendem entre 7% e 28% do PIB — atividades que passaram a fazer parte das contas nacionais por recomendação do SNA de 1993 e de 2008.

Isso tudo suscita dúvidas: onde começar e onde parar? O que é — e o que não é — incluído nas contas nacionais? O próprio fato de tais questões serem tão difíceis de responder ilustra as idiossincrasias e os

A MEDIDA DA RIQUEZA DAS NAÇÕES

caprichos do sistema contábil. E a maior de todas as estranhezas passou a ser o chamado "problema bancário": como estimar a produtividade das finanças.

Mais do que qualquer outro setor, as finanças ressaltam a forma arbitrária utilizada pela contabilidade nacional moderna para decidir onde estabelecer a fronteira da produção. Quando o setor financeiro era pequeno (antes de sua explosão nos anos 1970), havia pouca dificuldade em excluí-lo; juros eram tanto uma questão de moral (posicionamentos contra a usura) quanto de economia. Contudo, à medida que o setor financeiro cresceu, tornou-se mais complicado tirá-lo da produção nacional. A tensão entre ideias arraigadas dos economistas — e da sociedade — de que bancos eram improdutivos e o crescimento constante do setor durante o pós-guerra fez com que surgisse o que é conhecido como o problema bancário.

Até os anos 1970, uma das principais fontes de lucro dos bancos — pagamentos de juros líquidos, que são a diferença entre o juro cobrado pelos bancos para realizarem empréstimos e o juro que pagam sobre depósitos — era excluída da produção nas contas nacionais. A única parte da receita dos bancos que se incluía eram as taxas por serviços pelos quais as pessoas realmente pagavam, como o custo para abrir ou fechar uma conta ou obter conselhos sobre hipotecas.

No entanto, uma mudança extraordinária aconteceu. De serem vistas como transmissoras do valor existente e da "renda", no sentido de "receita não merecida", as finanças transformaram-se em produtores de novo valor. Essa modificação sísmica justificou-se pela classificação das atividades de bancos comerciais como "intermediação financeira", e as atividades de bancos de investimento como "absorção de riscos". Foi uma mudança que evoluiu junto com a desregulamentação do setor, que também inchou ainda mais seu tamanho. Como essa parte da história — de que forma as finanças passaram a ser "contabilizadas" — é grande demais para ser discutida neste capítulo, os próximos dois irão se dedicar a ela.

LUCROS VERSUS RENDAS

Como vimos no capítulo 2, a discussão sobre quais parcelas da sociedade eram produtivas ou improdutivas era muito mais explícita antes do advento da teoria da utilidade marginal. Além disso, como mostrou este capítulo, desde que produtos e serviços atinjam um preço no mercado, são considerados dignos de fazer parte do PIB — se contribuem para criar ou extrair valor é algo que é ignorado. Por conseguinte, a distinção entre lucros e rendas é confusa e a extração de valor (renda) pode se mascarar como criação de valor.

A complexidade do cálculo do valor adicionado do governo empalidece se comparada com esta deficiência alarmante do SNA: a confusão entre lucros e rendas. Desembaraçar os dois é essencial para compreender o conceito de valor. Como vimos, a teoria clássica do valor sustentava que receitas oriundas de atividades que se encontravam do lado de fora da fronteira da produção não eram merecidas. Renda — vista como receita não merecida — era classificada como uma transferência do setor produtivo para o improdutivo e, portanto, não fazia parte do PIB. Porém, se, como defende a teoria da utilidade marginal, os "serviços" de um senhorio ou do gerente de um fundo de hedge são tratados como produtivos, tornam-se, magicamente, parte do PIB.

Em geral, o SNA vincula o que as pessoas recebem com o negócio que as pagam. Trabalhadores siderúrgicos são pagos por companhias siderúrgicas; funcionários de lojas, por varejistas; os que trabalham com seguros, por companhias de seguros, e assim por diante. No entanto, receitas oriundas de propriedades, dividendos e empréstimos, por exemplo, são diferentes porque as pessoas que as recebem não estão, necessariamente, ligadas de maneira direta a suas fontes (rendas, dividendos, juros de empréstimos etc.). Se uma siderúrgica aluga um escritório, o aluguel pode ir para firmas de outros setores, para o governo ou mesmo para as famílias. Um investidor rico pode obter receita de dividendos pagos por diversas empresas produtivas. Um credor — um banco, por exemplo — pode emprestar dinheiro para várias companhias ou famílias e obter receita com seus juros. Todos esses tipos de receita não podem ser alocados de modo fácil na conta da produção.

A MEDIDA DA RIQUEZA DAS NAÇÕES

Embora o SNA de 2008 tenha tentado lidar com essa dificuldade, ele não estabeleceu, por exemplo, que a receita advinda da propriedade é uma recompensa para a produção; mas, somente, que "receitas de propriedades provisionam-se quando os donos de ativos financeiros e de recursos naturais colocam-nas à disposição de outras unidades institucionais".[37]

Ajustar as contas nacionais não é suficiente

Ainda que, na teoria, equilibrar as contas nacionais entre receita e gastos exija uma noção clara de onde se encontra a fronteira da produção — onde se cria valor —, na prática, a fronteira está longe de ser clara. As contas nacionais, tal como estão, são seguramente bem melhores do que nada e, entre outros méritos, permitem que sejam feitas comparações consistentes entre países e períodos distintos. Porém, apesar de todo o esforço colocado em seu desenvolvimento, falta ao SNA uma teoria do valor subjacente que seja coerente e rigorosa.

Agências de governo como o Escritório de Análises Econômicas (BEA, na sigla em inglês) nos Estados Unidos e o Escritório de Estatísticas Nacionais (ONS, na sigla em inglês) no Reino Unido empregam um exército de pessoas para estimar o PIB e tomar decisões sobre o que está produzindo novos valores que aumentam a riqueza de um país. É fascinante saber que esse é o domínio de uma profissão altamente especializada que utiliza métodos estatísticos sofisticados e modernos com o intuito de oferecer parâmetros precisos para o valor produzido por nossa sociedade. A taxa de crescimento de nossas economias é projetada com anos de antecedência por meio de cálculos matemáticos complexos que incluem a medição de "produção" em potencial e uma estimativa do PIB com uma precisão de um décimo de ponto percentual a cada trimestre.

Na verdade, as contas nacionais foram submetidas a tentativas constantes de correções que pudessem torná-las mais relevantes para as necessidades e as economias em mutação. Falou-se da contabilização de prejuízos ambientais; a contabilização da felicidade foi outro caso mencionado. Para que a ideia não pareça impossível, ou que pareça não ter nada a ver com economia, vale a pena relembrar uma coisa básica: a economia não faz sentido a não ser que ajude as pessoas a levar uma vida melhor — e isso significa, de maneira bastante razoável, ao menos em parte, uma vida mais feliz. O economista americano James Tobin (1918--2002), vencedor do prêmio Nobel de economia em 1981 e professor de economia na Universidade Yale por muitos anos, escreveu:

> O propósito da economia é a produção de bens e serviços para o consumo atual e futuro. Acredito que o ônus da prova sempre deve estar com aqueles que produziriam menos, e não mais; com aqueles que deixam ociosos homens ou máquinas ou terras que poderiam ser usadas. É impressionante como se pode achar justificativas para tais desperdícios: medo da inflação, déficits no saldo de pagamentos, orçamentos desequilibrados, dívida nacional excessiva, perda de confiança no dólar.[38]

Tomar decisões sobre quais bens e serviços devem ser incluídos no PIB pressupõe voltar ao conceito da fronteira da produção posta no cerne do pensamento econômico clássico — que distingue as atividades produtivas das improdutivas —, bem como a uma teoria do valor que justifique essas distinções. A teoria é apenas implícita, como nos trabalhos de Petty e King? Ou é bem explicada como no caso de Marx? E como os responsáveis pela contabilidade nacional podem ser convencidos de que uma atividade que antes era vista como uma transferência de valor existente está, na verdade, criando valor? E, sobretudo, o que se entende por crescimento?

A maneira como definimos e medimos crescimento é, claro, afetada por nossa teoria do valor. E as taxas de crescimento resultantes podem orientar as atividades que são consideradas importantes e, no processo, distorcer, possivelmente, a economia.

O PIB preocupa cidadãos e políticos em todo lugar: vai subir? Cair? Quanto? Assim, compreender como o PIB é construído é fundamental.

Diferente dos estatísticos da época de Adam Smith ou Marshall, os governos modernos possuem uma riqueza de informações e sistemas sofisticados das contas nacionais que acompanha a economia e o crescimento de cada um de seus setores. Por um lado, isso torna possível que se observe, em grande detalhe, quem faz o quê na economia — quem é "criador de valor" e quanto cada um contribui para o produto nacional. Por outro, devido à forma como essas contas são estabelecidas, não são uma métrica mais objetiva de valor do que as categorizações propostas por Quesnay, Adam Smith ou Marx.

Em essência, comportamo-nos como atores econômicos de acordo com a visão de mundo daqueles que criam as convenções contábeis. A teoria do valor dos marginalistas, que subjaz aos sistemas de contabilidade nacional contemporâneos, leva a uma atribuição indiscriminada da produtividade para qualquer um que consiga uma grande receita e minimiza a produtividade dos menos afortunados. Ao fazer isso, justifica desigualdades de renda e riqueza excessivas, transformando extração de valor em criação de valor.

Indo direto ao ponto, qualquer atividade que possa ser comercializada por um preço é vista como uma atividade que adiciona valor ao PIB. Os responsáveis pelas contas determinam o que se enquadra nessa categoria. Mas qual o critério usado? A resposta é uma miscelânea que combina utilidade marginal com viabilidade estatística e alguma forma de bom senso que suscita lobbies em vez de ideias a respeito do valor. É isso que determina onde se estabelece a fronteira da produção nas contas nacionais.

O próximo capítulo se concentra no caso mais notório de "pulada de cerca": o setor financeiro, antes visto como improdutivo, agora como criador de valor.

4
Finanças: nasce um colosso

*Se o sistema financeiro do Reino Unido prosperar no pós-Brexit,
que é o que se planeja, esse crescimento, nos próximos 25 anos, não
será de dez vezes e, sim, de quinze a vinte vezes o valor do PIB.*

Mark Carney, diretor do Banco da Inglaterra,
3 de agosto de 2017

UM SETOR FINANCEIRO AMPLO e em crescimento é há muito tempo apresentado como um sinal do sucesso tanto dos Estados Unidos quanto do Reino Unido, atribuído à mobilização de capital para impulsionar o desenvolvimento econômico e gerar exportações em uma época em que a indústria e a agricultura estavam em queda e haviam passado a ser importações líquidas. Nos anos 1990, uma expansão similar do setor financeiro tornou-se a ambição de outros países que buscavam seguir o caminho de desenvolvimento dessas primeiras nações industrializadas, bem como diminuir a dependência da importação de capital e serviços dos "centros financeiros" mundiais localizados no Reino Unido e nos Estados Unidos. Por trás dessa expansão está a crença de que um país se beneficia de um setor financeiro em constante expansão, em termos de suas crescentes contribuições para o PIB e para as exportações, e à medida que ativos totais do setor financeiro (empréstimos bancários, ações, títulos, derivativos) tornam-se um múltiplo cada vez maior do PIB.

A celebração das finanças por líderes políticos e banqueiros especialistas, no entanto, não é universalmente compartilhada pelos economistas. Ela entra em conflito com a experiência comum de investidores

FINANÇAS: NASCE UM COLOSSO

empresariais e de famílias, para quem o controle do fluxo de dinheiro por parte das instituições financeiras parece assegurar a prosperidade da própria instituição muito mais prontamente do que a de seus clientes. Para aqueles que não possuem grandes fortunas e para muitos com "ativos sob gestão", a noção de que as finanças adicionam valor se torna cada vez mais oca na longa sombra da crise financeira global que teve início em 2008. Isso exigiu que governos por todo o mundo recuperassem grandes bancos cujo "patrimônio líquido" mostrou-se fictício; dez anos depois, os resgates financeiros seguem impondo custos sociais pesados, na forma de orçamentos públicos apertados, enormes dívidas para as famílias e rendimentos reais negativos para os que poupam.

Mas durante boa parte da história humana recente, em um contraste gritante com o atual entusiasmo pelo crescimento do setor financeiro tanto como um sinal de prosperidade, quanto como um incentivo, bancos e mercados financeiros foram por muito tempo vistos como um custo da realização de negócios. Seus lucros refletiam valor adicionado apenas na medida em que aprimoravam a alocação dos recursos de um país e permitiam o subsídio cruzado de um sistema de pagamentos confiável. Crises financeiras recorrentes expuseram a regularidade com que eles despejaram recursos em direções improdutivas (basicamente outras partes do próprio setor financeiro), interrompendo, em última instância, o fluxo de dinheiro e bens na economia real. As atividades financeiras que mais cresceram entre 1980 e 2008 foram a gestão de ativos (fazer mais dinheiro mediante o investimento em ativos financeiros líquidos e em propriedade, para o segmento da população que ganhava o suficiente para economizar) e empréstimos para famílias, em vez de para empresas. As finanças também tiraram muitos cientistas e engenheiros altamente qualificados de seus trabalhos em produção direta, oferecendo-lhes em média uma remuneração 70% maior do que outros setores poderiam propor. O improvável nível do crescimento dos lucros do setor financeiro, antes e depois da crise mais recente, reflete uma decisão deliberada, durante o século xx, de redesenhar a fronteira da produção de forma que instituições financeiras anteriormente deixadas do lado de fora da fronteira passassem a ser incluídas — e, tendo reclassificado as finanças como produtivas, para acabar com as

137

regulamentações que haviam até então mantido sob controle suas cobranças, bem como os riscos assumidos.

Este capítulo examina a expansão bancária e a maneira como decisões políticas que buscavam reconhecer seu valor nas contas nacionais (embora baseadas em hipóteses controversas do ponto de vista econômico) ajudaram a impulsionar uma desregulamentação que, em última instância, fomentou seu crescimento excessivo. Nos próximos dois capítulos exploro a relação entre esse crescimento e a financeirização do restante da economia.

Bancos e mercados financeiros tornam-se aliados

A crença dos formuladores de políticas no valor das finanças não diminuiu após a implosão destas em 2008. Na verdade, sua reação à crise financeira global foi insistir em que mais "capital" de cada economia fosse atribuído aos bancos do setor privado, além de apoiá-los com uma política monetária bastante frouxa, na qual taxas de juros próximas de zero foram complementadas pela compra de títulos estatais ou mesmo de empresas por parte dos bancos centrais com o intuito de manter seus preços elevados. Isso aumentou de maneira maciça a parcela de "ativos" dos principais bancos centrais do mundo.

Países que buscam atingir os níveis de prosperidade dos Estados Unidos têm sido aconselhados, há tempos, em especial por seus credores multilaterais, a fazer do "aprofundamento financeiro" — a expansão e a desregulamentação de bancos e mercados financeiros — uma peça central em sua estratégia de desenvolvimento. Ao mesmo tempo, esses credores acusaram políticas que limitavam o crescimento dos bancos, como a imposição de um teto às taxas de juro ou a restrição a empréstimos estrangeiros, de "repressão financeira", com a implicação de que a liberalização financeira era parte de uma liberação mais ampla. Depois de 2008, assim como após crises financeiras regionais anteriores (tais como as que atingiram boa parte da América Latina em 1982-3 e o Leste da Ásia em 1997), os economistas que haviam instigado essa liberalização perguntavam-se se a liberação dos setores financeiros não tinha ido longe demais. Todavia, eles chegaram à conclusão, como sempre ocorre, de que as crises eram meros obstáculos em um caminho que se completava de modo mais rápido quando o crescimento financeiro não estava bloqueado. Dessa forma, em 2015, o FMI completou um exaustivo estudo que "repensava" o aprofundamento financeiro e concluiu que, embora os efeitos positivos da expansão do setor pudessem ser menores em relação aos países com altos níveis de PIB per capita e/ ou caso crescesse depressa demais, "há pouquíssimo ou nenhum conflito entre a promoção da estabilidade financeira e o desenvolvimento financeiro", e "a maioria dos mercados emergentes ainda se encontra em uma região de desenvolvimento financeiro de relativa segurança e na qual o crescimento é fomentado".[1]

No entanto, a convicção de que o progresso econômico exige um setor financeiro em crescimento, com os bancos em seu cerne, é contraintuitiva em vários aspectos. Se intermediários financeiros promovem o crescimento econômico ao mobilizar capital, dando-lhe um melhor uso, seria de esperar que o produto nacional (PIB) crescesse mais rapidamente do que o produto do setor financeiro, diminuindo, assim, sua parcela no PIB. De fato, esse deve ser o caso da maior parte dos "países recém-industrializados" mais bem-sucedidos, caso — como se alega — os setores financeiros dos Estados Unidos e do Reino Unido tenham crescido mais do que suas economias domésticas mediante a exportação de capital e serviços para o resto do mundo. Se bancos e mercados financeiros tornam-se mais eficientes, as empresas devem, com o passar do tempo, fazer um uso maior de seus serviços, perdendo sua preferência inicial pelo autofinanciamento de investimento a partir do lucro retido. Na prática, inúmeros estudos mostram que as firmas continuam a financiar a maior parte de seus investimentos (em produção e no desenvolvimento de novos produtos) internamente por meio de retenções, uma vez que financiadores externos sabem menos a respeito de suas atividades e exigem um retorno mais alto como compensação pelo risco maior que assumem.[2] Com o tempo, os mercados financeiros deveriam, ao ganhar eficiência, ser capazes de se expandir às custas dos bancos, algo que, em geral, é explicado como um mecanismo alternativo para canalizar fundos de

O VALOR DE TUDO

poupanças para mutuários quando mercados de ações e de títulos não se encontram desenvolvidos o bastante e a informação não flui de forma livre.[3] Ainda assim, mesmo em economias capitalistas modernas os bancos consolidaram seu papel no centro do universo financeiro a ponto de ordenar resgates em massa quando sua solvência e liquidez evaporaram, em 2008.

O problema bancário

Como vimos, surgem problemas na contabilidade nacional quando atividades que parecem adicionar valor à economia possuem produtos que não são precificados. Muitos dos serviços oferecidos pelo Estado e por organizações voluntárias se enquadram nessa categoria, assim como produtos do setor privado disponibilizados de forma gratuita, como a ferramenta de pesquisa do Google e o navegador do Mozilla. Normalmente, as contas nacionais atribuem-lhe um valor, apesar da objeção de críticos do livre mercado que afirmam que bens e serviços não mercantis são subsidiados de maneira cruzada pelos produtores do setor de mercado (sendo, para eles, uma perda), subtraindo, assim, da produtividade nacional.[4]

Porém, um problema igualmente sério aparece quando se cobram preços por um produto ou serviço (ou deles se obtém um lucro) que obviamente não conferem nenhum valor. Na maior parte das economias, isso é classificado (e condenado) como extração rentista monopolista. O ator que no tocante "encurrala o mercado" de determinado produto e o revende com ágio mediante a retenção da oferta, ou que se coloca entre o comprador e o vendedor sem outro motivo que não cobrar uma comissão antes de ambos negociarem entre si, é condenado pelo mesmo enriquecimento improdutivo que o salteador que rouba dinheiro de viajantes antes de permitir que eles sigam viagem. Até os anos 1970, o setor financeiro era visto como distribuidor de riqueza, não como criador, pois se envolvia em atividades que eram estéreis e improdutivas. Àquela altura, mediante uma combinação de reavaliação econômica do setor e pressões políticas, as finanças

140

FINANÇAS: NASCE UM COLOSSO

deixaram o lado externo da fronteira da produção e passaram para a parte interna — causando estragos no processo.

Os Estados europeus do século XIX estavam convencidos de que os bancos adicionavam valor e eram fundamentais para atingir a modernização industrial e o crescimento econômico. Estavam particularmente entusiasmados em promover bancos de investimentos, vistos como essenciais tanto para canalizar fundos para investimentos produtivos quanto para coordenar empresas e indústrias que aumentassem a eficiência e as taxas de retorno sobre esse investimento. A importância dos bancos de investimento na canalização de fundos de investidores profissionais para indústrias produtivas ascendeu na agenda política porque as primeiras caixas econômicas, que recebiam depósitos das famílias, muitas vezes os perdiam para esquemas fraudulentos ou excessivamente arriscados de ganhos financeiros e, assim, eram levadas, por lei, a comprar sobretudo títulos do governo.[5] Ao conceder licença a uns poucos bancos de investimento, os governos deram-lhes o poder do monopólio necessário para coordenar a expansão de indústrias afins e atingir o lucro exigido para absorver grandes riscos.[6] O papel singular dos bancos no desenvolvimento foi reconhecido por alguns economistas em meados do século XX, em particular por Joseph Schumpeter (1934) e Alexander Gerschenkron (1962).[7]

O "problema bancário" surgiu porque, à medida que o século XX avançava, o papel dessas instituições em fomentar o desenvolvimento econômico diminuiu gradualmente tanto na teoria quanto na prática — ao passo que seu sucesso em gerar receita e lucro mediante operações pagas por famílias, empresas e governos aumentou de modo ininterrupto. Uma parte da economia de meados do século XX em rápida expansão não estava sendo contabilizada nas contas nacionais. Contudo, os economistas (como Schumpeter e Gerschenkron) que tinham dado aos bancos um papel fundamental no desenvolvimento tinham certeza de que eles haviam chegado a isso graças a certo poder de monopólio, arrecadando renda e lucro. Enquanto isso, a opinião vigente continuava a ver os bancos como intermediários que, ao cobrar para fazer a intermediação entre compradores e vendedores (ou mutuários e poupadores), obtinham sua receita arrecadando valor de outrem em vez de criando-o eles mesmos. De fato, hoje em dia, se usarmos a fórmula do valor adicionado (salários + lucros), observaremos que o setor financeiro, longe de contribuir com 7,2% do PIB para a economia do Reino Unido e com 7,3% para a dos Estados Unidos (como mostraram as contas nacionais de 2016), faz, na verdade, uma contribuição para a produção que é igual a zero, ou até negativa. De acordo com esse critério de avaliação, é profunda e fundamentalmente improdutivo para a sociedade.

Portanto, o "problema bancário" apresentava uma singularidade para os responsáveis pelas contas nacionais. Tradicionalmente, bancos comerciais e a maioria dos bancos de investimentos obtêm grande parte de suas receitas do diferencial de juros: recebem juros sobre os empréstimos que concedem aos clientes que são maiores do que os juros pagos pelo dinheiro que tomam emprestado. A cobrança de juros se justifica de diversas formas complementares. Afirma-se, por exemplo, ser uma "recompensa pela espera", compensando credores por não poderem desfrutar de seu dinheiro imediatamente porque estão permitindo que outro faça uso dele. Pode, ainda, ser uma recompensa pelo risco assumido. Se o dinheiro não for gasto prontamente, pode gerar, no futuro, menos satisfação: caso, por exemplo, aqueles que o usarem nesse ínterim o perderem, totalmente ou parte dele, ou se seu poder de compra for corroído pela inflação ou pela queda da taxa de câmbio. A menos que seja mantido embaixo do colchão, todo dinheiro não gasto tende a ser emprestado a outrem, sem garantia de que esse empréstimo será pago em sua totalidade e no prazo. Mutuários podem perdê-lo em um empreendimento arriscado que não deu certo ou apenas roubá-lo e se recusar a devolvê-lo. Dessa maneira, longe de ser "usurário", o pagamento de juros pode ser reinterpretado como a recompensa para o credor por ter assumido o risco de nunca mais ver seu dinheiro. Quanto maior o risco, mais se justifica o juro cobrado.

Dar aos juros uma função econômica não explica, em si, como os bancos criam valor. Tradicionalmente, economistas resolvem o "problema bancário" pressupondo que essas instituições criam valor de outras formas, e usam seus diferenciais de juros (a diferença entre as taxas de quem empresta e de quem toma emprestado) como uma maneira indireta de arrecadar esse valor, tendo em vista que ele advém de ser-

FINANÇAS: NASCE UM COLOSSO

viços que não podem ser diretamente precificados. O setor bancário, argumenta-se, oferece três "serviços" principais: "transformação de vencimentos" (a conversão de depósitos de curto prazo em hipotecas e créditos empresariais); liquidez (a disponibilidade imediata de dinheiro por meio de um empréstimo de curto prazo ou saque a descoberto para empresas e famílias que precisam realizar algum pagamento); e, talvez mais importante, avaliação de crédito (análise dos pedidos de empréstimo para decidir quem é merecedor de crédito e quais devem ser os termos da concessão desse crédito). Além de canalizar fundos de credores para mutuários, os bancos administram os vários sistemas de pagamentos que vinculam compradores a vendedores. Essas atividades, principalmente a transformação de depósitos de curto prazo em empréstimos de longo prazo e a garantia de liquidez para clientes sem fundos suficientes, também significam uma transferência do risco de empresas do setor privado para os bancos. Esse conjunto de serviços constitui, coletivamente, a "intermediação financeira". Pressupõe-se que, em vez de cobrar diretamente por esses serviços, os bancos impõem uma cobrança indireta ao realizar empréstimos a taxas de juros mais elevadas do que as que se aplicam ao dinheiro que tomam emprestado.

O custo dos "serviços de intermediação financeira indiretamente medidos" (Fisim, na sigla em inglês) é calculado a partir de quanto os bancos podem incrementar suas taxas de empréstimo a seus clientes acima da menor taxa de juros disponível. Os estatísticos das contas nacionais estabelecem uma "taxa de referência" de juros que mutuários e credores estariam dispostos a pagar e a receber (o custo "real" do empréstimo). Eles calculam os Fisim como a medida até a qual os bancos podem forçar as taxas de credores abaixo e/ou as taxas de mutuários acima dessa taxa de referência multiplicada pela reserva de empréstimos em aberto.

A persistência desse diferencial de juros é, segundo os economistas que inventaram os Fisim, um sinal de que os bancos estão fazendo um trabalho útil. Se a diferença entre suas taxas de empréstimo e captação aumenta, devem estar realizando um trabalho melhor. Isso é particularmente verdade tendo em vista que, desde o final dos anos 1990, grandes bancos foram bem-sucedidos na imposição de cobranças mais diretas

O VALOR DE TUDO

para seus serviços, bem como na manutenção de suas cobranças "indiretas" por meio da diferença entre as taxas de juros.[8]

De acordo com esse raciocínio, os bancos realizam uma contribuição positiva para a produção nacional, e sua capacidade de aumentar o custo da captação acima do custo do empréstimo é a principal medida dessa contribuição. A adição dos Fisim às contas nacionais foi proposta pela primeira vez em 1953, mas até os anos 1990 considerava-se que os serviços que ele representava eram consumidos na íntegra por empresas financeiras e não financeiras, de forma que nenhum fazia parte da produção final. Todavia, a revisão do SNA de 1993 deu início ao processo de contabilizar os Fisim como valores adicionados, fazendo com que passassem a contribuir com o PIB. Isso transformou, da noite para o dia, o que antes era visto como um custo inútil em uma fonte de valor adicionado. A mudança foi formalmente proposta na conferência da Associação Internacional de Estatísticas Oficiais em 2002 e incorporada à maioria das contas nacionais bem a tempo da crise financeira de 2008.[9]

Claro que serviços bancários são necessários para manter a economia funcionando. Mas isso não significa que juros e outras cobranças sobre os usuários de serviços financeiros sejam um "resultado" produtivo. Se todas as firmas pudessem financiar seus investimentos comerciais por meio de lucros acumulados (os ganhos que não distribuem entre seus acionistas) e todas as famílias pudessem pagá-los com suas poupanças, o setor privado não precisaria pedir empréstimos, juros não seriam pagos e empréstimos bancários passariam a ser supérfluos.

As convenções da contabilidade nacional reconhecem essa incongruência ao tratar o custo do serviço financeiro (Fisim mais taxas diretas e cobranças) como um custo de produção para empresas ou governos. Essa "produção" de instituições financeiras que financiam as atividades de empresas e do Estado desaparece prontamente no "consumo intermediário" realizado pelo setor público e pelo setor privado não financeiro. Apenas o fluxo de bens e serviços de empresas não financeiras (e do governo) conta como produção final. Porém, abrem-se exceções para serviços financeiros oferecidos às famílias de uma nação e às empresas não locais; esses serviços, assim como taxas diretas e cobranças impostas por instituições financeiras, são tratados como um produto

144

FINANÇAS: NASCE UM COLOSSO

final, fazendo parte do PIB junto com tudo mais que é consumido pelas famílias e pelos não residentes. O crescimento constante da captação por parte das famílias no Reino Unido, nos Estados Unidos e na maior parte de outros países da OCDE desde 1990 impulsionou automaticamente a contribuição contabilizada dos bancos para o PIB por meio do crescente fluxo de pagamentos de juros arrecadados das famílias. A natureza cada vez mais perigosa de emprestar para as famílias de alto risco já endividadas aumentou ainda mais essa contribuição, uma vez que resultou em um ágio cobrado dos tomadores que é maior do que a taxa de referência, graças a um ajuste compensatório inadequado do aumento dos riscos assumidos.[10] A suposta subnotificação de importantes taxas de empréstimos interbancários, em geral utilizada como taxa referência, pode ter piorado essa situação durante o escândalo da taxa Libor em 2008.

Os Fisim garantiram que a contribuição do setor financeiro para o PIB continuasse crescendo desde a turbulência financeira de 2008-9, principalmente nos Estados Unidos e no Reino Unido. Porém, se um serviço de intermediação se torna mais eficiente, deve absorver menos da produção de seus clientes, não mais; quanto mais eficiente for, menor deve ser a contribuição junto ao PIB. Agentes e corretores imobiliários, por exemplo, geram receita mediante comissão de venda de cada propriedade. Se se tornam mais eficientes, a competição reduz a porcentagem da comissão, e os demais atores sobreviverão com comissões mais baixas, reduzindo os custos — e realizando uma contribuição menor para o PIB.

As regras são diferentes para as finanças. As contas nacionais atuais afirmam que estamos em uma melhor situação quando mais de nossas receitas passam por pessoas que "administram" nosso dinheiro, ou que realizam apostas com o próprio dinheiro. Se investidores profissionais lucram investindo em propriedades durante uma expansão, novas maneiras de contabilização registrarão os lucros como um aumento de sua contribuição junto ao PIB. Vendas a descoberto, que envolvem o empréstimo de um ativo e sua venda na expectativa de recomprá-lo depois de seu preço ter caído,[11] são outra atividade especulativa cujo crescimento, sob a nova forma de medição, contribui para o PIB. Se se

O VALOR DE TUDO

ganha dinheiro vendendo a descoberto investimentos voltados para a propriedade antes de uma queda geral de preços, como notoriamente fizeram investidores como o gerente de fundo de hedge John Paulson, antes da crise, os lucros aumentam o PIB. Porém, seguramente, se por exemplo os preços das passagens de ônibus continuassem a crescer em termos reais, exigiríamos saber por que empresas de ônibus estavam ficando menos eficientes e tomaríamos atitudes contra operadores que usaram o poder de monopólio para aumentar seus preços? Mas quando o custo de uma intermediação financeira segue subindo em termos reais, comemoramos o surgimento de um setor bancário e de seguros vibrante e bem-sucedido.

De acordo com teorias que consideram o setor financeiro produtivo, finanças em constante expansão não prejudicam a economia; na verdade, facilitam a circulação de bens e serviços. No entanto, com bastante frequência fundos de investimentos e bancos agem para aumentar seus lucros em vez de canalizá-los para outras formas de investimento, como a tecnologia verde. O Macquarie, banco australiano que usou aquisições posteriores à privatização para se tornar um dos maiores investidores em infraestrutura do mundo, rapidamente passou a ser conhecido por garantir dívidas adicionais contra esses ativos, fazendo com que uma maior parcela de suas receitas fosse canalizada para pagamentos de juros, juntamente com distribuições para acionistas. Após a aquisição da Thames Water, em 2006, usou a securitização para aumentar a dívida da empresa de 3,2 bilhões de libras para 7,8 bilhões em 2012, enquanto evitava grandes investimentos em infraestrutura.[12] A estratégia gerou preocupações entre ambientalistas quando, em 2017, o Macquarie adquiriu o Green Investment Bank, um importante financiador de energia renovável e de projetos de conservação criado pelo governo do Reino Unido cinco anos antes. Ademais, uma vez que os financistas percebem que há muito pouco valor por trás de seus passivos, tentam emitir ainda mais dívidas para se refinanciarem. Quando não podem seguir fazendo isso, uma deflação da dívida passa a existir, como a que teve início nos Estados Unidos e na Europa em 2007-8 e, dez anos depois, segue reprimindo as taxas de crescimento globais. A sociedade em geral, então, arca com os custos da obsessão especulativa: o desemprego aumenta e os salários mantêm-se baixos, principalmente para aqueles que foram deixados de lado durante a última expansão econômica. Em outras palavras, o valor é extraído de parte dos ganhos dos trabalhadores para restaurar os lucros corporativos.

É difícil, pois, pensar a respeito do setor financeiro como qualquer coisa que não um *rentista*, ou seja, um extrator de valor. Esse, de fato, foi o veredito econômico sobre as finanças antes dos anos 1970, incorporado às contas nacionais, até que se tomou a decisão de atribuir um "valor adicionado" aos bancos e a suas atividades no mercado financeiro. Tal decisão reclassificou, como resultados de atividades produtivas, lucros financeiros que os economistas até então não tinham dificuldades em atribuir ao poder de monopólio dos bancos, associado a economias de escala e ao reconhecimento dos governos de que os maiores eram "grandes demais para quebrar". A reelaboração da fronteira da produção para incluir as finanças foi, em parte, uma resposta ao lobby dos bancos, que, por si só, era uma característica de seu poder de mercado e de sua influência. Ao mostrar as finanças como uma ampla e crescente fonte de produção nacional, derrubou-se a lógica da regulamentação financeira anterior. Se antes essa regulamentação era vista como uma salvaguarda contra comportamentos imprudentes e rentistas, agora era apresentada como um obstáculo que impedia um comércio valioso de dinheiro e risco.

A desregulamentação e as sementes da crise

No início dos anos 1970, os setores financeiros eram altamente regulamentados, mesmo em países com grandes centros financeiros internacionais, como os Estados Unidos e o Reino Unido. Para os governos, a regulamentação era essencial, uma vez que uma longa história internacional de crises bancárias e esquemas de investimentos fracassados ou fraudulentos mostraram que, deixados à própria mercê, empresas financeiras podiam facilmente perder o dinheiro dos depositantes e, assim, acabar com atividades da economia real e até provocar agitações sociais. Quando os bancos competiam, havia a tendência de oferecer rendimentos mais altos e ainda mais improváveis aos poupadores por meio do financiamento de projetos de investimentos cada vez mais arriscados, até que acontecesse um desastre (e até que fossem à falência). Mas enquanto tal instabilidade competitiva era evitada, restringindo a entrada e dando aos bancos algum poder de monopólio, eles ainda causavam prejuízos ao restante da economia de outras formas: inflacionando, de maneira artificial, o preço dos empréstimos e coordenando suas compras e vendas para provocar um ciclo artificial de expansão e queda nos preços de mercadorias-chave. Bancos pequenos eram particularmente vulneráveis porque suas atividades (e a de seus clientes) não estavam suficientemente espalhadas por diferentes indústrias e regiões geográficas. Contudo, em pouco tempo, grandes bancos tornaram-se "grandes demais para quebrar", seguros de que os governos providenciariam dispendiosos resgates caso fossem longe demais, uma vez que sua quebra causaria muitos danos à economia. Tais garantias apenas os levaram a se comportar de maneira ainda mais imprudente.

O apetite estatal para a regulamentação financeira aumentou após a crise mundial dos anos 1930, anunciada pelo colapso de mercados de ações e bancos regulamentados de maneira insuficiente e pela guerra mundial para a qual isso contribuiu indiretamente. Em 1933, depois da Crise de 1929, os Estados Unidos separaram bancos comerciais (instituições financeiras que recebiam depósitos) de bancos de investimentos (organizações financeiras que arrecadavam dinheiro para empresas mediante emissão de dívidas e ações, fusões e aquisições corporativas, e negociações de valores imobiliários para suas próprias contas) sob a Lei Glass-Steagall. As regulamentações dessa lei foram, de certo modo, fortalecidas pelo Acordo de Bretton Woods, de 1944. Em consonância com o chamado "plano de Keynes", o sistema Bretton Woods impôs severas restrições aos movimentos de capital internacional com o intuito de preservar um sistema de taxa de câmbio fixa — eliminando, assim, a maior parte dos investimentos transnacionais e das operações cambiais que, anteriormente, haviam sido uma fonte central de instabilidade e de lucros especulativos. O Acordo de Bretton Woods exigia, ainda, que os governos mantivessem restrições severas sobre seus setores financeiros domésticos — incluindo índices elevados de capital em relação a ativos e de reservas líquidas em relação ao total de ativos bancários, limites

FINANÇAS: NASCE UM COLOSSO

de taxas de juros, e, nos Estados Unidos, uma separação legal rígida entre bancos comerciais e de investimentos. A pedra angular do sistema monetário de Bretton Woods foi o padrão-ouro, sob a qual o dólar foi convertido em ouro a 35 dólares por onça.

Tais medidas tornaram mais difícil para as instituições financeiras transferirem seus negócios para jurisdições com impostos baixos ou pouca regulamentação. As regras refletiam um consenso entre formuladores de políticas de que as instituições financeiras agiam, na melhor das hipóteses, como lubrificante para os "verdadeiros" motores da economia — agricultura, manufatura e serviços empresariais — e não eram, em si, significativamente produtivas. Temia-se que um setor financeiro desregulamentado pudesse se tornar muito especulativo, provocando transtornos tanto no mercado interno como no valor externo das moedas. Mas nos anos 1960, conforme a ideia de uma regulamentação "branda" se tornava cada vez mais atraente, tais medidas passaram a ser vistas dos dois lados do Atlântico como um obstáculo a ser driblado.

Durante essa época, os bancos nunca deixaram de fazer lobby contra as regulamentações que os privavam de mercados importantes e contra outras (como a Lei Glass-Steagall) que restringiam a possibilidade de combinar operações em diferentes mercados. Além de pressionar pelo fim das regulamentações, os bancos se mostraram hábeis em convencer políticos de que as regulamentações restritivas eram impraticáveis, encontrando maneiras de driblá-las. As proibições às transações de derivativos especulativos, promulgadas nos Estados Unidos nos anos 1930 devido a seu papel na ampliação da Crise de 1929 e da Grande Depressão, foram efetivamente contornadas pelo crescimento das transações de derivativos de balcão (OTC, na sigla em inglês) não regulamentado, que cresceu de modo explosivo nos anos 1980 a despeito de esforços subsequentes de rerregulamentação.[13] A invenção dos bancos offshore, para contornar o controle de capitais transnacionais, foi particularmente eficaz. Em 1944, o sistema Bretton Woods fixara o valor do dólar em ouro. Porém, quando a expansão econômica do pós-guerra, com base na manufatura, foi se enfraquecendo, por volta dos anos 1970, a regulamentação financeira "branda" passou a atrair cada vez mais formuladores de

149

O VALOR DE TUDO

política de ambos os lados do Atlântico. O setor financeiro reagiu a esse interesse desenvolvendo uma nova moeda, o eurodólar.

À medida que empresas de fora dos Estados Unidos, principalmente da Europa, acumulavam dólares com exportações para aquele país e com a venda de petróleo, financistas perceberam que podiam emprestar e tomar emprestado esses dólares, o que estaria fora do controle dos governos europeus porque eles não haviam emitido a moeda. Os bancos do Reino Unido estavam dispostos, já em 1957, a mobilizar seus depósitos em eurodólar, já que o déficit crônico do saldo de pagamentos forçou o governo a impor controles ao uso de libras esterlinas para transações estrangeiras.[14] Os bancos russos intensificaram seu uso de eurodólares temendo sanções financeiras dos Estados Unidos e tiveram a companhia dos americanos quando anteciparam corretamente a suspensão da conversibilidade por parte dos Estados Unidos, em resposta à piora do déficit externo americano. Londres tornou-se o centro do mercado de eurodólar, que cresceu a ponto de ser mundial. Em vez de serem reinvestidos na economia dos Estados Unidos para construir fábricas novas ou laboratórios de pesquisa, os eurodólares foram desviados para países em desenvolvimento na busca por um rendimento maior do que o disponível em economias desenvolvidas da época. O resultado foi o que ficou conhecido como "escassez de dólares", o que significava que a moeda era insuficiente mesmo para o país que a emitia — os Estados Unidos.[15] Em 1971, enfrentando ainda os gastos com a Guerra do Vietnã e uma crescente inflação, o presidente Richard M. Nixon interveio para evitar um vácuo nos cofres do US Bullion Depository em Fort Knox, suspendendo a conversibilidade do dólar em ouro. Foi uma atitude dramática que sinalizava o fim do sistema de Bretton Woods e o início de uma busca por uma nova forma de gerir o comércio e os pagamentos internacionais que fosse mais voltada para o mercado. Seguiu-se um período de crescimento zero e inflação alta ("estagflação"), exacerbado pela Opep, que quadruplicou o preço do petróleo nos anos 1970. Em 1980, o preço do ouro atingiu 850 dólares por onça.

As dificuldades econômicas enfrentadas pelas economias industriais foram vistas por alguns como uma crise do capitalismo. O que não se previu naquele momento foi que os mercados financeiros se-

150

FINANÇAS: NASCE UM COLOSSO

riam aclamados como a solução para sair da crise. As finanças passaram a ser um hormônio de crescimento que restauraria e sustentaria a expansão econômica.

A desregulamentação e a transformação das finanças foram não só uma resposta às enormes mudanças sociais e econômicas que haviam se iniciado nos anos 1970, como também sua causa. A globalização aumentou a competição, especialmente na manufatura, e nos países do Ocidente muitas comunidades dependentes de produtos manufatureiros — de brinquedos a aço — viram esses empregos migrarem para o Oriente, em direção à Ásia. Os cinturões industriais do Meio-Oeste americano, do Norte da Inglaterra e de regiões da Europa continental como Valônia, na Bélgica, sofreram um violento deslocamento social. Os preços da energia dispararam, elevando a inflação e aumentando ainda mais a pressão sobre os orçamentos das famílias. O resultante crescimento econômico mais lento conteve os aumentos salariais nos países mais ricos e, portanto, também os impostos arrecadados pelos governos. As desigualdades de renda e riqueza ampliaram-se à medida que a participação dos lucros da renda nacional em relação aos salários cresceu, refletindo, em parte, o enfraquecimento do poder de negociação dos trabalhadores, por exemplo ao restringir os direitos dos sindicatos e diluir as leis trabalhistas.

Os centros financeiros rivais de Londres e Nova York observaram que poderiam atrair mais negócios relaxando suas regulamentações, reduzindo os custos implicados em seu cumprimento. Nos Estados Unidos, percebeu-se que havia escassez de crédito para pequenas empresas e compradores de imóveis. Na verdade, o grande problema era o preço do crédito, que os economistas tendiam a atribuir ao aumento dos preços, provocado por uma combinação de regulamentações, e ao poder de monopólio dos bancos, que encarecia as cobranças; a resposta foi permitir mais competição entre os credores. Desde os anos 1960, reguladores de bancos federais, interpretando a Lei Glass-Steagall com uma generosidade cada vez maior, permitiram que instituições financeiras assumissem uma gama crescente de atividades. Empréstimos familiares começaram a aumentar acentuadamente. Sob o governo de Edward Heath, o Reino Unido, em 1971, adotou uma política tempo-

O VALOR DE TUDO

rária conhecida como "Controle de competição e de crédito", na qual se aumentaram os tetos quantitativos de empréstimos bancários e se reduziram os índices de reserva para bancos comerciais.[16] Em 1978, as comissões mínimas foram abolidas da Bolsa de Valores de Nova York, deixando o caminho livre para a competição e maiores volumes de transações. Um ano depois o governo de Margaret Thatcher aboliu os controles cambiais no Reino Unido.

Depois, em 1986, as reformas financeiras, apelidadas de Big Bang, ocorridas na City, o centro financeiro de Londres, acabaram com as comissões fixas para compra e venda de ações na Bolsa de Valores de Londres, autorizando estrangeiros a ter uma participação majoritária entre os corretores da Bolsa do Reino Unido; e introduziram também a capacidade dual, que permitiu que criadores de mercado atuassem como corretores e vice-versa. A maioria das firmas de corretagem de ações e de criação de mercado de Londres foi absorvida por bancos locais e internacionais muito maiores. No final dos anos 1990, o volume de negociações de valores imobiliários, superalimentado pela revolução tecnológica, disparou. Agora os bancos comerciais podiam usar seus enormes balanços patrimoniais, com base nos depósitos dos clientes, para especular. Seus braços bancários de investimentos, junto com bancos de investimento independentes, como o Goldman Sachs, desenvolveram instrumentos financeiros de uma complexidade cada vez maior.

Os senhores da criação (monetária)

No entanto, as grandes empresas financeiras foram cuidadosas para garantir uma redução das regulamentações, em vez de uma desregulamentação total defendida pelos adeptos do livre mercado, como o economista e vencedor do prêmio Nobel Friedrich Hayek. A ideia deles era a seguinte: para manter seus altos lucros, os grandes bancos comerciais e de investimentos ainda precisavam de reguladores que mantivessem concorrentes em potencial fora do mercado. Atores importantes já existentes são, portanto, ajudados se as licenças bancárias forem restritas. Ironicamente, o comportamento desastroso dos grandes bancos, que

FINANÇAS: NASCE UM COLOSSO

desencadeou a crise de 2008, obrigou reguladores (principalmente na Europa) a prolongar e complicar um processo já árduo para a obtenção de uma nova licença, frustrando seus planos de liberar uma horda voraz de "bancos competidores" (bancos menores e mais recentes que tentam competir com instituições bancárias já estabelecidas). Ao emitir licenças de forma moderada, governos e bancos centrais estavam admitindo em silêncio algo que relutavam em anunciar em público: o poder extraordinário dos empréstimos bancários do setor privado em determinar o ritmo da criação monetária e, assim, do crescimento econômico.

O fato de bancos criarem dinheiro é ainda uma noção altamente contestada. Do ponto de vista político, era algo impronunciável nos Estados Unidos e na Europa dos anos 1980, onde a política econômica se baseava no "monetarismo", no qual os governos controlavam com precisão o suprimento de moeda, cujo crescimento determinava a inflação. Os bancos tradicionalmente se apresentavam como meros intermediários financeiros que canalizavam, de maneira útil, as poupanças dos depositantes domésticos para investimentos de empresas mutuárias. Economistas ortodoxos aceitavam essa caracterização e sua implicação — de que os bancos desempenham um papel econômico vital ao "mobilizar" as poupanças. Os bancos não só têm capacidade de criar dinheiro, mas também de canalizá-lo de uma parte da economia a outra; também fazem muito pouco para converter poupanças domésticas em investimentos empresariais. De fato, no caso dos Estados Unidos, ao se analisar em detalhes o fluxo de fundos, nota-se que as famílias "investem" todas as suas economias no consumo de bens duráveis, ao passo que as grandes empresas financiam seus investimentos por meio de seus próprios lucros retidos.[17]

Precisou-se, ainda, ignorar o fato de que dinheiro surge do nada quando empresas e famílias investem mais do que suas economias e tomam a diferença emprestado. Quando um banco concede um empréstimo, digamos, para uma hipoteca, ele não transfere dinheiro vivo, mas transfere para a conta do contemplado a quantidade equivalente à hipoteca. Instantaneamente, cria-se dinheiro. Porém, ao mesmo tempo, o banco criou um passivo para si mesmo (o novo depósito na conta do cliente), e os bancos devem assegurar que possuem reservas ou dinheiro suficiente (as duas formas de dinheiro dos bancos centrais) para

O VALOR DE TUDO

atender às solicitações de pagamentos do cliente a outros bancos ou saques em dinheiro. Devem, ainda, manter capital em reserva caso os empréstimos não sejam pagos, evitando insolvência. Essas duas coisas criam restrições aos empréstimos bancários e significam que os bancos, em geral, abstêm-se de realizar empréstimos a pessoas e empresas que não satisfazem determinados critérios, como a capacidade de endividamento ou a rentabilidade esperada. A criação monetária também ocorre quando se paga um jantar com um cartão de crédito ou de débito. Na verdade, apenas 3% do dinheiro da economia do Reino Unido é dinheiro vivo (ou o que algumas vezes é chamado de moeda fiduciária, isto é, qualquer moeda legal respaldada pelo governo). Os bancos criam todo o resto. Foi somente após a crise de 2008 que o Banco da Inglaterra admitiu que "empréstimos criam depósitos", não o contrário.[18]

Desse modo, a concessão de licenças e as regulamentações deram aos bancos menores uma desvantagem significativa em relação aos custos em comparação aos grandes bancos, que podem dividir os custos burocráticos (e os riscos) de maneira mais ampla, e arrecadar fundos de forma mais barata. Isso dificultou a entrada de novos competidores no mercado. Para os atores já existentes, havia bastante monopólio rentista a ser extraído, e eles podiam facilmente se coordenar para evitar competição excessiva sem precisar fazer acordos formais (ilegais) de cartel, tendo a confiança dos clientes — que raras vezes questionavam suas práticas ou sua saúde financeira — exatamente porque os reguladores estavam de olho neles. Por exemplo, foi preciso uma investigação por parte do Comitê de Competição do Reino Unido, em 2000, para determinar que os seus quatro principais bancos vinham operando um monopólio complexo de serviços para pequenas empresas, usando os 90% do mercado que a eles competiam para extrair 2 milhões de libras em lucros anuais e aumentar sua rentabilidade média sobre o patrimônio em 36% mediante um acordo de não competição.[19] Se as apostas dos bancos em algum momento colocassem sua solvência em risco, o governo teria de salvá-los com dinheiro público. Essa garantia implícita de um resgate financeiro público diminuiu os custos dos maiores atores para levantar capital, consolidando ainda mais seu poder de mercado.

As finanças e a economia "real"

Durante séculos, receitas auferidas mediante a cobrança de juros foram vistas como a subtração de um empreendimento produtivo, não um símbolo dele. Esse era um julgamento tanto moral quanto econômico. Como vimos, a Igreja católica aboliu a cobrança de juros durante boa parte da Idade Média, enquanto filósofos do Iluminismo como John Locke, em escritos de 1692, viam os banqueiros meramente como intermediários, "consumindo" uma parcela dos ganhos do comércio, em vez de criá-los por si mesmos.[20] Mesmo antes do início dos estudos econômicos formais, no final do século XVIII, muitos intelectuais e escritores haviam chegado à conclusão de que os bancos não produziam valor e frequentemente não atuavam em prol do interesse público.

Para os fisiocratas, as finanças não faziam parte do setor agrícola e eram, portanto, vistas como improdutivas. Adam Smith adotou uma posição parecida, embora poucas vezes tenha mencionado os banqueiros de maneira explícita. De acordo com ele, os banqueiros não podem criar mais do que obtêm; para Adam Smith, a ideia de fazer dinheiro a partir de dinheiro não funciona no agregado — ainda que certamente ajude banqueiros a encherem seus bolsos.

Karl Marx introduziu outra ideia. Ele situou o setor financeiro na fase da circulação, dentro do circuito do capital, no qual o valor criado na produção é realizado por meio da distribuição e, fundamentalmente, esgotado pelo consumo. Para Marx, as finanças são um catalisador, transformando o capital monetário em capital de produção (os meios de produção, tais como fábricas, maquinários e a mão de obra viva — a força de trabalho dos trabalhadores). Portanto, qualquer receita é paga com o valor gerado pelos outros. Em vez de adicionar valor, as finanças apenas tomam parte da mais-valia gerada pelo processo de produção, e não há regra rigorosa para o quanto deve ser tomado. Reforçando (não raramente) o conceito de capitalismo com base em seus críticos mais ferrenhos, os economistas do século XXI pressupuseram que os lucros financeiros seriam sempre limitados pela soma dos lucros das empresas produtivas (e totalizariam menos do que essa soma), podendo até aumentar ou diminuir para equilibrar o fluxo de lucros na economia "real".

O VALOR DE TUDO

No entanto, essa narrativa esteve sob ataque depois da crise. O comércio em instrumentos financeiros havia superado de maneira substancial o comércio em produtos reais e estava estimulando as próprias flutuações de preços das quais se obtinham os lucros — ao criar oportunidades para comprar barato e vender caro. Na verdade, as flutuações sistêmicas têm levado, historicamente, a uma crise a cada quinze, vinte anos.[21] As crises revelam que os serviços de "aceitação de riscos" dos bancos de investimentos — que justificam sua inclusão na contabilização do PIB — são uma ostentação sem fundamento. É aos contribuintes que se recorre para que assumam os verdadeiros riscos, resgatando os bancos. Mas mesmo os mais influentes críticos das finanças no século XX, Keynes e Minsky, não conseguiram questionar fundamentalmente o lugar privilegiado das instituições financeiras na política econômica e nas contas nacionais. A atenção de Keynes foi desviada (e os avisos de Minsky foram obscurecidos) pelo fato de a participação dos serviços financeiros na produção nacional ter ficado abaixo de 4% e permanecido em queda de 1933 a 1945, só voltando a superar o nível atingido nos anos 1930 durante os anos 1970.

Produzindo seus trabalhos nos anos 1930, e sendo um dos mais influentes críticos das finanças, John Maynard Keynes foi claro a respeito das implicações da especulação financeira. Durante sua vida, observou a maneira como os mercados financeiros e as atitudes públicas em relação ao comércio financeiro estavam mudando, tornando-se fins em si mesmos em vez de facilitadores do crescimento na economia real. Quando a especulação espalhou-se de uma classe ociosa rica para a população em geral, impulsionou a bolha do mercado financeiro que resultou na crise de 1929 e na Depressão dos anos 1930; porém, à medida que os gastos públicos ajudavam a restaurar empregos e as rendas das pessoas, aqueles que tinham dinheiro voltaram a especulá-lo em ações e títulos. Keynes afirmou que Wall Street era "considerada uma instituição cujo propósito social era, realmente, direcionar investimentos novos para os canais mais rentáveis em termos de rendimentos futuros". Por esse critério, comentou Keynes, Wall Street não "poderia ser aclamado como um dos maiores triunfos do laissez-faire capitalista — o que não é uma surpresa, se estou certo de pensar que

156

FINANÇAS: NASCE UM COLOSSO

as melhores cabeças de Wall Street foram, de fato, conduzidas em direção a um objeto diferente".[22]

Esse "objeto diferente", segundo Keynes, não era uma forma de produção, mas uma "aposta" — e os lucros dos agentes de apostas, uma "mera transferência",[23] que deveria ser limitada para evitar que os indivíduos se arruinassem e prejudicassem os demais em consequência. Ademais, defendia Keynes, como aposta depende de sorte, não deve haver a pretensão de que a especulação financeira envolvia alguma habilidade. Qualquer referência à habilidade ou à produtividade por parte dos especuladores era um sinal de que alguém estava tentando enganar outrem. Keynes achava também que os lucros de tais apostas deveriam ir para o Estado, a fim de impedir o incentivo — uma palavra melhor talvez seja tentação — de obter delas ganhos privados.[24] Ele ainda enfatizou a diferença entre esse tipo de especulação (extração de valor) e as finanças para investimentos produtivos de fato (criação de valor), que Keynes considerava cruciais para o crescimento e que só eram possíveis sem os aparatos especulativos que as cercavam. Se "o desenvolvimento do capital de um país torna-se um subproduto das atividades de um cassino, é provável que o trabalho seja malfeito".[25]

Hyman Minsky, que foi bastante influenciado por Keynes, escreveu extensivamente sobre as dinâmicas autodesestabilizadoras das finanças. Em seu trabalho sobre instabilidade financeira[26] ele encaixou as ideias de Keynes dentro de uma teoria monetária alternativa. Essa teoria, que inicialmente passava ao largo das teorias tradicionais mas que se impôs quando, em 2008, houve o chamado "momento Minsky", que pôs fim à longeva expansão econômica, assegura que a quantidade de dinheiro em uma economia é criada pela interação de forças econômicas em vez de por uma agência externa como um banco central. Embora retratados como imbatíveis (e, portanto, responsáveis por toda instabilidade financeira) por Milton Friedman (1912-2006, vencedor do prêmio Nobel de 1976) e os "monetaristas", alçados à proeminência pela estagnação de 1970, bancos centrais, como o Fed americano, podem apenas de forma indireta e débil controlar bancos do setor privado e sua criação de moeda estabelecendo a taxa básica de juros. Minsky projetou como o sistema bancário, com o tempo, passaria a ser um sistema de "finanças especulativas", buscando retornos que dependessem da estimativa dos valores dos ativos, e não da criação de receita procedente da atividade produtiva.

Bancos e fundos de investimento podem acreditar que estão obtendo receita de produções novas, e seus "modelos de risco" individuais mostrarão que eles vão sobreviver à maior parte das crises financeiras concebíveis graças à diversificação de suas carteiras. No entanto, suas receitas são, em última instância, transferências de outras empresas financeiras e podem desaparecer repentinamente quando a incapacidade de determinada firma em cumprir uma obrigação de transferência (não pagar um empréstimo ou reter um dividendo) força outras a fazer o mesmo. Foi o que aconteceu em 2008 com o Lehman Brothers, o banco de investimento americano, provocando a crise financeira.

Desde que ativos financeiros possam ser comprados e vendidos em um período razoável sem incorrer em perdas, e dívidas possam ser roladas para pagar empréstimos anteriores, os mercados são líquidos e a economia funciona sem problemas. Contudo, uma vez que os investidores notem que os mutuários não estão ganhando o suficiente para pagar os juros e o principal (no qual os juros se baseiam), os credores param de financiá-los e tentam vender seus ativos o mais rápido possível. Bolhas financeiras podem ser vistas como resultado da *extração* de valor; durante crises financeiras os valores são, na verdade, *destruídos*. Os efeitos adversos podem ser medidos não apenas pela queda de produção e pelo desemprego, mas também pela quantidade de dinheiro que os governos têm de colocar em bancos privados porque eles são "muito grandes para quebrar": esquemas de afrouxamento quantitativo (QE, na sigla em inglês) que se seguiram à crise poderiam ter sido usados para ajudar a sustentar a economia, mas acabaram por respaldar ainda mais os bancos. As cifras envolvidas eram enormes. Nos Estados Unidos, o Fed participou de três esquemas diferentes de QE que atingiram um total de 4,3 trilhões de dólares no período de 2008 a 2014. No Reino Unido, o Banco da Inglaterra comprometeu 375 bilhões de libras em QE entre 2009 e 2012; na Europa, o Banco Central Europeu (BCE) proveu 60 bilhões de euros *por mês* de janeiro de 2015 a março de 2017.[27]

FINANÇAS: NASCE UM COLOSSO

Em meados dos anos 1980, para tentar evitar que o sistema bancário se bandeasse para as finanças especulativas, Hyman Minsky formulou uma receita econômica que pode ser resumida como: "Estado grande, banco grande". Segundo ele, o Estado cria empregos, sendo o "empregador de última instância", e garante o saldo patrimonial de operadores financeiros aflitos ao ser o "credor de última instância".[28] Quando o setor financeiro está tão interligado, é bem possível que a quebra de um banco se torne contagiosa, levando à falência de bancos no mundo todo. Para evitar esse "efeito borboleta" (nome utilizado pela teoria do caos), Minsky era a favor de uma regulamentação rígida dos intermediários financeiros. Nisso, ele seguia Keynes, que, enquanto a ordem internacional no pós-guerra estava sendo elaborada em Bretton Woods, em 1944, defendia "a restauração de empréstimos e créditos internacionais para fins legítimos", ao mesmo tempo que enfatizava a necessidade de "controlar movimentos especulativos de curto prazo ou a evasão de divisas tanto de países devedores como entre países credores".[29]

De acordo com Keynes e Minsky, a possibilidade de uma crise financeira sempre esteve presente no modo como o dinheiro circulava — não como um meio de troca, mas um fim em si mesmo (uma ideia baseada predominantemente nos conceitos de Marx). Eles acreditavam que o governo tinha de intervir para evitar ou administrar crises. Embora controversa nos anos 1930 (devido a suas conotações "socialistas" e de planificação centralizada) e mais tarde (após o ressurgimento da economia de livre mercado, incluindo a ideia de bancos "livres" e sem regulamentações), a ideia de intervenção em mercados estava longe de ser nova ou radical. Já no século XVIII, a crença de Adam Smith de que um mercado livre era aquele livre de renda pressupunha a ação estatal para eliminá-la. Os partidários modernos do livre mercado, que calaram Adam Smith enquanto proclamavam seu legado, não teriam concordado com ele.

Os reguladores financeiros voltaram-se para a introdução de mais competição — por meio do desmembramento de grandes bancos e a chegada de novos "bancos competidores" — como um passo fundamental na prevenção de outra crise financeira. Mas essa "teoria quantitativa de competição", a pressuposição de que o problema se resume apenas a tamanho e números, e não, fundamentalmente, ao comportamento, evita a incômoda realidade de que as crises se desenvolvem de uma interação descoordenada entre inúmeros atores.

Há perigo em um sistema complexo com vários atores. Pode-se atingir maior estabilidade quando algumas grandes empresas atendem à economia real, sujeita a regulamentações pesadas com o intuito de assegurar que elas se concentrem na criação de valor, e não em sua extração. Em contrapartida, uma desregulamentação elaborada para revigorar uma parte do setor financeiro pode muito bem promover um comportamento de risco — o oposto do que se pretende. Lorde Adair Turner, que assumiu o cargo de presidente da instituição de regulamentação financeira do Reino Unido (antes chamada de Autoridade de Serviços Financeiros) em 2008, quando o sistema estava em colapso, ponderou, após a poeira ter baixado:

> serviços financeiros (em especial atividades de comércio atacadista) incluem uma ampla parcela de atividades altamente remuneradas que são, em essência, distributivas em seus efeitos indiretos [...] a capacidade das contas de receitas nacionais de distinguir entre atividades que são substancialmente criadoras de valor e aquelas que são essencialmente distribuidoras da extração de valor está longe de ser perfeita.[30]

Nem William J. Baumol (1922-2017), cujas descrições de "empreendedorismo improdutivo" poderiam explicar muitas das atividades financeiras, mas que atualmente é um dos principais contribuintes para a teoria tradicional da carteira e do mercado de capitais, nem Turner, apesar de seu subsequente papel no Instituto para o Novo Pensamento Econômico, discutem muito as finanças em termos da teoria do valor. Ainda assim, suas teorias sugerem que as finanças devem ser reformuladas de maneira fundamental para criar valor dentro da fronteira da produção, e que aqueles seus elementos que se encontram do lado de fora da fronteira devem ser reduzidos dramaticamente, eliminados ou submetidos a uma maior competição. O mais ponderado veredito emitido por Lorde Turner, dez anos após o início da crise, foi lamentar a quantidade cada vez maior de débito necessário para adicionar um

FINANÇAS: NASCE UM COLOSSO

dólar extra ao PIB, mas ele atribuiu boa parte do problema aos efeitos negativos de uma política de empréstimos essencialmente boa que "credores privados não podem nem devem levar em conta". Suas receitas, que exigiam regulamentações mais amplas e inteligentes para monitorar e controlar os riscos do sistema agregado, na verdade insinuavam esforços adicionais e permanentes de autoridades públicas para fazer do mercado um lugar seguro para que bancos privados (e o sistema bancário paralelo) lucrem.

Ao longo das últimas décadas, as visões e os alertas de Keynes e de Minsky a respeito da natureza potencialmente destrutiva de um setor financeiro desenfreado foram ignorados por completo. Hoje, a economia tradicional continua a argumentar que quanto maiores (medidos pelo número de atores) ou mais "profundos" são os mercados financeiros, maior a chance de serem eficientes, revelando o preço "verdadeiro" e, portanto, o valor de um ativo no sentido dado pelo economista americano Eugene Fama, vencedor do prêmio Nobel.[31] Um mercado "eficiente" é, segundo a definição de Fama, aquele em que se atribui um preço a todos os ativos de modo que nenhum lucro extra possa ser obtido por meio de sua compra e revenda. Essa maneira de pensar concilia o argumento em prol de mercados financeiros amplos com os altos rendimentos pagos aos empregados dos serviços financeiros, uma vez que as receitas refletem, supostamente, os enormes benefícios dos serviços financeiros para a economia.[32]

Portanto, do ponto de vista da utilidade marginal, a expansão das finanças é altamente desejável e deveria aumentar seu valor adicionado e, assim, sua contribuição positiva para o crescimento do PIB,[33] ainda que, em sua origem, tenha sido apenas uma decisão prática tratar as finanças como produtivas nas contas nacionais.[34]

Contudo, é impossível compreender a ascensão das finanças sem analisar as dinâmicas de sua origem que permitiram que ela prosperasse: a desregulamentação e o aumento da desigualdade.

Do direito ao lucro ao direito ao crédito

Os bancos comerciais parecem literalmente ter recebido licença para imprimir dinheiro graças a sua capacidade de criá-lo durante o processo de concessão de empréstimo, bem como ao emprestá-lo a taxas de juros mais altas do que tomam emprestado. Mas tais empréstimos continuam sendo uma fonte arriscada de lucro, caso aqueles que tomam os empréstimos não paguem os bancos. E como estes só podem emprestar se famílias e empresas quiserem um empréstimo, é uma fonte de lucro bastante cíclica, aumentando e diminuindo com a magnitude da atividade de investimento. Dessa maneira, desde o princípio, banqueiros comerciais procuraram fazer mais com o dinheiro que criam — e com os fundos adicionais que obtêm dos depositantes — do que emprestá-lo a potenciais mutuários. Eles veem o mundo lucrativo dos mercados financeiros negociar ações e títulos em nome de clientes e por conta própria como uma fonte extra de lucro. É por essa razão que a Lei Glass-Steagall e equivalentes em outros lugares, que forçaram os bancos a escolher entre receber depósitos de seus clientes ou especular no mercado, foram tão impopulares nos círculos bancários, e é também por isso que sua revogação, na virada do século XXI, foi tão celebrada.

Outros aspectos da desregulamentação financeira tornaram mais atraente a transformação dessas instituições em bancos de investimento; a desregulamentação permitiu que bancos de investimento roubassem alguns dos clientes mais rentáveis dos bancos comerciais — grandes empresas que podiam financiar investimentos mediante a emissão de títulos em vez de tomando empréstimos bancários, bem como pessoas com patrimônio líquido elevado em busca de gestão privada de sua riqueza. E abriu um leque de novos mercados financeiros nos quais os bancos de investimento podiam apostar, instrumentos de negociações há muito conhecidos, mas que regulamentações anteriores haviam, de modo eficaz, proibido.

Duas classes de instrumentos em especial ficaram disponíveis para os investidores com a desregulamentação ocorrida a partir dos anos 1970 e foram fundamentais para o subsequente crescimento maciço das transações financeiras e da rentabilidade. Tratava-se dos *derivativos*, contratos de entrega futura de um instrumento financeiro ou uma mercadoria que

FINANÇAS: NASCE UM COLOSSO

permitia aos investidores apostarem nas oscilações de seus preços; e das *securitizações*, pacotes de instrumentos geradores de receita que as convertiam em títulos negociáveis (e permitiam sua inclusão em contratos de derivativos). Os bancos comerciais fizeram uma descoberta no início dos anos 2000 quando começaram a "securitizar" empréstimos antigos para financiar novos. O objetivo inicial foram as hipotecas residenciais, que permitiram que bancos como o Northern Rock, do Reino Unido, aumentassem seus empréstimos a uma velocidade sem precedentes e conquistassem a bênção de políticos por fazer com que esses empréstimos chegassem a famílias que, até então, eram rejeitadas por serem consideradas pobres demais para conseguir um empréstimo. Depois da crise financeira de 2008 — desencadeada, em parte, pela securitização de dívidas vistas como sem valor pela inadimplência de suas hipotecas subjacentes —, deu-se atenção à securitização de outras formas de obrigação, entre elas os planos de contratos pessoais e outros créditos para automóveis, para estudantes e para aluguéis residenciais.

Líderes políticos e especialistas financeiros elogiaram os mercados financeiros por ajudar os mercados de bens e serviços a atuar de maneira mais eficiente e a lubrificar as rodas do capitalismo. Em 2004, Ben Bernanke, que depois viria a ser presidente do Fed, afirmou, em seu discurso "A grande moderação":* "A crescente profundidade e sofisticação dos mercados financeiros, a desregulamentação de muitas indústrias, a passagem da manufatura para os serviços, e uma maior abertura ao comércio e ao fluxo internacional de capital são outros exemplos de mudanças estruturais que podem ter aumentado a flexibilidade e a estabilidade macroeconômicas".[35] Um crescimento espetacular no volume de derivativos — que podem ser negociados mesmo que seus ativos subjacentes nunca tenham sido entregues ou entregáveis — foi visto como um auxílio na redução de riscos sistêmicos e na "obtenção dos preços corretos". Os lucros, muitas vezes enormes, eram travestidos de cumpridores do objetivo social de disseminação e gestão de riscos, de modo que aqueles que antes não podiam ter acesso a serviços bancários ou não eram dignos de

---

* Período de queda da volatilidade macroeconômica vivenciado por países desenvolvidos desde os anos 1980, em comparação com décadas anteriores. (N. T.)

crédito pudessem, agora, sair das sombras e comprar produtos — principalmente casas — que para os mais abastados eram comuns.

Como vimos no capítulo 3, os bancos reajustam as taxas de juros dos mutuários como uma indicação do valor adicionado (Fisim), em um claro exemplo de valor financeiro fictício. Mas essa é apenas a ponta do iceberg. Atualmente, os principais bancos de investimentos, como o Goldman Sachs e o J.P. Morgan, não atribuem os enormes salários de seus funcionários ao sucesso das atividades de concessão de crédito e de tomada de empréstimos regulares. O grande volume dos lucros desses bancos advém de atividades como garantir as ofertas públicas iniciais (IPOS, na sigla em inglês) de títulos e ações corporativos, financiar fusões e aquisições, elaborar contratos de futuros e de opções que assumem os riscos de empresas não financeiras, bem como da negociação nesses e em outros instrumentos financeiros para ganhos de capital.

A mudança sutil, porém fundamental, no modo como a produtividade do setor bancário foi redefinida ao longo de ao menos as últimas duas décadas correspondeu a sua crescente arrecadação do excedente da economia. O crescimento maciço e desproporcional do setor financeiro (e com ele as origens da crise financeira global) pode ser rastreado até o início dos anos 2000, quando os bancos começaram a realizar cada vez mais empréstimos a outras instituições financeiras via mercados atacadistas, sem que esses empréstimos se equiparassem aos depósitos. No Reino Unido, o "déficit de financiamento dos clientes" entre o adiantamento do empréstimo e os depósitos realizados pelas famílias (vistos tradicionalmente como a forma mais estável de financiamento bancário) aumentou de zero em 2001 para mais de 900 bilhões de libras (1,3 bilhão de dólares) em 2008, antes de a crise cortá-la para menos de 300 bilhões de libras em 2011.[36] Bancos e outros credores descobriram que fundos atacadistas podiam ser captados de maneira muito mais barata do que depósitos de clientes varejistas ou empresariais, principalmente usando os empréstimos de seus clientes já existentes, hipotecas, por exemplo, como garantia para novos empréstimos. Esses credores se beneficiaram de um círculo aparentemente virtuoso no qual empréstimos adicionais aumentavam os preços dos ativos financeiros, o que fortalecia seu saldo patrimonial, dando-lhes margem tanto para

FINANÇAS: NASCE UM COLOSSO

oferecer mais crédito quanto para tomar dinheiro emprestado dentro de uma parcela mínima de capital existente, a quantidade de capital que os bancos tinham de reter em relação a seus empréstimos.

Além de emprestar mais uns para os outros e para clientes varejistas, durante as últimas três décadas os bancos começaram a direcionar a concessão de crédito para fins mais arriscados que ofereciam taxas de retorno maiores. Essa é a parte da história que a maioria das pessoas hoje compreende, tendo em vista que ela foi bem abordada nos meios de comunicação e na cultura popular em livros e filmes como *Trabalho interno, Margin Call — O dia antes do fim* e *A grande aposta*. Os bancos perceberam que precisavam assumir riscos maiores porque, com as tentativas dos governos de equilibrar os orçamentos e a redução dos pré-requisitos para o endividamento público, os rendimentos de ativos de baixo risco (como a dívida pública dos Estados Unidos e de países europeus) haviam caído muito. Os bancos acreditavam ainda que tinham se tornado muito melhores na gestão de riscos: elaborando a carteira correta, assegurando-se contra ela (principalmente mediante os CDSS, ou *swap* de risco de incumprimento, que fariam o pagamento caso o mutuário deixasse de pagar) ou vendendo-a para outros investidores com um apetite maior para riscos. Bancos de investimento realizaram empréstimos para fundos de hedge e empresas de private equity e desenvolveram e negociaram instrumentos exóticos baseados em ativos, tais como hipotecas de alto risco, porque os retornos eram maiores do que os obtidos com empréstimos concedidos à indústria ou ao governo.

Ao transformar depósitos de curto prazo em empréstimos de longo prazo, os bancos tradicionalmente assumem um risco — em especial quando os empréstimos são concedidos para mutuários que precisariam de ganhos extraordinários (um negócio que começa a decolar, o preço de uma casa que sobe) para pagá-los. Aparentemente, esse risco desapareceu nos anos 1990 e início dos 2000, quando a securitização transformou um pacote de hipotecas de alto risco ou outros empréstimos em títulos com uma taxa de crédito de baixo risco (até mesmo baixíssimo risco) na forma de securitização garantida por hipotecas (MBS, na sigla em inglês).

A securitização pode desempenhar, e de fato o faz, um papel valioso na diversificação do risco e no aumento da liquidez do sistema financeiro.

165

O VALOR DE TUDO

Em 2006, Alan Greenspan, então presidente do Fed, e Tim Geithner, ex-presidente do Banco Central de Nova York, alegaram que os derivativos eram um fator de estabilização porque espalhavam o risco entre instituições financeiras mais bem equipadas para lidar com isso.[37] Greenspan havia, uma década antes do surgimento da crise, vetado uma proposta para regular derivativos de balcão (OTC), afirmando que, pelo contrário, "o fato de mercados OTC funcionarem de maneira tão eficiente sem os benefícios da Lei de Comércio de Mercadorias (CEA, na sigla em inglês) oferece um argumento sólido para o desenvolvimento de um regime regulatório menos oneroso para derivativos financeiros comercializados em bolsas de futuro". Aprovado em 1936, o CEA exige que todos os contratos de futuro para mercadorias físicas sejam negociados em um mercado organizado. Como foi mostrado espetacularmente em 2008, a capacidade dos derivativos de transferir e custear riscos existe, de fato, apenas em nível individual. Em nível agregado, o risco individual é meramente transferido para outros intermediários na forma de um risco de contraparte. Seu desaparecimento dos balanços patrimoniais dos detentores originais e a frequente ausência de clareza em relação a quem assumiu seu controle tornam a situação do mercado ainda mais precária.[38]

Houve também abusos da securitização que, algumas vezes, flertaram com a fraude, e esse abuso, seguramente, influenciou legisladores nos anos que se seguiram à crise financeira. A transformação de empréstimos de relativa baixa qualidade em títulos de baixíssimo risco ocorreu, em grande medida, porque agências de avaliação de crédito concederam, continuamente, avaliações altas para securitizações de dívidas de alto risco, subestimando a probabilidade de inadimplência, sobretudo no caso das hipotecas residenciais. Para ter certeza de que seus elevados retornos estavam protegidos de um risco comparativamente alto, os bancos "transferiram" seus riscos ao atribuir a dívida securitizada para "entidades para fins especiais" (SPVs, na sigla em inglês), cujos passivos não apareciam nos balanços patrimoniais dos próprios bancos. Quando, depois de 2005, mutuários de baixa renda começaram a ter dificuldades para pagar suas dívidas, os títulos securitizados se mostraram bem menos seguros do que sugeria sua classificação de baixo risco, e as SPVs voltaram a figurar nos balanços patrimoniais bancários. A combinação mágica de alto retorno

com baixo risco tornou-se uma ilusão estatística, mas uma que a contabilidade nacional promovera de modo tão entusiasmado quanto havia
feito com as contas corporativas bancárias pré-2008.

Uma dívida na família

Desde os anos 1970, o aumento da desigualdade de riqueza e a renda
moldaram profundamente a maneira como as finanças se desenvolveram. O crescimento das finanças também fomentou o aumento da
desigualdade, em especial ao dar mais poder de influência e de lobby
para financistas cuja tendência era favorecer a redução de taxas e os
gastos sociais, além de promover a volatilidade do mercado financeiro
que impulsionava as fortunas daqueles que, de modo sistemático, compram barato e vendem caro.

Após a desregulamentação, o enorme aumento dos financiamentos
disponíveis para as famílias foi a razão principal para o crescimento dos
lucros dos bancos. Bancos comerciais lucraram com empréstimos diretos para qualquer coisa, desde carros e casas a viagens, e com cartões
de crédito. Bancos de investimento ganharam dinheiro ao securitizar
os "produtos" dos bancos comerciais e negociar os derivativos "fabricados". Legisladores permitiram que intermediários financeiros se au-
torregulassem ou impuseram apenas uma regulamentação mínima,
tendo em vista que as operações eram complexas demais para serem
compreendidas. Os mercados (seguindo os marginalistas) eram considerados "eficientes" — uma competição saudável impediria que os
intermediários financeiros adotassem um comportamento imprudente.

À medida que os bancos, até então prudentes, bombardeavam seus
clientes com ofertas de crédito — havia chegado a era das tentadoras
promoções de cartão de crédito que surgiam quase todos os dias nas caixas de correios da população —, a concessão de empréstimos familiares
começou a aumentar de maneira inexorável. Em todo o setor financeiro
o relaxamento de controles sobre o empréstimo hipotecário tornou-se
outra fonte de lucro e, ainda, fomentou o aumento dos financiamentos
familiares. Enquanto nos anos 1970 as hipotecas tinham sido racio-

nadas no Reino Unido, no início dos anos 2000 pessoas que queriam comprar casas podiam realizar um empréstimo no valor de 100%, ou até mais, da propriedade. Em 2016, o total acumulado de empréstimos familiares no Reino Unido atingiu 1,5 trilhão de libras — cerca de 83% do produto nacional e o equivalente a quase 30 mil libras por cada adulto no país —, bem acima do rendimento médio.[39]

Os governos exultaram quando os bancos ofereceram hipotecas a pessoas interessadas em comprar casas que tinham uma renda baixa e empregos precários, tendo em mente que suas dívidas poderiam ser "securitizadas" e logo revendidas para outros investidores. Parecia menos uma aposta imprudente e mais uma inovação social, ajudando a ampliar o número de proprietários de imóveis e impulsionando a "democracia dos donos de casa própria", ao mesmo tempo que aumentava o fluxo de rendas para uma classe de investidores já próspera. Uma arrecadação ainda maior proveniente da receita do setor financeiro e associada a compras de produtos de luxo fez com que, na virada do século XXI, os orçamentos públicos dos Estados Unidos e do Reino Unido tivessem superávits poucas vezes registrados.[40]

Afrouxar a capacidade de crédito para sustentar o consumo não é, em si, algo ruim. Contudo, há alguns perigos. Um deles é o custo. Parece fazer sentido relaxar os controles sobre empréstimos quando as taxas de juros estão baixas ou em queda. Faz menos sentido se os mutuários, embalados por uma falsa sensação de segurança, são surpreendidos quando os juros sobem. Outro perigo fundamental é a tendência do sistema de expandir em excesso, isto é, de o crédito estar disponível muito prontamente, como reconheceu há pouco o Banco de Compensações Internacionais.[41] O sistema encontra-se estável quando o crescimento em dívidas é igualado pelo crescimento no valor dos ativos cujas compras são financiadas por aquelas dívidas. No entanto, assim que as pessoas começam a duvidar do valor dos ativos, surgem as rachaduras. Foi o que aconteceu quando os preços dos imóveis americanos despencaram após a crise de 2008. Os proprietários de imóveis podem se ver com um patrimônio líquido negativo e até ter de devolver sua propriedade, mas não antes de os credores terem extraído juros. Todavia, os bancos podem sempre optar por oferecer outros serviços além dos empréstimos. Quando a incerteza em

FINANÇAS: NASCE UM COLOSSO

relação ao futuro é alta, os bancos podem inclusive decidir armazenar dinheiro, em vez de investi-lo — quase sempre uma decisão sensata, uma vez que as taxas de juros altas estão associadas a um risco maior de não se conseguir o suficiente para o investimento.

O aumento da dívida privada nos Estados Unidos e no Reino Unido resultou na queda das poupanças familiares em relação à renda disponível — receita menos impostos — principalmente em períodos de crescimento econômico sustentado (durante os anos 1980, o final dos 1990 e o início dos anos 2000). Ao mesmo tempo, despesas com o consumo familiar estiveram em alta e superaram qualquer aumento da receita disponível; além disso, sua contribuição para o PIB cresceu.[42]

Ao longo das últimas quatro décadas, a desigualdade de renda tem aumentado na maior parte das economias avançadas, em especial nos Estados Unidos e no Reino Unido. O aumento da desigualdade nos Estados Unidos adquiriu três formas complementares.[43] Primeiro, salários reais caíram ou se mantiveram estagnados para a maior parte das famílias de renda baixa ou média. Por exemplo, dados da OCDE sobre a economia americana indicam que o salário mínimo real anual (em dólares americanos de 2015) caiu de 19 237 dólares em 1975 para 13 mil dólares em 2005 (em 2016 estava em 14 892 dólares). Depois, em praticamente todos os países da OCDE a participação dos salários na renda caiu em vários pontos percentuais em favor de margens de lucros crescentes, mesmo quando a remuneração real dos empregados aumentou.[44] Como mostra a figura 9, esse foi o resultado de uma produtividade média que cresceu mais rápido do que o salário real médio ou do que sua mediana em muitos países, sobretudo nos Estados Unidos.

Em terceiro lugar, a distribuição pessoal de renda e de riqueza tornou-se cada vez mais desigual. Tanto nos Estados Unidos quanto no Reino Unido, e em muitos outros países da OCDE, aqueles com as rendas mais altas têm gozado de uma parcela crescente da renda nacional total desde os anos 1970, como pode ser visto na figura 10. Ademais, a distribuição de renda é extremamente desequilibrada nas rendas muito altas, não apenas nos 10% e 1% superiores, mas principalmente no primeiro 0,1%.[46] A distribuição de riqueza revela um padrão similar. Um relatório da Oxfam de 2017, "Uma economia para os 99%", mostrou que, em 2016, oito ho-

Figura 9. Produtividade do trabalho e do salário nos Estados Unidos desde 1974 (à esquerda) e no Reino Unido desde 1972 (à direita).[45]

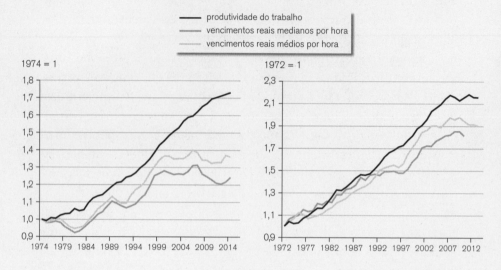

mens possuíam a mesma riqueza que a metade mais pobre da população mundial. Em um relatório publicado um ano antes, "Uma economia para o 1%", a Oxfam calculou que o clube do 1% dos indivíduos mais ricos do mundo havia encolhido de 388 membros em 2010 para apenas 62 em 2015; em outras palavras, os riquíssimos estavam ficando ainda mais ricos do que os outros que também eram, sob qualquer padrão sensato, extremamente ricos. A riqueza dos 62 indivíduos bastante ricos aumentou em 45% nos cinco anos anteriores a 2015, um salto de mais de meio trilhão de dólares no total. No mesmo período, a riqueza da metade inferior caiu em pouco mais de 1 trilhão de dólares — uma queda de 38%.[47]

O desfecho da crescente desigualdade de receita e de riqueza foi o seguinte: para manter os padrões de vida de que haviam desfrutado desde a Segunda Guerra Mundial até os anos 1980, os trabalhadores tiveram de suportar uma dívida crescente desde então. Olhando para a economia de maneira mais ampla, sem o crescimento da dívida das famílias, a demanda talvez fosse menor e as vendas das empresas, mais fracas. As finanças preencheram a lacuna com novas formas de crédito cujos fluxos de juros e encargos resultantes reforçaram a expansão do setor.

FINANÇAS: NASCE UM COLOSSO

Por conseguinte, a dívida privada, e especialmente a dívida das famílias, aumentou de maneira substancial em relação ao percentual da receita disponível. A figura 11 mostra que o total da dívida familiar como porcentagem da receita líquida disponível cresceu 42% nos Estados Unidos e 53% no Reino Unido de 1995 a 2005.

Nos Estados Unidos, empréstimos hipotecários eram uma das principais causas do aumento do endividamento familiar (figura 12), refle-

Figura 10. Desigualdade de renda nos Estados Unidos e no Reino Unido, 1960-2010.[48]

Figura 11. Dívida e receita das famílias nos Estados Unidos e no Reino Unido, 1995-2005.[49]

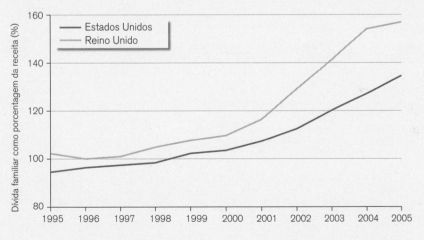

O VALOR DE TUDO

tindo, em parte, a propensão das famílias para extrair capital do valor cada vez maior de suas casas.[50]

Em 2007, o Escritório de Orçamento do Congresso dos Estados Unidos apoiou o argumento de que o maior valor real do mercado imobiliário representava um típico "efeito de riqueza": a pressuposição de que conforme os ativos das pessoas, tais como suas casas, aumentam de valor, elas ficam psicologicamente mais dispostas a gastar. O aumento nos preços imobiliários americanos traduziu-se em maiores taxas de retirada de títulos hipotecários e, em última instância, impulsionou o gasto do consumidor.[51]

Figura 12. Dívida familiar como porcentagem da receita pessoal disponível.[52]

	Crédito ao consumidor	Hipotecas residenciais	Outros	Dívida total
1980	17,8	46,2	8, 1	72, 1
1990	19,2	58,3	9, 1	86,7
2000	24,2	66,7	11,7	102,8
2010	24,5	97,5	11, 1	134, 1

Figura 13. Endividamento e receita familiar (2004).[53]

Percentil da receita	Porcentagem com a proporção da dívida >40%
menos de 20	27
20-39,99	18,6
40-59,99	13,7
60-79,99	7, 1
80-89,99	2,4
90-100	1,8

172

FINANÇAS: NASCE UM COLOSSO

O "Levantamento das finanças do consumidor", realizado pelo Fed, mostra que quanto mais pobre uma família, maior a probabilidade de estar altamente endividada. Usando dados do período de 2004 (pré-crise), a figura 13 baseia-se em todas as famílias cuja proporção de pagamentos de dívidas relativas a suas receitas disponíveis é maior do que 40%. As famílias são divididas em dois grupos de acordo com suas faixas de renda (medidas em percentis) e níveis de endividamento. No grupo com as menores receitas, os 20% mais pobres da distribuição de renda, 27% das famílias, encontravam-se "altamente endividadas"; entre os 10% mais ricos, a cifra era de apenas 1,8%. Isso significa que, em termos relativos, famílias mais pobres estavam muito mais endividadas do que as ricas. A estagnação ou o manifesto declínio dos rendimentos reais do grupo mais pobre forçou-os a realizar empréstimos para financiar seu consumo corrente.

Sustentar o crescimento econômico por meio de empréstimos familiares tem sido adequadamente definido como "keynesianismo privatizado",[54] porque "em vez de os governos assumirem as dívidas para estimular a economia, são os indivíduos que o fazem".[55] Porém, essa era uma solução insustentável devido à falta de crescimento da demanda com base salarial. Auxiliados e incitados por políticas estatais, os bancos centrais, em vez de serem os credores de última instância, tornaram-se os credores de *primeira* instância para o setor financeiro, cortando taxas de juros para evitar crises financeiras. Contudo, essa política elevou o preço de ativos como ações e imóveis, incentivando as famílias a realizarem ainda mais empréstimos. Como resultado, as famílias envolveram-se em uma gestão indireta — se não de fato "privada" — de demanda efetiva, por meio do consumo altamente financeirizado que deixou muito mais gente ainda mais pobre e endividada.

Conclusão

No final do século XX, as finanças eram vistas como muito mais produtivas do que antes; além disso, tornaram-se cada vez mais valiosas para os formuladores de políticas públicas na busca por manter o crescimento econômico e gerir a desigualdade de riqueza e renda. O custo gerou uma dívida crescente das famílias e uma dependência estatal cada vez maior das receitas fiscais provenientes do setor financeiro.

Dessa forma, ignorar a questão do valor em relação às finanças é algo altamente irresponsável. Todavia, no fim, o grande desafio não é classificar as finanças como geradoras ou extratoras de valor, mas transformá-las, de maneira fundamental, para que *sejam* realmente criadoras de valor. Isso requer atenção a características tais como o horizonte de tempo. Finanças impacientes — na busca por retornos a curto prazo — podem prejudicar a capacidade produtiva da economia e seu potencial para inovação.

De fato, a crise de 2008 justificou as advertências de Keynes, Minsky e outros a respeito dos perigos da financeirização excessiva. Contudo, embora a crise e as crises subsequentes tenham enfraquecido os bancos, não evitaram que se mantivessem em uma posição dominante na economia, poupando o constrangimento daqueles que haviam exaltado o valor dos serviços financeiros nos anos anteriores a sua implosão em falências e fraudes.

Não surpreende que nesse ínterim tenha havido um retrocesso regulatório — ou, ao menos, parcial. Sob pressão política, e reconhecendo que talvez tenham ido longe demais ao permitir que bancos comerciais e de investimentos dividissem o mesmo teto, reguladores nos Estados Unidos e na Europa têm procurado, desde 2008, distanciar um do outro. Reformas como a Lei Dodd-Frank, de 2010, nos Estados Unidos, tentaram evitar que os bancos de investimento usem os depósitos de suas matrizes comerciais (que, em última instância, são protegidas pelo governo mediante esquemas de garantia de depósitos) para financiar suas atividades mais arriscadas geradoras de receitas. Novas regulamentações tentaram, ao menos parcialmente, conduzir os bancos de investimento de volta a sua função original, isto é, utilizar o dinheiro que tomaram emprestado do comércio atacadista para financiar transações de risco — que até os economistas tradicionais às vezes comparam a um cassino.

No entanto, a financeirização parece estar prosperando novamente apesar de sua produtividade questionável; permanece uma força poderosa, e sua capacidade de extrair valor pouco diminuiu. Tentativas de acabar com processos financeiros excessivamente perigosos e inúteis do ponto de vista social (ou ao menos de examiná-los mais de perto) conseguiram apenas deslocá-los para lugares mais obscuros. Regulamentações mais rígidas para as atividades que provocaram a última crise estimularam bancos a buscar formas de contornar as novas restrições, ao mesmo tempo que seguiam fazendo lobby para relaxá-las (exceto quando elas, convenientemente, mantêm novos competidores afastados). Isso fez com que "instituições financeiras não bancárias" ou o sistema bancário paralelo, menos regulamentados, crescessem em regiões onde os bancos foram obrigados a se contrair. O que devemos considerar agora é a ampla rede de diferentes intermediários financeiros que surgiram de repente com o intuito de obter retorno rápido e elevado, e os efeitos que provocaram na organização das empresas e na evolução do setor.

5
A ascensão do capitalismo de cassino

Em vez do conservadorismo financeiro dos fundos de pensão, dos fundos mútuos e das companhias de seguro, o capitalismo gestor de dinheiro nos conduziu a uma nova era de um capitalismo de cassino onipresente.

Hyman Minsky, 1992[1]

QUANDO FALAMOS DE FINANÇAS, devemos ter em mente suas inúmeras e diferentes formas. Ainda que as atividades tradicionais como empréstimos bancários permaneçam importantes, elas foram eclipsadas por outras; um exemplo são as atividades oferecidas pelos bancos paralelos, expressão cunhada em 2007 para descrever intermediários financeiros distintos que realizam atividades similares às oferecidas pelos bancos, mas não são regulados da mesma forma.[2] Entre esses estão penhoristas, empresas que oferecem empréstimos consignados, empréstimos de pares, empréstimos hipotecários, sistemas de pagamentos via celular e plataformas de negociação de títulos desenvolvidos por empresas de tecnologia e fundos do mercado monetário. Entre 2004 e 2014, o valor dos ativos atendidos pelo "setor de crédito informal" cresceu mundialmente, passando de 26 trilhões de dólares para 80 trilhões de dólares, e pode representar até 25% do sistema financeiro global. As atividades realizadas pelos bancos paralelos — emprestar, tomar emprestado e negociar ativos de empresas que não são bancos e escapam de regulamentações mais onerosas — têm uma coisa em comum: transformam dinheiro em dinheiro, lucrando com a movimentação de dinheiro já existen-

A ASCENSÃO DO CAPITALISMO DE CASSINO

te. Outro impulso significativo para as finanças foi a ascensão da indústria de gestão de ativos e seus diferentes componentes, desde diferentes fundos de investimentos do mercado varejista até fundos de hedge e de private equity. Embora as rendas médias tenham aumentado, permitindo o acúmulo de poupanças principalmente por parte daqueles que se encontram em melhor situação, a crescente longevidade e o escasso apetite do governo pelo seguro social e pela provisão de pensões têm pressionado famílias por todo o mundo a fazer com que suas poupanças rendam mais. Aqueles que "gerenciam" investimentos em prol das famílias podem, muitas vezes, pedir uma taxa, em geral uma porcentagem dos fundos administrados — independentemente de suas escolhas e investimentos terem adicionado valor ou não. Somadas aos bancos tradicionais, e livres das regulamentações que antes mantinham sob controle o tamanho das empresas de crédito e seu apetite pelo risco, essas forças fizeram com que o setor crescesse de modo desproporcional.

Existem dois aspectos fundamentais para o crescimento a longo prazo do setor financeiro e seus efeitos na economia real, e eles são abordados neste e no próximo capítulo. Irei me concentrar no Reino Unido e nos Estados Unidos, onde esses aspectos de financeirização mais se desenvolveram. O primeiro efeito, discutido no presente capítulo, é sua expansão em termos absolutos, além de como uma porcentagem da atividade econômica total. Hoje, o setor expandiu-se muito além dos limites das finanças tradicionais, em especial do setor bancário, para cobrir uma gama imensa de instrumentos financeiros, criando uma nova força no capitalismo moderno: a gestão de ativos. Atualmente, o setor financeiro representa uma parcela significativa e crescente do valor adicionado e dos lucros da economia. Porém, apenas 15% dos fundos gerados vão para empresas que não fazem parte do setor financeiro.[3] O restante é comercializado entre instituições financeiras que fazem dinheiro apenas com o fato de o dinheiro trocar de mãos, um fenômeno que cresceu absurdamente e deu origem ao que Hyman Minsky chamou de "capitalismo gestor de dinheiro".[4] Ou, em outras palavras: quando as finanças geram dinheiro servindo não à economia real, mas a si mesmas.

O VALOR DE TUDO

O segundo aspecto, analisado no próximo capítulo, é o efeito das motivações financeiras em setores que não o financeiro, ou seja, em indústrias como a de energia, a farmacêutica e a de TI. Tais financeirizações podem incluir instrumentos de provisão financeira para clientes — fabricantes de automóveis que oferecem financiamento a seus clientes — e, mais importante, o uso de lucros para impulsionar os preços das ações, em vez de usá-los para reinvestir na produção de fato.

Ambos os aspectos da financeirização mostram como, no crescimento do setor financeiro, a criação e a extração de valor se confundiram, provocando sérias consequências econômicas e sociais. As finanças tanto se beneficiaram do alargamento da desigualdade de receita e de riqueza, como, em parte, também a provocaram, primeiramente nos principais países "anglo-saxões", e, desde os anos 1990, espalhando-se por economias de países europeus e asiáticos a princípio menos financeirizados. A crescente desigualdade poderia ser "justificada" por ganhos econômicos caso promovesse um crescimento mais rápido que aumente receitas básicas ou médias, como dar a ricos empreendedores meios e incentivos para realizarem mais investimentos. Porém, os recentes aumentos da desigualdade têm sido associados a um crescimento mais lento[5] e ao impacto social, bem como ao efeito deflacionário, da redução de receitas já baixas. O ponto principal é: em toda sua complexidade, qual o papel desempenhado pelas finanças na economia? Isso justifica seu tamanho e onipresença? As recompensas, algumas vezes enormes, que podem ser obtidas com atividades financeiras, como fundos de hedge (um fundo de investimento que especula usando capital emprestado ou crédito) ou private equity são proporcionais aos riscos que elas de fato assumem?

Prometeu (com brevê de piloto) desacorrentado

Essas questões não são novas. Já em 1925, Winston Churchill, então ministro das Finanças da Inglaterra, começou a sentir-se desconfortável com o modo como as finanças estavam mudando. Ele proferiu a célebre frase em que afirmava preferir ver "as finanças menos or-

A ASCENSÃO DO CAPITALISMO DE CASSINO

gulhosas e a indústria mais satisfeita".[6] A suspeita que inquietava os formuladores de políticas (e seus recém-promovidos conselheiros econômicos) era que os financistas estavam se posicionando em relação aos produtores industriais da mesma maneira que os proprietários de terra pré-industriais se relacionavam com produtores agrícolas: extraindo uma parcela significativa da receita sem desempenhar qualquer função ativa no processo de produção. Investidores que, de maneira passiva, arrecadavam juros sobre empréstimos e dividendos de ações eram, no sentido clássico, "rentistas", e exploravam seu controle sobre grandes somas de dinheiro (muitas vezes herdadas) para gerar receita não merecida que — se não usada para o consumo conspícuo —, em uma época de impostos baixos, era adicionada a sua riqueza.

Os lucros extraídos pelos credores e investidores do mercado de ações não podiam ser usados para investimentos em expansão e modernização industrial. Isso era uma preocupação crescente, sobretudo no Reino Unido, cujo inexorável declínio de poder industrial frente à Alemanha e aos Estados Unidos (em especial em indústrias que podiam se converter para uso militar) havia sido objeto de investigações parlamentares, cada vez mais angustiadas, desde o final do século XIX. A inclinação das famílias de banqueiros e de fundos britânicos em canalizar seus recursos para o exterior na busca por retornos maiores, enquanto investidores estrangeiros compravam ativos britânicos no mercado de ações, aumentou essa preocupação à medida que um número maior de colônias começou a se agitar pela independência, e as nuvens carregadas que haviam anunciado a Primeira Guerra Mundial voltaram a se formar. O exercício de Churchill como ministro das Finanças também o alertara para o comportamento rentista — os lobbies perante o governo para que regras e barreiras de acesso aumentassem os lucros financeiros e a concessão de empréstimos para investidores que esperavam pagá-los com os ganhos dos preços das ações que em breve reverberariam em todo o mundo com a crise de Wall Street em 1929.

No entanto, no momento em que ele proferia sua famosa frase, o setor financeiro do Reino Unido representava apenas 6,4% de toda a economia.[7] As finanças moveram-se lentamente ao longo dos primeiros trinta anos subsequentes à Segunda Guerra Mundial. Depois,

179

após o início do processo de desregulamentação iniciado durante os anos 1970, além das mudanças na fronteira de produção analisadas no capítulo anterior, elas ultrapassaram a economia real — os serviços manufatureiros e não financeiros oferecidos por empresas do setor privado, organizações voluntárias e o Estado. Ao serem reclassificadas, as finanças tornaram-se criadoras de "valor adicionado" financeiro em vez de arrecadadoras de renda; o recém-criado pacote que contava com finanças, seguros e propriedades imobiliárias (Fire, na sigla em inglês) foi transformado em um setor produtivo, algo que teria deixado maravilhados os economistas dos séculos XVIII, XIX e até do início do XX.

Nos Estados Unidos, de 1960 a 2014, a participação das finanças no valor adicionado bruto mais do que duplicou, passando de 3,7% para 8,4%; no mesmo período, a participação dos produtos manufaturados caiu em mais da metade, passando de 25% para 12%. O mesmo aconteceu no Reino Unido: a parcela da manufatura deixou de representar mais de 30% do valor adicionado total em 1970 e passou a 10% em 2014, enquanto a das finanças e dos seguros subiu de menos de 5% até atingir um pico de 9% em 2009, caindo um pouco para 8% em 2014.[8] Dessa forma, nas três décadas que se seguiram à desregulamentação, o setor financeiro superou completamente a economia "real". Isso pode ser visto de maneira clara no caso do Reino Unido, representado na figura 14.

Figura 14. Valor adicionado bruto, Reino Unido 1945-2013 (1975 = 100).[9]

Figura 15. Lucros corporativos das finanças americanas como porcentagem dos lucros domésticos totais.[10]

A proporção dos salários que vai para os trabalhadores da área financeira também ilustra o crescimento do setor. Até 1980, a parcela de empregos e de receitas nas finanças era quase idêntica (sua razão é 1). Depois disso, a proporção disparou: em 2009 havia praticamente dobrado para 1,7 (figura 16).[11]

Os lucros do setor financeiro foram espetaculares, principalmente no Reino Unido e nos Estados Unidos, com seus centros financeiros

Figura 16. Razão entre a parcela da remuneração dos empregados no setor financeiro e a dos trabalhadores em geral.[12]

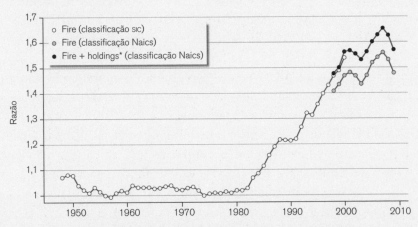

*Essa categoria inclui holdings que não fazem parte do setor financeiro.

mundiais instalados em Londres e em Nova York, e contribuíram com uma crescente porcentagem do PIB. Não surpreende que o público tenha concordado com a "inovação financeira". As pessoas gastavam. De Londres a Hong Kong os setores de varejo e lazer dos centros financeiros mundiais estavam fazendo negócios estrondosos.

A partir dos anos 1980 o setor financeiro estava em campanha para convencer governos de que era produtivo. Na cabeça dos formuladores de políticas, as finanças haviam se tornado uma indústria cada vez mais produtiva, uma ideia que estavam ansiosos para transmitir ao público.

Por mais estranho que possa parecer, os formuladores de políticas ignoraram sumariamente o perigo do caos financeiro. Apenas alguns anos depois de seu discurso, em 2004, na Mansion House, no qual prestou desmedido tributo à produtividade da elite financeira e empresarial da City londrina, o então ministro das Finanças, Gordon Brown, do Partido Trabalhista, expressou a soberba compartilhada por financistas, reguladores, políticos e muitos economistas quando a economia ainda se mostrava, aparentemente, robusta. Em 2007, durante a apresentação de seu balanço orçamentário ao Parlamento, meses antes de os primeiros sinais da crise iminente surgirem no horizonte, Brown afirmou, solene (não pela primeira vez): "Não voltaremos ao velho ciclo de expansão e estouro".

Como Gordon Brown — e muitos outros — pôde se equivocar tanto? A chave para essa avaliação terrivelmente equivocada está no fato de que eles não olharam para um fator crucial: a distinção entre "preço" e "valor", que, ao longo das décadas anteriores, se havia perdido de vista. A revolução marginalista, que mudara a teoria secular do valor para uma voltada para o preço, expusera a tautologia suprema dos marginalistas: as finanças são valiosas porque são valorizadas, e seus lucros extraordinários são a prova de tal valor.

Assim, quando houve a crise financeira mundial, em 2007, ela mandou pelos ares a ideologia que promovera a financeirização acima de tudo. No entanto, a crise não alterou de modo fundamental como o setor é avaliado: dois anos depois, o chefe do Goldman Sachs podia manter sua compostura ao afirmar que seus banqueiros eram os mais produtivos do mundo. E o fato de ex-funcionários do grupo terem marcado forte

A ASCENSÃO DO CAPITALISMO DE CASSINO

presença nos governos de Obama e de Trump mostra o poder da "história" do valor criada pelo Goldman Sachs dentro dos partidos políticos.

No capitalismo moderno, o setor financeiro não apenas se diversificou muito como também cresceu em seu tamanho geral. Em particular, a gestão de ativos é um setor que se desenvolveu rapidamente, garantindo influência e proeminência; compreende bancos, que por tradição estiveram no centro do debate sobre valor, e, também, nos dias de hoje, uma gama ampla de atores. Hyman Minsky defendeu que esse setor estava remodelando a economia, transformando-a naquilo que chamou de "capitalismo gestor de dinheiro". Mas quanto valor isso de fato cria?

Durante as três décadas subsequentes à Segunda Guerra Mundial, as economias ocidentais cresceram de maneira robusta, acumulando, no processo, uma quantidade maciça de poupanças. Esses "trinta anos dourados", mais conhecidos por seu nome francês, *trente glorieuses*, também testemunharam um vultoso aumento dos compromissos previdenciários, tendo em vista que as pessoas viviam mais e tinham mais condições de poupar. A riqueza acumulada por poupanças e aposentadorias precisava ser gerida. A gestão de investimentos desenvolveu-se para satisfazer essa demanda e deu um estímulo enorme ao tamanho e ao lucro do setor financeiro como um todo. Investidores individuais, responsáveis por parcela significativa das atividades do mercado de ações, deram lugar a instituições gigantescas administradas por gerentes de fundos profissionais, sendo que muitos partilhavam das atitudes e das remunerações dos executivos que comandavam as empresas nas quais os gerentes de fundos investiam o dinheiro de seus clientes.

O sistema financeiro evoluiu para atender às necessidades dos poupadores em um futuro incerto, a várias décadas de distância. Investimentos tinham de ser de longo prazo, razoavelmente líquidos e produzir um retorno atraente, em especial para conter a inevitável corrosão das poupanças devido à inflação. As aposentadorias são fundamentais para esses investimentos, em especial nos países anglo-saxões, onde representam cerca de metade dos fundos de aposentadoria dos assalariados. Nos dias de hoje é difícil exagerar a importância da aposentadoria para beneficiários individuais e para a economia: elas sustentam a demanda agregada ao permitir que os idosos consumam depois de pararem de trabalhar. Contudo, também são cruciais para todo o sistema financeiro, em parte devido a seu tamanho — o volume de ativos mantidos em fundos de aposentadoria —, e, mais importante do que isso, porque a indústria da previdência privada é impulsionada por lucros e retornos para os acionistas. O número de provedores de aposentadorias mútuas — empresas cujos donos são seus membros — tem caído de maneira constante à medida que se convertiam em empresas de propriedade dos acionistas ou fundiam-se para competir com elas.

Embora a indústria da aposentadoria existisse no início do século XX, ela amadureceu nos anos do pós-guerra com a ascensão do Estado de bem-estar social. Em uma era de pleno emprego, muitas vezes em grandes empresas, esquemas de aposentadoria compulsória, com contribuições tanto de empregadores quanto de empregados, acumularam ativos gigantescos. Planos voluntários de previdência eram igualmente comuns. O seguro de vida também tem sido um importante veículo de poupança, mas os pagamentos de apólices de seguros normalmente não são obrigatórios. No Reino Unido e nos Estados Unidos, os governos, há muito tempo, vêm concedendo vantagens tributárias significativas aos planos de previdência, em parte para encorajar planos de previdência privada e reduzir a carga sobre a provisão de previdência estatal.

A partir de agora, analiso como a indústria de investimento e os bancos de investimento, apesar de aparentemente serem bastante competitivos, muitas vezes se comportam mais como monopólios, protegidos de concorrência. Extraem rendas para o benefício de gerentes e acionistas, ao passo que os clientes finais — fregueses comuns e investidores em ações, pensões e em apólices de seguro — com frequência pagam taxas para obter retornos medíocres, que não repassam os benefícios e a rentabilidade propiciados pela expansão da gestão de fundos.

Novos atores na economia

O acúmulo de poupanças no pós-guerra colocou em evidência os gestores de ativos, embora não fosse uma coisa totalmente nova. Fundos mútuos, chamados de *unit trusts* no Reino Unido, existiam desde a

A ASCENSÃO DO CAPITALISMO DE CASSINO

guerra e eram uma forma de poupança popular para a classe média. Contudo, o tamanho do investimento exigido — e as responsabilidades sociais que o acompanhavam — fez dos gestores de ativos um novo grupo de atores econômicos. Seu trabalho não era investir em ativos produtivos, como os empreendedores, mas atuarem como administradores temporários de poupanças que seriam investidas em ativos líquidos e, em geral, financeiros (e não, por exemplo, em imóveis). Nos Estados Unidos, ativos sob gestão (*assets under management*, AUM) cresceram dramaticamente, passando de 3,1 bilhões de dólares em 1951 para cerca de 17 trilhões em 2015.[13] No Reino Unido, a indústria da gestão de ativo representava 5,7 trilhões de libras no fim de 2015, mais do que o triplo do tamanho do PIB daquele mesmo ano.[14]

Mudanças na regulamentação desempenharam um papel importante na expansão da administração de ativos. Nos Estados Unidos, fundos de pensão haviam sido obrigados a evitar investimentos especulativos e arriscados, exatamente como teria feito uma pessoa prudente. Contudo, nos anos 1970, o afrouxamento da regra de investimento do "homem prudente" permitiu que fundos de pensão investissem de maneira menos convencional, por exemplo, em private equity (PE) e capital de risco (venture capital, VC), enquanto a Lei do Direito à Aposentadoria do Empregado, de 1974, permitiu que fundos de pensão e companhias de seguro investissem em uma gama mais variada de fundos, tais como fundos acionários, dívidas de alto rendimento, private equity e capital de risco. Gestores de fundo pressionaram por esse afrouxamento para que pudessem realizar investimentos de maior rentabilidade; e os governos, por sua vez, mostraram-se dispostos a fazer tal concessão, pois os fundos de maior rentabilidade do setor privado reduziriam as exigências para aposentadorias estatais. Durante esse período, o aumento do número de pessoas muito ricas — indivíduos com grande patrimônio líquido (*high-net-worth individuals*, HNWIS) — aumentou também a demanda por gestores de ativos profissionais. Nos dias atuais, um HNWI é, em geral, definido como alguém que possui ativos financeiros líquidos (excluindo-se propriedades) em um valor superior a 1 milhão de dólares. Originalmente um fenômeno de países ricos, isso agora é uma situação global, tendo em vista que as

O VALOR DE TUDO

faixas de milionários e bilionários aumentou em países emergentes, em especial na Ásia e na América Latina. De acordo com a firma de consultoria Capgemini, o número de HNWIS passou de 4,5 milhões, em 1997, para 14,5 milhões, em 2014. A China, hoje, tem mais bilionários do que os Estados Unidos.[15] Em 2015, a cidade com maior número de HNWIS era Londres (370 mil), seguida por Nova York (320 mil).[16]

À medida que a gestão de fundos se expandia, a proporção de investidores privados encolhia. A propriedade individual de ações caiu nos Estados Unidos de 92% do total, em 1950, para cerca de 30% nos dias de hoje.[17] A porcentagem mantida por investidores privados é ainda menor em outros lugares — 18% no Japão e apenas 11% no Reino Unido.[18] Em 1963, investidores individuais do Reino Unido possuíam mais de 50% do mercado de ações; grupos de seguros, de pensão, de fundos mútuos e investidores estrangeiros, juntos, representavam cerca de 10%. Desde então, a tendência se inverteu: fundos de pensão e, em especial, investidores estrangeiros adquiriram rapidamente uma participação maior no mercado de ações britânico em 2014; investidores estrangeiros detêm mais de 50% das ações das empresas cotadas na Bolsa de Valores do Reino Unido.[19] Nos Estados Unidos, cerca de 60% das ações com oferta pública (*equities*) pertencem a fundos mútuos. Ademais, a indústria de gestão de fundos está, nos dias de hoje, bastante concentrada, principalmente nos Estados Unidos, onde cerca de 25 gestores de fundos controlam 60% de todas as ações que estão nas mãos das instituições de investimentos.[20]

Nas últimas duas décadas, os tipos de fundo de gestão se diversificaram, expandindo-se, em especial, para fundos de hedge, private equity e capital de risco. Os Estados Unidos têm por volta de 5 mil fundos de hedge, gerenciando um total de 2 trilhões de dólares em ativos. Fundos de hedge possuem uma imagem glamorosa — em Londres, muitos estão concentrados na região nobre de Mayfair —, e certos gerentes de fundos de hedge ganharam uma enormidade de dinheiro; em 2016, 42 integravam a lista dos bilionários do mundo.[21] Alguns são até famosos. George Soros surgiu nas manchetes quando, em 16 de setembro de 1992, supostamente "quebrou o banco da Inglaterra" ao ganhar 1 bilhão de dólares apostando contra a adesão britânica ao Mecanismo Europeu

A ASCENSÃO DO CAPITALISMO DE CASSINO

de Taxa de Câmbio (ERM, em inglês), obrigando o Reino Unido a sair do ERM; esse dia ficou conhecido como "quarta-feira negra".

Fundos de hedge, no entanto, são de difícil definição. Uma de suas principais características é a venda a descoberto (*going short*) (apostar na queda do preço dos investimentos), bem como a compra a descoberto (*going long*) (apostar no aumento do preço dos investimentos). Ironicamente, seu propósito original era afastar os riscos de seus investimentos especulativos, permitindo que "se resguardassem" na alta contra movimentos descendentes de preços. Na prática, isso lhes oferece a possibilidade de obter retornos mais elevados ao realizar apostas caras, muitas vezes usando empréstimos altos (alavancagem) para multiplicar seus ganhos a partir de pequenas diferenças nos preços. Comparados a outras gestões ativas, os fundos de hedge também têm uma alta rotatividade de carteira e investem em uma grande variedade de ativos, desde propriedades até mercadorias. Muitos fundos de investimentos convencionais são bem mais contidos no tocante a como e onde investir.

Firmas de private equity investem em empresas, normalmente para assumir sua propriedade, e geri-las, e, depois — quase sempre após um período de três a sete anos —, vendê-las com lucro. Se bem-sucedidas, elas obtêm seus lucros do aumento do valor dos ativos da empresa depois de a dívida ter sido paga. Então, lucram ao vender a empresa (às vezes para outra empresa de private equity) ou por meio de uma oferta pública inicial (IPO, na sigla em inglês), isto é, negociando ações no mercado financeiro.

Essas firmas são chamadas de private equity porque as empresas que elas adquirem não têm o seu valor cotado na Bolsa de Valores; e, também, porque são propriedades privadas, não tendo ações na Bolsa. Nos Estados Unidos, companhias de private equity controlam por volta de 3,9 trilhões de dólares em ativos, 5% do mercado de gestão de ativos,[22] e são proprietárias de firmas grandes e famosas. Por exemplo, no Reino Unido, a Kohlberg Kravis Roberts (KKR), empresa americana de private equity, pagou quase 25 bilhões de dólares para comprar uma parte da Alliance Boots, rede de farmácias britânicas. Após vender sua participação nesta, em 2015, a KKR teria quadruplicado seu dinheiro.[23] Outras empresas de private equity conhecidas são: Bain Capital, BC Partners, Blackstone Capital e Carlyle Group.

O VALOR DE TUDO

As empresas de private equity alegam fazer com que as organizações se tornem mais eficientes e lucrativas, em parte porque são as donas diretas de tais firmas. Na teoria, separar proprietários (acionistas) e gerentes deveria resolver o interesse direto que os últimos têm antes no aumento de sua própria compensação financeira que no do preço das ações da companhia (é por isso que o objetivo primordial dos gerentes de ativos nos dias de hoje é maximizar o valor do acionista, medido pelo preço das ações). Todavia, críticos afirmam que empresas de private equity têm um impacto deletério nas organizações: seu objetivo é cortar custos a curto prazo, por exemplo demitindo funcionários e reduzindo o investimento para obter um lucro rápido ao vender o negócio, e isso em detrimento da saúde corporativa da empresa a longo prazo.

Os proprietários das empresas de private equity são chamados de "sócios gerais" (*general partners*, GPS). Os fundos que usam para comprar firmas vêm de investidores, como fundos de pensão, fundações, companhias de seguro e indivíduos ricos. Fundos de pensão, públicos e privados, contribuem com cerca de um terço do valor total investido por empresas de private equity. Todos esses tipos de investidores são chamados de sócios limitados (*limited partners*, LPS). Eles comprometem seu dinheiro por um período fixo (por dez anos, digamos) durante o qual normalmente não podem sacar os fundos. Porém, uma grande parcela dos fundos de investimentos das empresas de private equity pode ser classificada como dívidas, que são usadas para comprar participações acionárias com a previsão de pagá-las com os lucros do valor de suas ações. Muitas vezes as empresas de private equity são criticadas por colocarem essa dívida nos balanços patrimoniais das organizações que adquirem, enquanto seguem extraindo dividendos das firmas, em vez de pagar os juros da dívida. A primeira grande aquisição da KKR, a compra alavancada do grupo de tabaco e cereais RJR Nabisco, em 1988, registrada no livro *Barbarians at the Gate* [Os bárbaros às portas da cidade],[24] de Bryan Burrough e John Helyar, transformado em filme (*Selvagens em Wall Street*), encheu a companhia de dívidas, das quais ela nunca se recuperou plenamente, mas impulsionou a KKR em sua contínua expansão global. Empresas de private equity tornaram-se particularmente hábeis em contrair empréstimos para adquirir uma firma e, então, dispor de um "dividendo especial",

A ASCENSÃO DO CAPITALISMO DE CASSINO

muitas vezes por uma soma similar, o que garante um lucro rápido no negócio, ainda que os empréstimos contratados, transferidos para a empresa adquirida, rebaixem seu preço de revenda ou mesmo a arruínem. A TA Associates, empresa de private equity, demonstrou até que ponto essa técnica pode chegar quando, em 2014, garantiu um "empréstimo sindicalizado" (um tipo de empréstimo em que os bancos imediatamente securitizam e revendem) no valor de 1,77 bilhão de dólares à firma de testes de medicamentos Millennium Laboratories para, logo na sequência, dispor de dividendos especiais de 1,29 bilhão de dólares. A transação seguiu todas as regras impostas depois de 2008 para evitar a "dissipação de ativos" (*asset-stripping*) por parte de compradores privados. Quando a Millennium declarou falência no ano seguinte, um tribunal salvaguardou a TA e outros acionistas (os antigos gerentes da empresa) contra qualquer esforço dos credores para recuperar o dividendo, mesmo após ter sido revelado que tanto os proprietários quanto aqueles que intermediaram o empréstimo não haviam lhes informado que seu maior cliente, o governo dos Estados Unidos, tinha ganhado um processo no valor de 256 milhões de dólares por testes fraudulentos.[25]

Como o mercado financeiro extrai valor

De que maneira o mercado financeiro extrai valor? Existem basicamente três respostas, relacionadas entre si: inserindo-se, na forma de custos de transações, entre os provedores e os receptores das finanças; por meio do poder de monopólio, principalmente no caso dos bancos; e com altos encargos relativos aos riscos que assumem, em especial na gestão de fundos.

Em determinadas áreas da economia, esses custos transacionais são considerados redutores da eficiência e destruidores de valor, não criadores de valor. Governos são acusados de ineficiência sempre que impõem um imposto sobre a renda — o que cria uma diferença entre o que as pessoas recebem para trabalhar e o valor que alocam para seu lazer — ou quando tentam financiar a seguridade social mediante imposto sobre a folha de pagamento, o que desvincula os custos salariais dos custos totais com a mão de obra. Quando garantem um aumento para seus membros, os sindicatos são acusados de aumentar o salário dos trabalhadores enquanto a contribuição deles para a produção continua a mesma.

No tocante aos bancos, sua eficácia como intermediários úteis entre os que emprestam e os que tomam emprestado pode ser julgada, de forma razoável, por sua capacidade de estreitar a "cunha", ou a diferença de custo, entre os dois. A eficiência máxima, o capitalismo sem atrito, seria, em teoria, atingida quando o diferencial de juros desaparecesse. No entanto, a medida "indireta" dos serviços de intermediação financeira adotada pelas contas nacionais (Fisim, explicado no capítulo 4) pressupõe um aumento no valor adicionado que se refletirá em uma cunha maior (ou, caso a cunha diminua, no aumento das taxas e encargos mediante os quais os intermediários podem obter o pagamento diretamente). A questão, claro, não é eliminar os juros, mas — se os juros são o preço da intermediação financeira — garantir que reflitam a melhora da eficácia do sistema, impulsionada pelos investimentos apropriados em mudanças tecnológicas, como fizeram algumas *fintechs* (empresas de tecnologia financeira).

Os bancos encontram-se em evidente contraste com os supermercados. Como vimos, o custo dos serviços financeiros provavelmente *aumentou* no século xx, apesar do crescimento dramático da indústria financeira, sugerindo que consumidores financeiros não se beneficiaram das economias de escala da mesma maneira que os supermercados, personificados pelo Walmart, nos Estados Unidos, e o Tesco, no Reino Unido. Uma grande parcela da explicação para a diferença é a natureza monopolística — ou, de maneira mais rigorosa, oligopolista — do setor bancário.

Em 2010, cinco grandes bancos americanos controlavam cerca de 96% dos contratos de derivativos vigentes.[26] No Reino Unido, dez instituições financeiras representavam 85% dos negócios de derivativos de balcão em 2016 e 77% dos negócios de câmbio.[27] Apenas os grandes bancos podem assumir o risco de criar e negociar derivativos em grande escala, uma vez que precisam de uma margem confortável de capital entre o valor de seus ativos e passivos para manter-se solventes, caso os preços dos ativos caiam. Somente alguns bancos em todo o mundo são suficientemente grandes para assumir os altos riscos de realizar *proprietary trading* — negociações por conta própria em vez de com o dinheiro dos clientes e em nome desses — e serem merecedores de um resgate bancado pelo Estado, caso os riscos se revelem grandes demais.

Por conseguinte, há poucos bancos nos quais governos e grandes corporações podem colocar novos títulos ou ações e esperar que o mercado proveja liquidez para esses títulos. A escassez de agentes, mesmo em centros financeiros amplos como Londres e Nova York, dá, inevitavelmente, a cada banco um poder considerável para estipular preços, independente de realizarem conluios entre si ou não para isso. Nos mercados varejistas, as exigências mínimas de capital para bancos (que subiram depois de 2008, indo para 4,5% dos ativos ponderados pelo risco em 2013, 5,5% em 2015 e 6% a partir de 2016)[28] e a necessidade de regulamentação prudencial limitam o número de licenças bancárias que governos e bancos centrais podem emitir e conferem um poder de mercado significativo para os poucos bancos que possuem tais licenças. Esse poder permitiu aos bancos assegurarem 40% do total dos lucros corporativos dos Estados Unidos em 2002 (frente a 13% em 1985). Eles já gozavam de 23% em 2010 e quase 30% em 2012 — apenas dois anos após se recuperarem, depois de uma breve queda para 10% em 2008, em um período em que os lucros corporativos estavam crescendo bem mais rápido do que a renda advinda do trabalho ou do que o PIB.[29]

O alto grau monopolístico nos bancos que operam no atacado e no varejo está intimamente ligado a sua capacidade contínua de extrair rendas dos setores público e privado, mesmo quando estes estavam encolhendo, após a crise de 2008. No Reino Unido, desde a crise financeira, os reguladores buscam promover bancos novos e formas alternativas de intermediação financeira, como empréstimos coletivos, a fim de estimular a concorrência. O punhado de bancos novos que se estabeleceram no Reino Unido desde a crise é chamado, de maneira um tanto otimista, de "bancos concorrentes" — uma concorrência que até o momento não abalou muito o oligopólio dos "principais" bancos britânicos. Tampouco as formas alternativas de intermediação financeira mostraram-se uma alternativa eficaz para os bancos dominantes. Apenas bancos que possuem licenças podem criar dinheiro por meio de empréstimos,[30] em vez de apenas transferi-lo entre os que poupam dinheiro e os que tomam emprestado. Uma vez que a lucratividade dos bancos aumentou graças ao poder de mercado que lhes permite extrair rendas de outros setores, seus funcionários mais altos podem, por sua vez, exercer pressão dentro da empresa para canalizar uma parcela dessas rendas para si, ajudando a dar ao setor financeiro sua cultura de bônus, singular e consolidada.

Além da renda monopolista, os mercados financeiros oferecem aos bancos de investimento e outros "agentes" profissionais um caminho significativo para a obtenção de retornos financeiros elevados, independente dos altos riscos que, tradicionalmente, se imagina justificarem esses retornos. Os mercados financeiros ajustam de pronto o preço de ações e títulos de empresas frente aos lucros futuros que essas organizações esperam obter. Assim, podem instantaneamente arrecadar (e "capitalizar") o salto dos lucros futuros esperados quando, por exemplo, um novo remédio consegue aprovação para ser usado em hospitais, uma plataforma de mídia social encontra uma maneira de monetizar seus milhões de usuários ou uma firma de mineração descobre que seu metal, até então raro, será usado na próxima geração de telefones celulares. Ter um ativo que de repente salta de valor sempre foi uma forma mais rápida de ficar rico do que pacientemente poupar e investir sua renda;[31] e o diferencial de velocidade da "reavaliação" dos ativos frente a seu acúmulo foi, nos dias de hoje, amplificado por taxas de juros historicamente baixas.

Os ganhos com a reavaliação na economia "real" são saudados como economicamente eficientes e socialmente progressistas. Empreendedores que lucram com uma invenção de fato útil podem alegar ter colhido somente recompensas dos riscos que, de fato, correram, principalmente quando se mostra que tiraram proprietários de terra por herança das listas das pessoas extremamente ricas. No entanto, quando — como com frequência é o caso no momento em que ocorre uma reavaliação — as ações deixam as mãos dos inventores originais e passam a pertencer a private equities ou a ser negociadas no mercado financeiro, não são os investidores ativos, e sim os passivos, que arrecadam a maior parte dos ganhos decorrentes da reavaliação. A financeirização permite que bancos de investimento e gerentes de fundos que escolheram a ação correta — muitas vezes por sorte — obtenham lucros que anteriormente eram destinados àqueles que desenvolveram o produto correto, por meio de um planejamento meticuloso. E, tendo arrecadado esse valor, eles invariavelmente correm para extraí-lo — canalizando o ganho para imóveis ou outros investimentos financeiros projetados para manter seu "valor" —, em vez de reinvesti-lo em mais produções inovadoras, que poucas vezes geram um novo pote de ouro.

A proporção entre a parcela das finanças em relação aos empregos e às receitas dá uma ideia do que aconteceu. Até 1980, a porcentagem das finanças em relação ao emprego e à receita nos Estados Unidos era quase idêntica (a razão era 1). Contudo, como revela a figura 17, em 2015 havia praticamente dobrado para 1,8. Esse aumento acentuado na receita média por trabalhador — que a crise de 2008 mal chegou a interromper — era, segundo seus defensores, um sinal da crescente produtividade do setor financeiro e uma justificativa para a canalização de mais recursos para as finanças. Mas o ganho de produtividade foi, como visto no capítulo 4, altamente influenciado por uma redefinição que impulsionou o "valor adicionado" dos bancos e de outros credores. Uma explicação alternativa para o aumento da razão receita-emprego é o fato de que as finanças estavam reforçando seu poder de extração de valor e obtendo rendas monopolistas de outras atividades do setor privado.

Figura 17. Proporção entre a porcentagem da remuneração dos empregados das finanças em relação ao emprego nacional.[32]

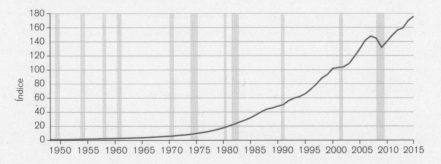

O VALOR DE TUDO

A concentração de atividades bancárias e do mercado financeiro nas mãos de uns poucos agentes importantes, que chega a seu extremo nos mercados de derivativos (figura 18), realça em que medida o "valor adicionado" financeiro pode ser atribuído às rendas de monopólio ou oligopólio.[33] É do interesse dos reguladores financeiros manter o número de agentes pequeno, apesar do risco de um comportamento de conluio: não querem deixar de ter uma visão geral da exposição dos agentes do mercado para se proteger contra riscos sistêmicos, e a decisão (após a crise de 2008) de levar a negociação de derivativos de balcão (derivativos que não estão listados na Bolsa de Valores e muitas vezes são alvos de uma negociação acordada entre investidores profissionais, como os bancos) para uma plataforma central transparente e mais visível funciona a favor deles. De fato, a manipulação de uma taxa de juros de referência (a taxa bancária oferecida em Londres, a Libor, usada para definir muitas taxas globais de empréstimos do setor privado) na esteira da crise pode ter ocorrido com a conivência de alguns reguladores, ao menos de acordo com negociantes que, com êxito, se defenderam de acusações de fraude.[34] A manipulação, e argumentos subsequentes sobre quem ganhou e quem perdeu com isso, ressalta até que ponto os bancos e outros atores do mercado financeiro disputam,

Figura 18. Concentração de contratos de derivativos nos Estados Unidos (em bilhões de dólares; quarto trimestre de 2010).[35]

	Os cinco maiores bancos	% do total de derivativos	Outros bancos	% do total de derivativos	Todos os bancos	% do total de derivativos
Futuros e a termo	32 934	14,2	2 775	1,2	35 709	15,4
Conversões (*swaps*)	145 440	62,9	3 807	1,6	149 247	64,6
Opções	31 136	13,5	939	0,4	32 075	13,9
Derivativos de crédito	13 407	5,8	743	0,3	14 150	6,1
Total	222 917	96,4	8 264	3,6	231 181	100

A ASCENSÃO DO CAPITALISMO DE CASSINO

hoje, a distribuição (e talvez até conspirem a seu favor) de um superávit criado basicamente por empresas não financeiras.

Os bancos são, sem dúvida alguma, instrumentais na movimentação de fundos das partes mais produtivas da economia para as menos produtivas. Instrumentos como derivativos, futuros e opções podem, genuinamente, ajudar na proteção contra riscos, em especial para os produtores econômicos que estão enfrentando incertezas acerca dos preços futuros e das taxas de câmbio. Porém, é preciso que se diga que algumas atividades bancárias claramente não são produtivas, principalmente quando se tornam muito complexas ou grandes em relação às necessidades da economia real. Tomemos o exemplo do mercado de securitização garantida por hipotecas (MBS) já mencionado. Em 2009, a dívida hipotecária nos Estados Unidos somava um total de 9 trilhões de dólares, tendo crescido surpreendentes 400% em quinze anos, passando a representar mais de um quarto de toda a dívida de títulos do mercado americano. A receita gerada mediante o pagamento de juros sobre essa dívida foi estimada em 20 bilhões de dólares anuais entre 2001 e 2007.[36] Depois da crise financeira de 2008, essa linha de negócios secou por completo. No mundo todo, os detentores dessas MBSs sofreram perdas enormes, levando a uma cascata de crises financeiras em outros países à medida que os mutuários que as mantinham como colaterais mostraram-se incapazes de pagar sua dívida. Os bancos haviam extraído receita por "administrar" e "afastar" os riscos — mas suas próprias atividades tinham, na verdade, aumentado os riscos durante esse processo.

Os CDSs, *credit default swaps* (*swap* de risco de inadimplência) são outro exemplo. Originalmente um seguro contra a possibilidade de um mutuário não pagar seu empréstimo, os CDSs tornaram-se, em grande parte, uma maneira de apostar em alguém que não é capaz de pagar suas dívidas. Talvez tenha sua utilidade para as pessoas cuja própria solvência pode depender da capacidade do devedor de efetuar o pagamento; porém, seu uso especulativo foi literalmente desnudado no caso dos CDSs "a descoberto", que desempenharam um papel fundamental na promoção da inadimplência da dívida soberana e corporativa dos dois lados do Atlântico. Os CDSs a descoberto são assim chamados quando o comprador de um *swap* não tem nenhum interesse direto em que a parte tomadora do empréstimo seja capaz de pagar a dívida; na verdade, o comprador, para embolsar seus ganhos, quer, efetivamente, que seu devedor fique inadimplente. É como contratar um seguro para a casa do vizinho e esperar que ela pegue fogo. Longe de manter baixos os riscos do mutuário (e o do sistema como um todo), o comprador de *swap* tem todo incentivo para ajudar a promover o incêndio.

No entanto, mesmo que os credores só tenham comprado CDSS como uma apólice de seguro, eles ainda são inerentemente perigosos devido ao risco sistêmico, tendo em vista que o risco de inadimplência não está mais limitado a alguns poucos mutuários, mas atinge a todos. Em épocas de crise, inadimplências passam a apresentar grande correlação. Uma inadimplência provoca outras. Bancos ou seguradoras que emitem CDSS acabam garantindo esse risco sistêmico, como eles próprios descobriram a um custo enorme para si mesmos — e para muitos outros — em 2007-8. Em 2010, devido aos resgates dos bancos e às recessões econômicas que se seguiram à interrupção dos empréstimos comerciais, vários países europeus enfrentaram crises de dívidas soberanas. Eles estavam tendo dificuldade para honrar suas dívidas públicas e, para fazê-lo, cortaram radicalmente provisões de bens e serviços públicos. Os mesmos bancos que haviam se beneficiado do resgate estavam, agora, lucrando com a situação deplorável dos governos, extraindo mais ou menos 20% de todas as suas receitas procedentes de derivativos desses CDSS a descoberto.

A intermediação financeira — o custo dos serviços financeiros — é uma forma de extração de valor cuja medida está na relação entre os encargos financeiros e os riscos realmente assumidos. Os encargos são chamados de custo de intermediação financeira. Contudo, como vimos, embora as finanças tenham crescido e os riscos não tenham mudado de maneira considerável, o custo de intermediação financeira pouco foi reduzido, exceção feita a alguns serviços feitos pela internet, que continuam periféricos ao fluxo financeiro global. Em outras palavras, o setor financeiro não se tornou mais produtivo. Outra forma de compreender esse fato simples é medir a quantidade de taxas cobradas pelos investidores institucionais e compará-las ao desempenho dos fundos que administram. A razão entre os dois pode ser interpretada como uma

A ASCENSÃO DO CAPITALISMO DE CASSINO

espécie de nível de extração de valor: quanto mais alta a taxa, menor o ganho do investidor e maior o lucro do gerente. Portanto, a maneira pela qual fábricas e empresas que não fazem parte do serviço financeiro usaram seus tamanhos para conter custos e preços não parece se aplicar às finanças. Um ótimo estudo sobre esse assunto conclui que "a indústria financeira de 1900 era tão capaz de produzir títulos e ações quanto a indústria financeira de 2000 e, seguramente, estava fazendo isso de modo mais barato".[37]

Agora, vamos analisar algumas das partes principais do negócio de gerenciamento de fundos, uma máquina gigantesca de intermediação financeira, voltando-nos com mais atenção para encargos e riscos.

Milhões de poupadores investem em fundos — normalmente em *unit trusts* (fundos mútuos) —, seja de modo direto, ou, mais comumente, indireto, por meio de pensões, por exemplo. O objetivo de qualquer gerente de fundo é produzir uma taxa de retorno para os fundos que supervisiona. A referência para esse retorno será a relevância dos mercados nos quais o gestor desse fundo está investindo, seja o mercado de ações americano, o mercado de títulos europeu, empresas de mineração australianas e assim por diante. Administrar seu fundo para que supere a média de retorno do mercado (ou a referência) é chamado de "gestão ativa" ou, para dizê-lo de maneira mais direta, "escolher vencedores". Diz-se que conseguir fazer com que o fundo ultrapasse a referência é atingir "alfa" (alfa de 1% significa que o retorno do investimento sobre determinado período é 1% melhor do que o do mercado durante esse mesmo período). A estratégia alternativa de gestão básica de um investimento é chamada de "passiva". Um fundo passivo é normalmente um "índice" ou *tracker fund*, no qual o gerente apenas compra ações em proporção a um índice do mercado de ações e acompanha aquela referência.

No entanto, desempenho e encargos devem equilibrar-se. Pensemos em um investimento a longo prazo, durante, digamos, quarenta anos de vida profissional de determinado empregado. Uma das figuras mais proeminentes do setor de gestão de fundos dos Estados Unidos é John Bogle. Ele é o fundador da Vanguard, um enorme grupo de investimento índice (não um investidor ativo) que cobra taxas baixas.

O VALOR DE TUDO

Bogle estimou um custo total para a gestão ativa de fundos em 2,27% do valor do fundo. A quantia pode não parecer excessiva; porém, Bogle nunca cansa de dizer a investidores do fundo: "Não permita que a tirania dos custos compostos sobrecarregue a mágica do composto dos retornos".[38] Na verdade, tomando-se a estimativa de Bogle dos custos da gestão de fundo e pressupondo um retorno anual de 7%, o retorno total para um poupador ao longo de quarenta anos será 65% maior sem as taxas. Em dinheiro vivo, a diferença pode significar aposentar-se com 100 mil ou 165 mil dólares.[39] É um ótimo negócio para o gestor de fundo; nem tanto para o investidor.

Admitamos, por um momento, que o gerenciamento ativo e as taxas dos associados têm sua relevância. Vamos ainda levar em conta o crescimento no volume de ativos sob a gestão e a aplicação de TI para estimar os investimentos, geri-los e se comunicar com os clientes, o que provavelmente traz benefícios enormes e eficiência ao fundo. Qual o tamanho esperado de suas taxas? Em uma apresentação para a Unidade de Gerenciamento de Ativos da Comissão de Valores Mobiliários e Câmbio, órgão regulador dos Estados Unidos, Bogle expôs os seguintes números (figura 19):

Figura 19. Ativos de fundos mútuos e encargos americanos em 1951 e em 2015.

	Ativos de 1951 (em milhões de dólares)	Proporção dos gastos de 1951	Ativos de 2015 (em bilhões de dólares)	Proporção dos gastos de 2015
MIT	472	0,42%	180	1,29%
Fidelity	64	0,63%	1,615	1,06%
Putnam	52	0,66%	81	1,31%
American	27	0,84%	1,216	0,99%
T Rowe Price	1	0,50%	493	0,84%
Média total dos nove primeiros	1,474 dólares	0,62%	7,195 dólares	1,13%

A impressionante e, talvez, surpreendente conclusão é a de que, por mais de sessenta anos, as proporções de gastos, inclusive entre as mesmas firmas, não caíram, mas *subiram* — e de modo significativo. Por que isso aconteceu?

Os gerentes dos fundos merecem ficar com boa parte da culpa. Primeiro, a estratégia dos fundos de gestão de dividir para conquistar é parte da explicação. Com o propósito de diversificar e oferecer aos investidores inúmeras opções de estratégias de investimento, gerentes de fundos multiplicaram o número de fundos que administravam. Também entregaram o controle dos fundos a gerentes de carteiras individuais que adotam uma visão mais a curto prazo em relação aos retornos do que comitês de investimento de, digamos, um grupo inteiro de gestão de fundo, que, no geral, adota uma visão mais ampla. O resultado foi um investimento muito mais agressivo e um acréscimo significativo na rotatividade de ativos, uma vez que os gerentes compram e vendem ações para tentar impulsionar os retornos. Segundo Bogle, a rotatividade de carteira passou de 30% nos anos 1950 e 1960 para 140% nas últimas décadas.[40] Outra medida da qualidade de gestão de ativos é a volatilidade: o grau de incerteza ou risco em relação ao tamanho das flutuações no valor de uma ação. Assim como a rotatividade aumentou, a volatilidade dos fundos cresceu de modo significativo, passando de 0,84% para 1,11% no mesmo período.

Em segundo lugar há os custos de transação. Maiores rotatividades — comprar e vender mais ações — mantêm as taxas mais elevadas do que poderiam estar, aumentando os custos das transações sem que o mesmo ocorra com os ganhos de capital dos investidores, dada a natureza de soma zero do mercado. De modo crucial para o investidor, taxas adicionais reduzem os retornos ao aumentar os custos da gestão financeira. Embora os custos das transações para cada negócio tenham diminuído nos últimos trinta anos, a frequência dos negócios aumentou de modo exponencial recentemente. Dessa forma, a quantidade total de encargos também subiu. Como observa Bogle:

Quando entrei nesse negócio em 1951, assim que me formei, a rotatividade anual das ações americanas estava em cerca de 15%. Ao longo dos quinze

O VALOR DE TUDO

anos subsequentes, sua média passou a ser de 35%. No final dos anos 1990, havia crescido de maneira gradual para a faixa dos 100%, atingindo 150% em 2005. Em 2008, a rotatividade das ações disparou para o impressionante nível de 280%, caindo, de modo modesto, para 250% em 2011. Pense, por um momento, nos números que criam essas taxas. Quando cheguei nessa área, sessenta anos atrás, os volumes de negociações de ações estavam, em média, em 2 milhões de ações por dia. Ultimamente, negociamos aproximadamente 8,5 bilhões de ações todos os dias — 4,25 mil vezes mais. Calculado ao longo de um ano, o total chega a mais de 2 trilhões de ações; em dólares, estimo que as transações valham 33 trilhões. Essa cifra, por sua vez, é 220% da capitalização de ações do mercado americano, calculada em 15 trilhões de dólares.[41]

Ademais, essas negociações enormes ocorrem, muitas vezes, entre gestores de fundos, convertendo-as, verdadeiramente, em um jogo de soma zero dentro do setor. A ideia de um imposto sobre transações financeiras (relacionada à taxa Tobin, batizada em homenagem a James Tobin, economista ganhador do prêmio Nobel e defensor precoce da ideia) é reduzir essa "rotatividade" e fazer com que os investidores mantenham suas ações por mais tempo, aumentando o custo de cada venda. Essa taxa satisfaria as condições de um imposto eficiente para impedir uma prática de custos que é deletéria — o principal obstáculo para sua introdução, uma vez que todas as grandes bolsas de valores teriam de aplicá-la para impedir que o comércio migre para aqueles que preferem não colocá-lo em prática.

Fundos de hedge são, de muitas formas, uma resposta às exigências de um número cada vez maior de HNWIs por maiores retornos para suas carteiras. Como negociantes de ações mais ativos, gestores de fundos de hedge tendem a se orgulhar de sua capacidade de escolher ações com base em informações privilegiadas. Essa informação pode ser obtida de maneira legal, por exemplo mediante uma extensa pesquisa realizada por uma equipe interna, embora possa, também, ser conseguida de forma ilegal. Informações de alto nível devem levar a retornos maiores, mas também são dispendiosas. À medida que lucros maiores são obtidos, o custo pode ser justificado; mas devemos lembrar que,

200

A ASCENSÃO DO CAPITALISMO DE CASSINO

no fim das contas, é um jogo que equilibra vencedores e perdedores e que possui pouco valor social: os ganhos, ou retornos acima da média, de que alguns investidores gozam serão compensados por perdas, ou retornos abaixo da média sofridos por outrem.

Embora alguns fundos de hedge tenham, seguramente, sido muito bem-sucedidos, os retornos médios têm sido menos impressionantes. Cerca de 20% dos fundos de hedge fracassam todos os anos. Mesmo quando os retornos são altos, devem-se, muitas vezes, tanto a apostas idiossincráticas quanto à genialidade do investimento. Um exemplo fenomenal é o do americano John Paulson, que fez 2 bilhões de dólares ao apostar que, no período anterior à crise financeira, os preços dos imóveis iriam cair nos Estados Unidos. Contudo, desde então, sua firma, Paulson and Co., não se deu tão bem, e alguns investidores retiraram seus fundos.

O desempenho mediano de alguns investimentos de fundos de hedge contrasta fortemente com sua imagem glamorosa e, mais importante para os investidores, suas altas taxas. Por muitos anos, os encargos típicos dos fundos de hedge foram chamados de "2 e 20": uma taxa de 2% sobre o volume de ativos geridos e pesados 20% dos lucros realizados e não realizados. Alguns fundos de hedge especializaram-se em transações de grande frequência — comprar e vender ativos muito rapidamente e em grande volume, algumas vezes em fração de segundos, mediante o uso de computadores especiais —, o que eleva os custos para os investidores. Tudo isso soma um custo anual total de 3%.[42]

Esse mesmo modelo "2 e 20" também é usado no capital de risco. Assim como ocorre no caso dos fundos de hedge, os capitalistas de risco alegam ter uma capacidade especial para escolher oportunidades lucrativas em empresas e tecnologias iniciantes. Na prática, entram na briga depois de outros terem assumido os grandes riscos e as tecnologias já terem sido testadas e aprovadas — em especial, depois de realizada a pesquisa básica, financiada com o dinheiro dos contribuintes.

Firmas de private equity oferecem um estudo de caso de como gerentes de fundos aumentam suas chances de obtenção de lucro. Elas também cobram taxas anuais de gerenciamento da ordem de 2%. Ao longo de, digamos, dez anos da vida de um fundo, essa taxa representa

O VALOR DE TUDO

um comprometimento de 20%, deixando apenas 80% disponíveis de fato para obter retorno. Assim, os sócios limitados, como os investidores de fundos mútuos ou de fundos de hedge, iniciam tendo de compensar um custo incorporado — algo complicado de ser feito. Ademais, como revelou o *New York Times* em 2015, algumas empresas nas quais firmas de private equity investem acabam por seguir pagando encargos para estas últimas durante anos após terem voltado a ser de capital aberto.[43]

Além das taxas de gerenciamento, os fundos de private equity encontraram muitas outras formas de receber dinheiro para que não precisem confiar no rendimento real de sua carteira. Isso inclui o pagamento de honorários a si mesmos (além das taxas pagas aos consultores, banqueiros de investimentos, advogados, contadores e afins) por quaisquer transações realizadas (a aquisição em si, a compra de outras empresas, a venda de divisões etc.), pagando a si mesmos taxas de monitoramento como parte de sua função nas diretorias dessas empresas, bem como outros encargos de serviços. Tudo somado, isso resulta em um componente fixo de aproximadamente dois terços da remuneração dos sócios gerais.[44]

O elemento final da remuneração da firma de private equity são as taxas de performance (*carried interest*) — a participação nos lucros que o gestor recebe acima do valor por ele empenhado na parceria. Por muitos anos, a prática do mercado tem sido impor taxas que contabilizam 20% dos lucros gerados, além de uma taxa mínima de atratividade acordada, isto é, o retorno de um investimento abaixo do qual uma empresa não irá atrás de uma oportunidade ou um projeto de investimento. Esse elemento de remuneração é elaborado especificamente para motivar sócios gerais (*general partners*) a terem um bom desempenho, e os ganhos de capital das private equities são tributados a uma taxa favorável. Contudo, na prática, as taxas são tão elevadas que a taxa de performance equivale a cerca de apenas um terço da remuneração dos sócios gerais.

Firmas de private equity também se protegem enchendo de dívidas as empresas que adquirem, normalmente de 60% a 80% do custo de uma compra. Consideremos o seguinte: se um ativo que vale 100 é adquirido pelo gestor de investimento com 30 provenientes de ações e 70 advin-

202

dos de dívidas, o gestor pode obter um retorno de 100% caso a dívida seja quitada e o valor da ação suba para 60. Ainda assim, as empresas de private equity detêm uma média de apenas 2% do valor dos fundos que administram.

O que os investidores de private equity recebem por seu dinheiro? Quando essas firmas de private equity apresentam seus resultados aos investidores, muitas vezes destacam suas taxas internas de retorno — a taxa de retorno do capital investido (tecnicamente, a taxa de desconto que faz com que o valor presente líquido de todo o fluxo financeiro [positivo e negativo] de um investimento seja igual a zero). Pode-se argumentar que todos os encargos e remunerações se justificam, se resultaram em retornos gigantescos. E, de fato, existem muitos estudos que afirmam que as empresas de private equity apresentam retornos mais altos em comparação a outros veículos de investimentos. A figura 20, de um trabalho bastante citado, parece mostrar que, nos últimos anos, private equities tiveram um desempenho em média 27% superior (média e mediana dos anos 2000). Mas esse desempenho deve ser visto ao longo de dez anos de vida de um fundo, razão pela qual representa, na verdade, um rendimento superior em apenas 2,4% ao ano.

Para ser justa, isso ainda é um desempenho superior em termos absolutos. Porém, vários fatores o negam de modo efetivo. O desempenho foi atingido mediante investimentos atrelados a um alto endividamento que são relativamente ilíquidos (difíceis de vender). Na verdade, os sócios limitados exigem, com frequência, um desempenho superior extra para assumir esse risco adicional — um bônus de 3% —, como reconhecimento de que o melhor desempenho do private equity é compensado pelo risco maior assumido. Além disso, a base de comparação na tabela a seguir, o índice Standard & Poor's (s&p) 500, é menos relevante do que um índice de pequenas e médias empresas nos Estados Unidos, como o Russell 2000 ou 3000. Em relação a esses índices, um desempenho superior mostra-se significativamente menor, por volta de 1% a 1,5%. Em suma, uma vez que os retornos relatados por private equities sejam ajustados ao risco e comparados usando referências apropriadas, torna-se muito mais difícil justificar seus altos encargos.

O VALOR DE TUDO

Figura 20. Desempenho dos fundos de aquisição frente ao índice s&p 500.[45]

Fundos	Fundos de aquisição PMES (*Public Market Equivalent*)			
	fundos	média	mediana	média ponderada
Média dos anos 2000	411	1,27	1,27	1,29
Média dos anos 1990	157	1,27	1,17	1,34
Média dos anos 1980	30	1,04	1,03	1,11

A indústria de gestão de fundos defende, naturalmente, que os retornos que pode proporcionar para os clientes — atingir "alfa" — justificam as taxas cobradas. Em um influente artigo,[46] Joanne Hill, sócia do Goldman Sachs, apresenta as condições nas quais a tentativa de atingir alfa não precisa ser um jogo de soma zero — mostrando, de modo conveniente, que o *proprietary trading* dos bancos de investimento pode ter certo valor social e econômico. Mas essas condições incluem a suposição de que o mercado é dividido em negociantes com visão de curto e longo prazo que buscam atingir alfa em momentos distintos, medindo-os por meio de diferentes referências. Sem essa separação artificial, alfa é, de fato, uma soma zero — e torna-se um jogo de soma negativa tão logo os gerentes ativos deduzem os encargos extras que devem cobrar pela escolha de ações, em vez de apenas comprá-las proporcionalmente ao índice relevante.

Conclusão

A gestão de ativos cresceu e se transformou em uma das características definidoras do capitalismo. No mínimo, sua dimensão e sua crucial importância para a segurança financeira de milhões de pessoas deram à gestão financeira a influência que ela exerce. Contudo, tão significativo quanto isso é o fato de que muitas de suas atividades extraem valor, em vez de criá-lo. Os mercados financeiros simplesmente distribuem receitas geradas por atividades realizadas em outros locais sem nada adicionar a elas. Buscar atingir alfa — selecionar ações e atribuir-lhes *overweighting* (retorno acima da média do mercado) ou *underweighting* (retorno abaixo da média do mercado) para ter um desempenho superior em relação a um índice — é essencialmente um jogo que produzirá o mesmo número de perdedores e vencedores. É por isso que, muitas vezes, fundos geridos ativamente não conseguem superar o desempenho de fundos passivos. Grande parte da gestão de fundos é um exercício enorme de um tipo de rentismo que teria causado assombro aos economistas clássicos.

Uma reforma não é impossível. A regulamentação financeira pode ser usada para recompensar a visão de longo prazo e ainda ajudar a conduzir as finanças em direção à economia real, em vez de se retroalimentar. De fato, a questão do imposto sobre as transações financeiras — que ainda precisa ser implementado — busca justamente recompensar investimentos a longo prazo em vez de transações realizadas de modo rápido e em milissegundos.

Ademais, as taxas que os gerentes de ativos recebem devem refletir a criação real de valor, não a estratégia "comprar, fracionar e revender", comum em private equity, ou o modelo de taxa "2 e 20", muito utilizado em private equity, nos investimentos de riscos e nos fundos de hedge. Se as taxas refletissem com mais precisão os riscos assumidos (ou não assumidos — como os grandes investimentos financiados pelos contribuintes que muitas vezes precedem a entrada de capitalistas de risco), a porcentagem de lucros realizados ou não realizados retidos seria menor do que os 20% costumeiros. Não é que os atores financeiros não devam ganhar dinheiro, ou que aquilo que fazem não crie valor, mas o esforço coletivo envolvido no mecanismo de criação de valor deve se refletir em uma parcela mais equitativa das recompensas. Isso se vincula à visão de "socialização do investimento" de Keynes. Ele sustentava que a economia podia crescer e ser mais bem estabilizada e, assim, garantir pleno emprego, se a quantidade e a qualidade do investimento público aumentassem. Com isso, Keynes quis dizer que o financiamento do investimento em infraestrutura e inovação (desenvolvimento de capital) deveria ser feito por empresas de serviço público, bancos estatais ou cooperativas que direcionassem os recursos públicos para o crescimento a médio e longo prazos, em vez de buscar retorno a curto prazo.

Todavia, o rentismo não se limita ao setor financeiro; impregnou, também, indústrias não financeiras — por meio de pressões que a rentabilidade do setor financeiro, exagerada pelo poder monopolista e garantias estatais implícitas, exerce na gestão corporativa de empresas que não integram esse setor. Se investidores podem contar com determinado retorno ao colocar seu dinheiro em um fundo, distribuindo os riscos por uma ampla gama de instrumentos lucrativos, eles só irão investir os mesmos fundos em um projeto industrial que ofereça um retorno muito maior. O retorno dos investimentos do setor financeiro estabelece um mínimo para o retorno dos investimentos fixos "reais", uma base que aumenta à medida que as operações financeiras se tornam mais rentáveis. Empresas que não fazem parte das finanças e que não conseguem superar o retorno dos investidores financeiros são obrigadas a se juntar a eles, "financeirizando" suas atividades de produção e distribuição.

6
A financeirização da economia real

À primeira vista, o valor do acionista é a
ideia mais idiota do mundo.

Jack Welch, ex-CEO da General Electric, 2009[1]

O CRESCIMENTO EXTRAORDINÁRIO DAS FINANÇAS, que ao longo das últimas três décadas se converteu em um colosso econômico, não se limitou ao setor financeiro; permeou também empresas da economia em geral, como a manufatura e os serviços não financeiros. A financeirização da economia real é, em alguns aspectos, um fenômeno mais extraordinário do que a expansão do próprio setor financeiro; e é um importante desenvolvimento social, político e econômico dos tempos modernos.

Ao analisar esse fenômeno, irei me voltar basicamente aos Estados Unidos e ao Reino Unido, onde a financeirização tende a estar mais avançada. Conforme foi visto, empresas como as manufatureiras e de serviços não financeiros têm sido classificadas, muitas vezes, como "setor produtivo", criando valor de maneira inequívoca, ao passo que as finanças são, frequentemente, um custo do fazer negócios, apenas contribuindo para a criação de valor, em vez de criá-lo por si só. De modo mais livre, o setor produtivo é muitas vezes chamado de "economia real".

É um truísmo afirmar que as corporações modernas estão entre as forças mais importantes da economia. Em 2015, as quinhentas maiores empresas públicas americanas (com ações na Bolsa de Valores) empregavam quase 25 milhões de pessoas em todo o mundo e geravam receitas que ultrapassavam 9 trilhões de dólares. No mesmo ano, as quinhentas maiores empresas do Reino Unido no mercado de ações tinham mais de 8 milhões de funcionários e seu faturamento anual total era bem maior do que 1,5 trilhão de libras.[2] Além disso, muitas das maiores companhias na vanguarda da inovação econômica são empresas de capital aberto; a essas, deve-se acrescentar as muitas empresas que são propriedades privadas mas controladas por donos com mentalidade financeira, como private equity e capitalistas de risco (vc). As decisões tomadas por essas corporações, em especial sua alocação de recursos, são fundamentais para a criação de valor.

É por isso que é tão importante entender a amplitude gigantesca da financeirização do setor produtivo. Nos anos 2000, por exemplo, o braço americano da Ford ganhou mais dinheiro com a venda de financiamentos para carros do que com a venda dos carros em si. A Ford acelerou a transição automobilística de um produto físico para uma mercadoria financeira ao ser pioneira na oferta do chamado plano de contrato pessoal (pcp), que permitia ao "comprador" pagar prestações mensais que cobriam apenas as depreciações previstas e a venda para a aquisição de um modelo mais novo depois de dois ou três anos, em vez de quitar o saldo (resultando, assim, em um empréstimo maior do que o preço do carro novo). Adotados pela maioria das demais montadoras, e tendo o mérito adicional de poder ser agrupados em securitizações e revendidos nos mercados financeiros, os pcps levaram as vendas a níveis recordes, alarmando apenas os reguladores, que se perguntavam o que aconteceria se um contratante sem fundos abandonasse seu carro e devolvesse as chaves (como foi o caso dos imóveis em 2008). Durante o mesmo período, a ge Capital, braço financeiro do enorme grupo da General Electric (ge), obteve por volta de metade da receita total do grupo.[3] Empresas como a Ford e a ge contribuíram de maneira pesada para o crescimento acentuado do valor dos ativos financeiros em relação ao pib dos Estados Unidos nos 25 anos subsequentes a 1980.

Emprestar dinheiro para clientes comprarem seus carros não significa, necessariamente, que se esteja extraindo valor na mesma medida em que isso foi discutido no capítulo anterior. Contudo, como será visto, a financeirização em geral pode afetar profundamente a maneira como as empresas se comportam. A maior evidência de como o valor financeiro é capaz de prejudicar o valor econômico real pode ser encontrada em práticas disseminadas de recompra de ações por empresas de capital aberto nos Estados Unidos e no Reino Unido.

A reação negativa às recompras

A recompra de ações é uma forma de transferir dinheiro de uma corporação para seus acionistas. A empresa compra algumas de suas próprias ações dos acionistas existentes. Em termos de finanças e economia, essas transações são como dinheiro pago na forma de dividendos: um mesmo valor é recebido pelos acionistas e pago pela empresa. A única diferença é que os dividendos são pagos de maneira uniforme a todos os acionistas, ao passo que as recompras dão dinheiro somente àqueles que querem vender; e, além disso, as recompras evitam quaisquer penalidades tributárias impostas pelos governos sobre os dividendos para que mais lucros sejam reinvestidos.

No entanto, uma mudança de dividendos para recompras pode fazer uma grande diferença na remuneração dos executivos, uma vez que (diferente do que ocorre com os dividendos) elas reduzem o número de ações. Isso impulsiona, automaticamente, o ganho por ação (*earnings per share*, EPS), uma das principais medidas do sucesso corporativo. As recompras normalmente aumentam o ritmo do crescimento do EPS — medida muitas vezes usada para determinar até que ponto as recompensas dos executivos que ocupam os cargos mais altos serão exorbitantes. Por isso, os chefes preferem recompras a dividendos. Duas medidas em essência equivalentes tornam-se divergentes, a menos que contadores ajustem o cômputo de ações para garantir que transações idênticas tenham o mesmo efeito nos resultados declarados. Porém, dificilmente os chefes irão estimulá-los a padronizar suas medidas de pagamentos corporativos.[4]

Os acionistas também parecem impressionados pelo aumento do EPS, preferindo não notar que as recompras eliminam tanto dinheiro quanto dividendos de fundos disponíveis para investimento. Eles também parecem ignorar o fato de que as empresas estão mais dispostas a recomprar ações quando o preço está alto do que quando está baixo,[5] apesar da ineficiência desse cronograma de mercado.

De qualquer modo, os números são impressionantes. Em 2014, o economista americano William Lazonick relatou a dimensão das recompras de ações nas principais empresas americanas nos últimos anos.[6] Entre 2003 e 2012, 449 empresas listadas no índice s&p 500 empregaram 2,4 trilhões de dólares na recompra de suas próprias ações, na maior parte dos casos por meio de aquisições no mercado aberto. Essa soma representava 54% de seus rendimentos coletivos. Adicionem-se os dividendos, que abocanharam outros 37%, e apenas 9% dos lucros estavam disponíveis para investimento de capital. Durante o mesmo período, as dez maiores recompras nos Estados Unidos dispuseram de inacreditáveis 859 bilhões de dólares em recompras de ações, o equivalente a 68% de sua renda líquida combinada. Como mostra a figura 21 a seguir, sete dessas empresas comprometeram mais de *100%* de sua renda líquida em recompras e dividendos.

Até recentemente, poucos investidores pareciam compreender a escala desses dispêndios. Embora os dividendos regulares sejam, muitas vezes, usados por acionistas como uma fonte de renda — razão pela qual eles ficam tão chateados quando são cortados —, recompras, por outro lado, são frequentemente consideradas pagamentos especiais. Isso ignora seu status de uma escolha ativa de *não* se investir para criar valor a longo prazo.

Finalmente, alguns investidores estão acordando. Em março de 2014, Larry Fink, ceo da Blackrock, um dos maiores investidores institucionais do mundo, escreveu aos ceos das empresas do índice s&p 500 a respeito das distribuições excessivas de lucros. Notando que muitas empresas "haviam reduzido o gasto de capital e até aumentado suas dívidas para impulsionar dividendos e aumentar as recompras de ações", Fink afirmou que, embora "devolver dinheiro aos acionistas deva ser parte de uma estratégia de capital equilibrado", tal prática pode, "quando realizada pelos motivos errados, e ao custo de investimento de capital [...], comprometer a capacidade de uma empresa gerar retornos sustentáveis a longo prazo".[7]

A FINANCEIRIZAÇÃO DA ECONOMIA REAL

Figura 21. Os dez principais recompradores de ações nos Estados Unidos (2004-12), classificados pelo valor absoluto de recompra de ações.[8]

Empresa	Renda líquida	Recompras mais dividendos (de quais recompras)	Recompras mais dividendos em relação à renda líquida
Exxon Mobil	347 bilhões de dólares	287 bilhões de dólares (207 bilhões de dólares)	83%
Microsoft	148 bilhões de dólares	185 bilhões de dólares (114 bilhões de dólares)	125%
IBM	117 bilhões de dólares	130 bilhões de dólares (107 bilhões de dólares)	111%
Cisco Systems	64 bilhões de dólares	77 bilhões de dólares (75 bilhões de dólares)	121%
Procter & Gamble	93 bilhões de dólares	108 bilhões de dólares (66 bilhões de dólares)	116%
Hewlett- -Packard	41 bilhões de dólares	73 bilhões de dólares (64 bilhões de dólares)	177%
Walmart	134 bilhões de dólares	97 bilhões de dólares (62 bilhões de dólares)	73%
Intel	79 bilhões de dólares	87 bilhões de dólares (60 bilhões de dólares)	109%
Pfizer	84 bilhões de dólares	122 bilhões de dólares (59 bilhões de dólares)	146%
General Electric	165 bilhões de dólares	132 bilhões de dólares (45 bilhões de dólares)	81%

No entanto, a mensagem de Fink não teve grande repercussão entre os investidores. A proporção de recompras e dividendos em relação às rendas declaradas pouco diminuiu. Como os acionistas estabeleceram uma exigência sobre o retorno em relação aos fundos de investimentos que poucos gerentes eram capazes de cumprir, eles passaram a se acostumar em receber, em vez disso, um fluxo constante de recursos.

Maximizando o valor do acionista

A recompra de ações impulsiona os ganhos dos executivos. Para defender a ideia de que o pagamento de incentivo realinha interesses de executivos e acionistas, alega-se, com frequência, que a recompra de ações maximiza o valor do acionista (*maximize shareholder value*, MVA) e, assim, melhora a eficiência das empresas.[9] Técnicas financeiras, argumenta-se, são uma maneira legítima utilizada por gerentes para aumentar a produtividade e, por conseguinte, beneficiar funcionários e clientes, bem como acionistas. Se uma empresa pode obter um retorno maior em determinado momento ao colocar o capital para trabalhar financeiramente em vez de vender carros ou softwares diretamente, está agindo de modo racional e levando em conta o interesse do negócio. Ter a opção entre um uso financeiro ou produtivo do capital ajuda a manter o (suposto) negócio principal de carros ou softwares em estado de alerta, pois ele tem de produzir retornos que competem com alternativas financeiras. Por extensão, defende-se que facilitar, para os clientes, a obtenção de crédito, principalmente para comprar seus próprios produtos, é um serviço para as pessoas comuns. Há certa verdade nisso, mas não muita. De onde vêm essas ideias? Possuem alguma validade?

Nos anos 1970, à medida que a crise econômica e a estagnação da década enfraqueciam o desempenho e a rentabilidade do setor corporativo, a insatisfação dos acionistas fez com que seu rendimento passasse a ser o principal objetivo das corporações. Em 1970, Milton Friedman publicou na *New York Times Magazine* um artigo que se tornou o texto-base do movimento do valor do acionista e, em muitos aspectos, da gestão corporativa em geral. Com o título "The Social Responsibility of Business Is to Increase its Profits" [A responsabilidade social dos negócios é aumentar seus lucros], o artigo de Friedman aventava a ideia de que o desempenho econômico dos Estados Unidos estava caindo porque um princípio cardeal da economia tradicional — de que as firmas maximizam lucros — não estava sendo obedecido. Não havia mais nenhuma punição para gerentes que não maximizavam os lucros. Os acionistas não eram mais capazes de infligir tais punições, pois estavam demasiadamente dispersos e descoordenados; e os mer-

A FINANCEIRIZAÇÃO DA ECONOMIA REAL

cados não podiam fazê-lo porque as empresas de capital aberto tinham poder de monopólio e não seriam vituperadas por novos concorrentes caso seus custos e preços aumentassem. Alguns economistas dos anos 1960 haviam visto o "gerencialismo" como algo potencialmente positivo para a sociedade caso os patrões permitissem que o lucro fosse consumido pelo pagamento de melhores salários aos empregados, atendesse a padrões ambientais e de saúde mais elevados e investido mais em novos produtos. Friedman redefiniu o debate ao sugerir que os chefes se mostrassem mais dispostos a sacrificar o lucro ao custo de suas próprias contas e de seu estilo de vida; e que mesmo deixar os custos aumentarem mediante a "responsabilidade corporativa social" era fundamentalmente errado. O artigo gerou uma literatura acadêmica que ficaria conhecida como "teoria da agência" (*agency theory*).

A ideia de Friedman foi desenvolvida por Michael Jensen, formado pela Universidade de Chicago, que estava imerso nas ideias de "livre mercado" que caracterizavam aquela universidade. Em 1976, Jensen, agora professor na Universidade de Rochester, escreveu um artigo com o diretor da faculdade de administração de Rochester, William Meckling (que, como Jensen, fora aluno de Friedman em Chicago), sobre como implementar a ideia de Friedman. Chamava-se *Theory of the Firm: Managerial Behavior, Agency Costs, and Ownership Structure* [Teoria da empresa: comportamento gestor, custos de agência e estrutura de propriedade]. O principal argumento era que os gerentes (agentes) não estavam sendo disciplinados por mercados financeiros competitivos ou por produtos do mercado, uma vez que podiam alocar erroneamente os recursos ou aumentar despesas desnecessárias sem que isso incorresse em perdas ou colocasse em risco seus empregos; dessa forma, era complicado para os investidores (os dirigentes) fazer com que fossem responsabilizados. A única maneira de realizar isso era por meio do fortalecimento do "mercado", que era suficientemente neutro e objetivo para garantir que a empresa prosperasse. O resultado foi uma teoria que sustentava que o único modo de empresas serem bem administradas era mediante a maximização do "valor de seus acionistas". Assim, os investidores fariam, de forma indireta, com que os gerentes das empresas fossem responsabilizados.

O VALOR DE TUDO

Nas décadas seguintes, criou-se todo um aparato intelectual ao redor da "maximização do valor do acionista", com novos desenvolvimentos nos estudos de direito, economia e administração, fazendo com que isso se tornasse o ponto de vista dominante nas principais faculdades de administração e nos departamentos de economia. O objetivo primordial das corporações passou a ser a maximização do valor do acionista, algo que se refletiu no preço da ação da empresa.

Contudo, longe de ser a estrela guia para a administração corporativa, a maximização do valor do acionista tornou-se um catalisador de um conjunto de tendências que se reforçam mutuamente, enfatizando o curto prazismo ao mesmo tempo que minimizava a visão a longo prazo e uma interpretação mais abrangente de quem deveria ser beneficiado pela empresa. Em nome da MSV, gerentes buscaram lucros onde fosse possível, abastecendo a globalização e terceirizando a produção para lugares que iam da China ao México. Empregos foram perdidos e comunidades destroçadas. Entrementes, as pressões externas impostas à gestão de corporações pouco fizeram para a melhoria de sua qualidade. Em vez de tornarem-se gerentes devidamente preparados e com expertise setorial, capazes de tomar decisões a respeito do que produzir e como fazê-lo, os principais formandos das faculdades de administração preferiam ir trabalhar em Wall Street. Se em 1965 apenas 11% daqueles que obtinham um MBA pela Harvard Business School iam para o setor financeiro, em 1985 a cifra chegara a 41% e, desde então, tem crescido.

A figura 22 mostra como a influência de private equity, uma das manifestações mais agressivas de MSV, cresceu nos Estados Unidos na primeira década do século XXI. Os argumentos de Friedman, Jensen e Meckling sugeriam que o valor do acionista seria desperdiçado. Dessa maneira, um tipo novo de investidor capaz de arrecadar esse valor que se perdia seria recompensado instantaneamente por meio de dividendos maiores ou ganhos com o preço das ações. Fundos de private equity e grupos de aquisição lideraram esse grupo de investidores novos e ávidos por valor que agora tomava de assalto o mercado de ações.

Private equity é MSV turbinada. Várias das empresas nas quais as firmas de private equity investem não são do ramo financeiro; muitas vezes, na verdade, podem ser encontradas do lado produtivo da fronteira

214

Figura 22. Organizações sustentadas por private equity como porcentagem de todas as empresas americanas (pelo tamanho da firma).[10]

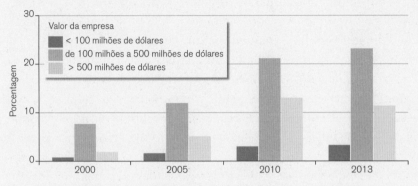

NOTA: Todos os valores são estimados; os cálculos basearam-se apenas nas informações das empresas com receitas superiores a 10 milhões de dólares.

da produção. Mas ao passo que investidores institucionais tradicionais frequentemente ficam satisfeitos com a estratégia de comprar e manter, e em esperar pelos ganhos advindos dos preços das ações mediante o reinvestimento do lucro, em vez de por meio de seu pagamento, as empresas de private equity buscam a compra e a revenda a um preço mais elevado dentro de alguns anos. Isso significa que muitas firmas pertencentes a fundos de private equity são pressionadas a adotar uma visão expressivamente mais curto prazista do que fariam em outra situação — exatamente o oposto do "capital paciente" e da ideia de aumentar a produtividade para beneficiar a sociedade a longo prazo. Se a influência das firmas de private equity na economia produtiva parece exagerada, levemos em consideração o seguinte: a Blackstone, uma das maiores empresas de private equity, possui uma carteira que ultrapassa 77 companhias que, juntas, geram mais de 64 bilhões de dólares em receitas anuais somadas e empregam mais de 514 mil pessoas no mundo todo.[11]

A história recente dos setores de cuidado de idosos e de água no Reino Unido demonstra como uma empresa de private equity pode mudar um negócio — e não necessariamente para melhor. Até meados dos anos 1990, os lares para idosos ali eram propriedades de pequenas empresas familiares ou de municípios.[12] Hoje em dia, por uma combi-

O VALOR DE TUDO

nação de razões políticas e financeiras, muitas dessas casas administradas por municípios fecharam as portas. Um novo tipo de operador financeiro surgiu no mercado, seguindo, em grande medida, um modelo de private equity e frequentemente "vendendo" muitas de suas propriedades para as autoridades municipais, mas, também, gerando lucro privado. Em 2015, as cinco maiores cadeias de lares para idosos do mundo controlavam cerca de um quinto do número total de leitos desses lares no Reino Unido. Esses operadores foram atraídos por fluxos de caixa estáveis, parte dos quais provinha do município, e pela oportunidade de realizar uma engenharia financeira: dívidas baratas; propriedades que podiam ser vendidas e alugadas novamente; isenções tributárias sobre pagamentos de juros de dívidas e taxas de desempenho; e — em última instância — moradores frágeis e vulneráveis que seriam responsabilidade do Estado caso o negócio fracassasse. As estruturas corporativas de alguns dos proprietários de lares para idosos tornaram-se extremamente complexas e, muitas vezes, encontravam-se ocultas em paraísos fiscais, enquanto os pagamentos de impostos corporativos eram baixos ou inexistentes. Posto que os municípios ainda financiavam as acomodações nesses lares e que os enfermeiros que ali atuavam haviam sido treinados com dinheiro público, estruturas corporativas opacas e pagamentos mínimos de impostos estão longe de ser a maneira de oferecer um serviço público essencial.

A Four Seasons Health Care apresenta muitas dessas características. A empresa possui a maior rede de lares para idosos do Reino Unido (tinha 23 mil leitos em 2015). Porém, até ser adquirida, em 1999, pela Alchemy Partners, uma firma de private equity, era apenas uma pequena rede escocesa. Após ter ampliado a empresa, Alchemy a vendeu, em 2004, para a Allianz Capital Partners, outra empresa privada, que dois anos depois vendeu-a novamente para a Three Delta, outra firma de private equity. Em 2008, durante esse jogo de passagem do bastão, a dívida externa da empresa havia disparado para 1,5 bilhão de libras, com encargos de juros anuais que ultrapassavam 100 milhões de libras, ou insustentáveis cem libras por leito por *semana*. Em 2012, a empresa foi comprada pela Terra Firma — sim, você acertou, uma empresa de private equity —, administrada por Guy Hands, um famoso financista

216

A FINANCEIRIZAÇÃO DA ECONOMIA REAL

britânico que iniciara sua carreira no Goldman Sachs. Apesar de uma reestruturação financeira que acarretou em perdas para acionistas, proprietários de títulos e bancos que ocorreram antes de a Terra Firma comprar a empresa, em 2014 a Four Seasons estava perdendo dinheiro, e essa perda saltou de 70,1 milhões de libras, antes dos impostos, em 2015, para 264 milhões de libras.[13] Ao menos em parte, o responsável por isso era o custo do serviço da dívida. A empresa culpava os municípios pelo congelamento do valor que pagavam pelos moradores, embora as próprias autoridades estivessem sofrendo cortes orçamentários sérios devido ao programa de austeridade implementado pelo governo liderado pelo Partido Conservador. A Comissão para a Qualidade Assistencial, braço do governo que controlava as condições dos lares de idosos, estava preocupada com a saúde empresarial da Four Seasons a ponto de, em determinado momento, embargar 28 lares da Four Seasons, o que significava que não podiam aceitar nenhum novo morador.

Padrões similares podem ser encontrados nas indústrias de água da Inglaterra e do País de Gales, privatizadas em 1989.[14] As dez companhias de água e esgoto (CAES) tornaram-se empresas de capital aberto presentes na Bolsa de Valores de Londres, como parte da política do governo da época para criar uma "democracia de acionistas". Atualmente, apenas duas seguem na Bolsa de Valores de Londres. Conglomerados de infraestrutura asiáticos possuem três daquelas empresas; outra é uma empresa mútua (Welsh Water, ou Dŵr Cymru); e empresas de private equity são donas de outras quatro — Anglian Water, Thames Water (a maior das empresas de água), Southern Water e Yorkshire Water.

Assim como os lares para idosos, a proporção da dívida em relação aos ativos das empresas de água aumentou acentuadamente, um traço típico de empresas que pertencem a firmas de private equity, como foi visto no capítulo anterior. Entre 2003 e 2013, a dívida líquida média aumentou 74%, ao passo que os ativos caíram 37% em nove dessas empresas: Anglian, Thames, Northumbrian, Severn Trent, Southern, South West, United Utilities, Wessex e Yorkshire. As empresas com as maiores dívidas líquidas — ao redor de 80% do capital ou mais — pertenciam todas a private equities. Os pagamentos de juros líquidos

217

O VALOR DE TUDO

das nove CAES inglesas subiram de 288 milhões de libras em 1993 para impressionantes 2 bilhões de libras em 2012. Curiosamente, a empresa com a menor alavancagem (proporção de dívida em relação aos ativos) e a maior taxa de crédito era a Welsh Water, de propriedade de fundos mútuos. As quatro companhias com as maiores alavancagens e as menores taxas de crédito eram todas propriedades de firmas de private equity.

Do mesmo modo como os grupos de lares de idosos, as estruturas de propriedade das CAES são, muitas vezes, opacas. A combinação de estruturas corporativas obscuras e engenharias financeiras complexas pode explicar bem os altos pagamentos recebidos pelos donos das empresas de água. Entre 2009 e 2013, as companhias Anglian, Thames, United Utilities, Wessex e Yorkshire pagaram mais em dividendos do que ganharam em lucros descontados os impostos. Os diretores viram sua parcela da renda das empresas subir de 13,18% em 1993 para 20,52% em 2013. No mesmo período, a parcela da renda das empresas de água alocada a salários e remunerações caiu de 15,37% para 10,22%; em outras palavras, as perdas dos trabalhadores pareciam diametralmente opostas aos ganhos dos proprietários. É verdade que as empresas de água investiram mais de 100 bilhões de libras na infraestrutura de água e esgoto do país desde a privatização. Todavia, em 1989 não se previu a financeirização da indústria, tampouco os controles de preços ou os limites de retornos em relação ao capital imposto às empresas pela Autoridade Reguladora dos Serviços de Água, o regulador econômico do setor, parecem ter impedido o que aparenta ser extração de valor.

Os casos dos lares para idosos e das empresas de água na Grã-Bretanha não representam um argumento definitivo contra os fundos de private equity ou a financeirização. Mas ilustram, sim, como a engenharia financeira de serviços fundamentais do ponto de vista social pode alterar a natureza de um mercado. É no mínimo discutível se a propriedade opaca e a financeirização excessiva que caracterizam esses negócios de propriedade de firmas de private equity atendem mais a seus clientes do que a seus donos.

O recuo do capital "paciente"

A teoria da agência e a MSV são, portanto, conceitos essencialmente simples. O objetivo da empresa é devolver a maior quantidade possível de valor a seus acionistas — os proprietários dos ativos da organização. Principalmente em empresas de capital aberto, o acionista não está envolvido no processo de administração do negócio, embora seja, do ponto de vista legal, um proprietário; gerentes profissionais administram a empresa. Aqui se encontra o cerne da teoria da agência: os agentes (gerentes), por lei, respondem aos diretores (acionistas). Porém, em relação aos gerentes, os acionistas encontram-se em desvantagem: possuem menos informações sobre o negócio; são muitos, mas há poucos gerentes; e são os últimos da fila para as recompensas — atrás de gerentes, funcionários, fornecedores, proprietários das dívidas e arrendadores. Eles só recebem seus retornos depois que os outros receptores foram pagos. Os acionistas são requerentes "residuais", uma vez que se supõe que são os únicos atores que não têm um retorno garantido para sua contribuição ao negócio. É justificável que requeiram o retorno gerado pela companhia sobre os excedentes dos custos associados a outros stakeholders (partes interessadas) da empresa.[15]

Para uma empresa de capital aberto, maximizar o valor do acionista é, efetivamente, o mesmo que maximizar o valor do investimento de capital do acionista, conforme arrecadado no preço da ação. O mesmo se aplica, em termos práticos, para as empresas privadas: os proprietários — seja uma família, um fundo de private equity ou capital de risco — valorizarão a empresa pelo que podem esperar obter com sua venda ou com sua participação na Bolsa de Valores. Esse valor será determinado, de maneira substancial, pelo valor das empresas de capital aberto similares, segundo indicado pelo preço de sua ação.

As origens da MSV são, muitas vezes, atribuídas ao desenvolvimento da "teoria da carteira da firma" (*portfolio theory of the firm*), uma explicação popular para o desenvolvimento de grandes conglomerados industriais dos anos 1950 e 1960. Essa teoria assegura que as empresas — como outros investidores — poderiam diversificar seus riscos mediante a posse de ativos de empresas de diversos setores. Pressupunha-se que tais corporações eram apenas uma coleção de fluxos de caixa produtores de ativos e que gerentes profissionais, que surgiam como os heróis do capitalismo moderno, eram capazes de administrar qualquer tipo de empresa com a mesma competência. As faculdades de administração buscavam formar gerentes visando exatamente esse objetivo. Talvez o epítome do conglomerado da época tenha sido a Transamerica Corporation, que, em determinado momento, tinha entre seus diversificados interesses o Bank of America, o estúdio de cinema United Artists, a Transamerica Airlines, a Budget Rent a Car, além de inúmeras corretoras de seguro.

Os defensores da MSV argumentavam que os conglomerados estavam "destruindo" valor, posto que os gerentes (por mais competentes e bem formados que fossem) não poderiam ser especialistas em conseguir o melhor de operações tão distintas. Era mais apropriado deixar a diversificação para os acionistas, com os chefes de cada empresa ficando "cada um na sua", não se aventurando para além de sua limitada zona de expertise. A ineficácia dos conglomerados podia ser demonstrada na prática se suas partes constituintes, fragmentadas e vendidas separadamente, fossem capazes de alcançar um preço total por ação maior do que o total obtido em conjunto. Certo ou errado, a pressuposição a respeito do profissionalismo dos gerentes não lidava com a questão de que eles nem sempre agiam tendo em mente o melhor para os acionistas. Nos anos 1970, quando as economias dos Estados Unidos e dos países ocidentais desaceleraram, Friedman e outros defensores da teoria da agência sustentavam que, como diretores e agentes eram motivados por interesses próprios, os inevitáveis conflitos seriam mais bem solucionados se fosse dada prioridade aos verdadeiros donos, os acionistas. A sabedoria popular foi virada de ponta-cabeça e os conglomerados foram fracionados, uma atitude que também foi justificada pelo fato de se ver as corporações como nada mais do que uma coleção de fluxos de caixa. Os interesses de gerentes e acionistas deveriam, afirmavam os defensores da teoria da agência, estar "alinhados": se os gerentes também fossem pagos com ações da empresa ou com opções sobre essas ações, eles estariam motivados a maximizar os interesses de todos os acionistas.

A FINANCEIRIZAÇÃO DA ECONOMIA REAL

Outro grupo compartilhava do interesse dos gerentes pelo rentismo: os gerentes de ativos, uma força motriz por trás da moda de fragmentar conglomerados para extrair um valor maior para o acionista. Econômica e socialmente, gerentes de ativos eram mais próximos dos gerentes corporativos do que de seus verdadeiros clientes, os distantes e provavelmente mal informados membros de fundos de pensão ou proprietários de apólices de seguro de vida. A msv dava aos gerentes de ativos a chance de enriquecer com os gerentes das empresas nas quais investiam o dinheiro de seus clientes. Gerentes de ativos tornaram-se os principais donos de ações cotadas na Bolsa de Valores, o acionista "residual" que, ao menos em teoria, atuava em prol dos demais. Suas exigências às corporações de capital aberto e, depois — por meio de private equity —, às corporações privadas afetariam, de maneira profunda, o comportamento da economia produtiva.

Como vimos no capítulo anterior, os gerentes de fundos desempenharam um papel central no desenvolvimento do capitalismo contemporâneo. Na teoria, os acionistas — em grande medida acionistas institucionais — monitoram o desempenho corporativo. Atuam como guardiões, resolvendo, em geral, o problema entre o diretor e o agente e, em particular, monitorando a forma como as corporações usam e alocam seu capital. Sua função deve levar a uma melhor distribuição de recursos produtivos e promover um melhor uso dos recursos já empregados: por exemplo, com base na teoria da agência, estabeleceu-se um vínculo positivo entre a propriedade e a inovação institucional.[16] Porém, essas avaliações muitas vezes parecem negligenciar o panorama mais amplo. Não é uma coincidência que o argumento a favor do ativismo e da supervisão dos acionistas frequentemente venha acompanhado do colapso da gestão corporativa: veja-se a série de escândalos corporativos como o da Enron e da WorldCom nos Estados Unidos, da Sports Direct, no Reino Unido, e a Volkswagem trapaceando na emissão de poluentes dos motores a diesel.

Os acionistas não são os únicos guardiões; há também auditores, agências de classificação, reguladores governamentais, a imprensa e analistas financeiros — especialistas que avaliam as empresas para os investidores. A causa de muitos dos escândalos corporativos dos últimos anos, segundo a argumentação corrente, é o fracasso dos guardiões em fazer seu trabalho. Em vez de serem observadores críticos das companhias, os analistas financeiros tornaram-se animadores de torcida e, em grande parte, não notaram que os bancos rumavam para o colapso. Auditores independentes e agências de classificação passaram a ser sócios das firmas que supervisionavam, em vez de guardiões dos interesses dos investidores e da comunidade em geral. Os governos adotaram uma regulamentação financeira "branda", muitas vezes devido à pressão do setor. A imprensa demorou a notar os escândalos e a divulgá-los. Diretores corporativos — que, não nos esqueçamos, no Reino Unido têm a responsabilidade legal de agir em prol dos interesses dos acionistas — eram apenas um contrapeso limitado aos excessos dos gerentes.[17] Não há dúvida de que o incentivo para gerar comissões — para consultoria, análise e auditoria de empresas, por exemplo — resultou em conluio, bem como em conflito de interesses entre guardiões e as corporações de capital aberto que levaram a fracassos gerenciais.

Contudo, o fracasso dos guardiões em cumprir sua responsabilidade também se deve muito à mentalidade de MSV e sua percepção do papel fundamental da corporação de capital aberto. E os atores principais na economia, cujos interesses estavam mais intimamente alinhados ao objetivo da MSV, eram os investidores institucionais. Diretores e agentes deveriam observar-se mutuamente com cautela; contudo, desenvolveu-se, na verdade, uma aliança profana entre eles para que extraíssem valor da empresa. Seu relacionamento atuou contra stakeholders, assim como contra os funcionários, cujos pagamentos ficaram cada vez mais defasados em relação aos dos CEOS e dos gerentes que ocupavam os cargos mais altos.

Curto prazismo e o investimento improdutivo

Durante a Grande Depressão dos anos 1930, muito antes de a financeirização passar a fazer parte do vocabulário moderno, Keynes notou que

A FINANCEIRIZAÇÃO DA ECONOMIA REAL

[a maior parte dos] profissionais competentes, dotados de julgamento mais seguro e de conhecimentos mais amplos do que o investidor privado médio [...] dedica-se não a fazer previsões abalizadas a longo prazo sobre a renda provável de um investimento por toda sua vida, mas em prever mudanças de curto prazo com certa antecedência em relação ao público em geral.[18]

Sendo ele próprio um especulador bem-sucedido, Keynes sabia do que estava falando. Ele advertiu que o mercado de ações se tornaria uma "luta de esperteza para prever com alguns meses de antecedência as bases da avaliação convencional, muito mais do que a renda provável de um investimento durante anos".[19] E, como se viu, estava certo. O tempo no qual cada acionista busca obter lucro, por meio de um fluxo de dividendos ou do movimento do preço das ações, é determinado pelo tempo que eles detêm uma ação em particular. E o tempo médio de retenção do investimento acionário, seja por indivíduos ou instituições, diminuiu implacavelmente: de quatro anos em 1945 para oito meses em 2000, dois meses em 2008, e, nos Estados Unidos (com o aumento das transações de alta frequência), para 22 segundos em 2011.[20] A média de retenção de private equities saltou para quase seis anos quando os mercados de ações congelaram, na esteira da crise financeira mundial de 2008, mas estavam em firme declínio novamente em 2015.[21]

O "curto prazismo" previsto por Keynes engloba-se no contexto do conceito apresentado pelo pioneiro dos índices de fundos indexados, John Bogle, no qual investidores institucionais arrendam as ações das empresas nas quais investem em vez de assumir sua posse a longo prazo. Vejamos o caso da rotatividade cada vez maior das ações domésticas: segundo a Federação Mundial das Bolsas, que representa as bolsas de valores do mundo reguladas publicamente, nos Estados Unidos a rotatividade das ações domésticas era, nos anos 1970, por volta de 20% ao ano, tendo aumentado de maneira acentuada para consistentes 100% anuais nos anos 2000. A rotatividade mede a frequência com que uma ação troca de mãos e é calculada pela divisão do número de ações negociadas em determinado período pelo número de ações pertencentes aos acionistas naquele mesmo período. O aumento da rotatividade é um sinal de que as visões institucionais dos investidores foram treinadas pelo movimento a curto prazo dos preços das ações, em vez de pelo valor intrínseco, de longo prazo, da corporação. A alta rotatividade pode ser mais rentável para investidores institucionais do que a retenção passiva e de longo prazo de ações. Deve-se dizer também que o comportamento curto prazista de investidores institucionais reflete a crescente pressão, nas últimas quatro décadas, de clientes que, esperando resultados rápidos e sendo avessos a surpresas, rapidamente retiravam seus fundos quando se sentiam frustrados. O resultado disso tem sido uma fixação corporativa no desempenho trimestral, que encoraja o crescimento consistente de ganhos para gerar um desempenho aceitável do preço das ações.

Em 2013 as empresas de consultoria McKinsey & Company e Canadian Pension Plan Investment Board entrevistaram mil membros de diretoria e altos executivos no mundo todo para avaliar como eles administravam suas empresas.[22] A maior parte dos entrevistados disse que a pressão para gerar resultados positivos a curto prazo aumentara nos últimos cinco anos até um ponto em que os gerentes se sentiam obrigados a demonstrar ótimos desempenhos financeiros. No entanto, enquanto quase metade dos entrevistados alegou estar usando um horizonte de tempo de menos de três anos ao estabelecer uma estratégia, quase todos disseram que adotar uma visão de longo prazo aprimoraria o desempenho corporativo, fortalecendo os retornos financeiros e aumentando a inovação.[23]

Outra tendência importante que demonstra ainda mais a medida do impacto da MSV no comportamento corporativo é o aumento das taxas mínimas de atratividade. Uma taxa mínima de atratividade, como vimos no capítulo anterior, é um retorno de um investimento abaixo do qual uma empresa não irá atrás de uma oportunidade ou um projeto de investimento. Pode ser que, com o tempo, existam menos oportunidades adequadas disponíveis porque os projetos mais rentáveis já foram escolhidos. A produção máxima na fabricação de automóveis, por exemplo, indicaria, naturalmente, que uma nova fábrica não faria sentido (embora o investimento em outra tecnologia possa muito bem fazer). Forças econômicas essenciais também podem estar atuando. Contudo, o que vem acontecendo com as taxas mínimas de atratividade sugere que outra coisa esteja ocorrendo.

A FINANCEIRIZAÇÃO DA ECONOMIA REAL

As taxas mínimas de atratividade são fundamentais para a maneira como as empresas alocam capital, mas são muito afetadas pelas expectativas — ou o que Keynes chamou de "espíritos animais".[24] A taxa mínima de atratividade de um projeto é, em geral, determinada em relação ao custo do capital — basicamente, taxas de juros sobre empréstimos e dividendos dos acionistas. O projeto deve gerar retornos, calculados como uma taxa interna de retorno (*Internal Rate of Return*, IRR) ou retorno sobre o capital investido (*Return on Invested Capital*, Roic),[25] mais elevados do que o custo de capital da firma. Todavia, surge uma discrepância estranha. De um lado, o custo do financiamento de dívidas tem se encontrado em níveis historicamente baixos e seria razoável se esperar que encorajasse o financiamento de novos projetos de investimentos. Por outro lado, segundo o J.P. Morgan,[26] a média ponderada do custo de capital continua bastante baixa, 8,5%, mas a taxa mínima de atratividade-padrão (o retorno mínimo sobre um investimento necessário para justificar um novo projeto) declarada pelas empresas incluídas no índice S&P 500 é de 18%. Isso indica que as firmas não estão buscando oportunidades de investimento a não ser que o diferencial entre os retornos esperados e seu custo de capital esteja em torno de dez pontos percentuais. Por que eles deixariam tais oportunidades de lado? Uma explicação, em virtude das exigências da MSV, é que eles podem optar por alternativas mais fáceis, como a recompra de ações.

A MSV cria, portanto, um ciclo vicioso. Decisões de curto prazo, como a recompra de ações, reduzem os investimentos de longo prazo em bens de capitais verdadeiros e em inovações como P&D. A longo prazo, isso irá conter a produtividade. Com uma produtividade menor, o escopo para salários mais elevados será limitado, diminuindo, assim, a demanda doméstica e a propensão para o investimento na economia como um todo. A extensão da financeirização até os cernes das tomadas de decisões corporativas vai, portanto, muito além dos benefícios imediatos que traz para acionistas e gerentes. Como observou Hyman Minsky, parece haver aí uma dinâmica inevitável do sistema capitalista: a menos que seja devidamente regulamentado e disponha dos mecanismos de segurança corretos, ele irá expandir muito rapidamente. O

225

crescimento constante causado pelo aumento dos empréstimos — que aceleram a extração de valor — é acompanhado pelo aumento no valor dos ativos. Tudo parece ir bem, até as pessoas começarem a questionar o valor dos ativos. E então surgem os problemas.

Financeirização e desigualdade

Um dos principais preceitos da MSV, como vimos, é o fato de que os incentivos de gerentes e acionistas precisam estar alinhados, e a melhor maneira de fazer isso é compensar a administração concedendo-lhe ações. Gerentes seniores prontamente abraçaram a MSV ao perceberem como esta poderia ajudá-los a aumentar seus vencimentos (figura 23). O espírito original da MSV foi deturpado: as enormes opções de ações que vêm sendo uma parte crucial dos pacotes de vencimentos de muitos CEOS não se encontram, de fato, alinhadas aos interesses de gerentes e acionistas. Os gerentes — dependendo dos termos em que lhes são concedidas as opções — gozam de uma vantagem praticamente gratuita, sem qualquer prejuízo. Eles são, em parte, resguardados contra as variações dos preços das ações, que são a sina dos investido-

Figura 23. Média dos pagamentos dos CEOS nos Estados Unidos (em milhões de dólares, dólares constantes de 2011).[27]

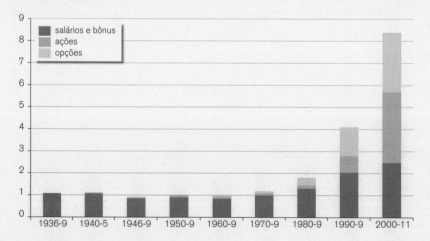

res a longo prazo via recursos antiaquisição, como o "paraquedas dourado" (*golden parachute*), uma recompensa em dinheiro caso percam seu emprego, ou "pílulas de veneno" (*poison pills*), que desencadeiam um evento como a venda de uma divisão corporativa valiosa para reduzir o valor da empresa quando ela se vê frente a uma tentativa de aquisição indesejada.

Os acionistas não eram os únicos cujos interesses estavam alinhados de modo imperfeito com o dos gerentes. Apesar de um período de redução (jargão corporativo para demissões), que — principalmente depois da conquista dos conglomerados no final dos anos 1980 — tinha o intuito de acabar com a gestão de excedentes e aumentar a produtividade dos empregados que sobreviveram ao processo de abate, a proporção do salário do CEO em relação ao dos funcionários também disparou (figura 24).

A ênfase nos resultados a curto prazo também teve outro efeito autorrealizável: a redução do mandato dos gerentes. Como pode ser visto na figura 25, a média do mandato de um CEO ao longo das últimas décadas caiu de dez para seis anos. Quando se pensa que o salário de um CEO está muito relacionado ao desempenho do preço das ações, a necessidade de

Figura 24. Proporção da remuneração do CEO em relação à dos trabalhadores nos Estados Unidos.[28]

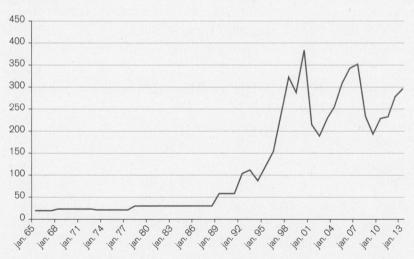

Figura 25. O mandato de um CEO nos Estados Unidos.[29]

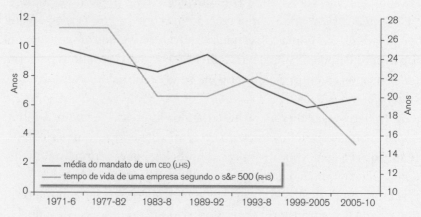

as empresas conseguirem um bom desempenho a curto prazo pode ser vista não como uma pressão por parte de um guardião externo velhaco, mas como uma configuração mutuamente favorável que atende aos interesses de uma pequena elite em detrimento dos demais.

A importância do crescimento do lucro por ação (EPS) como uma medida do sucesso corporativo tornou-se um indicador tanto da MSV quanto do preço da ação. Mas o EPS nem sempre gozou desse status totêmico. Enquanto Samuel Palmisano (presidente da IBM de 2000 a 2011 e CEO de 2002 a 2011) defendia que o principal objetivo da IBM era dobrar seus ganhos por ação ao longo dos cinco anos subsequentes, meio século antes, em 1968, Tom Watson Jr. (presidente da IBM de 1952 a 1971) sustentava que as três prioridades principais da IBM eram: (1) respeito pelos empregados, (2) comprometimento com o serviço ao cliente e (3) atingir excelência. Embora sejam anedóticos, os dois pronunciamentos feitos por dois diferentes CEOS da IBM em momentos distintos ilustram como as prioridades evoluíram.

O pronunciamento de Palmisano reflete o que a maior parte dos CEOS corporativos repetiria a seus investidores hoje em dia. Essa medida do desempenho de uma empresa resume-se a dois componentes principais: os ganhos e o número de ações. O primeiro, os ganhos, é resultado das contas de lucros e perdas de uma firma. É, notoriamente, vulnerável à manipulação. Ganhos são, na maior parte dos casos,

A FINANCEIRIZAÇÃO DA ECONOMIA REAL

calculados de acordo com os "princípios contábeis geralmente aceitos" (*Generally Agreed Accounting Principles*, Gaap), o quadro de padrões, regras e convenções amplamente aceito e utilizado pelos contadores para elaborar relatórios financeiros. Contudo, dentro do Gaap há um escopo para ajustar os ganhos e levar em conta itens excepcionais (que devem ser declarados, mas que não podem se repetir por muitos anos), tais como encargos pela reestruturação da empresa, e itens extraordinários (eventos isolados que não precisam ser declarados), como prejuízos causados por furacões. Portanto, os gerentes têm certa margem para manipular os ganhos. Mais do que isso, os ganhos são fundamentalmente determinados pelos lucros operacionais da empresa, que, por sua vez, são os produtos do crescimento das vendas e das margens de lucros.

O número de ações em circulação é menos suscetível à manipulação contábil, mas atitudes corporativas podem, de fato, influenciá-la: por exemplo, concedendo a CEOs e gerentes ações e opções de ações como compensação, e mediante a recompra de ações. Um delicado equilíbrio deve ser atingido. Conceder ações como forma de recompensa a gerentes que façam parte de seu pacote de remuneração reduz o crescimento do EPS. A recompra de ações pode aumentar o EPS, desde que o custo não compense os ganhos da redução das ações emitidas.

O crescimento das vendas e a melhora das margens de lucro, os dois componentes do aumento dos ganhos, são influenciados positivamente pelo investimento, seja em maquinários e equipamentos (gastos de capital) ou P&D. Gerentes corporativos adoram contar histórias de investimentos; mas há outra forma, mais rápida e previsível, de melhorar as margens, sobre a qual os gerentes não falam tanto: o corte de gastos. É um processo que as empresas adotaram — em detrimento do investimento.

A figura 26 mostra como os investimentos corporativos nos Estados Unidos encontram-se atualmente em seu mais baixo nível nos últimos sessenta anos, um fenômeno surpreendente e perturbador.

Ao mesmo tempo, como discutimos no capítulo anterior, a dissociação da produtividade média e dos ganhos significa que a parcela total do valor adicionado destinado aos assalariados também diminui de modo constante.

229

Figura 26. Investimentos corporativos como porcentagem do PIB dos Estados Unidos.[30]

William Lazonick, o cronista das recompras de ações, definiu essas duas tendências, quando tomadas em conjunto, como uma mudança de um modelo de "reter e investir" para um de "reduzir e distribuir". A primeira estratégia — "reter e investir" — usa as finanças apenas para estabelecer uma empresa e dar início à produção. Uma vez que lucros estão sendo obtidos, é provável que os empréstimos sejam, ao menos em parte, pagos, pois a retenção de lucros é uma maneira barata de financiar o próximo ciclo de produção e investimentos para que haja uma ampliação da participação no mercado. A segunda estratégia — "reduzir e distribuir" — é totalmente diferente e vê as empresas como meras máquinas de fazer dinheiro, cujas unidades menos rentáveis devem ser vendidas. O lucro resultante é, então, distribuído entre gerentes e proprietários, em vez de entre outros elementos, como os funcionários, que também contribuíram para o negócio. O resultado pode dificultar o crescimento da empresa e até reduzir a força de trabalho — "redução". Porém, se os acionistas estão felizes, a estratégia é justificada.

Uma maneira de testar se a ideia de "reduzir e distribuir" é uma estratégia corporativa necessária é comparar empresas públicas e privadas. A figura 27 demonstra que em vários critérios básicos, tamanho, vendas, crescimento e retorno sobre ativos (ROA), as organizações privadas parecem investir mais do que as públicas.

Figura 27. Taxas de investimento de empresas privadas versus empresas públicas (porcentagem total de ativos).[31]

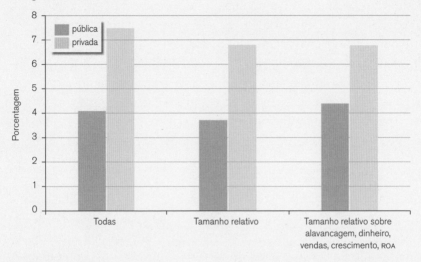

Figura 28. Rentabilidade de empresas de capital aberto que não fazem parte do setor financeiro (GMO).[32]

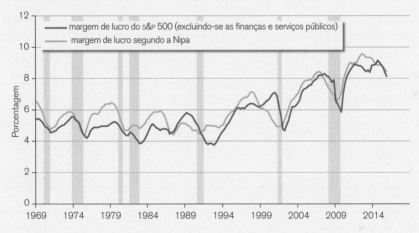

Poderíamos dizer que empresas de capital aberto são menos rentáveis e, portanto, possuem menos dinheiro para investir. Contudo, isso não parece ser verdade. A figura 28 ilustra que há pouca diferença entre as margens de lucro das maiores empresas americanas de capital aberto (o S&P 500) e a daquelas firmas americanas derivadas da Contabilidade

Nacional de Receitas e Produção (Nipa, em inglês), compiladas pelo Escritório de Análises Econômicas, que faz parte do Departamento de Comércio dos Estados Unidos. O gráfico mostra claramente um crescimento constante da rentabilidade ao longo de 45 anos, culminando com picos recordes nos últimos anos: verdadeiramente "lucros sem prosperidade". Em outras palavras, o problema do principal agente não tem de resultar em queda de investimento nem em curto prazismo.

Então, se as margens são altas, mas os investimentos são baixos, o que as empresas fizeram com seus lucros? O rastro do dinheiro nos leva diretamente para os acionistas. Como pode ser visto na figura 29, as corporações devolveram, em grande medida, os lucros aos acionistas na forma de dividendos e recompra de ações. Com uma média de 10% a 20% nos anos 1970, a porcentagem de fluxo de caixa devolvida aos acionistas manteve-se acima de 30%, e algumas vezes foi substancialmente superior do que na maior parte dos últimos trinta anos, embora tenha caído durante a expansão tecnológica no início dos anos 1990, quando as empresas estavam investindo.

O que resulta das evidências apresentadas até o momento é que, exatamente como ocorre com as finanças, a financeirização do setor

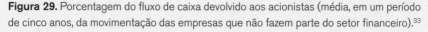

Figura 29. Porcentagem do fluxo de caixa devolvido aos acionistas (média, em um período de cinco anos, da movimentação das empresas que não fazem parte do setor financeiro).[33]

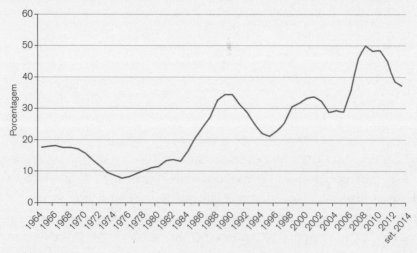

produtivo extrai valor — de maneira objetiva, renda. Mas não apenas no setor produtivo. Nos últimos anos uma ampla gama de negócios no Reino Unido, desde provedores de serviços sociais, como lares para idosos, a serviços públicos, como o abastecimento de água — que antes eram considerados investimentos seguros e desinteressantes —, foi submetida a engenharias financeiras por parte de seus novos donos, frequentemente firmas de private equity. O resultado é uma transformação de bens públicos em bens privados.

A financeirização possui braços longos; alcança tanto a sociedade quanto a economia, e apesar das alegações de que sua invasão na economia produtiva é a solução para questões como ganhos médios, habilidades e desigualdade, as evidências não são encorajadoras. Como pontuou John Bogle: "O 0,01% das famílias mais ricas dos Estados Unidos (150 mil em números), por exemplo, atualmente recebe 10% de toda a receita auferida pelas 150 milhões de famílias restantes, três vezes a parcela de 3% ou 4% que prevaleceu de 1945 a 1980. Não é nenhum segredo que cerca de 35 mil dessas famílias fizeram sua fortuna em Wall Street".[34]

Da maximização do valor do acionista ao valor do stakeholder

A ideologia do valor do acionista baseia-se no fato de os acionistas serem os "requerentes residuais" (residual claimants). Eles são aqueles que mais assumem os riscos, sem qualquer garantia de taxa de retorno. Friedman resumiu o ponto de vista clássico das firmas empreendedoras como em luta eterna para se manter em funcionamento em um mercado turbulento (ao mesmo tempo em que faz alusão à tentação de escapar desse mercado, subvertendo-o) e definiu a finalidade de uma empresa como sendo a de "usar seus recursos e se envolver em atividades elaboradas para aumentar as rendas desde que se mantenha dentro das regras do jogo, o que significa envolver-se em uma concorrência aberta e livre, sem artimanha ou fraude".[35]

No entanto, uma verdade mais complicada do que a primazia dos acionistas consiste no fato de que a criação de riqueza é um processo coletivo. Afinal, por mais importantes que sejam os acionistas, é difícil imaginar uma empresa sendo bem-sucedida sem o envolvimento de vários grupos, incluindo funcionários, fornecedores, distribuidores, a comunidade mais ampla onde se encontram as instalações das empresas e suas sedes, e mesmo o governo municipal e federal. Além disso, é errado pressupor que esses grupos têm um retorno garantido, ao passo que os acionistas estão empacados no fim da fila. De fato, como veremos no próximo capítulo, os governos que realizam investimentos arriscados em novas tecnologias e em pesquisa básica — que depois serão adotados por empresas que relutavam em assumir riscos iniciais tão elevados — não possuem nenhuma garantia de retorno.

Reconhecer a natureza coletiva da criação de valor leva-nos da visão dos acionistas para a dos stakeholders. Enquanto a MSV resume-se a uma avaliação de medida única — o preço da ação —, um argumento oposto é que as corporações devem se concentrar na maximização do *valor* do stakeholder: criando a maior quantidade de valor possível para todos os stakeholders e considerando qualquer decisão como um equilíbrio entre os interesses e concessões na busca por aquele objetivo — algo que, dada a complexidade de muitas das decisões corporativas, está longe de ser uma tarefa fácil. A acusação que lançam os partidários do valor dos stakeholders contra a MSV afirma que "a busca por ganhos para acionistas em detrimento de outros investidores [é] uma busca que, em última instância, destrói tanto o valor do acionista quanto o do investidor".[36] Até Jack Welch, cujos vinte anos como CEO da General Electric foram, muitas vezes, aclamados como um triunfo da abordagem da MSV, discordou disso quando, em 2009, citou clientes, funcionários e produtos como os pontos principais para aquele sucesso, denunciando o valor do acionista como "a ideia mais idiota do mundo".

A teoria de negócios do investidor é mais do que uma teoria de como administrar melhor uma empresa; tem também implicações sociais e econômicas de longo alcance. E responde de maneira muito distinta dos proponentes da MSV à pergunta: "O que faz com que uma empresa seja bem-sucedida?". Em flagrante contraste com Friedman e Michael Jensen, que defendiam veementemente que o sucesso de

A FINANCEIRIZAÇÃO DA ECONOMIA REAL

uma empresa depende apenas da maximização do lucro, o ponto de vista dos stakeholders enfatiza os relacionamentos sociais entre gerentes e funcionários, entre a empresa e a comunidade, a qualidade dos produtos fabricados etc. Esses relacionamentos dão à firma objetivos tanto sociais quanto financeiros. Juntos, podem criar uma "vantagem competitiva" mais sustentável. E como valor é criado coletivamente, por meio dos investimentos de recursos de uma série de atores, também deve ser distribuído de modo mais coletivo — não apenas para os acionistas.

Em contraste com a MSV e seu objetivo de maximizar os lucros a curto prazo e da marginalização do capital humano e de P&D, o valor dos stakeholders vê as pessoas não apenas como insumos, mas colaboradores fundamentais que precisam ser estimulados. Dessa maneira, a confiança — crucial para qualquer empresa — desenvolve-se, então, entre funcionários e gerentes, em um processo que reconhece a função vital dos trabalhadores na criação de valor. Investir nas pessoas é um reconhecimento de que os funcionários adicionam valor.

Vimos como o curto prazismo distorce as finanças, tornando-as mais especulativas. A compreensão de valor por parte dos investidores denota um tipo de finança bastante diferente: mais "paciente" e que apoia os investimentos de longo prazo necessários. Em alguns países, isso é conseguido por meio dos bancos estatais, como o Kreditanstalt für Wiederaufbau (KfW), na Alemanha. O KfW esteve intimamente ligado à recuperação da Alemanha, bem como a seu crescimento econômico, no pós-guerra, emprestando mais de 1 trilhão de euros desde sua fundação, em 1948.[37] A maior parte dos países que possuem bancos estatais tende a seguir o modelo de gestão corporativa do stakeholder — por exemplo, tendo funcionários que fazem parte da diretoria da empresa.

Claro que nenhuma forma de gestão corporativa é perfeita — como o recente escândalo "dieselgate", envolvendo a Volkswagen, deixou claro. A montadora automobilística ostentava inúmeros atributos que os defensores da teoria da agência acreditam ser úteis para investimentos prudentes e práticas honestas, ampliando a base acionista e estendendo seus interesses para além do lucro a curto prazo. Trabalhadores alemães, que teriam pouco a ganhar enganando consumi-

O VALOR DE TUDO

dores americanos, tinham voz ativa nos assuntos da empresa. Uma holding familiar, um estado alemão e um fundo soberano do Oriente Médio controlam 90% dos votos dos acionistas. Todos são investidores de longa data. A empresa tinha uma reputação entre clientes e especialistas do setor pela excelência de engenharia. Não parecia o tipo de organização que se envolveria em sérios apuros.

Mas aconteceu. A Volkswagen, intencionalmente, criou um sistema para reduzir as emissões durante os testes, mas não durante a condução dos veículos, e pagou multas de 20 bilhões de dólares e, por conseguinte, perdeu aproximadamente 100 bilhões de dólares em capitalização na Bolsa de Valores. Meio século antes, a Ford incorreu em um prejuízo financeiro e reputacional semelhante quando altos gerentes, de maneira bastante deliberada, calcularam que o custo para consertar um falha mortal em seu modelo Pinto excedia o pagamento de uma compensação aos clientes que sofressem um acidente fatal.[38] No caso da Volkswagen, uma falha de projeto oculta (potencialmente tão prejudicial para a saúde) surgiu menos de um cálculo cínico daqueles que ocupavam postos mais altos da empresa do que das pressões em subordinados para fomentar rendimentos financeiros. O problema parece ter sido uma cultura de competição e medo que levou alguns engenheiros a adotarem medidas desesperadas para aumentar as vendas e muitos outros a se manterem calados acerca do que sabiam ser um engodo. Havia, nos cargos mais altos, um pensamento de longo prazo — mas apenas em relação ao aumento da participação no mercado, não a respeito da reputação. A mensagem velada, porém clara, aos empregados que poderiam ter se recusado a participar do estratagema era que não conseguir passar nos testes de emissão de gases era inaceitável, então era preferível trapacear do que reconhecer o fracasso. Em suma, o escândalo da Volkswagen nos mostra que estruturas e regras de gestão corporativa dificilmente funcionam sem que os valores corporativos estejam alinhados com os valores públicos (um conceito que abordaremos no capítulo 8).

Conclusão

Recompensas estratosféricas para os poucos sortudos ampliaram as divisões sociais e fizeram com que a desigualdade crescesse em grande parte do mundo ocidental, em especial nos Estados Unidos, o lar da financeirização.

Essa situação pode ser — e é — atacada do ponto de vista moral. A desigualdade revela o que pensamos a respeito de milhões de seres humanos. Contudo, a questão econômica da extração de valor não é normativa. Como vimos, em uma economia capitalista alguma renda é necessária: há um preço inevitável a ser pago para manter a circulação de capital dentro do sistema econômico. Mas a escala do setor financeiro e da financeirização em geral aumentou a extração de valor a um ponto em que duas questões fundamentais devem ser respondidas: onde o valor é criado, extraído e até destruído? E como é possível conduzir a economia para longe da financeirização excessiva e em direção a uma verdadeira criação de valor? Propostas como taxar receitas muito elevadas e o acúmulo de valor podem tratar alguns dos sintomas do financiamento excessivo. No entanto, elas não tratam as causas, que estão enraizadas profundamente em um sistema de extração de valor que cresceu ao longo dos últimos quarenta anos.

Se o objetivo é o crescimento a longo prazo, o setor privado deve ser recompensado por tomar decisões que visem o longo prazo em detrimento do curto prazo. Enquanto algumas empresas podem se concentrar em impulsionar o preço de suas ações por meio da recompra, buscando aumentar os preços e, consequentemente, as opções de ações (pelas quais os pagamentos dos executivos são feitos), outras podem adotar investimentos difíceis para aumentar o treinamento de que os funcionários precisam, introduzir tecnologias novas e arriscadas e investir em P&D, o que pode acabar levando, com o tempo, e com sorte, a uma tecnologia nova, ainda que o mais provável seja que não leve a lugar nenhum. As empresas poderiam ser recompensadas por fazer mais do primeiro e menos do segundo.

Os salários dos executivos devem ser mantidos sob controle. Para tanto, deve-se entender que existem muitos outros interessados que

O VALOR DE TUDO

são fundamentais para a criação de valor, de funcionários e do Estado até movimentos da sociedade civil. O reinvestimento dos lucros na economia real — em vez de acumulá-los ou utilizá-los para a recompra de ações — deve ser uma condição integrada a qualquer tipo de apoio estatal, seja por meio de subsídios ou empréstimos e concessões do governo.

A acadêmica britânico-venezuelana Carlota Perez defende que a dissociação das finanças da economia real não é "natural", mas um artefato de desregulamentação e excesso de crença no poder dos livres mercados. Seu trabalho inovador identificou, em toda revolução tecnológica, um padrão de intensa financeirização seguido de sua reversão.[39] Ela mostra que as primeiras décadas de cada uma das cinco revoluções ocorridas até o presente momento (desde a máquina a vapor até a revolução de TI) foram épocas de obsessão financeira e aumento da desigualdade. Mas após a explosão da bolha financeira, e entre a recessão e as agitações sociais que se seguiram, os governos tendem a assumir as rédeas das finanças e a promover um período que favorece a expansão da produção, beneficiando a sociedade de maneira mais ampla e fazendo com que as finanças sirvam a seu verdadeiro propósito. Mas se, e quando, o governo não intervir e não desempenhar sua função, a financeirização pode não ter fim.[40]

O capítulo seguinte volta-se para o mundo da inovação, uma arena glamorosa de inventores inspirados e empreendedores destemidos onde a "criação de riqueza" não é tudo o que diz ser.

7
Extraindo valor pela economia de inovação

Em primeiro lugar, só invista em empresas que têm o potencial de devolver o valor integral do fundo.

Peter Thiel, *De zero a um: O que aprender sobre empreendedorismo com o Vale do Silício* (2014)[1]

Histórias sobre criação de valor

EPICENTRO DE UMA REVOLUÇÃO TECNOLÓGICA ainda em andamento, o Vale do Silício é o distrito industrial mais dinâmico do mundo para start-ups de alta tecnologia. Desde os anos 1980, transformou milhares de fundadores, funcionários de primeira hora, executivos e investidores de alto risco em milionários — e uma parte significativa deles em bilionários também. A engenhosidade dessas pessoas tem sido instrumental para as mudanças em como nos comunicamos, como realizamos negócios e como vivemos nossa vida. Seus produtos e serviços sintetizam nossa atual ideia de progresso.

Os empreendedores do Vale do Silício são frequentemente vistos como heroicos benfeitores. De fato, a missão declarada do Google é: *Não faça o mal.* Em abril de 2016, uma capa da revista *The Economist* apresentou o fundador do Facebook, Mark Zuckerberg, vestido como um imperador romano, sob a manchete "Ambição imperial". Ao mesmo tempo, a inovação é vista como a nova força do capitalismo moderno, não apenas no Vale do Silício, mas globalmente. Frases como "nova economia", "economia de inovação", "sociedade da informação" ou "crescimento inteligente" encapsulam a ideia de que são os empreendedores, os visionários de garagem armados e suas patentes, que provocam a "destruição criativa" pela qual virão os empregos do futuro. Somos instados a dar boas-vindas a coisas como Uber e Airbnb, pois são forças de renovação que varrem para longe os velhos incumbentes, sejam os táxis pretos de Londres ou cadeias hoteleiras "jurássicas", como o Hilton.

O sucesso de algumas dessas empresas tem sido extraordinário. A fatia do Google no mercado global de mecanismos de buscas ultrapassa os 80%,[2] e apenas cinco companhias americanas (Google, Microsoft, Amazon, Facebook e IBM) detêm a maior parte do banco de dados do mundo — a Baidu, da China, é a única companhia estrangeira que se aproxima disso. Essa cota de mercado também resulta em fortunas imensas: em 2017, o montante de rendimentos da Apple superou os 250 bilhões de dólares.

Alega-se que os lucros enormes dessas empresas, bem como o domínio que exercem em seus respectivos mercados, se justificam em termos do valor que elas criam: tamanhos lucros e tal hegemonia são apenas o reflexo de seu imenso poder de criação de riqueza. Similarmente, grandes companhias farmacêuticas têm justificado o enorme aumento nos preços de medicamentos — tratamentos para doenças como hepatite C chegam a custar 1 milhão de dólares — por meio de narrativas que versam sobre sua capacidade extraordinária de inovação e os custos associados, ou — quando tais custos se revelam inflados e/ou bancados, na verdade, pelos contribuintes —, pela noção de preço baseado no "valor".

Este capítulo lança um olhar crítico à economia de inovação e às histórias que a circundam. Explora como as narrativas dominantes sobre inovadores e sobre as razões de seu sucesso ignoram fundamentalmente o processo coletivo e cumulativo por trás da inovação. A incapacidade em reconhecer tais processos tem levado a uma distribuição problemática das recompensas da inovação e a políticas que, em nome da inovação, têm habilitado algumas poucas empresas a extrair valor da economia.

A extração de valor numa economia de inovação ocorre de várias formas. Primeiro, no modo como o setor financeiro — em particular o capital de risco e o mercado de ações — interage com o processo de criação de tecnologia. Segundo, na forma como o sistema de direito de propriedade intelectual (DPI) tem evoluído: um sistema que, agora, permite não apenas que os produtos, mas também as ferramentas utilizadas na pesquisa, sejam patenteados, limitando seu uso e criando, dessa forma, o que o economista William J. Baumol chamou de "empreendedorismo improdutivo". Em terceiro lugar, no modo como os preços de produtos inovadores não refletem a contribuição coletiva dada aos produtos em questão, em campos tão diversos como saúde, energia e banda larga. E, por último, por meio da dinâmica de rede característica das tecnologias modernas, onde a supremacia dos primeiros agentes numa determinada área permite que grandes empresas garantam vantagens monopolísticas em economias de escala, levando em conta o fato de que os clientes que se utilizam da rede acabam aprisionados (considerando desvantajoso ou complicado demais mudar de serviço). Este capítulo argumentará que a forma mais moderna de economia de conhecimento do século XXI dá-se pelo modo como, na economia de inovação, os riscos são socializados, ao passo que as recompensas são privatizadas.

De onde vem a inovação?

Antes de analisar essas quatro áreas da extração de valor, quero considerar três características-chave dos processos de inovação. Inovação raras vezes acontece em isolamento, sendo, por natureza, profundamente cumulativa: hoje, a inovação é muitas vezes resultado de investimentos preexistentes. Além disso, inovação é algo coletivo, dado a longos períodos de espera: o que pode surgir como uma descoberta radical hoje é, na verdade, fruto de décadas de trabalho duro realizado por diferentes pesquisadores. É algo também profundamente incerto, posto que a maioria das tentativas de inovação fracassa e muitos resultados são inesperados. (O Viagra, por exemplo, foi desenvolvido inicialmente para problemas do coração.)

(I) INOVAÇÃO CUMULATIVA

Se há uma coisa sobre a qual economistas concordam (e não há muitas) é que as mudanças tecnológicas e organizacionais são as principais fontes de criação de riqueza e crescimento econômico a longo prazo. Investimentos em ciência, tecnologia, capacitação e novas formas organizacionais de produção (tal como a ênfase de Adam Smith na divisão do trabalho) estimulam a produtividade e o crescimento do PIB a longo prazo. Partindo da contribuição de Marx, que sublinhou o papel da mudança tecnológica no capitalismo, Joseph Schumpeter (1883-1950) é, provavelmente, o economista que mais enfatizou a importância da inovação no capitalismo. Ele inventou o termo "destruição criativa" para descrever o modo como inovações de produto (novos produtos substituindo velhos) e inovações de processo (novos modos de organizar a produção e a distribuição de bens e serviços) provocaram um processo dinâmico de renovação, mas também um processo de destruição, pelo qual velhos hábitos saíram de cena, levando muitas empresas à falência. Schumpeter era particularmente fascinado pelas "ondas" de inovações, que, segundo ele, ocorriam mais ou menos a cada trinta anos. Enquanto o interesse de Marx pela mudança tecnológica o levou a olhar para as crises que o capitalismo atravessaria devido ao efeito da inovação na habilidade do capital de criar mais-valia (ou, para colocar de outra forma, se as máquinas substituírem a mão de obra, como a exploração da mão de obra — a fonte dos lucros — ocorrerá?), economistas posteriores focaram sobretudo no aspecto positivo da inovação que Schumpeter havia destacado: seu papel no crescimento da capacidade produtiva das economias nacionais.

Em 1987, Roberto Solow, professor do Instituto de Tecnologia de Massachusetts, venceu o prêmio Nobel de economia por demonstrar que melhorias no uso da tecnologia explicavam mais de 80% do crescimento econômico. No rastro de muitos que antes dele haviam lido Schumpeter, Solow defendeu que a teoria econômica precisava entender melhor como descrever a mudança tecnológica.[3] Praticando o que defendiam, investigaram quais forças conduzem a mudança tecnológica. No entanto, de onde vem a inovação? De empreendedores solitários, trabalhando em garagens, de cientistas geniais tendo um momento "Eureca!" no laboratório, dos pequenos negócios heroicos e dos investidores de risco lutando contra probabilidades comerciais? Nada disso: chegaram à conclusão de que, na verdade, inovações são muito mais o fruto de investimentos de longo prazo que se apoiam uns nos outros ao longo dos anos.

Para citar um exemplo óbvio: a inovação dos computadores pessoais (PCs, na sigla em inglês), que substituíram os pesados processadores, aconteceu décadas depois das inovações relacionadas aos semicondutores, à capacidade de memória e à própria máquina (reduzindo o tamanho dos processadores em unidades muito menores). Empresas individuais como a IBM foram fundamentais para a introdução dos PCs no fim dos anos 1970 e nos anos 1980. Mas haveria pouca inovação sem a contribuição de outros atores para aquele demorado processo, tal como o investimento do governo americano na pesquisa sobre semicondutores e aquisição de energia nos anos 1950 e 1960. Ou, mais tarde, os investimentos feitos pelo governo americano na internet, ou aqueles feitos por companhias como Xerox Parc — ela própria uma beneficiária de grandes quantidades de fundos públicos — no desenvolvimento da interface gráfica de usuário, da qual Steve Jobs mais tarde fez uso no primeiro Macintosh da Apple, Lisa.

(II) INOVAÇÃO INCERTA

Inovação é algo incerto, no sentido de que a maioria das tentativas de inovar fracassa. Também pode levar muito tempo: décadas podem se passar desde a concepção de uma ideia até sua realização e comercialização. Os tipos, fontes e magnitude dos riscos variam, dependendo das tecnologias, setores e inovações. Riscos tecnológicos, por exemplo, podem aumentar pela complexidade do alvo (como viajar para a Lua, resolver o problema das mudanças climáticas) ou pela escassez de conhecimento dentro das organizações envolvidas.[4] Quanto maior o tempo necessário para elaborar certas soluções, maior a chance de um competidor chegar ao mercado primeiro, estabelecendo o que agora são conhecidas como "vantagens do pioneiro". Riscos adicionais que jogam contra a recuperação do investimento inicial ou a viabilidade do negócio incluem efeitos de transbordamento (um evento trazido à tona por outro evento aparentemente sem relação, em outro lugar); a ausência de demanda pelos produtos mesmo quando eles chegam ao mercado; exposição dos investidores a problemas relacionados à mão de obra e a impostos; e condições econômicas mutáveis. Todas essas são razões que explicam por que um apetite pelo risco — tanto no setor público quanto no setor privado envolvido com inovação — é essencial.

No entanto, contrariando a imagem predominante do empreendedor destemido, em muitos casos, os empresários não querem correr riscos. Esse é o caso especialmente em áreas que necessitam de muito capital e onde os riscos tecnológicos e de mercado são altos — o setor farmacêutico, por exemplo, e setores em seus estágios iniciais, da internet à biotecnologia e à nanotecnologia. Nesse ponto o setor público pode agir e, de fato, age — ali onde o investimento privado não se arrisca — de modo a prover financiamentos de longo prazo essenciais.

(III) INOVAÇÃO COLETIVA

Compreender tanto o papel do setor público — oferecendo financiamento estratégico — quanto a contribuição de funcionários dentro das empresas significa compreender que inovação é algo coletivo: as interações entre pessoas diferentes, em diversos papéis e setores (privado, público e terceiro setor), são a parte crítica do processo. Aqueles que podem ser vistos como empreendedores solitários, na verdade, beneficiam-se tanto de empreendedores anteriores e contribuintes que, conforme veremos, ajudam a patrocinar a infraestrutura subjacente, bem como as tecnologias nas quais a inovação se apoia.

Esses processos são evidentes nas tecnologias que sustentam alguns dos produtos mais ubíquos dos dias de hoje: o iPhone, por exemplo, depende de tecnologia de smartphone financiada com fundos públicos; do mesmo modo, a internet e a Siri foram financiadas pela Agência de Projetos de Pesquisa Avançada em Defesa (Darpa, na

EXTRAINDO VALOR PELA ECONOMIA DE INOVAÇÃO

sigla em inglês), do Departamento de Defesa dos Estados Unidos; o GPS, pela Marinha americana; e a tela sensível ao toque, pela CIA. No setor farmacêutico, estudos demonstram que dois terços das pesquisas relacionadas às drogas mais inovadoras (novas entidades moleculares com classificação de prioridade) remontam a financiamentos concedidos pelo Instituto Nacional de Saúde dos Estados Unidos. Ao mesmo tempo, alguns dos maiores avanços em energia — desde energia nuclear à solar e à extração de combustíveis fósseis pela técnica de *fracking* — foram financiados pelo Departamento de Energia americano, incluindo inovações em armazenamentos de bateria pela Agência de Projetos de Pesquisa Avançada em Energia (Arpa-E, irmã da Darpa). Bill Gates, CEO da Microsoft,[5] e Eric Schmidt, presidente executivo da Alphabet (empresa controladora do Google),[6] escreveram recentemente sobre os imensos benefícios que suas companhias receberam dos investimentos públicos: assim como a internet e o código HTML, criado no Cern, um laboratório público europeu, o próprio algoritmo do Google foi financiado por um subsídio da Fundação Nacional de Ciência.

O papel coletivo da inovação pode ser visto não apenas na cooperação entre o público e o privado, mas também no papel desempenhado pelos trabalhadores. Países que encaram a governança corporativa de uma perspectiva de stakeholder, muitos dos quais se encontram no norte da Europa, tendem a envolver os trabalhadores mais diretamente no processo de inovação e a treiná-los em programas vocacionais muito bem desenvolvidos: investe-se mais pesadamente nas habilidades dos trabalhadores, de modo que eles contribuem mais; logo, têm mais acesso às recompensas geradas pelo próprio trabalho. Quando os representantes dos sindicatos têm vaga na diretoria das empresas, eles tendem a lutar para que qualquer sacrifício nos salários seja compensado por investimentos maiores em áreas que, no fim, criam mais e melhores empregos. Além disso, países com economias voltadas para o stakeholder tendem a adotar os tipos de colaborações entre público e privado que são necessárias para criação de valor: a força do setor manufatureiro alemão, por exemplo, está intimamente relacionada aos fortes vínculos entre a ciência e a indústria, alimentados por organizações público-privadas, como os Fraunhofer Institutes alemães.[7]

O VALOR DE TUDO

Uma melhor compreensão da natureza incerta, coletiva e cumulativa da inovação é útil para entender tanto a criação de valor, como indicado anteriormente, quanto a extração de valor. Há quatro modos essenciais pelos quais a extração de valor se dá numa economia de inovação. O primeiro encontra-se na interação da economia com os mercados financeiros.

O financiamento da inovação

Dado o longo e cumulativo processo de inovação, é fundamental compreender quais atores entram no processo de inovação, como eles o fazem e a que altura. Na figura 30 podemos ver como os retornos financeiros da inovação evoluem através do processo de inovação. No estágio inicial, os retornos são baixos devido aos riscos muito altos; em seguida, caso a inovação se mostre bem-sucedida, o retorno aumenta, muitas vezes exponencialmente, até se estabilizar. Esse processo cumulativo é exposto através de uma distribuição cumulativa (figura 30). Mas também é verdade que quem faz o quê muda nesse período. Num primeiro momento, muitas vezes são agências públicas de pesquisa e desenvolvimento ou universidades que financiam a base científica, e somente quando a inovação está perto de ter uma aplicação comercial é que atores privados entram em cena. Agências públicas de pesquisa e desenvolvimento incluem organizações como Darpa e Arpa-E, e até mesmo fontes públicas de capital inicial para empresas inovadoras tendem a preceder o capital de risco privado. Tais fontes incluem fundos públicos de capital de risco (como o Yozma, no governo israelense); o financiamento de pequenas empresas ligadas a programas de compra pública (como o Programa de Inovação em Pequenas Empresas nos Estados Unidos); ou através de fundos de inovação ligados a bancos públicos, como o Banco Europeu de Investimento, o kfw na Alemanha ou o Banco de Desenvolvimento da China. As evidências mostram que, somente depois de os fundos públicos de "capital paciente" de alto risco terem sido investidos, é que fundos financeiros privados mais avessos ao risco entram em jogo, como capital de risco privado.[8]

246

Figura 30. Retorno cumulativo da inovação.

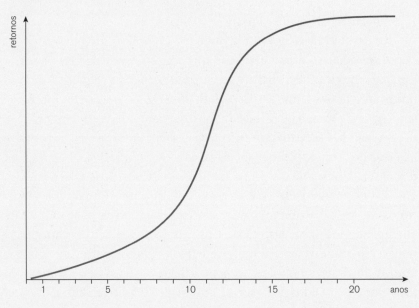

No caso dos investidores de risco, sua verdadeira genialidade parece estar no timing: na capacidade de adentrar determinado setor em um momento mais adiante, quando os maiores riscos de desenvolvimento já foram superados, mas ainda a tempo do golpe de mestre. Enquanto muitos desses investimentos fracassam, os poucos que obtêm sucesso podem garantir ao fundo de investimento em questão uma fortuna, como no caso de sucesso da empresa de capital de risco Kleiner Perkins. Em 1976, a Kleiner Perkins investiu 100 mil dólares na empresa de biotecnologia Genentech, que, quatro anos depois, na sua oferta pública inicial no mercado de ações, foi avaliada em 300 milhões de dólares. Em 2009, a Genentech foi adquirida por uma empresa de saúde sediada na Suíça, a Roche, por 47 bilhões de dólares, rendendo uma fortuna para os investidores. Da mesma forma, o investimento de 500 mil dólares de Peter Theil no Facebook em 2004, que lhe valeu 10,2% de participação na empresa, rendeu-lhe 1 bilhão de libras quando vendeu a maioria de suas ações, em 2012. Esses investidores iniciais são, sem dúvida, cruciais para o processo

O VALOR DE TUDO

de inovação. A questão crítica aqui é: suas recompensas são proporcionais aos riscos que assumem?

Nos casos em que os fundos públicos fizeram os investimentos arriscados iniciais — o capital de risco privado entrando apenas no ponto em que o investimento parece ser uma aposta mais segura —, é de se imaginar que esses fundos receberiam uma remuneração adequada por sua ousadia. Mas, na verdade, o oposto é verdadeiro. Nesses casos, a participação da indústria de capital de risco privado nas recompensas é de cerca de 20%, excluindo outras taxas e encargos, ao passo que a cota direta do setor público se aproxima de zero. Considera-se geralmente que o setor público colhe suas recompensas de outras formas, mais indiretas: por meio da tributação ou dos benefícios trazidos por produtos de alta qualidade e baixo custo. Esse é um modo de pensar que não apenas ignora em grande parte os investimentos iniciais arriscados e cruciais feitos pelos fundos públicos, como privilegia desproporcionalmente os investidores privados posteriores, em termos de recompensas.

Vamos examinar isso um pouco mais de perto.

CAPITAL DE RISCO — TIMING É TUDO

A indústria do capital de risco começou nos Estados Unidos em 1946, quando a Corporação Americana de Pesquisa e Desenvolvimento (ARD, na sigla em inglês) foi criada com o intuito de arrecadar fundos de pessoas abastadas e doações de universidades para investir em start-ups empreendedoras no ramo de tecnologia. Logo estava fazendo investimentos de chamar a atenção. Em 1957, a ARD investiu um total de 70 mil dólares na DEC, uma empresa de computadores; nove anos depois, esse mesmo investimento já estava avaliado em 37 milhões de dólares. No entanto, o crescimento da indústria de capital de risco se desenrolou de forma tranquila até a década de 1980, momento em que passa por uma explosão, sob o estímulo dos fundos de pensão.

Desde o início da indústria de capital de risco, os empreendedores e os capitalistas de risco frequentemente surfavam sobre uma onda criada por décadas de investimento governamental. Nos anos 1950,

248

EXTRAINDO VALOR PELA ECONOMIA DE INOVAÇÃO

na esteira da Segunda Guerra Mundial, o investimento do governo em empreendimentos de alta tecnologia cresceu significativamente como parte do complexo militar-industrial, em boa medida devido à Guerra Fria.[9] Antes de se tornar famosa em todo o mundo como "Vale do Silício", nome cunhado em 1971, a região da baía de São Francisco dedicava-se à produção de tecnologia para uso militar ou, a partir dos anos 1960, a desdobramentos de tecnologia militar para propósitos comerciais.[10] A primeira firma oficial de capital de risco no Vale do Silício — Draper, Gaither e Anderson — foi chefiada por dois ex-generais do Exército americano e pelo autor de um relatório secreto destinado ao presidente Eisenhower sobre como os Estados Unidos deveriam responder ao lançamento do Sputnik pela União Soviética.[11]

Grande parte do trabalho para comercializar tecnologia militar foi feita nos laboratórios de pesquisa de empresas estabelecidas de tecnologia de comunicação e informação, como General Electric, Texas Instruments, AT&T, Xerox e IBM. Os funcionários dessas empresas partiram para fundar suas próprias start-ups. A Companhia de Investimento em Pequenos Negócios, criada em 1958 pela Administração de Pequenas Empresas do governo, fundada em 1953, ajudou muitas das start-ups a levantar capital.

O estabelecimento em 1971 da Nasdaq — um novo mercado de ações que não possuía os rigorosos requisitos de listagem da Bolsa de Valores de Nova York — complementava os programas do governo. A criação de um mercado nacional de alta liquidez para títulos corporativos mais especulativos foi importante para levar capitalistas de risco a investirem no setor de TI, confiantes de que havia agora uma rota de saída viável de seus investimentos.[12] Os capitalistas de risco tipicamente procuram se retirar de investimentos num prazo de três a cinco anos, impacientes para fazer um dinheirinho num empreendimento e começar de novo em outro lugar.

Em 1972, a indústria de capital de risco do Vale do Silício começou a se conjugar no número 3000 da Sand Hill Road, em Palo Alto; um ano depois, foi formada a Associação Nacional de Capital de Risco (NVCA, na sigla em inglês). A NVCA rapidamente se tornou um lobby influente. No início dos anos 1980, persuadiu o Congresso a reduzir pela metade

249

O VALOR DE TUDO

as alíquotas do imposto sobre ganhos de capital, argumentando que isso seria um incentivo para um maior investimento por parte do capital de risco. Warren Buffett se tornou um dos principais críticos dessa política, admitindo que ele e a maioria dos investidores não olham para os impostos, mas, sim, para as oportunidades.[13] De fato, a indústria de capital de risco, desde o seu começo, seguiu as oportunidades criadas por investimentos diretos do governo em áreas como internet, biotecnologia, nanotecnologia e tecnologia limpa.

Como vimos no capítulo 5, outro sucesso crucial para a NVCA se deu ao persuadir o governo dos Estados Unidos a relaxar a interpretação da regra de investimento do "homem prudente" (que obriga a manter fundos de pensão fora de investimentos de alto risco), permitindo que gestores de fundos de pensão investissem até 5% dos fundos de pensão em investimentos mais arriscados, como os de capital de risco. Significava que, a partir de 1979, grandes somas saídas da poupança previdenciária dos trabalhadores fluíram para fundos de capital de risco — fundos nos quais os capitalistas de risco normalmente recebiam uma taxa de administração de 2% do volume total e 20% dos lucros como recompensa ("*carried interest*", ou seja, a parte dos lucros que vai para aqueles que gerenciam os fundos), como no caso das participações privadas.[14]

Em 1984, durante um passeio do então presidente francês, François Mitterrand, pelo Vale do Silício, a discrepância entre o otimismo recente dos capitalistas de risco e suas reais conquistas pôde ser observada em uma conversa entre Paul Berg, um dos vencedores do prêmio Nobel de química naquele ano, e Tom Perkins (cofundador da empresa de capital de risco Kleiner-Perkins), que se gabava do papel desempenhado pelo seu setor no campo da biotecnologia. Berg disse: "Onde vocês estavam nos anos 1950 e 1960, quando todo o financiamento tinha de ser feito na ciência básica? A maioria das descobertas que alimentaram [a indústria] foi feita naquela época".[15] Para os capitalistas de risco, no entanto, a perspectiva de lucros assombrosos estava agora à sua frente. Nada resumia melhor esse novo espírito de empreendimento do que a empresa iniciante que lançou ações no mercado naquele mesmo ano: a Apple.[16]

CARA EU GANHO, COROA VOCÊ PERDE

A Apple Computer Company havia sido fundada em uma garagem na Califórnia em 1976. Quando abriu seu capital em 1980, foi a maior oferta pública inicial (OPI) desde a venerável Ford Motor Company, 24 anos antes, em 1956.[17] A Apple se tornou uma lenda da noite para o dia. E abriu um caminho: a OPI tornou-se desde então o rito de passagem para centenas de esperançosas start-ups de alta tecnologia, associada na opinião pública ao sucesso do Vale do Silício — e por boas razões.

Uma OPI é o ponto em que a expectativa e o potencial ficam frente a frente com as realidades do mercado. As OPIS capturam em um momento o valor gerado durante um longo período, capitalizando o potencial de lucro futuro de uma empresa em um preço de mercado. Para o capital de risco, em outras palavras, timing é tudo.

Orquestrando esse momento de alquimia — quando a jornada longa e sinuosa, sempre incerta, geralmente colaborativa, de inovação é cristalizada em dinheiro —, capitalistas de risco, outros investidores, fundadores e funcionários do estágio inicial conseguiram colher recompensas extraordinárias. Naquele momento, o "patrimônio preso" — a soma de toda a engenhosidade, esforço, assunção de riscos, colaboração e persistência destinada ao desenvolvimento da nova ideia — é liberado e repassado aos controladores de fluxo, que podem não ter sido os inovadores originais ou tomadores de risco.

As OPIS são, em primeiro lugar, uma forma de os investidores iniciais conseguirem retirar o seu dinheiro. A própria possibilidade de uma OPI incentiva o investimento — embora deva ser dito que investidores com um olho na porta de saída e outro no relógio podem não ser os ideais para estimular uma empresa a alcançar seu potencial. Em segundo lugar, as OPIS podem levantar novos capitais para a expansão dos negócios, o que se torna valioso em alguns setores, mas menos significativo em outros (como o de software), nos quais o capital mais importante é o humano. Em terceiro lugar, os fundadores podem colher o valor patrimonial de sua engenhosidade e suor, que permaneceu latente na empresa. Quarto, os funcionários, que podem ter sido induzidos a deixar empregos seguros pela promessa de participação em um empreendimento arriscado, podem recolher o valor desse patrimônio — ou pelo menos enxergar a possibilidade de fazê-lo agora que há alguma liquidez no capital da empresa. Essa, de fato, foi a principal motivação para a OPI da Microsoft em 1986, que desde 1982 concedia opções de ações a seus funcionários.[18]

Reafirmando: investimentos nos estágios iniciais de uma empresa são arriscados, e a maior parte fracassará. A volatilidade de retornos para capitais de risco ao longo de ciclos de negócios revela os perigos.[19] Entretanto, muitos capitalistas de riscos viram-se entre os super-ricos como resultado do sucesso de firmas de alta tecnologia no Vale do Silício. Como isso aconteceu? Eles se arriscaram, claro — embora em grande parte com o dinheiro dos outros —, o que merece ser recompensado. Contudo, os retornos vieram do investimento em companhias cujo valor foi criado, em muitos casos, por décadas de investimento público. Quando as apostas de investimento se pagaram numa OPI de sucesso ou numa venda, os capitalistas de risco se beneficiaram desproporcionalmente de suas posições privilegiadas como insiders. Depois, lucraram mais uma vez com um sistema de impostos cada vez mais favorável aos seus ganhos de capital, sistema esse que seu próprio setor trabalhou bastante para moldar.

A alocação de ações durante uma OPI favorece os insiders, incluindo bancos de investimento que subscrevem a transação. Os insiders são incentivados a encorajar o burburinho ao redor da OPI, mantendo os preços baixos e limitando a disponibilidade de ações de modo a estimular a escalada de preços. Enquanto os outsiders se debatem para pôr as mãos nas ações da mais recente e promissora empresa tecnológica, insiders podem vendê-las com grande lucro.[20] É o mais próximo que se pode chegar de uma aposta no estilo "cara eu ganho, coroa você perde".

Tudo isso estava bastante claro já na nascente indústria de microeletrônicos nos anos 1980, um banco de ensaio fértil para a evolução da indústria de capital de risco dos Estados Unidos. Décadas de investimentos no pós-guerra por parte do governo americano fizeram com que novas companhias no setor pudessem criar produtos com potencial de mercado dentro do horizonte temporal que os capitalistas de risco de-

EXTRAINDO VALOR PELA ECONOMIA DE INOVAÇÃO

mandavam. Gradualmente, o modelo do capital de risco migrou para os outros setores emergentes. A indústria de biofarmacêuticos, por exemplo, foi também criada a partir de investimentos maciços do governo americano, dessa vez por meio da Meca do conhecimento em ciências da vida, o Instituto Nacional de Saúde (NIH, na sigla em inglês), desde 1938. Entre 2009 e 2016, o NIH tem gastado uma média de 31,5 bilhões de dólares por ano (em dólares constantes de 2009), duas vezes a média dos anos 1990 e três vezes a média dos anos 1980. Em 2016, a soma totalizou 32,3 bilhões de dólares. Mas no setor biofarmacêutico os ciclos de vida dos produtos são muito mais longos e mais especulativos do que no setor de microeletrônicos: um candidato menos óbvio ao modelo de financiamento do capital de risco, que envolve a retirada dentro de cinco anos.[21] Junto com firmas como Amgen, Genzyme e Biogen, a Genentech (agora parte da Roche) é uma de um número reduzido de companhias biofarmacêuticas a cumprir a promessa de produzir uma droga de sucesso monumental (vendas acima de 1 bilhão de dólares), das quais o setor gerou apenas trinta no total.[22]

Apesar desse histórico irregular, centenas de empresas biofarmacêuticas iniciantes conseguiram obter financiamento através de OPIS, permanecendo operativas por diversos anos, muitas vezes sem o encargo de um produto real. Essas OPIS sem produtos (ou OPISPS) sobrevivem por meio de contratos de pesquisa e desenvolvimento com grandes empresas farmacêuticas e pelo comércio especulativo de suas ações na Nasdaq, fermentado por notícias sobre o possível sucesso — ou fracasso — desse ou daquele novíssimo teste clínico. Se, por um lado, é difícil garantir rendimentos certos a partir do desenvolvimento real de novas drogas de sucesso, por outro há muitas maneiras de lucrar especulando sobre as possibilidades de fazê-lo. Esse histórico pouco notável na criação de produtos bem-sucedidos a partir de investimentos realizados com dinheiro público tampouco impediu que os altos executivos dessas empresas fossem bem recompensados em salários e ações.

É seguro afirmar que os economistas clássicos teriam tido pouco apreço pelo modo como a indústria de capital de risco extrai valor movendo dinheiro de lugar em vez de realmente criar valor: para eles, o objetivo era nutrir a produção de valor em vez de sua simples circulação.

No entanto, os exemplos das fortunas feitas nos anos 1990 e início dos anos 2000 por fundadores, capitalistas de risco, empregados da fase embrionária e altos executivos do boom tecnológico do Vale do Silício tiveram grandes repercussões, redefinindo as normas e expectativas em relação a quanto os líderes nos setores mais estabelecidos deveriam ser pagos. Da mesma forma, as expectativas infladas foram incorporadas ao sistema de patentes e, de forma mais abrangente, aos setores inovadores, como TIC, biotecnologia e produtos farmacêuticos. As patentes, de fato, tornaram-se sinônimo de extração de valor.

Extração de valor patenteado

A segunda maneira fundamental pela qual o valor foi extraído da economia da inovação é a apropriação de rendimentos por meio do sistema de patentes (IPR). No século passado, patentes e ferramentas associadas, como direitos autorais e marcas registradas, deixaram de ser dispositivos de estímulo à inovação para se transformarem em instrumentos para bloqueá-la.

Patentes são proteções concedidas a invenções que são inéditas, inventivas (não óbvias) e adequadas para aplicação industrial. Em teoria, elas protegem o inventor de ter sua ideia copiada. Na prática, no entanto, a maioria das inovações não é patenteada, o que por si só demonstra que as patentes não são realmente necessárias, pois existem outras formas de proteger tais inovações, incluindo os períodos de exclusividade e o sigilo comercial. Um estudo descobriu que, entre 1977 e 2004, apenas 10% das inovações "importantes" foram patenteadas.[23] As patentes tendem a ser concedidas por duas razões, que devem ser mantidas em constante tensão para que o sistema funcione efetivamente. A primeira é recompensar e incentivar os inventores a desenvolver novas ideias, concedendo-lhes um direito de monopólio temporalmente limitado sobre suas invenções,[24] o que se conhece como a *função de apropriabilidade* das patentes. Em troca desse direito de monopólio, o inventor deve revelar informações detalhadas sobre sua invenção. O que nos leva à segunda razão: uma vez que a patente tenha expirado, a invenção pode se difundir rapidamente

EXTRAINDO VALOR PELA ECONOMIA DE INOVAÇÃO

pela economia em um processo conhecido como a *função de divulgação* de patentes. Se o sistema funciona bem, a função de apropriabilidade equilibra-se adequadamente com a função de divulgação, e o público ganha com a rápida difusão desse novo conhecimento na economia.[25]

Por essa perspectiva, patentes devem ser entendidas não como "direitos" de propriedade intelectual no sentido de algo universal ou imutável, mas como um contrato ou acordo baseado em um conjunto de diretrizes. Algo é ofertado (informação sobre a invenção) em troca de algo que se ganha (a capacidade de explorar determinada invenção exclusivamente por um período limitado). Ao equilibrar os benefícios privados com o bem público mais amplo, os responsáveis pela formulação das diretrizes devem fazer concessões. A outorga de patentes pode ajudar a aumentar os incentivos para os inventores, o que, a longo prazo, pode resultar em taxas mais altas de progresso técnico. Mas essas outorgas também aumentam o poder de mercado daqueles que detêm as patentes, resultando em menos "eficiência econômica", durante o tempo em que as patentes estão em vigor, e numa difusão mais lenta do conhecimento.

O propósito original das patentes é a criação de valor. Patentear uma inovação brilhantemente barata e eficaz é uma forma de garantir que o esforço a ela dedicado seja protegido por um período durante o qual ela gere dividendos até que outras pessoas possam copiá-la. Esse período é atualmente de vinte anos. Nem todas as indústrias valem-se de patentes da mesma forma, que tendem a ser menos importantes em áreas como a de software,[26] e mais importantes em setores de base científica, como os farmacêuticos. De fato, há também outras maneiras de manter domínio de mercado, como por meio do sigilo e da chamada "vantagem do pioneiro".

Para entender como as patentes se relacionam com a dinâmica da extração de valor, devemos olhar para o que exatamente está sendo patenteado e para a estrutura das próprias patentes. O domínio atual da narrativa que reza que empreendedores são criadores de riqueza tem, eu afirmaria, deslocado o equilíbrio do sistema de patentes para longe da ênfase na difusão do conhecimento em direção à recompensa privada.[27]

PATENTES PODEM INIBIR A INOVAÇÃO

Atualmente, o "acordo" envolvendo patentes encontra-se desequilibrado, na medida em que o sistema de patentes já não ajuda a economia da inovação, mas a inibe. Mudanças em quatro áreas principais são responsáveis por esse desequilíbrio: o que está sendo patenteado, a duração da proteção de patentes, a facilidade com que as patentes podem ser obtidas e as razões pelas quais se busca a proteção de patente.

Primeiro, desde os anos 1980, o domínio da "patenteabilidade" vem se expandindo nos Estados Unidos. O domínio seguiu "rio acima" (*upstream*): isto é, as patentes não estão mais restritas a "invenções" reais (produtos), incluindo agora "descobertas" (o conhecimento por trás dos produtos). Isso significa que as patentes não estão mais confinadas a invenções com "utilidade prática ou comercial", aplicando-se também a descobertas que ajudam na exploração de futuras possibilidades inovadoras, como procedimentos de diagnóstico, bancos de dados, métodos analíticos ou princípios científicos com alguma potencial aplicação prática. Patentes, em outras palavras, funcionam agora como guardiões impedindo o acesso à base de conhecimento.

Para essa mudança foi fundamental a Lei Bayh-Dole, de 1980, que permitiu que universidades e laboratórios de pesquisa do governo americano detivessem patentes sobre os resultados de pesquisas financiadas com recursos públicos.

O objetivo da Lei Bayh-Dole era fortalecer as interações entre a universidade e a indústria e incentivar a comercialização. No entanto, conceder uma licença exclusiva a uma patente de propriedade da universidade atravanca inovações subsequentes. As empresas devem agora negociar — e pagar — por uma licença antes de entrar no mercado a fim de acessar informações confidenciais que anteriormente estavam disponíveis em publicações.[28] Em vez de incentivar uma melhor transferência de tecnologia — por exemplo, das patentes de células-tronco humanas, propriedade da Universidade de Wisconsin —, o sistema retardou a difusão da tecnologia.[29]

O resto do mundo seguiu o exemplo dos Estados Unidos. Esse licenciamento universitário desafia o tradicional "modelo da ciência aberta",

EXTRAINDO VALOR PELA ECONOMIA DE INOVAÇÃO

no qual os resultados da pesquisa básica eram — como deveriam ser — livres e disponíveis igualmente para todos. Hoje, um modelo mais confidencial e excludente tomou conta, como ilustram as patentes cedidas sob licença pela universidade para mecanismos de pesquisa on-line, como o Google e o Netscape.

Em segundo lugar, mudanças legais estenderam a proteção oferecida pelas patentes: agora, elas podem ser renovadas. Essas mudanças foram produto do persistente lobby realizado, por exemplo, pelas empresas farmacêuticas, cuja pressão resultou na Lei Hatch-Waxman, de 1984, que, além de pôr em movimento a indústria de genéricos (contornando certas regulamentações da FDA), resultou também na extensão da vida das patentes para medicamentos de marca. E, desde então, a lei foi manipulada por advogados da indústria para estender ainda mais as patentes.[30] Existe um paralelo aqui com as leis de direitos autorais: no último século, a indústria do entretenimento aumentou a proteção dos direitos autorais de catorze para 95 anos.[31]

Em terceiro lugar, as patentes agora são muito mais fáceis de obter. O corte nos orçamentos dos tribunais e da FDA, que licencia medicamentos, reduziu o número de funcionários que verificam patentes, deixando-os geralmente mais inclinados a conceder do que a não conceder uma patente.

E, em quarto lugar, as grandes empresas têm se valido cada vez mais de patentes "estratégicas", cerceando determinadas áreas com o objetivo de bloquear concorrentes. Isso vai contra o segundo papel das patentes, que é permitir a difusão de recursos. Tal patenteamento estratégico pode ser especialmente eficaz quando uma patente é obtida em um estágio inicial do desenvolvimento de uma tecnologia, antes que o padrão técnico seja determinado de forma adequada, ou em campos de ritmo acelerado, que se valem intensivamente de patentes, como tecnologias de informação e comunicação ou biotecnologia, onde as inovações são muito interdependentes ou complementares.[32] Uma patente antecipada dá a seu proprietário a chance de estabelecer o padrão dominante e bloquear as melhorias que outros possam fazer. O risco de infringir uma patente pode também impedir outras empresas de comercializarem seus produtos ou serviços.

O VALOR DE TUDO

Outra prática relacionada cada vez mais recorrente é a do "*troll* de patentes": a participação estratégica em patentes, não para desenvolver ou comercializar a ideia subjacente, mas para deliberadamente coletar royalties por meio da aplicação de patentes. Surgiu um mercado de patentes em que o valor delas se encontra divorciado — ou efetivamente monetizado — do valor da produção de bens ou serviços possibilitados por elas. Argumentou-se que o patenteamento estratégico pode servir de auxílio à inovação, fornecendo liquidez a pequenas empresas, enquanto tentam arcar com os custos de desenvolvimento e comercialização[33] — as evidências sugerem, contudo, que essa prática também tem causado danos. James Bessen e Michael J. Meurer, autores de "The Patent Litigation Explosion" [A explosão de litígios de patentes], estimam que casos de "trollagem de patentes" custam às empresas 29 bilhões de dólares por ano em custos diretos.[34] Outro estudo conclui que, no agregado, "o litígio de patente destrói mais de 60 bilhões de dólares em riqueza das firmas a cada ano",[35] com os custos caindo mais pesadamente sobre firmas menores.[36]

Empreendedorismo improdutivo

Pode-se dizer que essas mudanças, coletivamente, fizeram com que patentes resultassem não em um empreendedorismo produtivo, mas *improdutivo*. Não podemos supor que o empreendedorismo será sempre "produtivo", no sentido de levar à descoberta de novos produtos, serviços ou processos que aumentem a riqueza da sociedade. Em muitas circunstâncias, o empreendedorismo pode ser improdutivo: quando envolve inovações em formas de rentismo, ou quando se dedica a descobrir jogadas legais jamais utilizadas, mas eficazes, para implementar contra concorrentes. Hoje, o sistema de patentes oferece muitas oportunidades para esse tipo de "empreendedorismo improdutivo"; as patentes podem reforçar monopólios e intensificar o abuso do poder de mercado, bloquear a difusão do conhecimento e as inovações subsequentes e facilitar a privatização de pesquisas que, na verdade, são financiadas com dinheiro público e levadas a cabo co-

EXTRAINDO VALOR PELA ECONOMIA DE INOVAÇÃO

letivamente. De fato, nas palavras do economista William J. Baumol, "às vezes o empreendedor pode levar uma existência parasitária, que é realmente prejudicial à economia".[37]

Uma suposição comum é a de que esse tipo de rendimento é simplesmente o resultado de imperfeições num processo competitivo que, de outra forma, levaria apenas a resultados benéficos para todos. Uma visão alternativa, seguindo Marx, é que esse tipo de rendimento estratégico improdutivo (incluindo aqueles gerados por patentes) surge da própria criação de valor — isto é, não nasce da burla ou da subversão do sistema, mas das regras do próprio sistema. A maneira como o sistema moderno de patentes é estruturado (por exemplo, permitindo patentes no início da cadeia produtiva e patenteamento estratégico), eu afirmaria, é análoga ao que Marx chamou de "trabalho improdutivo", pois extrai valor em vez de criá-lo. O detentor da patente deriva rendimentos de direitos de propriedade aplicáveis sobre certos recursos produtivos ao simplesmente excluir outros do acesso a esses recursos. Os detentores de patentes podem apropriar-se da mais-valia gerada pelo trabalho, pelo qual não pagam salários. Na economia moderna, há poucos limites para a acumulação de tais DPIs e, portanto, poucas restrições à escala de apropriação de valor. Duncan Foley, um economista heterodoxo de Nova York que estuda a relação entre práticas modernas de extração de valor e a abordagem clássica da questão da renda, afirma: "Qualquer criador individual [de propriedade intelectual estrategicamente localizada] pode expandir seu rendimento efetivamente sem limites, mas isso em nada contribui para expandir a produção de valor social".[38]

A narrativa corrente, que superestima o papel do setor privado na inovação e minimiza o do Estado, criou espaço para a proliferação de patentes mais amplas e mais poderosas. Tais patentes são justificadas como recompensas pelos esforços dos empreendedores, que podem então continuar a arcar com os riscos da inovação. Mas nem os riscos de inovação nem o apoio para inovações futuras — ambos inegavelmente importantes — são suficientes para justificar tamanha inclinação da balança na direção dessa história predominante. Em vez da criação de valor, a expansão das patentes estimulou o rentismo, a extração de valor, a destruição de valor, o jogo estratégico e a privatização dos resultados de pesquisas científicas financiadas pelo setor público. Como a *The Economist* observou:

> As patentes devem disseminar o conhecimento, obrigando os detentores a expor suas inovações para todos verem [...]. Em vez disso, o sistema criou uma ecologia parasita de *trolls* e detentores de patentes defensivos, que visam bloquear a inovação ou, pelo menos, manter-se no caminho dela, até que consigam garantir uma parte dos espólios.[39]

Tudo isso tem implicações importantes para o desenvolvimento global. Nas economias avançadas de hoje, como os Estados Unidos, a Grã-Bretanha e a Alemanha, a industrialização ocorreu debaixo de regras de DPI muito mais restritas e flexíveis do que as que temos hoje. E, enquanto países que tiveram uma industrialização posterior, como o Japão e a Coreia do Sul, se beneficiaram de um ambiente de DPI internacional "amigável" ou "frouxo", as economias em desenvolvimento encontram agora um sistema de criação de conhecimento mais fechado e privatizado, apoiado por acordos internacionais de comércio.[40]

Precificando medicamentos

Talvez em nenhum outro setor o moderno sistema de patentes seja mais pernicioso do que na precificação farmacêutica. É uma clara lição de abuso do conceito de valor. Nos setores que se valem intensamente de patentes, como o farmacêutico, uma maior proteção de patentes não levou a um aumento da inovação. O oposto aconteceu. Temos mais drogas com pouco ou nenhum valor terapêutico.[41] Ao mesmo tempo, atesta-se a recorrência de inúmeras ações judiciais tentando estender a validade de patentes sobre medicamentos existentes, reformulando antigas combinações de compostos. Essas ações reforçam a afirmação de que o sistema jurídico de patentes se tornou a principal fonte de *extração* de valor, em vez de fornecer incentivos para a *criação* de valor por meio de inovações farmacêuticas. E pior: uma vez que as instituições públicas financiaram a maioria das principais descobertas científicas

EXTRAINDO VALOR PELA ECONOMIA DE INOVAÇÃO

por trás das inovações em saúde,[42] os contribuintes acabam pagando duas vezes: primeiro, pela pesquisa e, segundo, pelo prêmio que as empresas farmacêuticas cobram por seus medicamentos. Além disso, os retornos crescentes das patentes reforçam a posição dos titulares e bloqueiam os concorrentes.

Um caso recente ilustra como patentes levam ao monopólio de preços. No início de 2014, a gigante farmacêutica Gilead levou ao mercado um novo tratamento para o vírus da hepatite C. A droga se chama Sovaldi. É um avanço notável sobre as terapias existentes contra essa doença que ameaça a vida e afeta cerca de 3 milhões de pessoas nos Estados Unidos e 15 milhões na Europa.[43] Mais tarde, naquele mesmo ano, a Gilead lançou uma versão melhorada de Sovaldi, chamada Harvoni. O lançamento desses dois novos medicamentos teve ampla cobertura da mídia. A razão, no entanto, não era seu poder terapêutico, mas o preço. Um tratamento de três meses custa 84 mil dólares (exatamente mil dólares por comprimido) para o Sovaldi e 94,5 mil dólares para o Harvoni.[44]

Sovaldi e Harvoni não são casos isolados. O preço das drogas "especializadas" — que tratam condições crônicas complexas, como câncer, HIV ou doenças inflamatórias — disparou nos últimos anos, alimentando um debate acalorado sobre por que os preços são tão altos e se tais preços se justificam. Os medicamentos contra o câncer, que só acrescentam alguns meses à expectativa de vida dos pacientes, custam centenas de dólares por dia. O caso do Sovaldi chamou a atenção do Congresso dos Estados Unidos: dois membros do Comitê de Finanças do Senado, incluindo o então presidente Ron Wyden, enviaram uma carta à Gilead expressando preocupação e exigindo um relato detalhado de como o preço do Sovaldi havia sido determinado.[45] Era uma ótima pergunta. Os preços dos medicamentos especializados não estão relacionados aos custos de fabricação. Por exemplo, os pesquisadores colocaram o custo de fabricação de um tratamento de doze semanas de Sovaldi entre 68 e 136 dólares.[46] Então, como a indústria farmacêutica justifica a cobrança de preços que ultrapassam em centenas de vezes os custos de produção?

A SAÚDE DOS PACIENTES E OS LUCROS IMPACIENTES

A defesa-padrão das empresas farmacêuticas nesses casos costumava ser a de que os altos preços são necessários para cobrir os custos de pesquisa e desenvolvimento de novos medicamentos e compensar os riscos associados tanto à pesquisa quanto aos ensaios clínicos. Mas a opinião pública desconfia cada vez mais desse argumento, e por boas razões: as pesquisas o refutaram.[47]

Em primeiro lugar, a despesa em pesquisa básica das empresas farmacêuticas é muito pequena se comparada aos seus lucros.[48] Também é bem menor do que gastam em marketing,[49] e muitas vezes não ultrapassa o que gastam em recompras de ações, destinadas a impulsionar a curto prazo a cotação das ações, as opções sobre ações e a remuneração de executivos.[50]

Segundo, a pesquisa que leva a inovações farmacêuticas reais[51] — novas entidades moleculares, como se entende, em geral — provém principalmente de laboratórios financiados por fundos públicos.[52] A indústria farmacêutica tem concentrado cada vez mais seus gastos com P&D na fase de desenvolvimento, muito menos arriscada, e em "medicamentos 'eu também'" — ligeiras variações em produtos existentes.

Por exemplo, o NIH e a US Veterans Administration financiaram a pesquisa que levou ao principal composto presente tanto no Sovaldi quanto no Harvoni — desde os estágios iniciais da pesquisa até os ensaios clínicos em estágio mais avançado. Os investidores privados não gastaram mais (e talvez muito menos) do que 300 milhões de dólares em despesas de P&D para os medicamentos Sovaldi e Harvoni ao longo de uma década.[53] Se considerarmos que, nos primeiros seis meses de 2015, os dois medicamentos juntos produziram cerca de 9,4 bilhões dólares em vendas (e 45 bilhões de dólares nos primeiros três anos, desde o lançamento, de 2014 a 2016), é claro que o preço não tem relação com os custos de P&D.[54]

Então, sem surpresa, as empresas farmacêuticas estão se voltando para uma linha de defesa diferente. Argumentam que esses preços são proporcionais ao "valor" intrínseco das drogas. "O preço é a discussão errada", declarou o vice-presidente executivo da Gilead, Gregg Alton,

EXTRAINDO VALOR PELA ECONOMIA DE INOVAÇÃO

respondendo às críticas sobre o preço do Sovaldi: "O valor é que deveria ser o assunto".[55] John LaMattina, ex-vice-presidente da Pfizer e figura de destaque na indústria farmacêutica, foi ainda mais explícito. Em um artigo de 2014 publicado na revista *Forbes* sob o título "Os políticos não deveriam questionar os custos dos medicamentos, mas, sim, seu valor", ele argumentou que:

Na mente dos pacientes, médicos e pagantes, o preço dos medicamentos deve ter pouco a ver com o gasto com P&D biomédico, nem deve ser associado à recuperação do investimento em P&D. O preço deve ser baseado em apenas uma coisa — o valor que o medicamento traz para a saúde no que concerne a:

1) salvar vidas;

2) mitigar a dor/ sofrimento e melhorar a qualidade de vida dos pacientes;

3) reduzir os custos gerais de cuidados de saúde.

Curiosamente, LaMattina também foi explícito quanto ao fato de que a precificação baseada no valor serve para justificar preços de cobrança que estão completamente fora de linha com os custos de produção e despesas de P&D. Comentando sobre a droga mais cara do mundo, Soliris, da Alexion, usada para tratar uma forma rara de anemia e uma desordem renal também rara, Mattina notou que o preço (a Alexion cobra 440 mil dólares por ano por paciente) "não está realmente relacionado aos custos de P&D necessários para levar esse medicamento ao mercado". No entanto, continuou:

Assistências privadas e agências nacionais de saúde na Europa pagam prontamente por essa droga. Por quê? Porque os custos de cuidar de pacientes com essas condições podem chegar a milhões todos os anos. Soliris, mesmo com esse preço alto, na verdade economiza dinheiro para o sistema de saúde, pois usá-lo resulta em reduções dramáticas de outras despesas do sistema de saúde geradas por esses pacientes.[56]

O alto preço dos medicamentos especializados — argumenta o artigo — é justificado pela forma como são benéficos para os pacientes e para

263

O VALOR DE TUDO

a sociedade em geral. Na prática, isso significa relacionar o preço de uma droga aos custos que a doença causaria à sociedade caso não fosse tratada, ou se tratada com a segunda melhor terapia. Assim, lemos em uma "lista de fatos", preparada pelo órgão comercial norte-americano PhRMA para justificar preços elevados, que cada dólar adicional gasto em medicamentos para pacientes com insuficiência cardíaca congestiva, pressão alta, diabetes e colesterol alto gerou uma economia de três a dez dólares em atendimentos de emergência e hospitalizações de pacientes; que "uma queda de 10% na taxa de mortalidade por câncer vale 4,4 trilhões de dólares em valor econômico para as gerações atuais e futuras"; e que "pesquisas e medicamentos do setor biofarmacêutico são a única chance de sobrevivência para os pacientes e suas famílias".[57] Embora essas afirmações possam ser verdadeiras, é impressionante que elas sejam usadas como explicação (ou justificativa) para os altos preços dos medicamentos.

Os críticos responderam que não há, de fato, nenhuma ligação discernível entre os preços dos medicamentos especializados e os benefícios médicos que eles proporcionam. Eles têm alguma evidência a seu favor. Os estudos de caso mostraram que não há correlação entre o preço dos medicamentos contra o câncer e seus benefícios.[58] Um estudo de 2015, baseado em uma amostra de 58 medicamentos anticancerígenos aprovados nos Estados Unidos entre 1995 e 2013, ilustra que seus benefícios de sobrevida para os pacientes não explicam seu custo de montagem. Peter Bach, um renomado oncologista, colocou on-line uma calculadora interativa com a qual você pode estabelecer o preço "correto" de um medicamento contra o câncer com base em suas características valiosas — aumento na expectativa de vida, efeitos colaterais e assim por diante. A calculadora mostra que o preço baseado em valor da maioria dos medicamentos é menor que seu preço de mercado.[59]

Infelizmente, a maioria dos críticos da indústria farmacêutica combate seus argumentos dentro do campo que ela própria escolheu. Em outras palavras, eles implicitamente aceitam a ideia de que os preços devem estar ligados a algum valor intrínseco de um medicamento, medido pelo valor monetário dos benefícios — ou custos evitados — para pacientes e para a sociedade. Isso não é tão estranho quanto parece.

EXTRAINDO VALOR PELA ECONOMIA DE INOVAÇÃO

A ideia de precificação baseada em valor foi inicialmente desenvolvida por estudiosos e formuladores de políticas para *contra-atacar* o aumento dos preços dos medicamentos e alocar orçamentos públicos de saúde de forma mais racional. No Reino Unido, por exemplo, o Instituto Nacional de Excelência em Saúde e Cuidados (Nice, na sigla em inglês) calcula o valor dos medicamentos em termos do número de anos ajustados de acordo com a qualidade de vida (QALY, na sigla em inglês) que cada classe de pacientes recebe. Um QALY é um ano de saúde perfeita; se a saúde for menos que perfeita, os QALYs são acumulados em menos de um por ano. A relação custo-eficácia é avaliada calculando quanto custa por QALY um medicamento ou custos de tratamento. Geralmente, o Nice considera um produto farmacêutico rentável se custa menos de 20 mil a 30 mil libras por QALY fornecido. Uma avaliação baseada em preços desse tipo é poderosa: o Nice aconselha o próprio Serviço Nacional de Saúde do Reino Unido (NHS) sobre sua escolha de medicamentos.

Uma análise do custo-efetividade, como a que o Nice realiza, faz sentido para alocar o orçamento finito de um sistema nacional de saúde. Nos Estados Unidos, onde não há análise de custo-efetividade e o sistema nacional de seguro é proibido por lei de barganhar com empresas farmacêuticas, os preços dos medicamentos são muito mais altos do que no Reino Unido e estão aumentando mais rapidamente. O resultado é que, medidos por um parâmetro como o QALY, os preços dos medicamentos especiais nos Estados Unidos não estão relacionados aos benefícios médicos que eles proporcionam.

A análise dominante da elasticidade da demanda (isto é, como os consumidores são sensíveis às mudanças nos preços, dependendo das características dos produtos) é suficiente para explicar os preços muito altos das especialidades farmacêuticas, o que torna os argumentos vagos e retóricos da indústria farmacêutica sobre o valor ainda menos convincente. Drogas especializadas como Sovaldi e Harvoni são protegidas por patentes, de forma que seus produtores são monopolistas, e a concorrência não restringe os preços que eles estabelecem. Normalmente, você esperaria que a elasticidade da demanda agisse como uma restrição: quanto maior o preço, menor a demanda pelo produto do monopolista. Mas a elasticidade da demanda por medicamentos

O VALOR DE TUDO

especiais é, naturalmente, muito baixa: a vida das pessoas está em jogo. Elas precisam desses remédios para ter alguma chance de sobreviver, então as assistências médicas, sejam públicas ou privadas, têm a obrigação de pagar por eles.

O resultado lógico de uma combinação de monopólio e demanda rígida são os preços altíssimos, e é exatamente isso que está acontecendo com os medicamentos especiais. O que explica por que as empresas farmacêuticas desfrutam de margens de lucro absurdamente altas: além da taxa de lucro normal, elas obtêm enormes rendimentos de monopólio.[60] Uma avaliação baseada no valor do tipo Nice pode ser útil, pois reduz a demanda pelos medicamentos dos monopólios e impede que eles cobrem o preço que escolherem. A desvantagem, no entanto, é que o aumento da elasticidade da demanda por medicamentos tem o custo de deixar alguns pacientes sem os medicamentos de que precisam, já que as empresas farmacêuticas podem não reduzir seus preços o suficiente para tratar todos os que precisam da droga, caso isso implique uma redução das margens de lucro maior do que a desejada. Isso já está acontecendo no Reino Unido, onde o Nice rejeitou alguns medicamentos contra o câncer para uso no NHS por causa de seu preço. Isso está acontecendo também nos Estados Unidos, onde algumas assistências privadas e públicas se recusaram a fornecer o Harvoni a pacientes com seguro de saúde antes que atingissem um estágio mais avançado da doença.

O que não está sendo apontado, porém, é que o princípio de que o preço de um medicamento especial deve ser igual aos custos que ele economiza para a sociedade é essencialmente falho. Se levássemos esse princípio a sério, terapias básicas ou vacinas deveriam custar uma fortuna. Quão alto o preço da água deve ser, por exemplo, dado seu valor indispensável para a sociedade?

O golpe em torno da precificação de medicamentos criou uma batalha constante entre os sistemas de saúde financiados pelo governo (onde eles existem), os programas de assistência públicos e privados e as grandes empresas farmacêuticas. Somente desmentindo as ideias sobre o valor subjacente a essas drogas pode-se encontrar uma solução duradoura que resulte no acesso a medicamentos mais baratos.

Efeitos de rede e vantagens do pioneiro

Analisei como a inovação, algo inerentemente incerto e cumulativo, é financiada, e examinei a dinâmica desse financiamento. Também exploramos como os riscos e as recompensas da inovação foram compartilhados de forma problemática — o caso dos medicamentos sendo o mais grave. Agora, quero tratar de outro aspecto da inovação: o efeito das redes digitais modernas na capacidade de algumas empresas de estabelecerem monopólios em seus mercados.

Em apenas alguns anos, empresas como Google, Facebook, Twitter, Amazon e eBay surgiram do nada para se tornarem quase indispensáveis na vida de bilhões de pessoas em todo o mundo. Essas empresas dominam cada vez mais a forma como encontramos informações, como nos conectamos e nos comunicamos, como mantemos nossas amizades, documentamos nossa vida, fazemos compras e compartilhamos nossos pensamentos com quem queira ouvir. As novas tecnologias por trás dessas empresas revelaram — ou criaram — dentro de nós novos desejos e necessidades. Um bom número de empresas, cada uma delas com tecnologias largamente semelhantes, poderia ter atendido a essas necessidades. Muitas tentaram. Contudo, o que é interessante é como um número tão pequeno de empresas passou a dominar de forma tão abrangente num espaço de tempo tão curto. E, com esse domínio, vem a capacidade de extrair valor em grande escala.

Como isso aconteceu? A resposta está nas características da inovação, em que pequenas diferenças de tempo, presciência ou acaso podem ter consequências desproporcionais à disparidade inicial. Qualquer um que ganhe uma vantagem inicial — ao definir um padrão ou capturando parte de um mercado "grudento" — pode se tornar muito difícil de substituir. E, à medida que seu domínio se entrincheira, eles conseguem captar uma parcela desproporcional do valor do mercado.

A história de muitas inovações demonstra muito bem essa dinâmica. O motor de combustão interna manteve seu domínio por mais de cem anos, não porque fosse o melhor motor possível, mas porque, por um acidente histórico, obteve uma vantagem inicial. Inovações subsequentes não procuraram substituí-lo, mas se agruparam em torno de melhorias, de modo que, ao final, ele *se tornou* de fato o melhor mecanismo.[61] O mesmo vale para o layout de teclado QWERTY, nomeado a partir das seis primeiras letras da esquerda para a direita. Nos tempos das máquinas de escrever mecânicas, a própria ineficiência desse layout de teclado lhe concedia uma vantagem sobre as alternativas, como o layout mais rápido do DVORAK, pois as teclas mecânicas enguiçavam com menos frequência. Em tempos de teclados eletrônicos, a necessidade mecânica para o layout QWERTY há muito tempo desapareceu, mas sua vantagem permaneceu. Uma vez que as pessoas aprenderam a digitar usando o layout QWERTY, elas passaram a resistir à mudança. Essa inércia social significava que sua vantagem inicial, que era de natureza arbitrária, havia se entrincheirado.

Tais exemplos mostram o potencial da inovação para retornos dinâmicos crescentes em escala (quanto mais assinantes, melhor), graças à "dependência de trajetória" (o ato de continuar usando uma prática ou produto por conta de uma preferência passada) ou à inércia social, mesmo quando a vantagem inicial pode ser pequena ou arbitrária. Outro exemplo do fenômeno são as chamadas "externalidades de rede". Assim como o valor de um telefone aumenta à medida que aumenta o número de pessoas com as quais seu proprietário pode se conectar, também uma rede social se torna mais valiosa para seu proprietário se mais pessoas se conectarem. O Facebook ou o Twitter fazem tudo o que podem para aumentar o número de inscritos: quanto maior a rede, mais forte é a posição da empresa.

LUCROS EM REDE

Tudo isso parece muito bem até você se perguntar o que isso pode significar para o tamanho das empresas. Uma forte fonte de retornos crescentes em escala necessariamente expandirá as empresas. O tamanho do Google é um resultado direto dos efeitos de rede típicos dos serviços de internet. O Google não é apenas um mecanismo de pesquisa. É também um endereço de e-mail (Gmail), um instrumento de chamadas de conferência (Google Hangout), um criador e editor de documentos —

EXTRAINDO VALOR PELA ECONOMIA DE INOVAÇÃO

tudo projetado para maximizar as vantagens de se manter no Google: não é possível usar o Google Hangout sem um endereço de Gmail.

Qual é o problema? Firmas on-line gigantes, como Facebook, Amazon e Google, são frequentemente retratadas por seus gerentes e apologistas como "forças do bem" atuando em prol do progresso da sociedade, e não como negócios voltados para o lucro.[62] Defensores entusiasmados falam de uma crescente e revolucionária "economia compartilhada", ou mesmo de "socialismo digital",[63] propagando uma visão otimista segundo a qual tais plataformas digitais "empoderam" as pessoas, dando-nos acesso gratuito a uma ampla gama de serviços, desde redes sociais ao GPS e ferramentas de monitoramento de saúde. Nesse sentido, o Vale do Silício é forte e favoravelmente contrastado com Wall Street. O Vale preencheria a lacuna de consumo fornecendo serviços que todos podem acessar, quase independentemente de sua renda; Wall Street, por outro lado, intensifica a concentração de poder e riqueza nas mãos do 1%.[64]

É claro que os gigantes da internet são valiosos para seus usuários. Essas empresas podem contribuir para o bem-estar das pessoas e, em alguns casos, aumentar sua produtividade, facilitando e acelerando, por exemplo, a localização de um conteúdo, uma rota, uma pessoa ou livro. Mas a visão de que esses serviços são oferecidos gratuitamente a todos pela boa vontade do Vale do Silício, com o objetivo de "empoderar" as pessoas e criar um mundo mais aberto, é extremamente ingênua. Uma análise mais realista deve começar do entendimento de como essas empresas funcionam e de onde vêm seus lucros, com o objetivo de avaliar seu impacto social geral em termos de criação e extração de valor.

Firmas como Google, Facebook e Amazon — e novas empresas de "economia de compartilhamento", como Airbnb e Uber — gostam de se definir como "plataformas". Elas não enfrentam um mercado tradicional, no qual a empresa produz um bem ou serviço e o vende para uma população de potenciais consumidores. Operam, em vez disso, naquilo que os economistas chamam de mercados bilaterais, desenvolvendo os lados da oferta e da demanda, funcionando como eixo, conector ou guardiões entre eles. Por um lado, existe uma oferta de serviços para os usuários. Por outro, há uma oferta de mercado para outras empresas, envolvendo vendas, espaços publicitários

269

e informações sobre o comportamento dos usuários. As empresas operam há muito tempo em mais de um mercado. A peculiaridade dos mercados bilaterais, no entanto, está em como os dois lados estão conectados. À medida que o número de usuários de um lado do mercado (usando um mecanismo de pesquisa ou ingressando em uma rede social) aumenta, os cliques em anúncios e informações sobre o comportamento dos consumidores também aumentam, potencializando a lucratividade no outro lado do mercado. Não cobrar nada de seus usuários é algo que funciona perfeitamente para o Google e o Facebook: eles precisam que o maior número possível de pessoas se junte a eles para tornar mais atraente o produto que vendem para empresas do outro lado do mercado. O "socialismo", digital ou não, não entra na equação.

Não devemos entender o Google, por exemplo, como um fornecedor de serviços gratuitos para os usuários. Em vez disso, são os usuários que fornecem ao Google aquilo que é necessário para seu processo de produção: atenção aos anúncios e, mais importante, dados pessoais. Em troca, eles obtêm buscas on-line e outros serviços. A maior parte dos lucros do Google vem da venda de espaço publicitário e dos dados dos usuários para as empresas. Se alguma coisa on-line é gratuita, então você não é o cliente, você é o produto.[65] Os modelos de negócios do Facebook e do Google baseiam-se na mercantilização dos dados pessoais, transformando nossas amizades, interesses, crenças e preferências em proposições vendáveis, pela alquimia do mercado bilateral. A chamada "economia compartilhada" baseia-se na mesma ideia. Apesar de todo o burburinho sobre "compartilhar", trata-se menos de altruísmo e mais de permitir que o mercado entre em áreas da nossa vida — em nossas casas, nossos veículos, até mesmo em nossos relacionamentos privados — que antes estavam além de seu escopo, para mercantilizar tudo.[66] Como Evgeny Morozov avisou, esse processo ameaça nos transformar em "perpétuos contrabandistas",[67] pondo nossa vida à venda e minando ao mesmo tempo qualquer base para um emprego estável e um bom padrão de vida.

DE PÉ NO CAPITALISMO DE PLATAFORMA

O chamado "capitalismo de plataforma" é muitas vezes descrito como um novo modo pelo qual bens e serviços são produzidos, partilhados e entregues — de maneira mais horizontal, com consumidores interagindo uns com os outros e com menos intermediação por parte de instituições antigas (por exemplo, agentes de viagens). A chamada economia compartilhada, baseada nessa estrutura, trabalha para reduzir as fricções entre os dois lados do mercado, conectando de maneira mais eficiente compradores e vendedores, potenciais clientes e anunciantes. É apresentada como uma transformação radical na forma como os bens e serviços são produzidos, compartilhados e entregues. Adiciona valor ao levar para o centro aquilo que antes era percebido como algo periférico ao serviço — no caso da Uber, ordenar, selecionar, rastrear e pagar por um táxi. Mas, por outro lado, quando usuários com deficiências reclamaram com a Uber sobre motoristas que se recusavam a colocar cadeiras de rodas no porta-malas do carro, a empresa tentou fugir da responsabilidade com base no fato de que não é uma rede de táxi, apenas uma plataforma.[68] Da mesma forma, há cada vez mais evidências de que a Airbnb não assume nenhuma responsabilidade por assuntos como a segurança das instalações oferecidas em seu site ou incidentes de discriminação racial contra locatários por proprietários de imóveis.

Além disso, a busca por uma economia de escala (com base no tamanho da rede) e por uma economia de escopo (com base na amplitude de diferentes serviços, incluindo UberEats) levou a maiores lucros para a Uber, conquistados nas costas dos que mais contribuem para a criação de valor para a empresa: os motoristas. De fato, enquanto os custos caíram para o consumidor, eles aumentaram para os motoristas: em 2012, o Uber Black (um dos serviços de carro da empresa) custou aos passageiros em São Francisco 4,90 dólares por milha ou 1,25 dólar por minuto. Quando, em 2016, as tarifas caíram para 3,75 dólares por milha ou 0,65 dólar por minuto, os consumidores ganharam. Mas o resultado dessa economia compartilhada é que os motoristas da Uber Black recebem menos, os "padrões" sobem (com pressão para que

O VALOR DE TUDO

os motoristas ofereçam serviços de compartilhamento de corrida aos clientes) e a concorrência dos outros serviços da Uber se intensifica.[69] Enquanto os motoristas se queixam cada vez mais, o alcance de mercado da Uber é maior do que nunca e cresce a cada dia: em outubro de 2016, tinha 40 milhões de passageiros mensais em todo o mundo.[70] Em 2016, tinha 160 mil motoristas nos Estados Unidos e outros milhões espalhados em quinhentas cidades no mundo todo — todos trabalhando como "prestadores de serviço independentes", de modo que a Uber não precise fornecer a eles o tipo de assistência médica e outros benefícios que receberiam como funcionários em tempo integral.

A Uber, como Google, Facebook e Amazon, parece não ter um limite de tamanho. Os efeitos de rede que permeiam os mercados on-line adicionam uma peculiaridade importante: uma vez que uma empresa estabelece a liderança em determinado mercado, seu domínio aumenta e se autoperpetua quase automaticamente. Se todos estão no Facebook, ninguém quer se juntar a uma rede social diferente. Como a maioria das pessoas pesquisa no Google, a diferença entre o Google e seus concorrentes se amplia, uma vez que a empresa pode operar a partir de uma base de dados maior. E, à medida que sua participação de mercado aumenta, cresce sua capacidade de atrair usuários, o que, por sua vez, aumenta sua dominância de mercado.[71]

Ao contrário dos piedosos pronunciamentos dos pioneiros da internet, os efeitos de rede estão centralizando cada vez mais a internet, concentrando um enorme poder de mercado nas mãos de poucas empresas. O Google, sozinho, é responsável por 70% das pesquisas on-line nos Estados Unidos e 90% na Europa. O Facebook tem mais de 1,5 bilhão de usuários, um quarto da população do planeta, quilômetros à frente de seus concorrentes. A Amazon agora responde por cerca de metade do mercado de livros dos Estados Unidos, sem mencionar os e-books. Seis empresas (Facebook, Google, Yahoo, AOL, Twitter e Amazon) representam cerca de 53% do mercado de publicidade digital (com apenas Google e Facebook representando 39%).[72] Esse domínio implica que os gigantes on-line podem impor suas condições sobre usuários e demais empresas. Muitas editoras de livros, por exemplo, estão insatisfeitas com as condições impostas pela Amazon e pedem melhorias.

EXTRAINDO VALOR PELA ECONOMIA DE INOVAÇÃO

Mas elas não têm nenhum tipo de influência, pois — como diz Evgeny Morozov — "não há uma segunda Amazon à qual elas possam recorrer".[73] Os poderosos efeitos de rede do mercado bilateral consolidaram a posição dessas organizações. Empresas como o Google constituem, de fato, monopólios.[74] Mas elas não são reconhecidas como tal e não atraíram o tipo de legislação que as grandes empresas de setores mais tradicionais — tabaco, automóveis, alimentos — atraíram.

A posição dominante de um provedor de plataforma nos principais mercados pode ser usada para favorecer seus produtos e serviços nos mercados satélites, ampliando ainda mais o alcance da empresa. A Comissão Europeia vem investigando o Google sob a alegação de que a empresa induziria sistematicamente seus resultados de pesquisa a favor de seus próprios produtos. Da mesma forma, muitos usuários não estão satisfeitos com o fato de o Facebook se apropriar, armazenar, analisar e vender a terceiros uma grande parte de seus dados pessoais. Mas se todos os seus amigos estão no Facebook, não há um concorrente equivalente ao qual se possa recorrer. A defesa-padrão de empresas como o Facebook — o argumento de que "a concorrência está a um clique de distância" — é notoriamente falsa quando se trata de mercados onde os efeitos de rede são tão importantes.

Um estudo recente de pesquisadores da Universidade da Pensilvânia entrevistou 1,5 mil internautas americanos para entender por que eles aceitam abrir mão da privacidade em troca de acesso a serviços e aplicativos da internet. A explicação-padrão é que os consumidores comparam o custo de perder um pouco de privacidade com o benefício de acessar esses serviços gratuitamente e aceitam o acordo quando os benefícios excedem os custos. Uma explicação corrente é que muitos usuários simplesmente desconhecem até que ponto as empresas on-line invadem sua privacidade. Mas é curioso que os resultados da pesquisa da Pensilvânia não corroboram nenhuma dessas explicações. Em vez disso, sugerem que os consumidores aceitam ser rastreados e entregar seus dados pessoais, mesmo que idealmente preferissem não fazê-lo, não porque ficaram felizes em aceitar esse *quid pro quo*, mas por resignação e frustração.

273

É compreensível que as pessoas sintam que não têm escolha. Na sociedade de hoje, é difícil viver e trabalhar sem usar um mecanismo de pesquisa que funcione bem, uma rede social cheia de usuários e uma plataforma de compras on-line bem fornida. Mas o preço de acesso a esses serviços é aceitar as condições que o provedor dominante impõe na base do "pegar ou largar", dado que não há alternativas comparáveis.

Criação e extração de valor digital

O enorme poder de mercado dos gigantes digitais levanta questões fundamentais sobre proteção da privacidade, controle social e poder político. Mas o que nos preocupa aqui é o impacto desse poder de mercado na relação entre criação de valor e extração de valor.

A dinâmica particular da inovação — o poder da adoção antecipada de padrões e os efeitos de rede associados tendendo ao domínio do mercado — tem profundas consequências sobre como o valor criado é compartilhado e medido.

A primeira grande consequência é o monopólio. Historicamente, setores em geral propensos ao monopólio — por exemplo, água e ferrovias — ou passaram ao domínio estatal (como na Europa) ou foram pesadamente regulamentados (como nos Estados Unidos), a fim de proteger o público contra abusos do poder corporativo. Mas as plataformas on-line monopolistas permanecem na condição de propriedade privada e, em grande parte, livres de regulamentação, apesar de todas as questões postas: privacidade, controle de informações e seu poder comercial absoluto no mercado, para citar alguns. Na ausência de forças regulatórias fortes, transnacionais e compensatórias, as empresas que primeiro estabelecem controle de mercado podem colher recompensas extraordinárias. As baixas alíquotas de impostos que as empresas de tecnologia normalmente pagam em cima dessas recompensas também são paradoxais, dado que seu sucesso foi construído a partir de tecnologias financiadas e desenvolvidas por investimentos públicos de alto risco.[75] Na verdade, essas empresas que devem suas fortunas aos investimentos de contribuintes deveriam estar pagando de volta esses

EXTRAINDO VALOR PELA ECONOMIA DE INOVAÇÃO

contribuintes, não buscando isenções fiscais. Além disso, a ascensão da "economia compartilhada" provavelmente aumentará as trocas de mercado em novas áreas, onde as dinâmicas de domínio de mercado parecem prontas para se repetir.

A segunda grande consequência da dinâmica da inovação diz respeito a como o valor é criado, como é medido e como e por quem esse valor é extraído. Se tomarmos por base as contas nacionais, a contribuição das plataformas de internet para a renda nacional (medida, por exemplo, pelo PIB) é representada pelos serviços publicitários que elas vendem para as empresas. Não está bem claro por que anúncios publicitários deveriam ser vistos como contribuição para o produto nacional real, muito menos para o bem-estar social, que, a princípio, deveria ser o objetivo da atividade econômica. Mas, nesse ponto, as contas nacionais são consistentes com os padrões de uma economia neoclássica, que tende a interpretar qualquer transação voluntária mercadológica como algo que sinaliza a produção de algo — sejam serviços financeiros ou de propaganda, se há preço, deve ter valor.[76] Mas isso é enganoso: se os gigantes on-line contribuem para o bem-estar social, eles o fazem pelos serviços que fornecem aos usuários, e não pelos anúncios que os acompanham.

A abordagem dos economistas clássicos parece muito mais proveitosa para analisar esses novos mercados digitais. Como discutido no capítulo 1, os economistas clássicos faziam uma distinção entre trabalho "produtivo", que contribui para um aumento no valor do que é produzido, e trabalho "improdutivo", que não contribui. As atividades que geram lucros para plataformas on-line — publicidade e análises dos comportamentos e dos dados privados dos usuários — não aumentam o valor do que é produzido, isto é, os serviços para os usuários, como postar uma mensagem no Facebook ou fazer uma pesquisa no Google. Em vez disso, essas atividades ajudam as empresas a competirem entre si para se apropriar, individualmente, de uma parcela maior do valor produzido.[77] A abordagem confusa e enganosa do conceito de valor que hoje domina a economia está gerando um resultado verdadeiramente paradoxal: atividades publicitárias improdutivas são contabilizadas como contribuição líquida de gigantes on-line para a renda nacional, enquanto os serviços mais valiosos que eles fornecem aos usuários não são.

275

A ascensão do big data é frequentemente mencionada como uma oportunidade de ganho para os produtores e consumidores. Mas isso depende de quem é o proprietário dos dados e de como é "gerido". O fato de os direitos de propriedade intelectual terem se tornado mais amplos e mais fortes, e cada vez mais no início da cadeia produtiva, deve-se à maneira como é gerido — ou não. Mercados de qualquer tipo devem ser ativamente moldados para que o conhecimento seja gerido de maneira a produzir os resultados de mercado que nós, como sociedade, queremos. De fato, regulação não diz respeito à interferência, como é comumente percebida, mas à administração de um processo que produza os melhores resultados para a sociedade como um todo. No caso do big data, as "cinco irmãs" — Facebook, Google, Amazon, IBM e Microsoft — praticamente o monopolizam. Mas o problema não é apenas uma questão de competição — o tamanho e o número de empresas no setor. Pode-se argumentar que algumas grandes empresas podem alcançar as economias de escala necessárias para reduzir os custos e tornar os dados mais baratos — o que não é uma coisa ruim, dada a queda da renda real.

A questão-chave é a relação entre os monopólios da internet e esses rendimentos em queda. A privatização dos dados para atender aos lucros corporativos, e não ao bem comum, produz uma nova forma de desigualdade — o acesso distorcido aos lucros gerados pelo big data. Simplesmente baixar o preço que os monopolistas cobram pelo acesso aos dados não é a solução. A infraestrutura da qual empresas como a Amazon se servem não foi apenas financiada com dinheiro público (como discutido, a internet foi custeada com impostos), mas se alimenta de efeitos de rede que são produzidos coletivamente. Embora seja óbvio que as empresas devem poder criar serviços em torno de novas formas de dados, a questão crucial é como garantir que a propriedade e o gerenciamento desses dados permaneçam tão coletivos quanto sua origem: o público. Como Morozov argumenta: "Em vez de pagarmos à Amazon uma taxa para usar seus recursos de inteligência artificial — construídos com nossos dados —, a Amazon é que deveria ser obrigada a nos pagar uma taxa".[78]

Compartilhando riscos e recompensas

Reconhecer a natureza coletiva da inovação deve resultar em maior compartilhamento das recompensas advindas do processo de inovação. No entanto, ignorar a história coletiva e dar crédito apenas a um grupo restrito de indivíduos tem afetado a reflexão sobre quem deve possuir direitos de propriedade intelectual, quão alto o preço de um remédio pode ser, quem deve ou não manter a participação em uma nova empresa ou em um novo avanço tecnológico e a parcela justa das contribuições fiscais. Essa lacuna entre a distribuição coletiva dos riscos da inovação e o modo individualizado e privatizado de distribuir seus retornos é a forma mais moderna de rentismo.

As narrativas vigentes sobre valor, criação de riqueza e tomada de riscos que privilegiam a contribuição de inventores e capitalistas individuais conduzem a maneiras de pensar pelas quais é aceitável dividir os frutos da inovação entre eles — o conceito de "retorno justo". O termo vem do filósofo inglês John Locke (1632-1704). Seu conceito de merecimento individual — "retorno justo" — quanto ao produto do trabalho se baseava em um sistema de produção em que o trabalho individual era mais importante e mais fácil de identificar do que é hoje, quando as contribuições coletivas são fundamentais para o crescimento impulsionado pela tecnologia. Esse argumento foi desenvolvido por Herbert Simon (1916-2001), que ficou famoso pelo estudo de decisões organizacionais, vencedor do prêmio Nobel de economia em 1978. "Sendo generosos com nós mesmos", considerou Simon, "creio que podemos afirmar que 'fizemos por merecer' algo em torno de um quinto de nossa renda. O restante do patrimônio associa-se à nossa condição de membro de um sistema social enormemente produtivo, que acumulou uma vasta reserva de capital físico e um estoque ainda maior de capital intelectual — incluindo conhecimento, capacidades e estratégias organizacionais de que todos nos valemos."[79] Ignorando esse sistema social coletivamente produzido, certos indivíduos sentem-se no direito de ganhar uma proporção muito maior da renda de uma nação do que sua contribuição pessoal justificaria. Mas, mais especificamente, isso tem afetado as políticas de impostos, patentes e preços, alimentando a dinâmica da desigualdade.

A questão é: o que podemos fazer quanto a isso?

Os governantes devem partir do entendimento de que a inovação é um processo coletivo. Dados os imensos riscos que o contribuinte corre quando o governo investe em novas áreas visionárias, como a internet, não poderíamos construir formas pelas quais as recompensas da inovação sejam tão socializadas quanto os riscos assumidos? Essas formas podem incluir: limitar os preços de medicamentos desenvolvidos com investimento público; anexar condições ao apoio público, como a exigência de que os lucros sejam reinvestidos na produção, em vez de gastos com recompra especulativa de ações; permitir que os órgãos públicos retenham ações ou royalties em tecnologias para as quais forneceram financiamento; ou concedendo empréstimos condicionados pela renda para empresas, como fazemos para os estudantes.

Como é da própria natureza do investimento em tecnologias em estágio inicial com perspectivas incertas, alguns investimentos sagram-se vencedores, mas muitos são perdedores. Para cada internet (uma história de sucesso financiada pelo governo americano), existem muitas Concordes (um elefante branco financiado pelos governos britânico e francês). Considere as histórias paralelas da Solyndra e da Tesla Motors. Em 2009, a Solyndra, uma empresa de painéis solares, recebeu um empréstimo garantido de 535 milhões de dólares do Departamento de Energia dos Estados Unidos; no mesmo ano, a Tesla, fabricante de carros elétricos, obteve aprovação para um empréstimo semelhante, de 465 milhões de dólares. Nos anos seguintes, a Tesla obteve enorme sucesso, e a empresa pagou seu empréstimo em 2013. A Solyndra, por outro lado, entrou com pedido de falência em 2011, e entre os conservadores fiscais tornou-se sinônimo para o triste histórico do governo quando se trata de escolher vencedores. É claro que, se o governo quiser agir como um capitalista de risco, ele necessariamente amargará muitos fracassos. O problema, no entanto, é que os governos, ao contrário das empresas de capital de risco, muitas vezes arcam com os custos dos fracassos, ao passo que quase nada ganham com os sucessos. Os contribuintes pagaram as contas pelas perdas da Solyndra — mas quase não usufruíram dos lucros da Tesla. Estranhamente, o governo dos Estados Unidos estabelecera uma reivindicação de 3 milhões de ações da Tesla

EXTRAINDO VALOR PELA ECONOMIA DE INOVAÇÃO

apenas caso a empresa não pagasse o empréstimo — quase como se o governo dos Estados Unidos tivesse interesse em possuir parte em empresas falidas! A Tesla pagou o empréstimo em 2013. Se o governo dos Estados Unidos tivesse estabelecido uma participação na empresa em caso de sucesso e não em caso de fracasso, teria sido capaz de mais do que cobrir as perdas com a Solyndra. No ano em que a Tesla recebeu o empréstimo do governo, a empresa abriu o capital a um preço inicial de dezessete dólares por ação; esse número subiu para 93 dólares quando o empréstimo foi pago e dobrou logo depois.

No caso do preço de medicamentos, em vez de nos concentrarmos na quantificação discutível e arbitrária de "o que custaria à sociedade não tratar tal doença", deveríamos procurar entender o processo de produção da indústria farmacêutica e suas interdependências com indústrias relacionadas, como a indústria bioquímica e a indústria de dispositivos médicos. Poderíamos projetar preços para garantir a produção contínua de medicamentos realmente necessários (reduzindo a quantidade de remédios "repetidos" que têm pouco benefício extra); fornecê-los para quem precisa deles; e manter um fluxo estável e bem direcionado de fundos para P&D a fim de desenvolver novos medicamentos. Um sistema desse tipo não precisa necessariamente que os preços dos medicamentos estejam acima dos custos de fabricação. Poderíamos, por exemplo, abolir as patentes de produtos farmacêuticos e, ao mesmo tempo, estabelecer um sistema de prêmios competitivos para recompensar e incentivar entidades públicas e privadas a criarem inovações farmacêuticas bem direcionadas. Se fizermos mais uso de medicamentos genéricos — idênticos, em termos médicos, aos de marca —, podemos torná-los amplamente disponíveis, forçando as empresas farmacêuticas a se concentrarem em verdadeiras inovações, em vez de se ocuparem em produzir drogas "repetidas" ou executar programas de recompra de ações para impulsionar os preços de suas ações.

Os governantes precisam ter uma compreensão clara de quem são os diferentes atores do processo, a fim de evitar apropriações indevidas das inovações financiadas por recursos públicos e os resultados do tipo "o vencedor leva tudo". Em vez de criar mitos ao redor de certos atores da economia de inovação, como os capitalistas de risco, é importante

O VALOR DE TUDO

reconhecer as etapas em que cada um desses atores é fundamental. A política tributária poderia ser alterada para encorajar elos verdadeiramente dinâmicos entre os diferentes participantes da inovação, tornando as recompensas e os incentivos fiscais de que os capitalistas de risco desfrutam mais alinhados aos riscos que eles realmente assumem em comparação com outros investidores. Entender que o papel do Estado é fazer o que o setor empresarial não está disposto a fazer — envolver-se em desenvolvimento embrionário de alto risco e pesquisa de base — também significa que políticas específicas, como crédito tributário para pesquisa e desenvolvimento, devem ser planejadas para que o subsídio incentive o investimento em inovações necessárias em vez de qualquer inovação aleatória potencialmente lucrativa.

Nesse ponto, o tratamento dos funcionários também é muito importante. Quando, em nome da maximização do valor acionário, uma empresa de sucesso demite funcionários experientes, é bastante provável que essas vítimas infelizes tenham dedicado seu tempo ao empreendimento na expectativa de compartilhar de seus retornos, se e quando obtiverem êxito. No entanto, veem-se então subtraídos das recompensas que merecem, enquanto outros, como os capitalistas de risco, que chegaram em um estágio posterior, recebem uma parcela desproporcionalmente grande dessas recompensas. A contribuição dos funcionários para os empreendimentos merece ser protegida de maneira mais eficiente.

Capitais europeias como Berlim e Paris estão desenvolvendo acordos para impor limites ou condições às operações de empresas como Airbnb, Uber e Netflix.[80] É possível montar agrupamentos de patentes que garantam o seu uso para objetivos comuns. O governo pode reter participação acionária ou royalties ao investir em áreas de alto risco, seja em produtos ou tecnologias. Os preços dos produtos que receberam apoio público podem ser negociados de modo a refletir essa contribuição, assim como o big data pode ser administrado de forma a refletir e recompensar o fornecimento de dados de todos os usuários e a infraestrutura publicamente financiada a partir da qual ele opera. Isso significa que não devemos mistificar os avanços tecnológicos, e sim reconhecer a contribuição coletiva que os criou e administrá-los para que produzam bens coletivos.

Conclusão

É difícil imaginar crescimento econômico sem inovação. Mas a inovação deve ser adequadamente gerida a fim de garantir que o que é produzido e como é produzido leve à criação de valor, e não a esquemas de apropriação de valor. Isso significa prestar atenção tanto à taxa e à direção da inovação (o que é produzido) quanto aos acordos que são feitos entre os diferentes criadores desse novo valor.

Primeiro, é crucial entender que inovação não é um conceito neutro. Ela pode ser usada para diferentes propósitos — da mesma forma que um martelo pode ser usado para construir uma casa ou como arma. A própria revolução do big data pode seguir uma direção ou outra. Pode se tornar um meio de dados públicos (sobre saúde, uso de energia, preferências de compras) servirem a lucros privados ou de melhorar os serviços que consumidores e cidadãos recebem. Nesse processo, o cidadão não deve ser confundido com o cliente. Como cidadãos, temos o direito de aproveitar as oportunidades que a inovação nos apresenta, fazer uso do espaço público, contestar a autoridade e compartilhar experiências e gostos sem que nossas histórias e preferências acabem em um site ou banco de dados. Nesse sentido, os movimentos para a inovação "inclusiva" são importantes pelo modo como focam em quem está envolvido em vislumbrar mudanças e se beneficiar delas.

Em segundo lugar, a inovação tem tanto um ritmo quanto uma direção. Um debate democrático sobre a direção é tão importante quanto os que ocorrem sobre o ritmo de crescimento — e essencial para entender os múltiplos caminhos que a inovação pode tomar e como a política afeta isso. A hipótese é a de que a política deve "nivelar o campo de jogo". Mas alcançar um crescimento guiado pela inovação e por uma inovação de tipo específico (por exemplo, inovação sustentável) exigirá não nivelar, mas inclinar o campo numa direção particular. Isso requer não apenas uma mentalidade política diferente, mas também uma estrutura organizacional diversa: a capacidade de explorar, experimentar e deliberar estrategicamente dentro do setor público. Essa capacidade foi fundamental para as organizações que fomentaram algumas das inovações mais radicais de nossa época, da internet ao GPS e ao *fracking*. Precisamos de mais discussão sobre como estimular inovações cuja missão seja combater grandes desafios sociais e tecnológicos — como a mudança climática ou a saúde pública.[81] Tal como a revolução da tecnologia de informação foi escolhida e direcionada, podemos escolher e direcionar a sustentabilidade e o cuidado social como novos caminhos para a inovação. Isso não significa ditar de cima para baixo o que deve ser produzido, quais atores são "produtivos" e como cada um deve se comportar. Pelo contrário, requer novos tipos de contrato entre os atores públicos e privados (assim como o terceiro setor e a sociedade civil) para promover relações simbióticas, compartilhando os tipos de investimentos necessários para redirecionar nossas economias para longe de produtos de alto conteúdo material e de energia baseada em combustíveis fósseis. Há lições a serem extraídas de investimentos "orientados para uma missão específica", como a viagem à Lua. Garantir que nossa Terra permaneça habitável exige a mesma ambição, organização, planejamento, experimentação de baixo para cima, compartilhamento de risco público-privado e senso de propósito e urgência, como o projeto Apollo.[82] Mas também é verdade que, como esses investimentos são transformacionais, deve haver mais debates sobre por que algumas tecnologias são buscadas e o que é feito com elas. É curioso, por exemplo, que tenha havido tão pouco debate sobre *fracking* — uma tecnologia financiada pelo governo — até sua chegada.

Em terceiro lugar, conforme argumentamos na seção anterior, inovação é algo que se produz coletivamente e, portanto, os benefícios devem ser assim compartilhados. O raciocínio infundado por trás dos preços de medicamentos, das patentes e da dinâmica do big data é um bom exemplo de como uma abordagem confusa e enganosa do conceito de valor pode ser dispendiosa, permitindo que grandes monopólios se safem com enormes rendas às custas da sociedade. Mas não precisa ser assim se pensarmos radicalmente.

As próprias patentes não devem ser vistas como "direitos" (DPI), mas sim como uma ferramenta de incentivo à inovação nos setores em que elas são relevantes — de tal forma que o setor público também receba seu retorno; os preços dos medicamentos poderiam se tornar "mais justos",

EXTRAINDO VALOR PELA ECONOMIA DE INOVAÇÃO

refletindo a contribuição coletiva de diferentes atores e construindo um sistema de saúde sustentável. A economia compartilhada não se basearia na capacidade de algumas empresas de usar a infraestrutura pública gratuitamente e na dinâmica das economias de rede, voltadas para o monopólio de mercado. Uma verdadeira economia compartilhada deve, por definição, respeitar os ganhos obtidos com dificuldade por todos os trabalhadores, independentemente de raça, gênero ou habilidade. A jornada de oito horas, o fim de semana, o feriado e as licenças pelas quais lutaram os movimentos de trabalhadores e os sindicatos não foram inovações econômicas menos importantes do que os antibióticos, o microchip e a internet.

Numa época em que os lucros são acumulados em níveis recordes, é importante entender o que levou aos acordos pelos quais as empresas reinvestiram os lucros em vez de acumulá-los. E a resposta é um governo confiante e capaz, que construiu sua própria capacidade de investir em oportunidades tecnológicas e, igualmente importante, de negociar o cenário que elas criam. Monopólios, como patentes, são contratos que precisam ser negociados. Uma parte (empresa) recebe proteção de seus lucros, a outra parte (governo) recebe benefícios para o público, seja por custos e preços mais baixos (por economias de escala), difusão de inovação (pela maneira como as patentes divulgam informações) ou reinvestimento dos lucros em áreas específicas consideradas benéficas para o crescimento — neste caso, a inovação.

Países em desenvolvimento estão acostumados com esses acordos em relação ao investimento estrangeiro: você vem e faz uso de nossos recursos desde que reinvista os lucros localmente para nos beneficiar. Mas negociações desse tipo estão amplamente ausentes do capitalismo ocidental moderno. Assim como os governos permitiram que as empresas usassem patentes para empreendimentos improdutivos em vez de produtivos, eles também permitiram que as empresas parassem de reinvestir seus lucros. Isso (talvez) não seria problema se esses lucros fossem gerados a partir de sua própria atividade, independentemente de fundos públicos. Mas, como argumentei ao longo deste capítulo, a tecnologia e as redes subjacentes foram produzidas de maneira coletiva. Devem, portanto, ser assim negociadas.

Uma questão fundamental por trás de todas essas considerações é a contribuição do governo para o crescimento econômico — o valor público. Por que, historicamente, os economistas não se referem a isso? E, acima de tudo, por que os governos agora perderam a confiança na luta pelo valor público, ao passo que antes limitavam o escopo das patentes ou pressionavam os monopólios para reinvestir os lucros? Trataremos desses assuntos no próximo capítulo.

8
Subvalorizando o setor público

O que importa ao governo não é fazer coisas que indivíduos já estão fazendo e fazê-las um pouco melhor ou um pouco pior; mas, sim, fazer o que, no momento, não é feito por ninguém.

John M. Keynes, *O fim do laissez-faire* (1926)[1]

A EDIÇÃO DE JANEIRO DE 2010 DA *The Economist* foi dedicada aos perigos do excesso de intervenção governamental. Uma grande imagem de um monstro adornava a capa da revista. O editorial opinou: "O mundo rico tem uma escolha clara: aprender com os erros do passado, ou então ver o Leviatã se transformar em um verdadeiro monstro". Em uma edição mais recente, dedicada às futuras revoluções tecnológicas, a revista foi explícita, insistindo que o governo deve ater-se a determinar as regras do jogo, investindo em setores básicos como educação e infraestrutura, mas deixando o caminho livre para que empresas revolucionárias possam operar sua mágica.[2]

Isso, naturalmente, não é de modo algum uma visão nova. Ao longo da história do pensamento econômico, o governo tem sido visto como necessário, mas improdutivo, perdulário e regulador, em vez de um criador de valor.

Os capítulos anteriores revelaram como os atores do setor financeiro e do Vale do Silício têm sido especialmente eloquentes em suas alegações megalomaníacas em relação à criação de riqueza, valendo-se dessas alegações para fazer lobby em prol de tratamentos favoráveis que, por sua vez, lhes permitiram colher recompensas desproporcionais ao valor que de fato criaram. Da mesma forma, outros atores têm sido recorrentes mas equivocadamente considerados "improdutivos".

Como vimos, o mundo financeiro, em última análise, é menos produtivo do que afirma ser. Neste capítulo, quero me voltar para o governo, um agente que fez mais do que lhe dão crédito e cuja capacidade de produzir valor tem sido seriamente subestimada — o que, na prática, permitiu que outros atores fortalecessem suas alegações acerca de seus papéis na criação de riqueza. Mas é difícil fazer uma defesa do governo quando o termo "valor público" não existe atualmente no discurso econômico. Pressupõe-se que o valor seja algo criado no setor privado; na melhor das hipóteses, o setor público "permite" que se crie valor.

O conceito de "valor público" existe há milênios, debatido na filosofia e na sociedade pelo menos desde a *Ética a Nicômaco*, de Aristóteles. É, no entanto, um assunto negligenciado no que diz respeito aos estudos econômicos. Há, é claro, o conceito importante de "bens públicos" na economia — bens cuja produção beneficia a todos e que, portanto, demandam provisão pública, uma vez que o setor privado produz menos do que o necessário. Contudo, como veremos, esse conceito também foi instrumentalizado no sentido de entravar a atividade governamental (restringindo as áreas específicas pelas quais é aceitável que o setor público se enverede) em vez de ajudar o governo a pensar criativamente sobre como ele produz valor na economia.

A tese de que o governo é ineficiente e de que seu papel ideal deve ser "limitado" para evitar perturbações no mercado é extremamente poderosa. Na melhor das hipóteses, reza a lenda, o governo deve simplesmente se concentrar na criação de condições que permitam às empresas investir e na manutenção dos fundamentos de uma economia próspera: a proteção da propriedade privada, o investimento em infraestrutura, o Estado de direito e um sistema eficiente de patenteamento. Depois disso, deve sair do caminho. Conhecer o seu lugar. Não interferir muito. Não regular demais. Mais importante, dizem-nos, o governo não "cria valor", simplesmente "facilita" sua criação e — se lhe permitem — redistribui valor através da tributação. Tais ideias são cuidadosamente elaboradas, eloquentemente expressas e persuasivas. Resultaram na visão que permeia a sociedade hoje: o governo drena

a energia do mercado, constituindo uma ameaça sempre presente ao dinamismo do setor privado.

Mas há uma área da teoria econômica dominante que reconhece — até enfatiza — um papel positivo a ser desempenhado pelo governo: sanar "falhas de mercado". Como discutido, falhas de mercado surgem quando o setor privado não investe o suficiente em uma área considerada importante para o benefício público (por exemplo, pesquisa básica, onde é tão difícil obter lucros) ou investe demais em áreas consideradas ruins para o benefício público (por exemplo, indústrias poluidoras, criando uma externalidade negativa não incorporada aos custos da empresa). Um subsídio do governo pode ser disponibilizado para o bem e um imposto pode ser aplicado sobre o mal. Mas a mensagem atual para o governo é: intervir somente se houver um problema; caso contrário, relaxe, concentre-se em construir as "condições" corretas para os negócios e deixe que o setor empresarial faça a sua parte, que é criar valor.

O VALOR DE TUDO

Embora essa seja a visão aceita acerca do papel do governo, um rápido exame da história do capitalismo revela outras histórias poderosas, porém menos simplistas, sobre o lugar do governo na economia. No meio da Segunda Guerra Mundial, Karl Polanyi, um pensador radical austro-húngaro que combinou o raciocínio da economia política com uma profunda compreensão de antropologia, história e filosofia, escreveu um livro muito importante: *A grande transformação*. Nessa obra, ele argumentava que os mercados não eram nem de longe "naturais" ou inevitáveis — pelo contrário, resultavam de ações políticas deliberadas: "O caminho para o livre mercado foi aberto e mantido por um enorme aumento no intervencionismo contínuo, centralmente organizado e controlado. Os administradores precisavam estar constantemente atentos a fim de garantir o livre funcionamento do sistema".[3]

Polanyi traçou a longa história dos mercados locais e internacionais. Nesse processo, mostrou que o mercado capitalista nacional — aquele estudado nas aulas de economia, com curvas de oferta e demanda — foi, na verdade, forçado a existir pela ação do Estado. O governo, afirmou Polanyi, não "distorce" o mercado. Pelo contrário, ele cria o mercado. Sendo direto: se não há Estado, não há mercado. Este não é um ponto normativo — o governo pode, claro, investir em áreas consideradas problemáticas, desde tecnologias de guerra até a tecnologia de *fracking*, contra as quais alguns têm argumentado fortemente. E é justo esse papel potencialmente poderoso que deve nos estimular a entender melhor no que o dinheiro dos contribuintes (ou dinheiro impresso) está sendo investido.

Conforme discutido no capítulo anterior, as políticas públicas têm sido cruciais para viabilizar e financiar tecnologias fundamentais, como a internet, essenciais para o sucesso do Vale do Silício. Nesse processo, o governo deu vida a novos mercados que surgiram a partir dessas tecnologias (a chamada economia ponto.com).

Essa visão histórica e institucional da relação dos mercados com o governo contrasta nitidamente com a atual ortodoxia vigente e não é encontrada na corrente principal da economia. Aqui — para usarmos termos técnicos por um momento — você só encontra o governo como participante nos modelos macroeconômicos que analisam o efeito da

SUBVALORIZANDO O SETOR PÚBLICO

regulação ou o efeito de um programa de estímulo sobre o PIB (através do multiplicador que discutiremos mais adiante no capítulo). Mas o governo está totalmente ausente do que na microeconomia é conhecido como a "função de produção": a relação entre a quantidade de rendimentos de um bem e a quantidade de insumos necessários para fazê-lo, ou, simplesmente, a análise de como as empresas se comportam. E assim pressupõe-se que é apenas nas empresas que o valor é criado. O governo é deixado fora da fronteira da produção.

Algumas teorias vão além. O governo, argumenta-se, é inatamente corrupto e passível de "captura" por interesses alheios ao coletivo. Como o governo é inerentemente improdutivo, se pudermos restringir o que ele faz, podemos reduzir as atividades improdutivas, melhorando assim as condições das atividades produtivas, orientando a economia para o crescimento. A conclusão lógica é que o governo deve ser refreado, despojado: talvez por cortes orçamentários, privatização de ativos públicos ou terceirização. Na linguagem contemporânea, "austeridade".

Este capítulo argumentará que a visão prevalecente sobre o governo está errada, que é mais um produto de parcialidade ideológica do que qualquer outra coisa. As histórias que se contam sobre o governo enfraqueceram sua confiança, limitaram o papel que pode desempenhar na formação da economia, subvalorizaram sua contribuição para a produção nacional, levaram erroneamente à excessiva privatização e terceirização, ignoraram a possibilidade de o contribuinte compartilhar das recompensas de um processo de criação de valor coletivo — público — e possibilitarem maior extração de valor. No entanto, essas histórias passaram a ser aceitas como "senso comum" — um termo que deve sempre ser tratado com cautela. Nós nos acostumamos a falar muito sobre os prós e os contras da austeridade. O debate sobre o governo, no entanto, não deve ser sobre seu tamanho ou seu orçamento. A verdadeira questão é qual o valor que o governo cria, pois perguntar sobre o papel dele na economia é inevitavelmente questionar seu valor intrínseco. O governo é produtivo ou improdutivo? Como medimos o valor das atividades do governo?

Os mitos da austeridade

Após o crash financeiro de 2008 — uma crise causada principalmente por dívidas privadas, e não públicas —, os governos salvaram o sistema capitalista do colapso. Não apenas bombearam dinheiro para o sistema financeiro, como também assumiram ativos privados. Alguns meses após o colapso do Lehman Brothers, o governo dos Estados Unidos estava no comando da General Motors e da Chrysler, o governo britânico administrava grandes bancos e, por toda a OCDE, os governos haviam comprometido o equivalente a 2,5% do PIB a fim de resgatar o sistema.

E, no entanto, ainda que a crise tenha sido causada por uma combinação de alta dívida privada e comportamento imprudente por parte do setor financeiro, a conclusão extraordinária foi que a culpa era dos governos — apesar do fato de que, por meio de resgates e estímulos anticíclicos, eles haviam na verdade salvado o sistema financeiro do colapso. Em vez de serem vistos como os heróis que intervieram para consertar a bagunça criada pelas finanças privadas, eles se tornaram os vilões. É claro que houve falhas de todos os lados — as taxas de juros anormais contribuíram para o aumento da dívida —, mas a narrativa foi retorcida a ponto de ficar irreconhecível. Essa distorção foi possível graças a uma ideia sustentada desde a década de 1970 de que, de alguma forma, o setor público é menos capaz de gerenciar o crescimento do que o setor privado. O que se seguiu foi um impulso em direção à austeridade em toda a Europa. E de maneira trágica, em vez de poderem voltar a investir nos níveis pré-recessão de produção e emprego, os países europeus mais fracos foram repetidamente instados pela "*troika*" (o FMI, o Banco Central Europeu e a Comissão Europeia) a cortar de modo radical os gastos públicos. Qualquer país cujos déficits orçamentários tenham crescido além do nível estipulado no Tratado de Maastricht foi penalizado severamente, segundo condições para resgates que até mesmo o FMI pró-austeridade admitiu mais tarde serem autodestrutivas.

Em suma, a austeridade pressupõe que a dívida pública é ruim para o crescimento e que a única maneira de reduzi-la é cortar os gastos do governo, gerando um excedente orçamentário, independentemente do possível custo social. Com a dívida reduzida até um nível não especi-

SUBVALORIZANDO O SETOR PÚBLICO

ficado e as finanças do governo "sanadas", o setor privado se verá livre para retomar a prosperidade.

A política de "austeridade" tem orientado as administrações de sucessivos ministros da Economia há quase uma década. Nos Estados Unidos, de Newt Gingrich nos anos 1990 aos cortes de gastos legalmente obrigatórios — sequestros — que se seguiram à última crise financeira, o Congresso periodicamente ameaçou paralisar o governo federal, a menos que metas orçamentárias mais baixas fossem cumpridas.

Mas essa fixação com austeridade a fim de reduzir a dívida esquece um ponto básico: o que importa é o crescimento de longo prazo, sua fonte (o que está sendo investido) e sua distribuição (quem colhe as recompensas). Se, através da austeridade, forem feitos cortes em áreas essenciais que criam a capacidade de crescimento futuro (educação, infraestrutura, população saudável), então o PIB (por mais mal definido que seja) não crescerá. Além disso, a ironia é que apenas cortar o déficit pode ter pouco efeito sobre a relação dívida/PIB se o denominador da razão estiver sendo seriamente afetado. E se os cortes causarem mais desigualdade — como o Instituto de Estudos Fiscais mostrou ser o caso com as medidas de austeridade do Reino Unido nos últimos anos —, o consumo só pode crescer por meio de dívida (por exemplo, cartões de crédito), que mantém o poder de compra. Em vez disso, se o investimento público é feito em áreas como infraestrutura, inovação, educação e saúde, dando origem a sociedades saudáveis e criando oportunidades para todos, as receitas fiscais provavelmente aumentarão e a dívida cairá em relação ao PIB.

É crucial entender que a política econômica não é conduzida cientificamente. Você pode impor austeridade e torcer para que a economia cresça, mesmo que tal política prejudique a demanda; ou você pode se concentrar em investir em áreas como saúde, treinamento, educação, pesquisa e infraestrutura com a crença de que são fundamentais para o crescimento de longo prazo do PIB. No final, a escolha da política depende fortemente da perspectiva sobre o papel do governo na economia — ele é fundamental para criar valor ou, na melhor das hipóteses, é um torcedor nas margens do campo?

O VALOR DE TUDO

NÚMEROS MÁGICOS

O debate atual sobre a austeridade tem evitado qualquer menção ao valor público. Nem moderados nem radicais questionaram seriamente a teoria do valor que sustenta a compreensão do "senso comum" acerca dos processos de mercado. Uma das principais razões para essa falta de curiosidade é que ambos os campos parecem ter sido escravizados pelos chamados números "mágicos" que têm determinado o debate.

Quando, em 1992, pelo Tratado de Maastricht, a integração europeia foi consolidada, constavam diversas obrigações que os países signatários precisaram subscrever, uma das quais se referia ao controle dos gastos. A dívida pública total deveria ser limitada a 60% do PIB, com déficits anuais (dívida é o acúmulo de déficits) não superiores a 3% do PIB. Esses números pretendem estabelecer limites objetivos ao endividamento do governo. Mas de onde eles vêm? Você pode imaginar que eles são determinados por meio de algum tipo de processo científico; se sim, você está equivocado. Esses números são tirados do nada, apoiados nem pela teoria, nem pela prática.

Vamos começar pelas dívidas. Em 2010, a *American Economic Review* publicou um artigo de dois importantes economistas, professores da Universidade de Harvard: Carmen Reinhart, classificada no ano seguinte pela revista *Bloomberg Markets* entre as "cinquenta pessoas mais influentes das finanças", e Kenneth Rogoff, ex-economista-chefe do FMI.[4] Nesse artigo, o par afirmou que, quando o tamanho da dívida do governo (como proporção do PIB) é superior a 90% (bem superior aos 60% do Tratado de Maastricht, mas ainda inferior ao de muitos países), o crescimento econômico cai. Os resultados mostraram que os países ricos cuja dívida pública superou esse percentual experimentaram uma queda acentuada na taxa de crescimento no período 1946--2009. Essa foi uma descoberta importante, pois os níveis da dívida pública de muitos países estão próximos ou excedem esse percentual. Segundo dados do FMI, a relação dívida/ PIB dos Estados Unidos era de 64% em 2007 e 105% em 2014. Para o Reino Unido, os números equivalentes eram de 44% e 81%; para a União Europeia, 58% e 88%, e para a zona do euro, 65% e 94%.

292

SUBVALORIZANDO O SETOR PÚBLICO

Cientes de que o argumento claramente dava munição aos defensores do Estado mínimo, os autores se apressaram a garantir a seus leitores que não tinham interesse no jogo: o argumento não apresentava fundamento ideológico e se baseava puramente em dados empíricos. Chegaram a enfatizar que suas pesquisas não tinham uma teoria do governo subjacente: "nossa abordagem aqui", enfatizaram, "é decididamente empírica".[5]

Previsivelmente, políticos e tecnocratas ansiosos por "equilibrar" os gastos públicos aproveitaram as pesquisas de Reinhart e Rogoff, que se mostraram altamente influentes no debate pós-crise de 2008 sobre medidas de austeridade. Em seu Plano de Orçamento Federal para 2013, aprovado pela Câmara dos Deputados dos Estados Unidos, o congressista republicano Paul Ryan citou o estudo como evidência do impacto negativo da alta dívida do governo no crescimento econômico. O mesmo estudo também inspirou as políticas de austeridade propostas pelo então chanceler do Reino Unido, George Osborne, e pelo comissário de Economia da UE, Olli Rehn.

Também em 2013, como parte de seus estudos de doutorado, Thomas Herndon, um estudante de 28 anos da Universidade de Massachusetts em Amherst, testou os dados de Reinhart e Rogoff[6] e não conseguiu replicar seus resultados: os cálculos não mostravam nenhuma queda acentuada nas taxas de crescimento quando a dívida era alta. Examinando os dados dos professores, Herndon encontrou um erro básico na planilha, além de inconsistências quanto aos países e dados citados.[7] Em dois artigos do *New York Times*,[8] os professores defenderam seus resultados gerais, mas reconheceram que havia erros na planilha. Os números mágicos não eram tão mágicos, afinal.

Passemos agora para o outro número mágico tão caro aos economistas da UE: o número três. Os países da "periferia" da zona do euro foram instados a restaurar sua competitividade reduzindo o Estado. Em consonância com os critérios de Maastricht, resgates para países como Chipre, Grécia, Irlanda e Portugal foram condicionados ao corte de gastos. Se esses gastos ultrapassassem 3% do PIB, os resgates ficavam comprometidos. Entre 2010 e 2017, a Grécia recebeu 260 bilhões de euros em ajuda de resgate, em troca da redução dos gastos do Estado.

No entanto, uma vez que os problemas eram muito estruturais para serem resolvidos por meio de uma simples medida de "austeridade", os cortes levaram o país a uma profunda recessão, que evoluiu em seguida para uma depressão completa. Por fim, em vez de diminuir a dívida da Grécia, a falta de crescimento fez com que a relação dívida/ PIB aumentasse para 179%. A cura está matando o paciente.

Esse foco obsessivo nos déficits dos países ignora uma dura realidade. Algumas das nações mais fracas da zona do euro tiveram déficits menores do que as mais fortes — a Alemanha, por exemplo. O que importa não é o déficit, mas o que o governo está fazendo com seus fundos. Enquanto os fundos forem investidos de forma produtiva em setores como saúde, educação, pesquisa e outros que estimulem a produtividade, o denominador da relação dívida/ PIB aumentará, mantendo a proporção sob controle.

A Itália é outro exemplo gritante de como os números mágicos não funcionam. Nas duas últimas décadas, o déficit orçamentário da Itália foi menor do que o da Alemanha, raramente excedendo o limite de 3% especificado para a adesão ao euro. De fato, a Itália tem superávit primário desde 1991, com exceção de 2009. E, no entanto, a Itália tem razão dívida/ PIB alta, que só cresce: 133% em 2015,[9] muito acima do teto de 60%. A razão é menos afetada pelo numerador (o déficit orçamental) do que pela falta de investimento público e privado que determina o denominador (crescimento do PIB). Após três anos consecutivos de austeridade, o PIB cresceu apenas 1% em 2015 (0,1% em 2014, 0,9% em 2016). (Na verdade, os anos de austeridade foram responsáveis por uma queda notável no PIB real: –2,8% em 2012, –1,7% em 2013.) Então, por que a economia estagnou? A resposta é complicada, mas em parte é resultado de investimentos inadequados em áreas que aumentam o PIB, como treinamento vocacional, novas tecnologias e P&D. Para piorar a situação, um arrocho prolongado nos gastos do governo enfraqueceu a demanda na economia italiana e reduziu o incentivo para investir.

Ainda assim, a política da zona do euro persiste cegamente na visão convencional de que a austeridade é a solução e de que esse crescimento inadequado indica austeridade insuficiente. Em 2014, em um ataque pungente à economia política da zona do euro,[10] Joseph Stiglitz

SUBVALORIZANDO O SETOR PÚBLICO

escreveu: "A austeridade falhou. Mas seus defensores estão dispostos a reivindicar a vitória com base nas evidências mais fracas possíveis: a economia não está mais entrando em colapso, então a austeridade deve estar funcionando! Mas se esse é o ponto de referência, poderíamos dizer que pular de um penhasco é a melhor maneira de descer de uma montanha; afinal, em algum momento, a queda também é interrompida". A política de austeridade de cortar impostos e gastos do governo não reaviva o investimento e o crescimento econômico quando o problema real é a demanda fraca. E, em países como Grécia e Espanha, onde 50% dos jovens não conseguem encontrar trabalho, a adoção de políticas que não afetam o investimento — e, portanto, a geração de empregos — significa que uma geração inteira pode perder seu direito a um futuro próspero.

As questões da dívida pública e os déficits orçamentários são frequentemente confundidos com a questão do tamanho do governo, em geral medidos como a razão entre os seus gastos e o tamanho da economia. No entanto, ainda não há números mágicos que indiquem o que é muito grande ou muito pequeno. A França, frequentemente apontada como um exemplo de "governo inchado", tem uma relação despesa de governo e PIB de 58%. Os gastos do governo do Reino Unido também costumam ser considerados bastante grandes, mas sua proporção — por volta de 40% — não é muito diferente da dos Estados Unidos, em 36%, embora os Estados Unidos sejam com frequência citados como um exemplo de "governo pequeno". Surpreendentemente, a China, muitas vezes percebida como uma economia estatizada, tem uma proporção de apenas 30%.

No entanto, pesquisas recentes sobre o impacto do tamanho do governo no crescimento econômico descobriram quase unanimemente que um governo reduzido é "ruim" se, por exemplo, não pode sequer manter a infraestrutura básica, o Estado de direito (pelo financiamento da polícia, por exemplo) e as necessidades educacionais da população. Por outro lado, a mesma pesquisa conclui que um governo grande pode ser "ruim" se for resultado de uma atividade que exclua ("reduza") o setor privado[11] ou restrinja indevidamente a atividade desse setor e interfira muito na vida das pessoas.[12] Contudo, dentro desses limites bastante óbvios, o tamanho ideal do governo é difícil de quantificar — até porque depende muito do que você quer que o governo faça e como você valoriza a atividade governamental. E aqui temos um problema: tem havido uma carência de pensamento por parte dos economistas — tanto historicamente quanto nas últimas décadas — sobre o valor criado pelo governo.

O valor do governo na história do pensamento econômico

A ciência econômica emergiu como disciplina em grande parte para afirmar a primazia produtiva do setor privado.

Começando pelos fisiocratas franceses, os economistas descobriram que o governo era essencial para o funcionamento ordenado da sociedade e, portanto, para estabelecer as condições necessárias à produção de valor. Mas em si mesmo o governo não era inerentemente produtivo; era, antes, uma força estabilizadora. Diante do rei Luís xv, os fisiocratas defenderam o laissez-faire — evitar o microgerenciamento da economia pela máxima extração de ouro, perturbando o intricado mecanismo pelo qual o valor era realmente criado:[13] a produtividade da terra, em vez do acúmulo de metais preciosos. Vimos no capítulo 1 como, de acordo com o *Tableau Économique* de Quesnay, o valor produzido na agricultura fluía pela economia. Mas o governo estava ausente, "improdutivo". Como parte da classe dominante, os membros do governo conseguiam uma parte do valor distribuído simplesmente porque estavam no poder.[14]

No entanto, Quesnay sabia que o *Tableau* não funcionava por si só. Havia algo para ser "governado". Quesnay argumentou que a riqueza da nação só poderia ser sustentada através de um "adequado gerenciamento por parte da administração geral" — o que chamaríamos de regulamentação governamental.[15] Ele achava que a livre concorrência beneficiaria melhor a economia, mas, para isso, longe de excluir o governo, defendia um Estado ativo que rompesse monopólios e estabelecesse as condições institucionais necessárias para que a concorrência e o livre-comércio florescessem e a criação de valor prosperasse.[16]

SUBVALORIZANDO O SETOR PÚBLICO

Adam Smith, por sua vez, dedicou o quinto livro de *A riqueza das nações* ao papel do governo na economia. Seu objetivo não era apenas explicar a prosperidade da nação, mas também "fornecer ao Estado ou à comunidade uma receita suficiente para os serviços públicos".[17] Como Quesnay, Smith acreditava que o Estado era necessário. De fato, ele estava convencido de que a riqueza nacional só poderia ser aumentada através da divisão do trabalho em uma "sociedade bem governada",[18] na qual ele destacava três funções cruciais do governo: os militares, o Judiciário e outros serviços públicos, tal como o provimento de infraestrutura.[19] Esses são bens públicos — produtores não podem excluir ninguém de consumi-los. Para Smith, esses bens públicos tinham que ser pagos pelo Estado;[20] portanto, algum tipo de tributação era necessário.

David Ricardo foi talvez o mais antigoverno dos economistas clássicos. Embora o título de sua obra *Princípios de economia política e tributação* contenha uma atividade-chave do governo (tributação), ele nunca considerou como a tributação poderia permitir que os gastos do governo incentivassem a produção e, portanto, a criação de valor. Para Ricardo, os impostos são a "parcela da produção da terra e da mão de obra, colocada à disposição do governo" para gastar em áreas como a educação.[21] Se esses gastos forem muito altos, escreve ele, o capital do país diminuirá, e "aflição e ruína se abaterão".[22] Ricardo nunca pergunta, como Smith, se alguns impostos são necessários para ajudar os capitalistas a realizarem a produção. Ele pressupõe infraestrutura — o Judiciário e assim por diante — como dada. Com efeito, Ricardo restringe a produção de valor econômico estritamente à esfera privada. Admirando os argumentos analíticos rigorosos de Ricardo, em comparação com a abordagem filosófica e política mais fluida e interdisciplinar de Smith, os economistas o seguiram e excluíram o governo do setor produtivo.

A visão de Marx acerca do governo, por sua vez, derivava de sua visão materialista da história, segundo a qual a organização da sociedade (incluindo estruturas governamentais) reflete o sistema econômico (que ele chamou de modo de produção) e as relações sociais subjacentes: a interação entre classes. Assim, em sua opinião, sob o "modo de produção" capitalista — baseado na mais-valia gerada pela exploração do trabalho —, o governo e a lei refletiam as necessidades dos capitalistas.

O VALOR DE TUDO

Marx ridicularizava alguns seguidores de Smith e Ricardo que acusavam as autoridades estatais de agirem como "parasitas dos verdadeiros produtores" e que depois perceberam que, no fim das contas, tais autoridades eram necessárias para a manutenção do sistema capitalista. No entanto, Marx, como Smith antes dele, embora enfatizasse a necessidade de algumas funções do Estado, pôs funcionários do Estado na categoria de trabalhadores improdutivos, fora da fronteira da produção. A classe capitalista tinha interesse em manter o Estado em condições fortes o suficiente para garantir o Estado de direito e promover seus interesses de classe — mas nada mais do que isso: "O executivo do Estado moderno nada mais é do que um comitê para administrar os assuntos comuns da burguesia".[23] A questão que preocupava Marx era o que constituía o tamanho "certo" do governo que lhe possibilitasse fornecer os serviços necessários sem extrair lucros adicionais.

Embora os economistas neoclássicos tenham rompido com a teoria do valor-trabalho, eles não se afastaram da visão de seus predecessores de que o governo era necessário, mas improdutivo. Utilidade marginal, como vimos, localiza o valor no preço de qualquer transação que ocorra livremente no mercado. Segundo essa perspectiva, o governo não produz nada: não pode criar valor. E a principal fonte de renda do governo são os impostos, que são uma transferência do valor existente criado no setor privado.

O imensamente influente Alfred Marshall foi bastante sutil na discussão sobre a vida econômica em seus *Princípios de economia*, mas ainda recomendava que os economistas evitassem "tanto quanto possível" a discussão de assuntos associados ao governo.[24] Ele acreditava que a interferência ou regulamentação por parte do governo sobre o mercado dava-se muitas vezes em resposta a tentativas veladas de fraudar o mercado a seu favor (ou seja, o governo seria "capturado" por tais interesses), prejudicando apenas determinado concorrente, em vez de beneficiar a sociedade como um todo.[25]

Keynes e governo anticíclico

Para o cidadão comum, entretanto, talvez não seja tão óbvio que o governo não crie valor. Já vimos três maneiras pelas quais ele o faz: resgatando bancos, investindo em infraestrutura, educação e ciência básica, e financiando tecnologias inovadoras e radicais que estão transformando nossas vidas.

O ponto crucial é que muitas dessas atividades envolvem *correr riscos* e *fazer investimentos* — exatamente o que a austeridade não permite — e, assim, criam valor. Esse valor, contudo, não é facilmente visível, pela simples razão de que grande parte dele vai para os bolsos do setor privado. Um homem entendeu esse problema, ao menos parcialmente: John Maynard Keynes.

Quando, em 1929, deflagrou-se a crise econômica global, a recuperação parecia incerta. A Grande Depressão destruiu a ideia de progresso econômico ilimitado, pois, ao contrário do que previa o consenso teórico prevalente, a economia não se recuperou sozinha. A explicação de Keynes para esse fenômeno implicava um afastamento radical dos consensos da época.[26] Os mercados, afirmou ele, são inerentemente instáveis e, em recessão, podem permanecer "em uma condição crônica de atividade subnormal por um período considerável, sem qualquer tendência específica, seja em direção à recuperação, seja em direção ao colapso total".[27] Nessas circunstâncias, ressaltou, o papel do governo é crucial: é o "investidor de última instância".

Lembremo-nos de que Keynes, em sua *Teoria geral*, mostrara-se preocupado em explicar como uma economia poderia se ver em um estado de "desemprego involuntário" devido à demanda insuficiente — ou seja, trabalhadores que queriam trabalho não conseguiam encontrá-lo. Isso, segundo ele, produziria um nível baixo de PIB, comparado a uma situação em que a economia estivesse operando a plena capacidade (e pleno emprego). A teoria econômica neoclássica é inadequada para explicar essa situação, pois pressupõe que as pessoas escolhem o que preferem, incluindo quanto trabalho "fornecem" ao mercado a determinado preço (o salário) e que o mercado organiza as coisas de tal modo que todos extraiam o máximo de utilidade. Nesse ponto de vista, o desemprego se torna voluntário.

O VALOR DE TUDO

Keynes descartou a suposição de que a oferta cria sua própria demanda. Argumentou, em vez disso, que as expectativas dos produtores quanto à demanda e ao consumo determinam seu investimento e, consequentemente, o emprego e a produção que daí decorrem;[28] portanto, baixas expectativas poderiam levar a um estado de subemprego. Isso ele chamou de "princípio da demanda efetiva": o investimento pode cair como resultado de expectativas ou apostas no futuro — e como nos ensinou a crise financeira de 2008, tais apostas podem acabar terrivelmente mal.

Associado a essa teoria, Keynes propôs um novo papel para o governo. Quando o setor privado corta a produção em tempos de expectativas pessimistas sobre demanda, argumentou, o governo poderia intervir positivamente, aumentando a demanda por meio de gastos adicionais, o que por sua vez levaria a expectativas mais positivas sobre o consumo futuro e induziria o setor privado a investir, tendo como resultado um PIB elevado.

Na macroeconomia de Keynes, portanto, o governo cria valor porque permite que a economia produza bens e serviços numa quantidade maior do que produziria sem o envolvimento do governo. Essa foi uma mudança fundamental na forma como encaramos o seu papel na economia. Para Keynes, o governo era de fato essencial, pois poderia criar valor reaquecendo a demanda — precisamente quando a demanda poderia ser baixa, como nas recessões, ou quando a confiança dos empresários está abalada.

É claro que o governo teria de pedir dinheiro emprestado para financiar esse gasto, o que implica uma dívida do governo maior em uma economia em recessão. Mas a dívida maior é produto de uma crise, não sua causa. Keynes argumentou que esse aumento da dívida não deveria preocupar excessivamente o governo. Uma vez que a recuperação estivesse em andamento, a necessidade de grandes déficits desapareceria, e a dívida poderia ser quitada.

O conceito de Keynes de uma recuperação conduzida pelo déficit rapidamente conquistou governos. Foi aplicado mais intensamente no final da década de 1930 para estimular o crescimento pós-Depressão e, no início da década de 1940, como despesas de guerra. Espalhan-

300

SUBVALORIZANDO O SETOR PÚBLICO

do-se rapidamente após a Segunda Guerra Mundial, as ideias de Keynes foram amplamente creditadas como geradoras da prosperidade sem precedentes das três décadas do pós-guerra — as *trente glorieuses*. No final do século XX, as ideias de Keynes lhe renderam um lugar na lista das cem pessoas mais importantes do século da revista *Time*: "Sua ideia radical — de que os governos deveriam gastar dinheiro que não têm — pode ter salvado o capitalismo".[29] No fim, essas palavras revelaram-se proféticas. Cerca de oitenta anos após a publicação da *Teoria geral*, na esteira da crise financeira, os governos de todo o mundo introduziram pacotes de estímulo: uma medida que deve muito a Keynes.

No fim, contudo, Keynes trilhou apenas parte do caminho. Ele mudou nossa maneira de pensar sobre como o governo pode criar valor em tempos difíceis por meio de políticas anticíclicas; mas ele e seus seguidores tinham muito menos a dizer sobre como isso pode se dar também em tempos de prosperidade. Mesmo quando o keynesianismo e a expansão econômica do pós-guerra estavam no auge, vozes dissidentes podiam ser ouvidas. Com muito engenho, o americano Paul Samuelson (1915-2009) — um dos economistas mais influentes da segunda metade do século XX, professor do Instituto de Tecnologia de Massachusetts e o primeiro americano a ganhar o prêmio Nobel de economia — tentou provar que a teoria neoclássica poderia explicar como a economia se comportava em tempos normais, exceto quando períodos recessivos faziam com que políticas monetárias tivessem pouco efeito: isto é, quando a elevação da oferta monetária não diminui as taxas de juros e só aumenta os saldos ociosos em vez de estimular o crescimento (a chamada "armadilha da liquidez"). Em essência, Samuelson argumentou que, em tempos econômicos normais, havia pouca necessidade de os governos tentarem administrar a economia seguindo parâmetros keynesianos e que a intervenção governamental (visando, por exemplo, aumentar o emprego), nesses casos, levaria apenas à alta da inflação.

Na década de 1970, a inflação começou a aumentar, abrindo caminho para os monetaristas, liderados por Milton Friedman. Libertário, Friedman rejeitava a ideia de que gastos do governo são benéficos, argumentando que levam quase sempre à inflação, sem perceber que isso pressupõe uma situação em que a economia já está operando a plena capacidade, de modo que qualquer demanda extra (estimulada pelo governo) resultaria em preços mais altos. Mas o ponto principal de Keynes era que a economia estaria frequentemente trabalhando em uma situação de capacidade subutilizada. Para Friedman, o que importava era controlar a quantidade de dinheiro na economia. Os novos clássicos também desafiavam Keynes, argumentando que os gastos do governo eram inúteis e apenas desestimulavam o investimento privado. Segundo eles, um aumento no déficit público eleva a taxa de juros (devido ao efeito da emissão de títulos sobre as taxas de juros), que, por sua vez, diminui o montante do investimento privado. Por essas razões, o papel do governo deve se restringir a incentivar produtores e trabalhadores individuais a fornecer mais produtos e mão de obra — cortando impostos, por exemplo.

Os novos clássicos, no entanto, entenderam mal como as taxas de juros afetam o investimento. Primeiro, as taxas de juros não são um fenômeno de mercado determinado pela oferta e demanda. Em vez disso, são estabelecidas e controladas pelo Banco Central por meio da política monetária,[30] e o aumento nas despesas do governo financiadas pelo déficit não eleva a taxa de juros. Em segundo lugar, taxas de juros mais baixas não levam necessariamente a um investimento maior, dado que as empresas tendem a ser menos sensíveis às taxas de juros e mais sensíveis às expectativas de onde estão as oportunidades de crescimento futuro. E são precisamente essas oportunidades que são moldadas pelo investimento ativo do governo, como vimos no capítulo 7.

O governo nas contas públicas

Como vimos no capítulo 3, as contas públicas foram altamente influenciadas pelo pensamento de Keynes. O PIB pode ser calculado de três maneiras: produção, receita e despesa. Apesar de seu tamanho e importância na economia, a palavra "governo" raramente aparece nas discussões de produção e renda. Em vez disso, no mais das vezes é examinado simplesmente em termos de despesas — como o valor é produzido e o ganho é gasto.

SUBVALORIZANDO O SETOR PÚBLICO

Para Keynes, eram necessários gastos públicos adicionais para garantir que as economias não se vissem constantemente propensas a recessões e depressões; comprando bens, o governo acrescentava ao PIB pelo lado da despesa para compensar o que muitas vezes era investimento empresarial muito baixo. O método contábil adotado era simplesmente somar os custos de produção do governo, subtrair insumos intermediários e equacionar a diferença — basicamente, os salários dos funcionários públicos — com a produção do governo. Embora o governo tenha desempenhado um papel ativo na contabilidade nacional, sua imagem ainda era a de um grande gastador, e não a de um produtor.

Isso tudo é extremamente importante. As contas parecem dizer que o governo apenas gasta impostos das empresas que adicionam valor. Mas será verdade?

As contas nacionais não conseguem captar a quantidade total do valor adicionado pelo governo e apresentam várias premissas problemáticas. Em primeiro lugar, as contas nacionais consideram a maior parte do valor adicionado pelo governo apenas como custos, principalmente como pagamentos para funcionários públicos; a atividade governamental carece de um superávit operacional, o que aumentaria seu valor adicionado. Comparemos com o setor privado. A participação da remuneração no valor adicionado do setor privado raramente é superior a 70%. Com base nisso, seria possível dizer que o valor adicionado do governo é, em média, apenas 70% do que deveria ser.

Em segundo lugar, pressupõe-se que o retorno dos investimentos feitos pelo governo é zero; por essa lógica, não gera excedente. Se fosse maior que zero, transparecia como excedente operacional. Os Estados Unidos não distinguiram oficialmente os gastos públicos correntes (por exemplo, custos para administrar necessidades cotidianas do governo, como salários dos funcionários públicos) e gastos de capital (por exemplo, para financiar novas infraestruturas) até os anos 1990, o que fortaleceu a impressão dos contabilistas de que o governo apenas *gastou* dinheiro. Mas é claro que abundam investimentos vitais do governo: exemplos óbvios incluem projetos de infraestrutura, como o sistema rodoviário interestadual federal nos Estados Unidos ou as rodovias no Reino Unido. Não faz sentido simplesmente supor que o retorno dos

enormes investimentos do governo é zero, quando investimentos semelhantes do setor privado produzem retorno. Além disso, é perfeitamente
possível estimar um retorno. Uma maneira de fazer isso é presumir uma
taxa de retorno de mercado, como o rendimento de títulos municipais
— o retorno geral dos títulos emitidos pelas cidades.[31] O ponto crucial
aqui é que o retorno zero a partir de investimentos do governo é uma
escolha política, não uma inevitabilidade científica.

Em terceiro lugar, supor que o valor do que o governo produz iguala
o valor do insumo significa que as atividades do governo não podem
aumentar a produtividade da economia de maneira significativa: um
aumento da produtividade, afinal de contas, é obtido pelo crescimento da
produção que ultrapassa o crescimento de insumos. Mas se a produção
do governo é definida simplesmente como o custo para se fazer algo,
então um aumento na produção sempre exigirá o mesmo aumento nos
insumos. Em 1998, o Escritório de Estatísticas Nacionais do Reino Unido
começou a medir a produção do setor público implementando diferentes
indicadores físicos, por exemplo, o número de pessoas beneficiadas pelos
serviços públicos (em áreas como saúde, educação e seguridade social)
a cada libra gasta. Em 2005, o economista britânico Sir Anthony Atkinson (1944-2017) aprimorou esse mecanismo, introduzindo mudanças
importantes nas medidas quantitativas de cada serviço público, juntamente com a elaboração de algumas medidas qualitativas para a saúde
e a educação.[32] Curiosamente, quando essas mudanças foram aplicadas,
constatou-se que a produtividade caiu em média 0,3% ao ano entre 1998
e 2008.[33] A produtividade aumentou significativamente apenas após a
crise financeira. O aumento, contudo, foi o resultado da diminuição das
despesas, não do crescimento da produção. A austeridade visava reduzir
os insumos (gastos do governo), produzindo ao mesmo tempo os "mesmos" resultados.[34] Não é de surpreender que esse tipo de "melhoria" na
produtividade não resulte em melhores serviços — basta olharmos para
os longos tempos de espera no Serviço Nacional de Saúde inglês.

Em quarto lugar, governos geralmente possuem empresas produtivas, como ferrovias, serviços postais ou fornecedores de energia. Mas,
por convenção contábil, as empresas estatais que vendem produtos a
preços de mercado são contadas como privadas no valor adicionado do

SUBVALORIZANDO O SETOR PÚBLICO

setor relevante: as ferrovias públicas fazem parte do setor de transporte, não do setor governamental. Mesmo que as corporações estatais obtenham lucros (e, nas estatísticas, maiores lucros significam maior valor adicionado), seus lucros são contabilizados no setor industrial para o qual trabalham, não no setor do "governo". Assim, se a ferrovia estatal alcançar vendas e lucros enormes (alto valor adicionado), ela aumentará o valor adicionado do setor de transportes, mesmo que esse setor talvez tenha sucesso apenas por causa da propriedade estatal. Somente entidades de propriedade do governo que não vendem a preços de mercado são, por definição, incluídas no setor governamental. Em suma, do ponto de vista da contabilidade nacional, não é considerado governo se estiver empenhado na produção de mercado. Assim, no caso da educação pública gratuita, embora o aumento do número de professores possa aumentar o PIB (porque eles são pagos), o valor que eles realmente produzem não aumenta o PIB. Tudo isso significa que o governo só pode elevar o seu valor adicionado por meio de produção fora do mercado, obscurecendo assim a verdadeira importância do governo na economia: o valor que as empresas governamentais de fato adicionam não transparece nas estatísticas oficiais, nem o valor que a educação ou a saúde geram.

Essas regras foram feitas buscando uma maneira simples e direta de explicar a atividade econômica. No entanto, quando levamos em consideração as fraquezas combinadas das convenções dessa contabilidade — o governo é arrolado junto com as famílias como consumidor "final" e não pode produzir excedentes, nem ganhar retornos, aumentar sua produtividade ou aumentar o valor adicionado por meio da produção de mercado —, é inevitável notar que, enquanto todos os esforços foram feitos para retratar o setor financeiro como produtivo, o oposto parece ser verdadeiro para o governo. Simplesmente por causa da maneira como a produtividade é definida, o fato de que o gasto do governo é maior do que o valor adicionado reforça a ideia amplamente difundida de que o governo, "improdutivo", precisa recolher antes de poder gastar. Esse pensamento, por definição, restringe o quanto o governo pode influenciar o curso da economia. Ele sustenta a teoria da austeridade. E é consequência de fábulas sobre o governo contadas ao longo de vários séculos.

305

MULTIPLICANDO VALOR

As contas nacionais não consideram a interação entre o gasto público e outros componentes de produção, consumo, investimento e exportações líquidas.

Para entender essa interconexão, os economistas estimam o valor do que é chamado de "multiplicador". O multiplicador foi uma razão importante para a visão positiva de Keynes acerca do governo. Desenvolvido por Richard Kahn (1905-89), aluno e colega de Keynes em Cambridge, e aplicado pelo próprio Keynes, o conceito de multiplicador formalizou a ideia de que os gastos governamentais estimulariam a economia. Literalmente: cada libra que o governo gastava seria multiplicada, pois a demanda criada levaria a várias outras rodadas de gastos adicionais. É importante ressaltar que a abordagem keynesiana também quantificou o tamanho do multiplicador, de modo que os legisladores — que rapidamente adotaram a ideia — poderiam apoiar seus argumentos a favor de gastos de estímulo com números concretos.[35]

Mais precisamente, o multiplicador se refere ao efeito que um aumento no gasto (demanda) tem sobre a produção total. Sua importância está no fato de que, na opinião de Keynes e Kahn, os gastos do governo beneficiam a economia muito além da demanda que geram. A empresa de quem o governo adquire seus bens adicionais — digamos, concreto para estradas — paga salário a seus trabalhadores, que gastam a renda extra em novos bens — digamos televisores de tela plana —, produzidos por outra empresa, cujos funcionários, por sua vez, terão mais para gastar — digamos, nas férias na praia —, e assim por diante, multiplicando-se pela economia. A demanda adicional do governo cria várias rodadas subsequentes de gastos, multiplicando o valor original despendido. Os gastos governamentais em recessão foram vistos como especialmente poderosos para recuperar a economia, já que seu efeito sobre a produção global foi muito maior do que o valor real investido.

Essa ideia poderosa e importante inevitavelmente causou controvérsia, em particular sobre o tamanho do multiplicador — isto é, quanto uma libra de gastos do governo geraria de fato na economia. A vasta literatura sobre o assunto pode ser dividida em duas escolas de pensamento: a "nova clássica" e a keynesiana.

De acordo com os "novos clássicos", proponentes das medidas de austeridade fiscal, o valor do multiplicador é inferior a um ou mesmo negativo.[36] Com base nisso, podem argumentar que o gasto público tem um efeito não keynesiano na produção. Em outras palavras, um aumento de uma libra na despesa pública deve gerar menos de uma libra ou mesmo ter um efeito negativo sobre o PIB total, porque desestimula o investimento privado. No caso de um multiplicador negativo, pressupõem que a despesa pública *destrói* o valor, uma vez que o aumento de uma libra na despesa pública é mais do que compensado por uma diminuição nos outros componentes do PIB: consumo, investimento e exportações líquidas.

No entanto, a visão keynesiana tem sido revivida recentemente, pois foi demonstrado que as medidas de austeridade implementadas, por exemplo, nos países do sul da Europa levaram a uma queda na produção total e, consequentemente, a um aumento do desemprego, em vez do crescimento do PIB e elevação do emprego. O fraco desempenho econômico desses países põe em questão a prescrição de austeridade dos "novos clássicos". Estudos recentes do FMI também sugeriram que os gastos do governo têm um efeito positivo na produção[37] e que o valor do multiplicador é maior do que um — para ser preciso, 1,5.[38] Um aumento de uma libra da despesa pública leva a um aumento na produção total de 1,5 libra. Em suma, mais credibilidade está sendo dada à visão de que os gastos do governo não destroem o valor privado, antes criam valor adicionado ao estimular o investimento e o consumo privados.

Teoria da escolha pública: racionalizando a privatização e a terceirização

A reação contra o governo nos anos 1980 foi em parte impulsionada pela noção de que as economias deveriam se preocupar mais com "falhas do governo" do que com "falhas de mercado". Falha de governo surgiu como um conceito da teoria da escolha pública, um conjunto de ideias intimamente associadas a economistas como o americano James

O VALOR DE TUDO

Buchanan e à Universidade de Chicago, onde Buchanan estudou. Em 1986, ele recebeu o prêmio Nobel de economia.

A teoria da escolha pública argumenta que o fracasso do governo é provocado por interesses privados que "capturam" políticos por meio de nepotismo, clientelismo, corrupção ou rentismo,[39] má alocação de recursos, como investir dinheiro público em novas tecnologias malsucedidas (escolhendo perdedores)[40] ou competição indevida com iniciativas privadas (saturando com a presença do governo o que de outra forma poderia constituir um investimento privado de sucesso).[41]

A teoria da escolha pública enfatiza que a política deve ser vigilante para garantir que os ganhos da intervenção do governo na economia superem os custos de seus fracassos.[42] A ideia é que existe um compromisso entre dois resultados ineficientes: um gerado pelos mercados livres (falhas de mercado) e o outro pela intervenção governamental (falha de governo). A solução defendida por um grupo de economistas chamados de neokeynesianos (pessoas que partem de ideias de Keynes) é se concentrar em corrigir apenas alguns fracassos, como aqueles que surgem de externalidades positivas ou negativas. O primeiro pode incluir "bens públicos" como pesquisa básica, que o governo precisa financiar quando o setor privado não o faz (uma vez que é difícil obter lucros nessa área), enquanto o segundo pode envolver os custos de poluição que as empresas não incluem na contabilidade de seus custos regulares, de modo que o governo talvez precise adicionar esse custo por meio de um imposto sobre o carbono.[43] Assim, enquanto os teóricos da escolha pública se preocupam mais com os fracassos do governo e os neokeynesianos atentam mais para as falhas de mercado, no final seus debates sobre intervenção e políticas públicas não desafiaram seriamente a primazia da teoria da utilidade marginal.

Levada ao extremo, a teoria da escolha pública, que deriva do marginalismo, exige que o governo intervenha o mínimo possível na economia, a fim de minimizar o risco de fracasso do governo. O setor público deve se isolar do setor privado, para evitar, por exemplo, a captura de agências — quando um órgão regulador se aproxima demais do setor que ele pretende regular.

O medo do fracasso convenceu muitos governos de que deveriam emular o setor privado o máximo possível. A premissa aqui é que o governo é inevitavelmente propenso à corrupção e à indolência, pois o agente e o regulador estão muito próximos um do outro. É essencial, portanto, tornar os serviços públicos mais "eficientes". A partir da década de 1980, medições de eficiência do setor privado foram aplicadas ao setor público, "mercantilizando" o governo em consequência disso. A própria linguagem mudou: pacientes de hospitais, beneficiários de serviços sociais e até mesmo estudantes se tornaram "clientes" ou "consumidores".

A lógica da teoria da escolha pública resultou inexoravelmente na eliminação de responsabilidades do governo, na redução do investimento em sua própria capacitação institucional e, eventualmente, na privatização. A privatização pode ocorrer pela venda efetiva de uma unidade, como aconteceu com os bancos públicos. Ou pode ocorrer de forma indireta, por meio da "terceirização", em que um contratado privado é pago pelo governo para fornecer um serviço em determinada área — educação pública, moradia, saúde, transporte e até presídios, gestão de tráfego rodoviário e concessão de benefícios sociais.

A década de 1980, quando a escolha pública passou a influenciar fortemente as políticas públicas, assistiu a uma onda de privatização e terceirização, primeiro no Reino Unido e nos Estados Unidos, que depois se espalhou lentamente por grande parte da Europa. Foi também a década em que, como vimos, a financeirização começou a se consolidar. A ideia (ou ideologia) de que o controle governamental de empreendimentos produtivos era ineficiente e dispendioso se tornou a sabedoria popular. No Reino Unido, ela concordava com o propósito ideológico thatcherista de criar uma nação de proprietários de ativos, seja de ações ou de habitações sociais privatizadas. Eram os anos de "Se você vir o Sid, diga a ele", famosa campanha publicitária cujo intuito era persuadir cidadãos britânicos a comprarem ações da British Gas, privatizada em 1986, e das privatizações da British Telecom e da British Airways, da eletricidade e da água, além de uma série de pequenas empresas estatais. A década seguinte assistiu à privatização das ferrovias.

Outros países nem sempre abraçaram a privatização com o mesmo entusiasmo que o Reino Unido — a indústria francesa de eletricidade, por exemplo, permanece basicamente controlada pelo Estado —, mas ela logo se tornou uma tendência mundial. O FMI e o Banco Mundial

O VALOR DE TUDO

frequentemente empregavam sua influência a fim de persuadir os países em desenvolvimento a vender empresas estatais. Mesmo em países nos quais a onda de privatizações enfraqueceu — ainda que apenas porque os ativos mais adequados já haviam sido vendidos —, a ideia de que o Estado não deve possuir nada, mas apenas financiar (se tanto), está firmemente alojada na mente dos gestores públicos. Hoje, poucos governos ou políticos defendem a ampla nacionalização e estatização da economia.

Mas a teoria da escolha pública correu sempre o risco de jogar fora o bebê com a água do banho. Ao insistir que o governo não poderia criar valor — e que, mais provável, destruísse o valor —, silenciou o debate mais sutil, mas não menos importante, sobre qual valor o governo de fato produzia. É possível que haja motivos sólidos para manter uma participação pública significativa nas indústrias que têm uma tendência natural para o monopólio — serviços essenciais como água, gás e eletricidade —, a fim de colher benefícios de economias de escala na sua provisão, e também para evitar rendimentos especulativos em cima de bens de primeira necessidade. Em setores mais orientados para o consumidor, especialmente aqueles em que a tecnologia está transformando o mercado (telefones celulares, por exemplo), a defesa de uma forte presença pública pode ser menos convincente — embora a história mostre que muitas vezes uma forma híbrida público-privada seja mais interessante, como com a francesa Telecom (que mais tarde se tornou Orange).

A solução para o problema dos monopólios naturais era a regulação. No Reino Unido, surgiu uma série de agências reguladoras, cada uma destinada a se colocar entre o público e a indústria. O capitalismo regulador substituiu o capitalismo de Estado. Não foi o que pretendiam os teóricos ortodoxos da escolha pública. No fim, o capitalismo regulador resultou exatamente no tipo de favoritismo e corrupção governamental contra o qual eles haviam advertido.

Outra consequência da teoria da escolha pública tem sido o surgimento de mecanismos intermediários para financiar a atividade pública. Isso tomou principalmente duas formas. Uma delas são as iniciativas de financiamento privado (IFPS) para, por exemplo, construir hospitais.

310

SUBVALORIZANDO O SETOR PÚBLICO

Outra forma, já mencionada, é a terceirização por meio de provedores privados na execução de uma ampla gama de serviços. Em ambos os casos, a atividade pública é financiada privadamente. Voltar-se para as IFPs dessa forma constitui um fenômeno que tem sido chamado de "pseudoprivatização", pois as empresas privadas recebem sua renda não de clientes no "mercado", mas do governo, através de uma margem de lucro garantida. Um contrato de terceirização é, na verdade, um tipo de monopólio cujo único cliente é o governo. Além disso, no Reino Unido, o grau de concorrência entre prestadores de serviços terceirizados é questionável: apenas um punhado, dominado por Capita, G4S e Serco, responde pela maioria dos contratos.[44]

O objetivo do financiamento por IFP é compartilhar os custos e retirar do balanço do governo a dívida associada a grandes projetos como hospitais; no entanto, pode se tornar caro para o setor público, pois os projetos são financiados com dívida privada e capital próprio, o que é significativamente mais caro do que o empréstimo público. Os governos também pagam aos prestadores de serviços privados uma taxa anual, que se estende por décadas e geralmente é indexada à inflação, para cobrir o reembolso do capital mais os juros e os custos de manutenção. Portanto, os contratos exclusivos de IFP criam licenças de monopólio. O resultado pode ser uma situação em que os custos para o governo são geralmente maiores do que se ele mesmo tivesse fornecido o serviço. Analisamos dois exemplos abaixo: saúde e infraestrutura.

A PRIVATIZAÇÃO E TERCEIRIZAÇÃO DO SISTEMA DE SAÚDE

Em 1948, quando o Reino Unido ainda estava passando pela longa e difícil reconstrução do pós-guerra (a relação entre dívida pública e PIB estava bem acima de 200% naquele ano), os cidadãos britânicos receberam um panfleto: "Seu novo Serviço Nacional de Saúde começa no dia 5 de julho. O que é isso? Como você pode ter acesso? Ele irá fornecer-lhe todos os cuidados médicos, odontológicos e de enfermagem. Todos — ricos ou pobres, homem, mulher ou criança — podem usufruir de qualquer parte dele". O Serviço Nacional de Saúde (NHS, na sigla

O VALOR DE TUDO

em inglês) foi criado naquele ano, seguindo a iniciativa do ministro da Saúde, Aneurin Bevan. Os três princípios básicos a seguir estão por trás de sua criação:[45]

- que atenda às necessidades de todos;
- que seja gratuito para o usuário final;
- que se baseie na necessidade clínica, não na capacidade de pagar.

Ao longo dos seus quase setenta anos de existência, o NHS tornou-se um dos sistemas de saúde mais eficientes e equitativos do mundo, como foi reconhecido pela Organização Mundial de Saúde[46] e mais recentemente pela Commonwealth Foundation.[47] No Reino Unido, é considerado um tesouro nacional, compartilhando seu lugar no panteão com a rainha e a BBC. O NHS também está entre os sistemas de saúde mais baratos nas economias avançadas: de acordo com dados da OCDE de 2015,[48] o gasto em saúde relativo ao PIB no Reino Unido foi de apenas 9,9%, bem menos do que os Estados Unidos gastaram (16,9%) em seu sistema semiprivado, muito menos eficiente.

O NHS deve muito de seus sucessos passados à sua missão pública e ao seu princípio de universalidade, traduzido em uma eficiente prestação centralizada de serviços de saúde com o objetivo de reduzir os custos de transação. Os cidadãos do Reino Unido reconheceram repetidas vezes a importância de sua natureza pública: atualmente, 84% deles pensam que o sistema deve ser administrado pelo setor público.[49] Até a primeira-ministra Thatcher declarou: "O Serviço Nacional de Saúde está seguro conosco", durante as conferências do Partido Conservador, em 1982, descartando temporariamente os planos de privatização definitiva estabelecidos pela Equipe de Revisão de Política Central do governo.

No entanto, tal retórica positiva sobre os méritos do NHS logo se tornou mera cobertura para uma longa série de reformas que introduziram progressivamente elementos de provisão privada no sistema de saúde britânico. Com a Lei Nacional dos Serviços de Saúde Pública e Cuidado Comunitário de 1990, a gerência e o atendimento ao paciente foram forçados a se comportar como parte de um "mercado interno", com autoridades de saúde e clínicos gerais tornados

SUBVALORIZANDO O SETOR PÚBLICO

compradores autônomos de serviços com orçamento limitado. Os hospitais foram transformados em fundos autônomos do NHS, e seus recursos se tornaram dependentes de contratos estipulados com compradores. Vincular os contratos ao menor licitante também foi algo introduzido como um primeiro elemento de terceirização, com o NHS progressivamente se afastando de seu papel de provedor para se tornar um mero cliente. Desde 1992, o processo de terceirização criado pela Iniciativa de Financiamento Privado (IFP) envolveu também a construção de hospitais do NHS. Através da IFP, empresas privadas foram autorizadas a construir hospitais, em seguida alugados ao NHS por um preço substancialmente alto. A IFP foi amplamente utilizada ao longo dos governos do Novo Trabalhismo a fim de poupar investimentos em infraestrutura, com o preço do aluguel de hospitais sobrecarregando o orçamento do NHS. Finalmente, a Lei de Saúde e Assistência Social de 2012 aboliu o segundo princípio do NHS original, introduzindo taxas de uso e um sistema baseado em seguro que se assemelha ao modelo de saúde dos Estados Unidos, passando custos e riscos aos pacientes, agora clientes em um mercado de planos de saúde. Essa reforma final também aumentou ainda mais o escopo para a terceirização em muitas áreas diferentes, como limpeza, gerenciamento de instalações, serviços fora do expediente, serviços clínicos, TI e assim por diante.[50]

Essas reformas tinham como objetivo produzir um NHS mais eficiente e econômico, pela introdução de elementos de mercado na prestação de serviços em saúde. Na realidade, a eficiência quase não melhorou, enquanto os recursos cada vez mais escassos são em grande parte mal alocados. Isso é o que Colin Crouch chamou de "o paradoxo da terceirização do serviço público".[51] As reformas orientadas para o mercado de assistência médica não levam em conta a evidência de que não existe um mercado competitivo para esses serviços: contratos correm por vários anos, concedidos a um pequeno número de empresas que passam a dominar o mercado terceirizado. Essas empresas se tornam efetivamente especializadas na conquista de contratos do setor público em diferentes campos nos quais não possuem conhecimento especializado correspondente. Como resultado, o mercado é altamente

O VALOR DE TUDO

concentrado e a diversidade de tarefas dificulta a obtenção de um resultado de qualidade e eficiente em todos os serviços prestados.

Um estudo de Graham Kirkwood e Allyson Pollock mostra que o aumento do fornecimento do setor privado está associado a uma diminuição significativa na provisão direta de NHS, uma redução na qualidade e custos subsidiados pelo setor público.[52] Existem muitos exemplos de desfechos ineficientes criados pelo processo de terceirização, como a Coperform e o serviço de ambulâncias da Costa Sudeste do NHS, e a Serco e contratos de clínicos gerais para atendimento fora do horário de serviço em Cornwall;[53] em alguns casos, o público teve de cobrir as perdas quando contratados privados se dispensaram de suas obrigações. Além disso, todo o sistema de contratação tem um efeito de distorção nas atividades dos funcionários do NHS. Como observou Pollock, "clínicos, enfermeiros, gerentes e exércitos de consultores e advogados passam seus dias preparando licitações e adjudicando contratos, em vez de fornecer atendimento ao paciente".[54]

Por fim, a terceirização parece ser imensamente ineficiente em termos de custo. As atividades de contratação criam uma "nova burocracia de mercado" que tem que lidar com o pesado processo. Esses encargos administrativos são efetivamente custos de transação que, nos Estados Unidos, representam cerca de 30% do gasto total com saúde, enquanto no Reino Unido o número real não é conhecido, embora tenha sido da ordem de 6% no NHS da era pré-mercado.[55] No entanto, talvez o elefante na sala seja o grande fardo para o público que as IFPS terão criado quando seus contratos expirarem. Especialmente no caso dos hospitais do NHS, estima-se que esse custo seja várias vezes superior ao valor real dos ativos subjacentes.[56]

Embora alcançar um fornecimento mais eficiente de serviços de saúde por um custo menor sempre tenha sido o objetivo declarado da terceirização no NHS, evidências recentes parecem sugerir que essa pode ser apenas a segunda fase do que Noam Chomsky chamou de "técnica-padrão de privatização": "corte recursos, garanta que nada funcione até que as pessoas fiquem furiosas, repasse ao capital privado".[57]

SUBVALORIZANDO O SETOR PÚBLICO

TERCEIRIZAÇÃO DA INFRAESTRUTURA DA ESCÓCIA

O uso de IFPS foi particularmente prevalente na Escócia entre 1993 e 2006. Dados publicados pelo governo escocês mostram que os oitenta projetos concluídos na Escócia durante esse período custarão ao setor público 30,2 bilhões de libras nas próximas décadas — mais de cinco vezes o valor de 5,7 bilhões de libras estimado inicialmente. Além da má relação custo/benefício, existe uma preocupação real de que os projetos de IFP possam ser de baixa qualidade e até mesmo perigosos: em abril de 2016, dezessete escolas criadas por IFP em Edimburgo foram fechadas devido a preocupações de segurança relacionadas a defeitos de construção.

Em resposta às preocupações crescentes sobre a IFP, o governo escocês desenvolveu, após 2010, o modelo de distribuição sem fins lucrativos (NPD, na sigla em inglês) para financiar uma série de projetos em três setores principais: educação, saúde e transporte. Nesse novo modelo, não há capital próprio rendendo dividendos, e os retornos do setor privado são limitados; no entanto, o financiamento ainda é feito por empréstimo privado com a expectativa de uma taxa de retorno de mercado. Os projetos financiados pelo modelo NPD são, portanto, ainda mais caros do que seriam se fossem pagos por empréstimos públicos diretos.[58] Um estudo recente da New Economics Foundation descobriu, por exemplo, que, entre 1998 e 2015, o governo escocês teria economizado um total de 26 bilhões de libras se os projetos financiados por meio de IFPS e de NPD tivessem sido financiados diretamente por um banco de investimento público escocês.[59]

Como vimos, a terceirização geralmente aumenta os custos e é uma forma de monopólio. A Social Enterprise UK, que promove organizações como a Big Issue, a Cafédirect e o Eden Project, referiu-se ao oligopólio dos provedores de terceirização como o "Estado Oculto". Capita, G4S e Serco continuam a ganhar contratos tanto no Reino Unido quanto nos Estados Unidos, apesar de todos terem sido multados por gerenciamento inadequado.[60] Em 2016, por exemplo, um artigo investigativo revelou que a G4S foi multada em pelo menos cem infrações de contratos de prisões entre 2010 e 2016, incluindo

falha em alcançar metas de busca, desvirtuamento de itens contraban-
deados, falha de procedimentos de segurança, casos sérios de "indiscipli-
na combinada", tomada de reféns e escalada em telhados. Outros casos
incluem não bloqueio de portas, falta de higiene e redução no número
de funcionários.[61]

As multas, no entanto, são minúsculas em proporção aos lucros obtidos tanto pela Serco quanto pela G4S. E, em vez de serem penalizadas
por descuido e corte de custos imprudente, essas empresas estão sendo
recompensadas com mais contratos. Os procedimentos de candidatura
para o Obamacare foram terceirizados em 2013 para a Serco em um
contrato de 1,2 bilhão de dólares.[62]

De fato, os contratos de terceirização do governo federal dos Estados Unidos para essas empresas vêm aumentando rapidamente.
Um relatório recente do GAO mostra que, em 2000, os gastos com
contratos foram de 200 bilhões de dólares, enquanto em 2015 chegaram a 438 bilhões de dólares.[63] Esse valor representou quase 40%
dos gastos discricionários do governo. O relatório do GAO também
distinguia gastos em contratos de bens de gastos em contratos de
serviços. Entre as agências civis, 80% das despesas com contratados
eram para serviços, dos quais os "serviços de apoio profissional" eram
a maior categoria. O relatório do GAO observa que "os contratados
que executam esses tipos de serviços correm maior risco de realizar
trabalhos inerentemente governamentais". De fato, um dos aspectos mais preocupantes provavelmente não é a *quantia* gasta com
as empresas contratadas, mas que uma *proporção tão grande* dela
destine-se a "serviços de apoio profissional", o que em geral significa
que funções inerentemente governamentais foram terceirizadas.

O custo para o contribuinte de todos os trabalhadores contratados é
o dobro do custo dos funcionários públicos, não porque os trabalhadores contratados recebam melhor — eles frequentemente têm de suportar baixos salários e más condições —, mas por conta dos honorários das
empresas, das despesas gerais e das margens de lucro, e porque a razão
entre o número de trabalhadores contratados e o número de funcionários públicos chega em certos casos a quatro, revelando como o proces-

so de terceirização pode se tornar inchado e ineficiente.[64] Um estudo recente mostra que o governo federal "aprova taxas de faturamento de contratos de serviço — consideradas justas e razoáveis — que pagam às contratadas 1,83 vez mais do que o governo paga aos funcionários federais em compensação total, e mais de duas vezes a remuneração total paga no setor privado por serviços comparáveis".[65] Novamente, não são os trabalhadores contratados que recebem quantidades mais elevadas, mas as empresas que vencem os contratos públicos.

O mantra de maior eficiência por meio da privatização, portanto, não se sustenta pelos fatos — e isso quando se consegue chegar a eles. Tais fatos podem ser difíceis de descobrir, apesar das alegações de maior transparência no setor privado. Em vez de aumentar a concorrência por meio de uma maior escolha do consumidor, a privatização muitas vezes resultou em menos escolha e menos democracia — como fica evidente na descrição acima da terceirização de muitos serviços do NHS e pelo alto custo dos contratos de IFP para construir e manter hospitais.[66] O que o público recebe com frequência é menos transparência, qualidade inferior, maiores custos e monopólio — exatamente o oposto do que, em teoria, a privatização (mal justificada desde o início) deveria alcançar.

PARTICULAR BOM, PÚBLICO RUIM

O que também é surpreendente é o lugar-comum de que, quando o setor público de fato possui algo, ele privatiza esse ativo retendo a empresa "ruim" e vendendo a "boa" empresa. A narrativa de privado "bom" contra público "ruim" não poderia ser mais clara! Um exemplo notável é a privatização do Royal Mail, que entrega correspondência e administra uma cadeia de cerca de 11 mil agências postais em todo o Reino Unido. Mas, como bem se sabe, nas últimas duas décadas o correio eletrônico e a internet provocaram uma queda dramática no nível do tráfego postal. Em 2008, uma revisão independente encomendada pelo governo, liderada por Richard Hooper (ex-vice-presidente da Ofcom, agência reguladora do setor de comunicação britânica), concluiu que o Royal Mail e os correios seriam divididos em

O VALOR DE TUDO

duas empresas privadas separadas. Cinco anos mais tarde, o governo liderado pelos conservadores privatizou o Royal Mail, pondo-o para flutuar na Bolsa de Valores de Londres, mantendo uma participação de 30%. O agora independente Post Office Ltd. permanece totalmente uma propriedade pública. Mas o governo foi bastante criticado por vender o Royal Mail por um preço muito baixo: no dia da flutuação, o preço das ações disparou em relação ao preço oficial, passando de 330 pence por ação para 455 pence em questão de horas. Segundo alguns críticos, a avaliação flutuante de 3,3 bilhões de libras deveria ter sido de mais de 5,5 bilhões. Além disso, as taxas para bancos, advogados, contadores e outros consultores chegaram a 12,7 milhões de libras. O adoçante que mais contribuiu para tornar a privatização atrativa aos investidores foi que o Tesouro assumiu a responsabilidade pelo plano de pensão do Royal Mail, o maior do país, que cobre os funcionários tanto do Royal Mail quanto dos correios. Isso foi, para todos os efeitos, despejar a "empresa ruim" no colo do contribuinte.

Situações semelhantes ocorreram com bancos que são afetados por empréstimos ruins, como o RBS no Reino Unido. Essas instituições acabam com balanços cheios de empréstimos sem valor, que os impedem de fazer novos empréstimos. A resposta-padrão nesses casos tem sido muitas vezes retirar todos os ativos tóxicos da parte "boa" do banco e colocá-los em um "banco ruim" administrado pelo governo. A ideia é que, ao fazê-lo, o banco privado se reerguerá, com o contribuinte assumindo a responsabilidade de administrar ou vender os ativos ruins. O que resulta, naturalmente, na socialização dos riscos e na privatização das recompensas que examinamos no capítulo 7: da mesma forma que o governo dos Estados Unidos pagou a conta da fracassada Solyndra e permitiu que permanecessem totalmente privados os lucros do investimento similar que fez na Tesla, o contribuinte paga a conta para aquelas partes de ativos públicos que são menos eficientes e vende as melhores para o setor privado — e com frequência com um desconto vultoso. Exemplos semelhantes ocorreram em outras empresas: em 2014, a companhia aérea nacional italiana Alitalia foi dividida em uma empresa boa, vendida para o setor privado, e uma ruim, que permaneceu nas mãos do governo.

SUBVALORIZANDO O SETOR PÚBLICO

O uso das palavras "bom" e "ruim" nos exemplos acima não poderia ser mais claro: privado é bom, público é ruim. Se dizem constantemente que você é um impedimento para o dinamismo e a competição, é possível que você comece a acreditar.

Readquirindo confiança e estabelecendo missões

A interpretação, proposta pela teoria da escolha pública, de que as falhas do governo são piores do que as do mercado teve, aliada ao desejo de tornar o governo "eficiente", o efeito de corroer o etos e o propósito dos serviços públicos. Também reduziu a capacidade e a confiança do governo (*gaslighting*) e diminuiu a capacidade dos funcionários públicos de "pensar grande".

A epígrafe que abre este capítulo, na qual Keynes argumenta a favor da necessidade de os governos pensarem grande — fazer o que não está sendo feito —, mostra que ele acreditava que o governo precisava ser ousado, ter senso de missão, não apenas para replicar o setor privado, mas para alcançar algo fundamentalmente diferente. É errado interpretá-lo como acreditando que o que é necessário em questões de política econômica é simplesmente *consertar* o que o setor privado não faz, ou faz mal, ou, na melhor das hipóteses, investir de maneira "contracíclica" (ou seja, aumentar os investimentos durante a queda do ciclo de negócios). Depois da Grande Depressão, Keynes alegou que até pagar trabalhadores para simplesmente cavar valas e enchê-las de novo poderia reaquecer a economia — mas seu trabalho inspirou Roosevelt a ser mais ambicioso do que apenas defender projetos simples de infraestrutura. O New Deal incluiu atividades criativas sob a Agência de Obras de Infraestrutura, o Corpo Civil de Conservação e a Agência Nacional da Juventude. Da mesma forma, não é suficiente criar dinheiro na economia por meio de flexibilização quantitativa; o que é necessário é a criação de novas oportunidades de investimento e crescimento — infraestrutura e financiamento devem estar inseridos nos grandes planos sistêmicos de mudança.

O presidente John F. Kennedy, que esperava enviar o primeiro astronauta norte-americano à Lua, valeu-se de uma linguagem ousada

O VALOR DE TUDO

ao falar sobre a necessidade de o governo se orientar por missões. Em um discurso de 1962 na Universidade Rice, disse:

> Escolhemos ir à Lua nesta década e fazer outras coisas, não porque seja fácil, mas porque é difícil, porque esse objetivo servirá para organizar e medir o melhor de nossas energias e habilidades, porque esse desafio é um desafio que estamos dispostos a aceitar, que não estamos dispostos a adiar e que pretendemos vencer, assim como os outros.[67]

Em outras palavras, é dever do governo pensar grande e enfrentar dificuldades — exatamente o oposto do papel facilitador apontado pela teoria da escolha pública, cujo resultado inevitável são agências públicas tímidas e sem brilho, que mais tarde serão mais fáceis de privatizar.

A substituição dessas ambições audaciosas pela análise financeira de custo-benefício descartou o valor público que os governos podem criar. Os funcionários públicos são orientados a recuar, minimizar custos, pensar como o setor privado e ter medo de cometer erros. Departamentos do governo são obrigados a cortar custos, inevitavelmente também diminuindo as habilidades e capacidade das estruturas públicas em questão (departamentos, agências etc.). Quando o governo deixa de investir em sua própria capacidade, ele se torna mais inseguro, menos capaz, e a probabilidade de falha aumenta. Torna-se mais difícil justificar a existência de determinada função do governo, levando a cortes adicionais ou eventualmente à privatização. Essa falta de crença no governo se transforma numa profecia autorrealizável: quando não acreditamos na capacidade do governo de criar valor, ele cedo ou tarde deixa de fato de ser capaz de fazê-lo. E, quando cria valor, esse valor é tratado como um sucesso do setor privado ou passa despercebido.

No capítulo 7, vimos a importância do governo no desenvolvimento da infraestrutura e da tecnologia cruciais sobre as quais o capitalismo do século xx foi construído, embora não tenha recebido o reconhecimento merecido. Claro, a história nem sempre é positiva. A aeronave Concorde não resultou em um avião comercializável. A maioria das atividades de pesquisa e desenvolvimento em novos medicamentos não leva a nada. E empréstimos garantidos são muitas vezes feitos para

SUBVALORIZANDO O SETOR PÚBLICO

empresas que fracassam; um exemplo recente, como vimos, foram os 535 milhões de dólares fornecidos pelo Departamento de Energia dos Estados Unidos à empresa Solyndra em 2009 para a produção de células solares. Quando o preço dos chips de silício caiu drasticamente logo em seguida, a Solyndra faliu, deixando ao contribuinte a responsabilidade de pagar a conta.[68]

No entanto, qualquer capitalista de risco dirá que o processo de inovação envolve a exploração de caminhos novos e difíceis, e que o fracasso ocasional faz parte dessa jornada. O empréstimo garantido (465 milhões de dólares) fornecido à Tesla para o desenvolvimento do carro elétrico Model S foi, como vimos no capítulo 7, um sucesso. Esse processo de tentativa e erro é aceito no setor privado — mas quando os governos experimentam falhas, eles são considerados incompetentes e são acusados de serem incapazes de "escolher vencedores". Como resultado, as organizações públicas frequentemente são aconselhadas a se manter em um caminho seguro e estreito, a fim de promover a concorrência sem "distorcer" o mercado, escolhendo tecnologias específicas, setores ou empresas nos quais investir.[69]

Limitar o governo dessa maneira é ignorar completamente seu histórico, do desenvolvimento da tecnologia de telas sensíveis ao toque à inovação no setor de energias renováveis. O governo tem sido muitas vezes melhor quando orientado para uma missão — precisamente porque isso, como disse o presidente Kennedy, é difícil.

Fazer coisas "difíceis" significa estar disposto a explorar, experimentar, cometer erros e aprender com esses erros. Mas isso é quase impossível em um contexto em que o "fracasso" do governo é considerado o pior de todos os pecados, e no qual as armas encontram-se engatilhadas, esperando que o governo cometa o menor erro.

Isso não significa, evidentemente, que os erros sejam bem-vindos sob quaisquer condições. Os erros que surgem do rentismo podem levar a uma situação em que o governo se vê aliciado por interesses pessoais. Como sabemos, o rentismo ocorre quando o valor é extraído por meio de privilégios especiais — subsídio ou isenção de impostos, por exemplo — e quando uma empresa ou indivíduo obtém uma grande parte da riqueza sem tê-la criado. As empresas que buscam maximizar o

O VALOR DE TUDO

lucro podem tentar fazê-lo solicitando favores especiais relacionados a certas políticas, e são frequentemente bem-sucedidas, pois os políticos e administradores públicos são suscetíveis à influência e até mesmo à corrupção. A possibilidade desse tipo de captura (do governo por interesses escusos) é um problema, mas se torna ainda mais aguda quando não há uma clara apreciação do valor do governo. Se o Estado for considerado irrelevante, ao longo do tempo ele se tornará menos confiante e mais facilmente corrompido pelos chamados "criadores de riqueza" — que podem então convencer os administradores a distribuir favores que aumentem sua riqueza e poder.

Pressupostos preguiçosos sobre o papel do investimento público são enganosos. O investimento empresarial é impulsionado sobretudo pela percepção de oportunidades futuras, seja em um novo setor (o surgimento da nanotecnologia), seja em uma região que transpareça como um lugar excitante para novos experimentos. Como vimos, tais oportunidades têm sido historicamente financiadas direto pelos governos, por investimentos do tipo Darpa no que mais tarde se tornou a internet ou pelo investimento do governo dinamarquês em energia renovável. Tudo isso implica que políticas construídas a partir do pressuposto de que empreendedores sempre querem investir e simplesmente precisam de um incentivo fiscal para fazê-lo são simplistas, para não dizer ingênuas. Os incentivos (gastos indiretos por meio de um corte de impostos), a menos que complementados por investimentos diretos estratégicos do governo, raramente farão com que aconteçam coisas *que não teriam acontecido de qualquer maneira* (em economia, não há "adicionalidade"). Como resultado, uma empresa ou indivíduo frequentemente experimentará um aumento nos lucros (por meio de um corte de impostos) sem aumentar o investimento e sem gerar nenhum novo valor. E o objetivo principal do governante deve ser aumentar o investimento das empresas, não os lucros. De fato, como visto anteriormente, a relação entre lucros e salários está em níveis recordes. Não há problema de lucros, mas de investimentos.[70]

SUBVALORIZANDO O SETOR PÚBLICO

Recompensas justas — públicas e privadas

Uma vez que reconhecemos que o Estado não é apenas um gastador, mas um investidor e um agente que se arrisca, torna-se sensato garantir que as políticas públicas levem à socialização não apenas dos riscos, mas também das recompensas. Um melhor realinhamento dos riscos e recompensas entre atores públicos e privados pode transformar um crescimento inteligente, impulsionado pela inovação, em um crescimento também inclusivo.

Conforme vimos, a teoria do valor neoclássico em sua maior parte desconsidera o valor criado pelo governo, como, por exemplo, uma força de trabalho instruída, o capital humano e a tecnologia que acaba por integrar nossos produtos inteligentes. O governo é ignorado na microeconomia — o estudo da produção —, exceto no que diz respeito à regulação dos preços de insumos e produtos. Desempenha um papel maior na macroeconomia, que lida com a economia como um todo, mas, na melhor das hipóteses, na função de mero redistribuidor da riqueza criada pelas empresas privadas ou investidor no sentido de "viabilizar" as condições de que essas empresas precisam para operar — infraestrutura, educação, habilidades e assim por diante.

A teoria marginal fomentou a ideia de que o valor produzido coletivamente deriva de contribuições individuais. No entanto, como o economista americano George Akerlof, que dividiu o prêmio Nobel de economia em 2001, disse: "Nossos produtos marginais não são só nossos"[71] — são fruto de um processo acumulativo de aprendizado e investimento. A criação de valor coletivo envolve um setor público que toma riscos — e, no entanto, parece que a relação usual entre riscos e recompensas, como ensinada nas aulas de economia, não se aplica. Portanto, a questão crucial não é apenas levar em conta o valor criado pelo governo, mas também *recompensá-lo*: em outras palavras, como as recompensas do investimento devem ser divididas entre os setores público e privado?

Como Robert Solow demonstrou, a maioria dos ganhos em produtividade da primeira metade do século XX pode ser atribuída não ao trabalho e ao capital, mas à mudança técnica. E isso se deve não apenas à melhoria da educação e da infraestrutura, mas também, como discutido no capítulo anterior, aos esforços coletivos por trás de algumas das mais radicais mudanças técnicas em que o setor público historicamente assumiu um papel de liderança — "o Estado empreendedor".[72] Mas a socialização dos riscos não foi acompanhada pela socialização das recompensas.

A questão, então, é como o Estado pode colher algum retorno de seus investimentos bem-sucedidos (o "lado positivo") para cobrir as perdas inevitáveis (o "lado negativo") e, o que é igualmente importante, financiar a próxima rodada de investimentos. Isso pode ser feito de várias maneiras, conforme discutimos no capítulo 7, seja por meio de participações acionárias, condições de reinvestimento, limites de preços ou pela necessidade de reduzir ao máximo o escopo das patentes.

De bens públicos ao valor público

Neste capítulo, consideramos a forma tendenciosa pela qual a atividade do governo na economia é julgada. O papel do governo é muitas vezes limitado a "resolver problemas"; não deve se exceder, e falhas do governo são consideradas piores do que as do mercado. Ele deve fornecer um leve impulso ao desenvolvimento econômico e consertar o básico, investindo em áreas como capacitação de mão de obra, educação e pesquisa, mas não ultrapassando suas fronteiras a ponto de produzir alguma coisa. E se porventura for produtivo, como o são diversos empreendimentos estatais, nossa maneira de contabilizar o PIB não reconhece essa produção como pública.

De fato, quase nada que o governo faz é disposto dentro dos limites da produção. Seus gastos são vistos apenas como despesa, e não como investimento produtivo. Embora haja quem considere tais gastos socialmente necessários, assim como outros os achem desnecessários e mais próprios do setor privado, nenhum dos lados apresentou uma argumentação robusta no sentido de classificar a atividade do governo como produtiva e essencial para a criação de uma economia capitalista dinâmica. Nesse ponto, a ideologia tem frequentemente prevalecido sobre a experiência.

SUBVALORIZANDO O SETOR PÚBLICO

Keynes foi fundamental para mostrar o papel dinâmico do gasto público na criação de um efeito multiplicador que pode levar a taxas maiores de crescimento. No entanto, ainda se debate se o multiplicador de fato existe, e os defensores de estímulos econômicos do governo se veem com frequência na defensiva. Parte do problema é que o argumento para os gastos fiscais continua vinculado principalmente a domar o ciclo econômico (por meio de medidas anticíclicas), com pouca dedicação ao pensamento criativo sobre como direcionar a economia a longo prazo.

É especialmente importante repensar a terminologia com a qual descrevemos o governo. Retratá-lo como um criador de valor mais ativo — investindo, não apenas gastando, e com direito a ganhar uma taxa de retorno — pode eventualmente modificar a forma como é visto e como se comporta. Com demasiada frequência, os governos se veem apenas como "facilitadores" de um sistema de mercado, e não como cocriadores de riqueza e mercados. E, ironicamente, isso produz exatamente o tipo de governo que os críticos gostam de censurar: fraco e aparentemente "favorável ao mercado", mas aberto à captura e à corrupção, privatizando partes da economia que deveriam criar bens públicos e coletivos.

Um novo discurso sobre valor, então, não deveria simplesmente reverter a preferência pelo setor privado em detrimento do público. O que é necessário é uma compreensão nova e mais profunda do valor público, uma expressão que encontramos na filosofia, mas que está quase perdida na economia de hoje. Esse valor não é criado exclusivamente dentro ou fora de um mercado privado, mas sim por toda a sociedade; é também um objetivo que pode ser usado para moldar mercados. Uma vez que a noção de valor público seja compreendida e aceita, reavaliações se farão necessárias — tanto da ideia de público e privado quanto da própria natureza do valor. "Valores públicos são aqueles que fornecem consenso normativo sobre (1) os direitos, benefícios e prerrogativas aos quais os cidadãos devem (ou não) ter acesso; (2) as obrigações dos cidadãos para com a sociedade, o Estado e a comunidade; (3) e os princípios pelos quais os governos e as políticas devem se guiar."[73]

A ideia de valor público é mais ampla do que o termo "bem público", atualmente mais popular. Essa última expressão tende a ser usada de maneira negativa, a fim de limitar a concepção do que os governos podem fazer, em vez de estimular a imaginação no sentido de encontrar as melhores maneiras de enfrentar os desafios do futuro. Assim, pensa-se que a BBC, estatal, serve ao bem público quando faz documentários sobre girafas na África, mas se produz novelas ou programas de entrevistas, é questionada. As agências estatais podem financiar ciência básica por conta das "externalidades positivas", porém não devem se envolver com a criação e a comercialização de aplicações resultantes dessas pesquisas. Os bancos públicos podem fornecer empréstimos anticíclicos, mas não podem direcionar seus empréstimos para áreas socialmente valiosas, como a economia verde. Essas distinções arbitrárias refletem uma visão estreita da economia que muitas vezes resulta em um ator público sendo acusado de "desalojar" um ator privado — ou, pior ainda, de lançar-se à temeridade de "escolher vencedores": em outras palavras, o Estado deve apenas fazer o que o setor privado não quer fazer, em vez de ter sua própria visão de um futuro desejável e viável.

As instituições públicas podem reivindicar seu legítimo papel de servidores do bem comum. Devem pensar grande e desempenhar um papel integral nas grandes transformações que virão, respondendo às questões da mudança climática, do envelhecimento das populações e da necessidade de infraestrutura e inovação para o século XXI. Precisam superar o medo do fracasso e perceber que a experimentação e o método de tentativa e erro (e erro e erro) fazem parte do processo de aprendizagem. Com confiança e responsabilidade, podem contar com o sucesso e, ao fazê-lo, recrutarão e reterão funcionários de alta qualidade. Podem transformar o discurso. Em vez de projetos sem risco, haverá compartilhamento de risco — e compartilhamento de recompensas.

O que também pode fazer sentido para empresas privadas — que se beneficiam de diferentes tipos de investimentos públicos e de subsídios — em troca de participar de uma parte mais justa das atividades que não são imediatamente lucrativas. Há muito a ser aprendido com a história da Bell Labs, que nasceu de uma exigência do governo americano de que a monopolista AT&T investisse seus lucros, em vez de acumular dinheiro, como é tão comum hoje em dia. A Bell Labs investiu em áreas que seus gerentes e contratantes públicos acreditavam

SUBVALORIZANDO O SETOR PÚBLICO

que poderiam criar o maior valor público possível. Sua missão foi bem além de qualquer definição restrita de telecomunicações. A parceria entre pesquisa financiada exclusivamente pelo governo e trabalho co-financiado pela Bell Labs e agências como a Darpa levou a resultados tangíveis fenomenais — e muitos deles podem hoje ser encontrados em nossas mochilas e bolsos.[74]

Uma visão ousada do papel das políticas públicas também requer uma mudança nas métricas usadas para a avaliação dessas políticas. A típica análise estática de custo-benefício atual é inadequada para decisões que inevitavelmente terão muitas consequências indiretas. Uma análise muito mais dinâmica, que pode capturar mais do processo de modelagem do mercado, é urgentemente necessária. Por exemplo, qualquer medição do sucesso de um projeto do governo no sentido de organizar uma infraestrutura de recarga de carros elétricos deve levar em conta as oportunidades oferecidas para desenvolvimento técnico futuro, para a redução da poluição e para os ganhos políticos e ecológicos que advêm da redução da dependência por petróleo não renovável oriundo de países com governos censuráveis.

É crucial encontrar métricas que favoreçam investimentos e inovações de longo prazo. Nos anos 1980, não foi uma análise de custo-benefício que encorajou a BBC a estabelecer um "programa de aprendizado" dinâmico para estimular crianças a aprender a programar. A atividade levou ao desenvolvimento do microcomputador da BBC, mais tarde utilizado em todas as salas de aula britânicas. Embora o micro não tenha se tornado um sucesso comercial, a aquisição de suas peças deu suporte à Acorn Computers e, por fim, levou à criação da ARM Holdings, uma das mais bem-sucedidas empresas de tecnologia do Reino Unido das últimas décadas. No entanto, para reconhecer que o setor público cria valor, precisamos encontrar maneiras de avaliar esse valor, incluindo as repercussões desse tipo de financiamento público ambicioso. A iniciativa da BBC ajudou as crianças a aprender a programar e aumentou seu interesse por novas tecnologias social e economicamente benéficas. Também teve efeitos diretos e indiretos em diferentes setores, ajudando novas empresas a ampliar e trazer novos investidores para o cenário tecnológico do Reino Unido. Da mesma forma, quase certamente haveria mais sucessos europeus no campo da alta tecnologia se houvesse maior interação entre os sistemas de inovação e as políticas de compras públicas. No entanto, vale repetir, para reconhecer que o setor público cria valor, precisamos primeiro encontrar maneiras de avaliar esse valor, incluindo as repercussões desse tipo ambicioso de financiamento público.

ADMINISTRANDO O VALOR PÚBLICO

O trabalho de Elinor Ostrom (1933-2012), economista da Universidade de Indiana que recebeu o prêmio Nobel em 2009, ajuda a esclarecer como novas métricas podem afetar o comportamento e vice-versa, e desarmar o conflito entre governo e mercado. Ostrom mostra como a divisão crua entre o estatal e o privado que domina o pensamento atual falha em captar a complexidade das estruturas e relações institucionais que transcendem essa divisão — desde reguladores governamentais apartidários a universidades financiadas pelo Estado e projetos de pesquisa estatais. Em vez disso, ela enfatiza os recursos comuns e a modelagem de sistemas que levam em conta o comportamento coletivo.

O trabalho de Ostrom apoia a conclusão histórica de Polanyi em *A grande transformação*: os governos, juntamente com as muitas instituições e tradições de uma sociedade, são o útero no qual os mercados são nutridos e, mais tarde, o pai que os ajuda a servir o bem comum. Uma responsabilidade vital do governo na economia moderna — que Ostrom também encontra em economias pré-industriais bem-sucedidas — é limitar o valor do rentismo que emerge de qualquer abordagem não coletiva da criação de riqueza. Isso nos traz de volta à definição de Adam Smith para "livre mercado" como sendo mercado livre de rentismo.

Hoje, essas formas de pensar podem beneficiar de forma significativa muitas instituições cruciais que não são nem totalmente privadas nem totalmente públicas. As universidades poderiam se orgulhar de promover a busca pelo conhecimento, sem ter de se preocupar em gerar de imediato patentes lucrativas e empresas derivadas. Os institutos de pesquisa médica poderiam contar com um forte financiamento, sem tanta pressão para lutar por atenção. Os *think tanks* poderiam livrar-se da mácula do lobby, apresentando seu trabalho como simpático aos valores comuns. E empresas cooperativas, sociedades de auxílio mútuo e outras organizações sem fins lucrativos poderiam florescer sem ter de decidir de que lado da grande divisão público-privado elas realmente estão.

Nesse novo discurso, com certeza não haveria mais esse papo sobre o setor público interferir ou resgatar o setor privado. Em vez disso, seria amplamente aceito que os dois setores, e todas as instituições intermediárias, se nutrem e se reforçam uns aos outros na busca pelo objetivo comum da criação de valor econômico. As interações dos setores seriam menos marcadas pela hostilidade e mais permeadas pelo respeito mútuo.

Uma vez que a narrativa sobre a criação de valor seja corrigida, as mudanças podem vir a encorajar as instituições privadas, bem como seus parceiros públicos. O setor privado pode ser transformado por meio de um expediente simples, mas profundo: a substituição do valor do acionista pelo das partes interessadas (*"stakeholder value"*). Essa ideia existe há décadas, mas a maioria dos países continua a ter empresas geridas pelo valor dos acionistas com foco na maximização dos retornos trimestrais. O valor das partes interessadas reconhece que as corporações não são de fato propriedade privada exclusiva de um grupo de provedores de capital financeiro. Como entidades sociais, as empresas devem levar em conta o bem dos funcionários, clientes e fornecedores, pois se beneficiam da herança intelectual e cultural das sociedades nas quais estão inseridas e da ordenação legal provida pelo Estado, sem mencionar a capacitação de trabalhadores e as pesquisas valiosas financiadas pelo investimento público. As empresas devem, portanto, compensar todos esses grupos com benefícios. É claro que não há maneira fácil de determinar o equilíbrio certo, mas uma discussão aguerrida é preferível à prática atual de maximizar cegamente os lucros dos acionistas. De fato, a presença de cooperativas baseadas em um entendimento do valor que leva em conta as partes interessadas, como John Lewis no Reino Unido ou Mondragon na Espanha, deveria servir como evidência de que há mais de uma maneira de administrar um negócio. E os governos que querem alcançar o crescimento impulsionado pela inovação devem se perguntar se os funcionários são mais propensos a compartilhar grandes ideias em empresas nas quais eles são valorizados, ou naquelas em que são simplesmente apêndices de uma máquina lucrativa que serve apenas a alguns acionistas.

Essa não é uma tarefa fácil, que sequer começará sem que haja um reposicionamento de todos os atores, vistos agora como centrais para o processo de criação coletiva de valor.

Em suma, é apenas pensando grande e diferente que o governo pode criar valor — e esperança.

9
A economia da esperança

A CRISE FINANCEIRA GLOBAL, que começou em 2008 e cujas repercussões continuarão ecoando pelo mundo nos próximos anos, desencadeou uma miríade de críticas ao sistema capitalista moderno: é "especulativo demais"; recompensa os "rentistas" em vez dos verdadeiros
"criadores de riqueza"; e permitiu o crescimento desenfreado do sistema financeiro, possibilitando que as trocas especulativas de ativos fossem mais recompensadas do que os investimentos que levam a novos
ativos físicos e à criação de empregos. Os debates sobre o crescimento
insustentável tornaram-se mais barulhentos, com preocupações não
apenas com a *taxa* de crescimento, mas também com a sua *direção*.

Receitas para reformas sérias desse sistema "disfuncional" incluem
tornar o setor financeiro mais focado em investimentos de longo prazo;
mudar as estruturas de governança das corporações para que elas se
foquem menos nos preços das ações e nos retornos trimestrais; intensificar a tributação de negócios especulativos rápidos; restringir excessos
nos pagamentos de executivos.

Neste livro, argumentei que tais críticas são importantes, mas per-
manecerão incapazes de produzir uma reforma real do sistema econômico até que se fundamentem de maneira firme em uma discussão so-

bre os processos pelos quais o valor econômico é criado. Não é suficiente demandar menos extração e mais criação de valor. Primeiro, "valor", um termo que antes se colocava no cerne do pensamento econômico, deve ser revivido e mais bem compreendido.

O valor passou de uma categoria no centro da teoria econômica, ligada à dinâmica da produção (divisão do trabalho, custos de produção em transformação), a uma categoria subjetiva ligada às "preferências" dos agentes econômicos. Muitos males, como os salários reais estagnados, são interpretados em termos das "escolhas" que os agentes específicos do sistema fazem: o desemprego, por exemplo, é relacionado à escolha que os trabalhadores fazem entre trabalho e lazer. E o empreendedorismo — o louvado motor do capitalismo — é visto como resultado de tais escolhas individualizadas, e não do sistema produtivo que existe em torno dos empreendedores — ou, em outras palavras, como fruto de um esforço coletivo. Ao mesmo tempo, o preço tornou-se o indicador de valor: contanto que determinado produto seja comprado e vendido no mercado, ele deve ter valor. Desse modo, ao invés de uma teoria do valor que determina o preço, temos uma teoria do preço que determina o valor.

Junto com essa mudança fundamental na ideia de valor, uma narrativa diferente se impôs. Com foco nos criadores de riqueza, nos investidores de risco e no empreendedorismo, essa narrativa se infiltrou no discurso político e público. Tornou-se agora tão disseminada que até mesmo os "progressistas" que criticam o sistema às vezes a adotam involuntariamente. Quando o Partido Trabalhista do Reino Unido foi derrotado na eleição de 2015, seus líderes alegaram que haviam perdido porque não haviam abraçado os "criadores de riqueza".[1] E quem eles achavam que eram os criadores de riqueza? As empresas e os empresários que as lideram — alimentando, assim, a ideia de que o valor é criado no setor privado e redistribuído pelo setor público. Mas como é possível um partido que tem a palavra "trabalhista" em seu nome não tratar trabalhadores e o Estado como partes igualmente vitais do processo de *criação* de riqueza?

Tais concepções da geração de riqueza se entrincheiraram e não foram contestadas. Como resultado, aqueles que se proclamam criadores

A ECONOMIA DA ESPERANÇA

de riqueza têm monopolizado a atenção dos governos com um mantra já bastante gasto: "Menos impostos, menos regulamentação, menos Estado e mais mercado".

Ao perder a capacidade de distinguir criação e extração de valor, tornamos mais fácil para alguns se proclamarem criadores de valor a fim de, nesse processo, extraírem-no. Entender como histórias sobre criação de valor estão ao nosso redor em todos os lugares — ainda que a categoria em si não esteja — é a preocupação fundamental deste livro e essencial para a viabilidade futura do capitalismo.

Para oferecer uma mudança real, devemos ir além da solução de problemas isolados e desenvolver uma estrutura que nos permita moldar um novo tipo de economia: uma que funcione para o bem comum. A mudança tem que ser profunda. Não é suficiente redefinir o PIB para incluir indicadores de qualidade de vida, abrangendo medidas de felicidade,[2] o valor imputado ao trabalho de vocação social não remunerado e informação, educação e comunicação via internet gratuita.[3] Também não é suficiente tributar a riqueza. Embora tais medidas sejam importantes em si mesmas, não abordam o maior desafio: definir e medir a contribuição coletiva na criação de riqueza, de modo que a extração de valor seja menos capaz de fazer-se passar por criação de valor. Como vimos, a ideia de que o preço determina o valor e de que os mercados são os melhores mecanismos para determinar os preços tem todo tipo de consequências nefastas. Em resumo, quatro consequências se destacam.

Em primeiro lugar, essa narrativa estimula aqueles que apenas extraem valor do sistema financeiro e de outros setores da economia. Aqui, as questões cruciais — que tipos de atividades adicionam valor à economia e quais simplesmente extraem valor para os vendedores — nunca são feitas. No modo de pensar atual, a negociação financeira, os empréstimos vorazes, o financiamento das bolhas no preço de propriedades são atividades que, por definição, criam valor, pois é o preço que determina o valor: se há um negócio a ser feito, então há valor. Da mesma forma, se uma empresa farmacêutica pode vender uma droga por um preço cem ou mil vezes maior do que o custo de produção, não há problema: foi o mercado que determinou o valor. Isso vale para executivos-chefes que ganham 340 vezes mais do que o trabalhador médio

333

(essa era a razão em 2015, segundo o índice s&p 500).[4] O mercado decidiu o valor do serviço dessas pessoas — ponto final. Os economistas estão cientes de que alguns mercados não são justos (quando, por exemplo, o Google tem algo próximo do monopólio na publicidade relacionada à pesquisa na internet); mas eles estão muitas vezes fascinados demais pela narrativa da eficiência do mercado para se preocupar se os ganhos são, na verdade, justos ou apenas rendimentos. De fato, a distinção entre lucros e rendimentos não é feita.

O pensamento de que preço é igual ao valor estimula as empresas a colocarem mercados financeiros e acionistas em primeiro lugar, oferecendo o mínimo possível às outras partes interessadas. Isso ignora a realidade da criação de valor como processo coletivo. Na verdade, tudo o que diz respeito aos negócios de uma empresa — em especial a inovação subjacente e o desenvolvimento tecnológico — está intimamente interligado a decisões tomadas por governos eleitos e a investimentos feitos por escolas, universidades, órgãos públicos e até mesmo instituições sem fins lucrativos. Os líderes empresariais não estão dizendo toda a verdade quando afirmam que os acionistas são os únicos que aceitam riscos reais, merecendo, portanto, a maior parte dos ganhos obtidos com os negócios.

Em segundo lugar, o discurso convencional desvaloriza e amedronta criadores de valor reais e potenciais, fora do setor empresarial privado. Não é fácil se sentir bem consigo mesmo quando você está constantemente sendo informado de que é um entulho e/ou parte do problema. Essa é muitas vezes a situação das pessoas que trabalham no setor público, sejam elas enfermeiras, funcionários públicos ou professores. As métricas estáticas usadas para avaliar a contribuição do setor público e a influência da teoria da escolha pública no sentido de tornar governos mais "eficientes" convenceram muitos trabalhadores do setor público de que eles são trabalhadores de segunda classe. É o suficiente para deprimir qualquer burocrata e induzi-lo a se levantar, sair e passar ao setor privado, onde muitas vezes há mais dinheiro a ser ganho.

Assim, os atores públicos são forçados a imitar os privados, com seu interesse quase exclusivo em projetos de retorno rápido. Afinal, o preço determina o valor. Você, funcionário público, não ousará propor

A ECONOMIA DA ESPERANÇA

que sua agência assuma o controle, traga uma perspectiva útil de longo prazo para um problema, considere todos os lados de uma questão (não apenas a lucratividade), gaste os fundos necessários (peça emprestado se preciso), sussurrando levemente: "Convém adicionar valor público". Você deixa as grandes ideias para o setor privado, que, como lhe dizem, cabe a você "estimular". Então, quando a Apple ou qualquer empresa privada ganha bilhões de dólares para acionistas e muitos milhões para altos executivos, você provavelmente não vai pensar que esses ganhos vêm em grande parte da alavancagem do trabalho feito por outras entidades, sejam elas agências governamentais, instituições sem fins lucrativos, ou conquistas alcançadas por organizações da sociedade civil, incluindo sindicatos, que têm sido cruciais para lutar por programas voltados para a capacitação dos trabalhadores.

Em terceiro lugar, essa narrativa do mercado confunde os legisladores. De modo geral, legisladores de todos os tipos querem ajudar suas comunidades e seus países e acham que a maneira de fazer isso é apostar mais nos mecanismos do mercado, enquanto políticas públicas seriam apenas uma questão de ajustes aqui e ali. O importante é ser visto como progressista e, ao mesmo tempo, "simpático aos negócios". Contudo, de posse de uma compreensão muito limitada acerca da origem do valor, os políticos e todos os demais funcionários do governo são como massa nas mãos daqueles que se proclamam criadores de valor. Reguladores acabam sendo pressionados pelas empresas, induzidos a endossar políticas que tornam os incumbentes ainda mais ricos — aumentando lucros, mas com pouco efeito sobre o investimento. Exemplos incluem maneiras pelas quais governos em grande parte do mundo ocidental foram persuadidos a reduzir o imposto sobre ganhos de capital, mesmo que não haja razão alguma para fazê-lo, se o objetivo for promover investimentos de longo prazo em vez de investimentos de curto prazo. Do mesmo modo, lobistas armados com histórias de inovação têm feito valer a diretriz chamada *Patent Box*, que reduz o imposto sobre os lucros gerados por monopólios baseados em patentes de vinte anos — embora o principal impacto dessa política tenha sido reduzir a receita do governo, em vez de aumentar os tipos de investimentos que levaram à criação das patentes em primeiro lugar.[5] Tudo isso serve apenas para subtrair valor da economia e criar um futuro menos atraente para quase todos nós. Não tendo uma visão clara do processo coletivo de criação de valor, o setor público vê-se assim "capturado" — fascinado por histórias de criação de riqueza que levaram a políticas tributárias regressivas que aumentam a desigualdade.

Em quarto lugar, e por último, a confusão entre lucro e rentismo aparece na forma como medimos o crescimento em si: o PIB. De fato, é aqui que a fronteira da produção volta a nos assombrar: se qualquer coisa que possui um preço é valor, então a forma como a contabilidade nacional é feita não será capaz de distinguir criação de valor de extração de valor e, portanto, políticas voltadas para a criação podem levar à extração. Isso não é verdade apenas para o meio ambiente, onde as ações contra a poluição definitivamente aumentarão o PIB (graças aos serviços de limpeza pagos), enquanto um ambiente mais limpo não o fará necessariamente (na verdade, se levar à menor produção de "coisas", pode diminuir o PIB), mas também, como vimos, para o mundo das finanças, onde se perde a distinção entre serviços financeiros que alimentam a necessidade de crédito de longo prazo por parte das indústrias versus serviços financeiros que simplesmente alimentam outras partes do setor financeiro.

Apenas por meio de um debate claro sobre o valor, as atividades de rentismo, em todos os setores, incluindo o público, podem ser identificadas de forma mais eficiente e privadas de força política e ideológica.

Mercados como resultados

A redefinição do valor deve começar com uma interrogação mais profunda dos conceitos em que se baseia grande parte das políticas atuais. Em primeiro lugar, o que são os mercados? Não são coisas em si. São moldados pela sociedade, como resultados de processos de agentes múltiplos em um contexto específico. Se considerarmos os mercados dessa maneira, nossa visão do que é política governamental também muda. Em vez de uma série de "intervenções" intrusivas em uma economia de mercado independente, a política governamental pode ser vista pelo que

A ECONOMIA DA ESPERANÇA

é: parte do processo social que contribui para a modelagem e a criação de mercados competitivos. Em segundo lugar, o que são parcerias público-privadas? Ou, mais precisamente, que tipos de parcerias público-privadas proporcionarão à sociedade os resultados desejados? Para responder a essa pergunta, economistas devem abandonar o desejo de pensar como físicos e, em vez disso, voltar-se para a biologia e considerar como as parcerias funcionais são aquelas que emulam ecossistemas mutualísticos, em vez de relações de parasitismo ou de predador-presa.

Como escreveu Karl Polanyi, mercados são entidades profundamente enraizadas nas instituições sociais e políticas.[6] São resultados de processos complexos, de interações entre diferentes atores econômicos, incluindo o governo. Este não é um ponto normativo, mas estrutural: como surgem novos arranjos socioeconômicos. O próprio fato de que o mercado é moldado por diferentes atores — incluindo, de modo crucial, legisladores — dá esperança de que um futuro melhor possa ser construído. Podemos criar mercados de modo que produzam resultados desejáveis, como "crescimento verde" ou uma sociedade mais "solidária", em que o bem-estar influencia o tipo de infraestrutura social e física que é construída. Da mesma forma, podemos também permitir que o financiamento especulativo de curto prazo triunfe sobre o investimento de longo prazo. Como já vimos, mesmo Adam Smith era da opinião de que os mercados precisavam ser moldados. Ao contrário da interpretação moderna de seu trabalho como laissez-faire (deixar o mercado em paz), ele acreditava que o tipo certo de liberdade não implicava um mercado livre de políticas de governo, mas livre da extração de valor. Smith ficaria perplexo com a compreensão atual acerca do conceito de liberdade econômica como presença mínima de atividade não privada. *A riqueza das nações* é um livro enorme, em grande parte porque, mesmo naquele mundo econômico mais simples, havia uma variedade infinita de rentismo para discutir. Ele dedicou diversas páginas a atividades produtivas e improdutivas, muitas vezes inserindo algumas dentro da fronteira da produção e excluindo outras, de forma simplista. Karl Marx era mais sutil: não era o setor em si que importava, mas como exatamente ele interagia com a criação de valor e com o importante conceito de sua análise — a *mais-valia*.

O VALOR DE TUDO

Polanyi nos ajuda a ir além de Smith e Marx. Em vez de focar em quais atividades estão dentro ou fora da fronteira da produção, hoje podemos trabalhar para garantir que todas as atividades — tanto na economia real quanto no setor financeiro — promovam os resultados que queremos: se a qualidade e as características de uma atividade em questão ajudar a gerar valor verdadeiro, então ela deve ser recompensada por estar dentro da fronteira. Os legisladores devem ser encorajados a negociar "acordos" que gerem parcerias simbióticas público-privadas. No caso das finanças, isso significaria favorecer o investimento de longo prazo em vez do de curto prazo (por meio de medidas como um imposto sobre transações financeiras), mas, sobretudo, fundar novas instituições financeiras (como bancos de investimento estatais orientados para determinadas missões) que pudessem prover o financiamento estratégico de longo prazo, crucial para os investimentos de alto risco necessários para exploração e pesquisa subjacentes à criação de valor.

Além do setor financeiro, a lei e a regulamentação de patentes devem encorajar as grandes empresas farmacêuticas a fomentar pesquisas sobre medicamentos essenciais em vez de, como acontece frequentemente, bloquear a concorrência e a inovação por meio do uso de patentes fortes e amplas. Uma possibilidade é conceder menos patentes no início da cadeia produtiva, deixando as ferramentas de pesquisa acessíveis. Além disso, os preços das drogas devem refletir o "acordo" geral entre os atores públicos e privados, sem forçar o contribuinte a pagar duas vezes, e o alto nível de recompra de ações no setor deve ser questionado antes que as doações do governo sejam fornecidas. Em geral, o apoio do governo deve ser condicionado ao aumento do investimento comprometido pelas empresas — reduzindo as tendências de acumulação e financeirização.

Nos setores de tecnologia da informação, comunicação e digital, é preciso pensar mais sobre o sistema tributário apropriado para empresas como Uber e Airbnb, que nunca teriam existido sem tecnologia de financiamento público, como GPS e internet, e que exploraram os efeitos de rede para estabelecer suas vantagens de pioneiro, altamente lucrativas. Deve ficar claro que muitas pessoas — não apenas funcionários da empresa — contribuíram para sua vantagem competitiva. Como

338

A ECONOMIA DA ESPERANÇA

governamos a tecnologia afeta quem compartilha os benefícios. A revolução digital requer democracia participativa, mantendo o cidadão, não o grande capital ou o grande governo, no centro da mudança tecnológica. Considerem-se, por exemplo, os medidores inteligentes; Morozov argumenta que, se eles são caixas fechadas transferindo informações,

> o que estamos fazendo é essencialmente introduzir sistemas cada vez mais fechados, que simplesmente buscam capturar os rendimentos da infraestrutura que foi financiada por nós, sem permitir que os cidadãos aproveitem a mesma infraestrutura para nossos próprios propósitos e nosso próprio monitoramento do governo, trate-se da cidade ou do governo federal.[7]

Com isso em mente, podemos ir além da ideia de bens públicos como "correções" — limitadas a certas áreas que precisam ser trabalhadas (devido a externalidades positivas que geram) —, passando à condição de "objetivos". Isso requer uma nova compreensão da política enquanto atividade que "molda" e "cria" mercados que gerem valor público, beneficiando a sociedade de forma mais ampla.

Justificar melhor o valor público, aprimorando sua apreciação e sua avaliação, poderia abrir um novo vocabulário para os legisladores. Em vez de serem meros "reguladores" do sistema de saúde ou da agenda digital, como colaboradores da criação, os legisladores teriam um direito mais justificável para garantir que os benefícios fossem acessíveis a todos. Um vocabulário diferente e uma nova estrutura de formulação de políticas também reduziriam a timidez que impediu os políticos de financiar investimentos de infraestrutura necessários há décadas e que levaram a uma resposta mínima fiscal e legislativa à crise financeira de 2008 e à subsequente recessão. Uma vez que o potencial dos poderes Executivo e Legislativo para promover o bem da sociedade seja plenamente reconhecido, então os funcionários eleitos poderão começar a viver de acordo com expectativas mais elevadas, mas ainda realistas. Pessoas jovens e ambiciosas poderão começar a escolher o caminho da política, ou carreiras no serviço público, no lugar de empregos em empresas — mas apenas se sentirem que tais escolhas são valiosas e valorizadas.

Convocando a economia para uma missão

A questão permanece: que direção a economia deve tomar para beneficiar o maior número de pessoas? O crescimento máximo do PIB, uma resposta-padrão nos dias de hoje, é grosseiro demais para ser útil: varre para debaixo do tapete todas as questões sérias sobre valor. Outra resposta comum é a probidade fiscal, a execução de orçamentos públicos equilibrados ou mesmo, como na Alemanha, superávit. Isso, no entanto, não é apenas grosseiro, mas equivocado. O esforço para reduzir os déficits do governo após a recessão de 2009 continua a impedir uma recuperação econômica adequada na Europa. Um déficit fiscal baixo é um alvo mal escolhido. A verdadeira questão é como os gastos e investimentos do governo podem criar crescimento a longo prazo. E embora esses investimentos possam exigir que os déficits de curto prazo aumentem, no longo prazo, aumentando o PIB, a relação dívida/PIB será mantida sob controle pelos efeitos de tais investimentos criadores de valor. É por isso que muitos países que continuam com déficits modestos também podem ter uma alta relação dívida/PIB.

A questão do crescimento deve, portanto, concentrar-se menos na taxa de crescimento e mais em sua direção. Uma discussão mais aberta sobre valor econômico poderia, acredito, também ajudar a moldar as discussões sobre direcionalidade. Argumentos progressistas contra a austeridade fiscal muitas vezes recaem no óbvio chamado por investimentos em infraestrutura básica, como se isso fosse uma panaceia. Essa é uma demanda muito modesta. A discussão sobre o tipo de infraestrutura e sua relação com objetivos sociais mais amplos tem sido pueril. Estradas e pontes — só isso? Um investimento público que seja impulsionado pela ambição e por uma visão não pode se limitar a uma lista de projetos de infraestrutura física tradicional. O primeiro passo deve ser pensar seriamente sobre o problema em questão. Uma transformação verde exige não apenas uma infraestrutura verde, mas uma visão clara do que significa viver uma vida ecológica. Significa transformar todos os setores, incluindo os tradicionais, como o aço, para diminuir seu conteúdo material.

A ECONOMIA DA ESPERANÇA

De fato, para enfrentar alguns dos problemas mais urgentes da sociedade hoje é preciso aprender lições de períodos históricos em que se estabeleceram ambições ousadas para lidar com problemas tecnológicos difíceis. Considere duas lições do caso da viagem à Lua. Primeiro, as agências envolvidas, da Nasa à Darpa, construíram seus próprios meios e competências. Não terceirizaram suas tarefas, ou o conhecimento resultante, para o setor privado. Essa prática deve ser levada em conta ao considerar os atuais acordos de parceria público-privada. Eles só serão bem-sucedidos como colaborações dinâmicas de conhecimento intensivo, com ambos os lados igualmente comprometidos em investir em competências e capacidades internas.

Em segundo lugar, a missão da Apollo exigiu diferentes tipos de atores e setores em colaboração, desde a indústria aeroespacial até inovações em têxteis. O foco não era subsidiar um setor (aeronáutica), mas resolver problemas em conjunto, o que exigiu muitos setores e diferentes tipos de atores públicos e privados — mesmo os de baixa tecnologia, como os têxteis. Da mesma forma, o desafio atual de reverter os danos humanos ao meio ambiente não é algo que possa ser resolvido apenas pelo aumento do investimento em energia renovável — embora isso já seja um desafio tecnológico assustador —, mas requer um compromisso social com abordagens novas, menos materialistas, do modo como vivemos. Missões concretas que envolvem diferentes tipos de colaboração são necessárias para impulsionar a luta contra a mudança climática ou a luta para erradicar o câncer — com metas claras, uma multiplicidade de setores e atores, investimento compartilhado e exploração de novas paisagens, mas também paciência para alcançar objetivos de longo prazo. Períodos passados de revolução tecnológica foram associados a mudanças no estilo de vida, como a conexão entre produção em massa e suburbanização.[8] Uma revolução verde exigirá mudanças deliberadas e conscientes nos valores sociais: um redirecionamento de toda a economia, transformando a produção, a distribuição e o consumo em todos os setores.

Um futuro melhor para todos

O conceito de valor deve mais uma vez encontrar seu lugar de direito no centro do pensamento econômico. Mais empregos gratificantes, menos poluição, mais saúde, mais igualdade de remuneração — que tipo de economia queremos? Uma vez respondida essa pergunta, podemos decidir como moldar nossas atividades econômicas, movimentando, assim, atividades que atendem a esses objetivos dentro do limite de produção, de modo que elas sejam recompensadas por direcionar o crescimento da forma que consideramos desejável. E nesse meio-tempo também podemos fazer um trabalho muito melhor no sentido de reduzir as atividades que são puramente voltadas para o rentismo, calibrando recompensas para atividades verdadeiramente produtivas.

Abri o livro afirmando que o objetivo não era argumentar que determinada teoria do valor é melhor que outra. Meu objetivo é que o livro estimule um novo debate, colocando o valor de volta ao centro do raciocínio econômico. Não se trata de desenhar cercas firmes e estáticas ao longo das fronteiras da produção, argumentando que alguns atores são parasitas ou meros tomadores, enquanto outros são gloriosos produtores e criadores. Em vez disso, devemos ter uma compreensão mais dinâmica do que é criar e receber no contexto dos objetivos sociais que temos. Fatores objetivos e subjetivos sem dúvida entrarão em jogo, mas os subjetivos não devem reduzir tudo a uma escolha individual, despojada do contexto social, político e econômico no qual as decisões são tomadas. São esses mesmos contextos que são afetados pela dinâmica (objetiva) da mudança tecnológica e das estruturas de governança corporativa. Este último fator afetará a forma como a distribuição de renda será determinada, o que também sofrerá influência da força dos trabalhadores para negociar sua parte. Essas forças estruturais resultam da tomada de decisões dentro de cada organização. Não há nada inevitável ou determinista nisso.

Tentei abrir o novo diálogo mostrando que a criação de valor é coletiva, que a política pode ser mais ativa em torno da formação e da criação compartilhada de mercados, e que o progresso real requer uma divisão dinâmica do trabalho focada nos problemas que as sociedades do século

A ECONOMIA DA ESPERANÇA

XXI estão enfrentando. Se fui crítica, é porque precisamos dessas críticas. Além disso, trata-se de uma discussão preliminar necessária para a criação de uma nova economia: a da esperança. Afinal, se não podemos sonhar com um futuro melhor e tentar fazer com que isso aconteça, não há razão real para nos preocuparmos com o valor. E essa talvez seja a maior lição de todas.

BIBLIOGRAFIA

AGHION, P.; VAN REENEN, J.; ZINGALES, L. "Innovation and institutional ownership". *American Economic Review*, v. 103, n. 1, pp. 277-304, 2013.

ALPEROVITZ, G.; DALY, L. "Who is really 'deserving'? Inequality and the ethics of social inheritance". *Dissent*, p. 90, outono 2009.

ARROW, K. *Social Choice and Individual Values*. New Haven: Cowles Foundation, 1951.

ATKINSON, T. *Atkinson Review: Final Report. Measurement of Government Output and Productivity for the National Accounts*. Basingstoke/Nova York: Palgrave Macmillan, 2005.

BARBA, A.; PIVETTI, M. "Rising household debt: Its causes and macro-economic implications — A long-period analysis". *Cambridge Journal of Economics*, v. 33, n. 1, pp. 113-37, 2009.

BARBA, A.; DE VIVO, G. "An 'unproductive labour' view of finance". *Cambridge Journal of Economics*, v. 36, n. 6, 2012: http://doi.org/10.1093/cje/ber022.

BARRETT, P.; LANGRETH, R. "Pharma execs don't know why anyone is upset by a $94,500 miracle cure". *Bloomberg Businessweek*, 3 jun. 2015: https://www.bloomberg.com/news/articles/2015-06-03/specialty-drug-costs-gilead-s-hepatitis-c-cures-spur-backlash.

BARRO, R. J; REDLICK, C. J. "Macroeconomic effects from government purchases and taxes". *Quarterly Journal of Economics*, v. 126, n. 1, pp. 51-102, 2011: https://doi/org:10.1093/qje/qjq002.

BARTON, D.; WISEMAN, M. "Focusing capital on the long term". *Harvard Business Review*, jan./fev. 2014.

BAUMOL, W. J. "Contestable markets: An uprising in the theory of industry structure". *American Economic Review*, v. 72, n. 1, 1982.

_____. "Entrepreneurship: Productive, unproductive, and destructive". *Journal of Political Economy*, v. 98, n. 5, pp. 893-921, 1990.

_____. *Entrepreneurship, Management and the Nature of Payoffs.* Cambridge, MA: MIT Press, 1993.

BAYLISS, K. "Case Study: The Financialisation of Water in England and Wales". *FESSUD (Financialisation, Economy, Society and Sustainable Development) Working Paper Series*, n. 52, 2014.

BEA. *Measuring the Economy: A Primer on GDP and the National Income and Product Accounts.* Washington, DC: Bureau of Economic Analysis, US Department of Commerce, 2014: http://www.bea.gov/national/pdf/nipa_primer.pdf.

BEESLEY, A.; BARKER, A. "Apple tax deal: How it worked and what the EU ruling means".*FinancialTimes,*30ago.2016:https://www.ft.com/content/cc58c190-6ec3- -11e6-a0c9-1365ce54b926.

BENTHAM, J. *A Fragment on Government.* Londres, 1776.

BERGH, A.; HENREKSON, M. "Government size and growth: A survey and interpretation of the evidence". *Journal of Economic Surveys*, v. 25, n. 5, pp. 872-97, 2011: http://doi.org/10.1111/j.1467-6419.2011.00697.x.

BERNANKE, B. S. "The Great Moderation", notas dos encontros da Eastern Economic Association, Washington, DC, 20 fev. 2004.

BESSEN, J.; MEURER, M. J. "The Patent Litigation Explosion". *Loy. U. Chi. L. J.*, v. 45, 401, 2013: http://lawecommons.luc.edu/luclj/vol45/iss2/5.

_____. "The direct costs from NPE disputes". *Cornell Law Review*, v. 99, n. 2, 2015.

BOGLE, J. C. *The Clash of the Cultures: Investment vs. Speculation.* Hoboken, NJ: John Wiley and Sons, 2012.

BOGLE, J. C., "The arithmetic of 'all-in' investment expenses". *Financial Analysts Journal*, v. 70, n. 1, 2014.

BORIO, C.; DREHMANN, M.; TSATSARONIS, K. "Anchoring countercyclical capital buffers: The role of credit aggregates". *BIS Working Paper*, n. 355, nov. 2011.

BOSS, H. H. *Theories of Surplus and Transfer: Parasites and Producers in Economic Thought.* Boston, MA: Unwin Hyman, 1990.

THE BOSTON CONSULTING GROUP. *Doubling Down on Data.* Global Asset Management, 2016: http://www.agefi.fr/sites/agefi.fr/files/fichiers/2016/07/bcg-doubling- -down-on-data-july-2016_tcm80-2113701.pdf.

BOZEMAN, B. *Public Values and Public Interest: Counterbalancing Economic Individualism.* Washington, DC: Georgetown University Press, 2007.

BROWN, G. "2007 Financial Statement at the House of Commons": http://www.publications.parliament.uk/pa/cm200607/cmhansrd/cm070321/debtext/70321-0004.htm.

BIBLIOGRAFIA

BUCHANAN, J. M. "Public Choice: The origins and development of a research program". *Champions of Freedom*, 31, pp. 13-32, 2003.

BUFFETT, W. E. "Stop coddling the super-rich". *New York Times*, 14 ago. 2011: http://www.nytimes.com/2011/08/15/opinion/stop-coddling-the-super-rich.html?_r=2&hp.

BUITER, W. "Housing wealth isn't wealth". *National Bureau of Economic Research Working Paper*, n. 14204, jul. 2008.

BURNS, D.; COWIE, L.; EARLES, J.; FOLKMAN, P.; FROUD, J.; HYDE, P.; JOHAL, S.; REES JONES, I.; KILLETT, A.; WILLIAMS, K. *Where Does the Money Go? Financialised Chains and the Crisis in Residential Care*. CRESC Public Interest Report, mar. 2015.

BUSINESS WEEK. "Blue-ribbon venture capital". 29 out. 1960.

BUTLER, S. "How Philip Green's family made millions as value of BHS plummeted". *The Guardian*, 25 abr. 2016: https://www.theguardian.com/business/2016/apr/25/bhs-philip-green-family-millions-administration-arcadia.

CHIEN, C. V. "Startups and patent trolls". *Stanford Technology Law Review*, 17, pp. 461--506, 2014.

CHRISTOPHERS, B. "Making finance productive". *Economy and Society*, v. 40, n. 1, pp. 112-40, 2011.

_____. *Banking Across Boundaries*. Chichester: Wiley-Blackwell, 2013.

CHURCHILL, W. "WSC to Sir Otto Niemeyer, 22 February 1925". Churchill College, Cambridge, CHAR 18/12A-B.

CLARK, J. B. *The Distribution of Wealth: A Theory of Wages, Interest and Profits*. Nova York: Macmillan, 1899.

COHEN, L.; COVAL, J.; MALLOY, C. "Do powerful politicians cause corporate downsizing?". *Journal of Political Economy*, v. 119, n. 6, pp. 1015-60, 2011: https://doi.org/10.1086/664820.

COHEN, W. M.; GOTO, A.; NAGATA, A.; NELSON, R. R.; WALSH, J. P. "R&D spillovers, patents and the incentives to innovate in Japan and the United States". *Research Policy*, v. 31, n. 8/9, pp. 1349-67, 2002: http://doi.org/10.1016/S0048-7333(02)00068-9.

COURNÈDE, B.; DENK, O. "Finance and economic growth in OECD and G20 countries". *OECD Economics Department Working Paper*, n. 1223, 2015.

COYLE, D. *GDP: A Brief but Affectionate History*. Princeton, NJ: University Press, 2014.

CRANE, E. *Ownership of UK Quoted Shares: 2014*. Londres: Office for National Statistics, 2015: https://www.ons.gov.uk/economy/investmentspensionsandtrusts/bulletins/ownershipofukquotedshares/2015-09-02.

CROUCH, C. "Privatised Keynesianism: An unacknowledged policy regime". *British Journal of Politics and International Relations*, v. 11, n. 3, pp. 382-99, 2009.

_____. *The Knowledge Corrupters: Hidden Consequences of the Financial Takeover of Public Life*. Cambridge: Polity Press, 2016.

DAHL, R. *Charlie and the Chocolate Factory*. Nova York: Knopf, 1964.

DAVID, P. "Clio and the economics of QWERTY". *American Economic Review*, v. 75, n. 2. *Papers and Proceedings of the Ninety-Seventh Annual Meeting of the American Economic Association*, pp. 332-7, maio 1985.

DAVIDOFF, S. "Why I.P.O.s get underpriced". Dealbook, *New York Times*, 27 maio 2011.

DAVIES, R. "Uber suffers legal setbacks in France and Germany". *The Guardian*, 9 jun. 2016: https://www.theguardian.com/technology/2016/jun/09/uber-suffers-legal--setbacks-in-france-and-germany.

DEZEMBER, R. "KKR to earn big payout from Walgreen-Alliance Boots deal". *Wall Street Journal*, 1 jan. 2015.

DILULIO, J. *Bring Back the Bureaucrats: Why More Federal Workers Will Lead to Better (and Smaller!) Government*. West Conshohocken, PA: Templeton Press, 2014.

DOSI, G. "Sources, procedures, and microeconomic effects of innovation". *Journal of Economic Literature*, 26, pp. 1120-71, 1988.

THE ECONOMIST. "The third industrial revolution". 21 abr. 2012, http://www.economist.com/node/21553017.

_____. "Time to fix the patents". 8 ago. 2015: http://www.economist.com/news/leaders/21660522-ideas-fuel-economy-todays-patent-systems-are-rotten-way-rewarding-them-time-fix.

EICHENGREEN, B. *The European Economy since 1945: Coordinated Capitalism and Beyond*. Princeton, NJ: University Press, 2008.

ELLIS, K.; MICHAELY, R.; O'HARA, M. "When the underwriter is the market maker: An examination of trading in the IPO aftermarket". *Journal of Finance*, v. 55, n. 3, pp. 1039-74, 1999.

ELSON, D. *Macroeconomics and Macroeconomic Policy from a Gender Perspective*. Public Hearing of Study Commission on Globalization of the World Economy — Challenges and Responses. Bundestag, Berlin, 18 fev. 2002.

EPSTEIN, G. A. *Financialization and the World Economy*. Cheltenham/Northampton, MA: Edward Elgar Publishing, 2005.

EVANS, P. *Embedded Autonomy: States and Industrial Transformation*. Princeton, NJ: University Press, 1995.

FALCK, O.; GOLLIER, C.; WOESSMANN, L. "Arguments for and against policies to promote national champions". In: FALCK, O.; GOLLIER, C.; WOESSMANN, L. (Orgs.). *Industrial Policy for National Champions*. Cambridge, MA: MIT Press, 2011, pp. 3-9.

FAMA, E. "Efficient capital markets: A review of theory and empirical work". *Journal of Finance*, v. 25, n. 2, 1970.

FARRELL, G. "Blankfein defends pay levels for 'more productive' Goldman staff". *Financial Times*, 11 nov. 2009: http://www.ft.com/intl/cms/s/0/c99bf08e-ce-62-11de-a1ea-00144feabdc0.html.

FARRELL, M. "The Internet of things: Who wins, who loses?". *The Guardian*, 14 ago. 2015.

BIBLIOGRAFIA

FIORAMONTI, L. *Gross Domestic Problem*. Londres: Zed Books, 2013.

FOLEY, D. K. *Adam's Fallacy: A Guide to Economic Theology*. Cambridge, MA: Belknap Press, 2006.

_____. "Rethinking financial capitalism and the 'information' economy". *Review of Radical Political Economics*, v. 45, n. 3, pp. 257-68, 2013: http://doi.org/10.1177/0486613413487154.

FORERO-PINEDA, C. "The Impact of stronger intellectual property rights on science and technology in developing countries". *Research Policy*, v. 36, n. 6, pp. 808-24, 2006.

FOROOHAR, R. *Makers and Takers*. Nova York: Crown, 2016.

FORTADO, L. "Hedge funds fees take a trim". *Financial Times*, 22 dez. 2016: https://www.ft.com/content/ab1ce98e-c5da-11e6-9043-7e34c07b46ef.

FREEMAN, R. E.; HARRISON, J. S.; WICKS, A. C.; PARMAR, B. L.; DE COLLE, S. *Stakeholder Theory: The State of the Art*. Cambridge: University Press, 2010.

FRIEDMAN, B. M. "Crowding out or crowding in? Economic consequences of financing government deficits". *Brookings Papers on Economic Activity*, 3, pp. 593-654, 1979.

FRIEDMAN, M. *Capitalism and Freedom*. Chicago, Ill.: University Press, 1962.

FURCERI, D.; MOUROUGANE, A. "Financial crises: Past lessons and policy implications". *OECD Economics Department Working Papers*, n. 668, 2009: http://www.oecd.org/officialdocuments/publicdisplaydocumentpdf/?doclanguage=en&cote=eco/wkp(2009)9.

GAUS, G. F. *Value and Justification: The Foundations of Liberal Theory*. Nova York: Cambridge University Press, 1990.

GERTNER, J. *The Idea Factory: Bell Labs and the Great Age of American Innovation*. Londres/Nova York: Penguin, 2013.

GIMEIN, M.; DASH, E.; MUNOZ, L.; SUNG, J. "You bought. They SOLD". *Fortune*, v. 146, n. 4, pp. 64-8, 72, 74, 2002.

GLYN, A. *Capitalism Unleashed: Finance, Globalization and Welfare*. Oxford: University Press, 2006.

GOMPERS, P. A.; LERNER, J. *The Venture Capital Cycle*. Cambridge, MA: MIT Press, 2002.

GOODHART, C. A. E. "Competition and credit control". *Financial Markets Group, London School of Economics, Special Paper*, n. 229, 2014.

GREENSPAN, A.; KENNEDY, J. *Estimates of Home Mortgage Originations, Repayments, and Debt on One-to-Four-Family Residences*. Finance and Economic Discussion Series 2005-41. Washington, DC: Board of Governors of the Federal Reserve System, 2005.

HABER, S.; WERFEL, S. H. "Patent trolls as financial intermediaries? Experimental evidence". *Economics Letters*, 149, pp. 64-6, 2016: http://dx.doi.org/10.2139/ssrn.2552734.

HADAS, E. "Seeing straight: Why buybacks should be banned". *Breakingviews*, 14 dez. 2014: https://www.breakingviews.com/features/why-buybacks-should-be-banned/.

HAYWOOD, W. D. *Bill Haywood's Book: The Autobiography of Big Bill Haywood*. Nova York: International Publishers, 1929.

HENDERSON, N.; SCHRAGE, M. "The roots of biotechnology: Government R&D spawns a new industry". *Washington Post*, 16 dez. 1984: https://www.washingtonpost.com/archive/politics/1984/12/16/government-r38/cb580e3d-4ce2-4950-bf12-a717b-4d3ca36/?utm_term=27fd51946872.

HERNDON, T.; ASH, M.; POLLIN, R. "Does high public debt consistently stifle economic growth? A critique of Reinhart and Rogoff". *Cambridge Journal of Economics*, v. 38, n. 2, pp. 257-79, 2014: http://doi.org/10.1093/cje/bet075.

HILL, A.; KHOO, S.; FORTUNAK J.; SIMMONS, B.; FORD, N. "Minimum costs for producing Hepatitis C direct-acting antivirals for use in large-scale treatment access programs in developing countries". *Clinical Infectious Diseases*, v. 58, n. 7, pp. 928--36, 2014: https://doi.org/10.1093/cid/ciu012.

HILL, C. *The Century of Revolution 1603-1714*. Londres: Nelson, 1980.

HILL, J. M. "Alpha as a net zero-sum game: How serious a constraint?". *Journal of Portfolio Management*, v. 32, n. 4, pp. 24-32, 2006: https://doi.org/10.3905/jpm.2006.644189.

HILL, P. "The services of financial intermediaries, or Fisim revisited", trabalho apresentado no encontro conjunto Unece/Eurostat/OECD sobre contas nacionais, Genebra, 30 abr./3 maio 1996: http://www.oecd.org/dataoecd/13/62/27900661.pdf.

HILNER, B. E.; SMITH, T. J. "Efficacy does not necessarily translate to cost effectiveness: A case study in the challenges associated with 21st-century cancer drug prices". *Journal of Clinical Oncology*, v. 27, n. 13, 2009.

HOOPER, R. "Saving the Royal Mail's universal postal service in the digital age: An update of the 2008". *Independent Review of the UK Postal Services Sector*, set. 2010: https://www.gov.uk/government/uploads/system/uploads/attachment_data/file/31808/10-1143-saving-royal-mail-universal-postal-service.pdf.

HOULDER, V.; BEESLEY, A.; BARKER, A. "Apple's EU tax dispute explained". *Financial Times*, 30 ago. 2016: https://www.ft.com/content/3e0172a0-6e1b-11e6-9ac-1-1055824ca907.

HUTTON, D.; SMITH, I. R.; HOOPER, R. *Modernise or Decline: Policies to Maintain the Universal Postal Service in the United Kingdom, Independent Review of the UK Postal Services Sector*: https://www.gov.uk/government/uploads/system/uploads/attachment_data/file/228786/7529.pdf.

INTERNATIONAL MONETARY FUND, "Fiscal policy as a countercyclical tool". *World Economic Outlook*, cap. 5. Washington, DC: International Monetary Fund, out. 2008.

JACOBS, M.; MAZZUCATO, M. (Orgs.). *Rethinking Capitalism: Economics and Policy for Sustainable and Inclusive Growth*. Chichester: Wiley-Blackwell, 2016.

JENSEN, M. J.; MECKLING, W. H. "Theory of the firm: Managerial behavior, agency costs and ownership structure". *Journal of Financial Economics*, v. 3, n. 4, pp. 305--60, 1976.

BIBLIOGRAFIA

JEVONS, W. S. *The Theory of Political Economy*, 2. ed. Org. de R. D. Collison Black. Harmondsworth: Penguin, 1970.

JORGENSON, D. W. "A new architecture for the U.S. national accounts". *Review of Income and Wealth*, v. 55, n. 1, pp. 1-42, 2009.

J. P. MORGAN. "Bridging the gap between interest rates and investments". JPM Corporate Finance Advisory, set. 2014.

KANTARJIAN, H.; RAJKUMAR, S. V. "Why are cancer drugs so expensive in the United States, and what are the solutions?". *Mayo Clinic Proceedings*, abr. 2015.

KASPERKEVIC, J. "America's top CEOs pocket 340 times more than average workers". *The Guardian*, 17 maio 2016: https://www.theguardian.com/us-news/2016/may/17/ceo-pay-ratio-average-worker-afl-cio.

KELLER, M. R.; BLOCK, F. "Explaining the transformation in the US innovation system: The impact of a small government program". *Socio-Economic Review*, v. 11, n. 4, pp. 629-56, 2013: https://doi.org/10.1093/ser/mws021.

KELLY, K. "The new socialism: Global collectivist society is coming online". *Wired magazine*, 17 jun. 2009.

KENDRICK, J. "The historical development of national-income accounts". *History of Political Economy*, v. 2, n. 2, pp. 284-315, 1970.

KENNEDY, J. F. "Moon speech". Rice Stadium. 12 set. 1962: https://er.jsc.nasa.gov/seh/ricetalk.htm.

_____. "Address before the Irish Parliament in Dublin", 28 jun. 1963: https://www.jfklibrary.org/Asset-Viewer/lPAi7jx2s0i7kePPdJnUXA.aspx.

KENNEY, M.; PATTON, D. "Reconsidering the Bayh-Dole Act and the current university invention ownership model". *Research Policy*, v. 38, n. 9, pp. 1407-22, 2009.

KEYNES, J. M. *The End of Laissez Faire*. Londres: Hogarth Press, 1926.

_____. *The General Theory of Employment, Interest and Money*. Londres: Macmillan, 1936.

_____. *How to Pay for the War*. Nova York: Harcourt, 1940.

_____. "Proposals for an International Clearing Union". In: MOGGRIDGE, D. (Org.). *The Collected Writings of John Maynard Keynes*, v. 25: *Activities 1940-1944. Shaping the Post-War World. The Clearing Union*. Cambridge: University Press, 1943.

KIRKWOOD, G.; POLLOCK, A. M. "Patient choice and private provision decreased public provision and increased inequalities in Scotland: A case study of elective hip arthroplasty". *Journal of Public Health*, v. 39, n. 3, pp. 593-600, 2017.

KLIFF, S. "Meet Serco, the private firm getting $1.2 billion to process your Obamacare application". *Washington Post*, 16 jul. 2013: https://www.washingtonpost.com/news/wonk/wp/2013/07/16/meet-serco-the-private-firm-getting-1-2-billion-to-process-your-obamacare-application/?utm_term=.33eeeadf4a01.

KOKALITCHEVA, K. "Uber now has 40 million monthly riders worldwide". *Fortune*, 20 out. 2016: http://fortune.com/2016/10/20/uber-app-riders/.

KRUEGER, A. O. "The political economy of the rent-seeking society". *American Economic Review*, v. 64, n. 3, pp. 291-303, 1974.

351

KUZNETS, S. *National Income: A Summary of Findings*. Nova York: National Bureau of Economic Research, 1946.

LAMATTINA, J. "Politicians shouldn't question drug costs but rather their value. Lessons from Soliris and Sovaldi". *Forbes*, 4 ago. 2014: https://www.forbes.com/sites/johnlamattina/2014/08/04/politicians-shouldnt-question-drug-costs-but-rather-their-value-lessons-from-soliris-and-sovaldi/#5d9664502675.

LA ROCHE, J.; CROWE, P. "The richest hedge fund managers in the world". *Business Insider*, 2 mar. 2016.

LAVOIE, M. *Introduction to Post-Keynesian Economics*. Basingstoke: Palgrave Macmillan, 2009.

LAZONICK, W. *Sustainable Prosperity in the New Economy? Business Organization and High-Tech Employment in the United States*. Kalamazoo, MI: W. E. Upjohn Institute for Employment Research, 2009: https://doi.org/10.17848/9781441639851.

_____. "Profits without prosperity". *Harvard Business Review*. set. 2014.

_____. "Innovative enterprise or sweatshop economics? In search of foundations of economic analysis". *ISIGrowth Working Paper*, n. 17, 2016.

LAZONICK, W.; TULUM, Ö. "US biopharmaceutical finance and the sustainability of the biotech business model". *Research Policy*, v. 40, n. 9, pp. 1170-87, 2011.

_____; MAZZUCATO, M. "The risk-reward nexus in the innovation-inequality relationship: Who takes the risks? Who gets the rewards?". *Industrial and Corporate Change*, v. 22, n. 4, pp. 1093-128, 2013: https://doi.org/10.1093/icc/dtt019.

_____; _____; TULUM, Ö. "Apple's changing business model: What should the world's richest company do with its profits?". *Accounting Forum*, 37, pp. 249-67, 2013.

LEIGH, D.; BLANCHARD, O. J. "Growth forecast errors and fiscal multipliers". *Working Paper*, n. 13/1. Washington, DC: International Monetary Fund, 2013.

_____; DEVRIES, P.; FREEDMAN, C.; GUAJARDO, J.; LAXTON, D.; PESCATORI, A. "Will it hurt? Macroeconomic effects of fiscal consolidation". IMF *World Economic Outlook*, pp. 93-124, 2010.

LEMLEY, M. A. "Software patents and the return of functional claiming". *Wisconsin Law Review*, pp. 905-64, 2013(4).

_____; SHAPIRO, C. "Probabilistic patents". *Journal of Economic Perspectives*, v. 19, n. 2, pp. 75-98, 2005: DOI:10.1257/0895330054048650.

LEQUILLER, F.; BLADES, D. "The general government account". In: *Understanding National Accounts*. 2. ed. [Paris?]: OECD Publishing, 2014: http://doi.org/10.1787/9789264214637-en.

LESLIE, S. W. *The Cold War and American Science: The Military-Industrial-Academic Complex at MIT and Stanford*. Nova York: Columbia University Press, 1993.

LEVINA, I. "A puzzling rise in financial profits and the role of capital gain-like revenues". *Political Economy Research Institute Working Paper*, n. 347, abr. 2014.

LIGHT, D. W.; LEXCHIN, J. R. "Pharmaceutical research and development: What do we get for all that money?". *BMJ*, 2012;345:e4348:http://dx.doi. org/10.1136/bmj.e4348.

BIBLIOGRAFIA

MACFARLANE, L. *Blueprint for a Scottish National Investment Bank*. Londres: New Economics Foundation, 2016.

MALTHUS, T. R. *An Essay on the Principle of Population* [1798]. Ed. crítica de P. James. Cambridge: University Press, 1989.

MARSHALL, A. *Elements of Economics of Industry*. Londres: Macmillan, 1892.

_____. *Principles of Economics* [1890]. Londres: Macmillan, 1920.

MARX, K., *Theories of Surplus Value*. v. 4 de *Capital*, parte I. Moscou: Progress Publishers, 1863.

_____. *Capital*, v. 1. Londres: Penguin Classics, 2004.

_____. *Capital*, v. 3. Londres: Penguin Classics, 1992.

_____; ENGELS, F. *The Communist Manifesto* [1848]. Londres: Penguin Classics, 2010.

MASON, R. "G4s fined 100 times since 2010 for breaching prison contracts". *The Guardian*, 15 abr. 2016: https://www.theguardian.com/society/2016/apr/15/g4s-fined- -100-times-since-2010-prison-contracts.

MAZZOLENI, R.; NELSON, R. "The benefit and costs of strong patent protection: A contribution to the current debate". *Research Policy*, 27, pp. 273-84, 1998.

MAZZUCATO, M. *The Entrepreneurial State: Debunking Public vs. Private Sector Myths*. Londres: Anthem Press, 2013. [Ed. bras.: *O Estado empreendedor: Desmascarando o mito do setor público vs. setor privado*. Trad. de Elvira Serapicos. São Paulo: Portfolio-Penguin, 2014.]

_____. "From market-fixing to market-creating: A new framework for innovation policy", edição especial da *Industry and Innovation*: "Innovation policy — Can it make a difference?", v. 23, n. 2, 2016.

_____; PENNA, C. "Beyond market failures: The market creating and shaping roles of state investment banks". *Journal of Economic Policy Reform*, v. 19, n. 4, pp. 305- -26, 2016.

_____; SHIPMAN, A. "Accounting for productive investment and value creation". *Industrial and Corporate Change*, v. 23, n. 4, pp. 1059-85, 2014: http://doi. org/10.1093/icc/dtt037.

_____; WRAY, L. R., "Financing the capital development of the economy: A Keynes-Schumpeter-Minsky Synthesis". *Levy Economics Institute Working Paper*, n. 837, 2015.

MCLEAY, M.; RADIA, A.; THOMAS, L. R. "Money creation in the modern economy". *Bank of England Quarterly Bulletin*, v. 54, n. 1, pp. 1-14, 2014.

MEEK, R. L. *The Economics of Physiocracy: Essays and Translations*. Londres: George Allen & Unwin, 1962.

MERLER, S.; HÜTTL, P. "Welcome to the dark side: GDP revision and the non-observed economy". Bruegel, 2 mar. 2015: http://bruegel.org/2015/03/welcome-to-the-dark- -side-gdp-revision-and-the-non-observed-economy/.

METRICK, A.; YASUDA, A. "The economics of private equity". *Review of Financial Studies*, v. 23, n. 6, pp. 2303-41, 2011: https://doi.org/10.1093/rfs/hhq020.

MINSKY, H. P. "The financial instability hypothesis: An interpretation of Keynes and an alternative to 'standard' theory". *Challenge*, v. 20, n. 1, pp. 20-7, 1977.

_____. *Stabilizing an Unstable Economy*. New Haven/ Londres: Yale University Press, 1986.

_____. "Reconstituting the United States' financial structure". *Levy Economics Institute Working Paper*, n. 69, 1992.

_____. "The capital development of the economy and the structure of financial institutions". Hyman P. Minsky Archive, *Paper*, n. 179, 1992.

_____. "Finance and stability: The limits of capitalism". *Levy Economics Institute Working Paper*, n. 93, 1993.

MIROWSKI, P. *More Heat than Light: Economics as Social Physics, Physics as Nature's Economics*. Cambridge: University Press, 1989.

_____. "Learning the meaning of a dollar: Conservation principles and the social theory of value in economic theory". *Social Research*, v. 57, n. 3, pp. 689-718, 1990.

MISHAN, E. J. *The Costs of Economic Growth*. Nova York: Praeger, 1967.

MOROZOV, E. "Don't believe the hype, the 'sharing economy' masks a failing economy". *The Guardian*, 28 set. 2014: http://www.theguardian.com/commentisfree/2014/sep/28/sharing-economy-internet-hype-benefits-overstated-evgeny-morozov.

_____. "Silicon Valley likes to promise 'digital socialism' — but it is selling a fairy tale". *The Guardian*, 28 fev. 2015.

_____. "Where Uber and Amazon rule: Welcome to the world of the platform". *The Guardian*, 6 jun. 2015.

_____. "Cheap cab ride? You must have missed Uber's true cost". *The Guardian*, 31 jan. 2016: http://www.theguardian.com/commentisfree/2016/jan/31/cheap-cab--ride-uber-true-cost-google-wealth-taxation.

_____. "Data populists must seize our information — for the benefit of us all". *The Guardian*, 4 dez. 2016: https://www.theguardian.com/commentisfree/2016/dec/04/data-populists-must-seize-information-for-benefit-of-all-evgeny-morozov.

MOULTON, B. R. *The System of National Accounts for the New Economy: What Should Change?*. Washington, DC: Bureau of Economic Analysis, US Department of Commerce, 2003: http://www.bea.gov/about/pdf/sna_neweconomy_1003.pdf.

_____. "SNA 2008 in the US national income and product accounts". Eurostat Conference: "The Accounts of Society", Luxemburgo, 12/13 jun. 2014.

MUKUNDA, G. "The price of Wall Street's power". *Harvard Business Review*, jun. 2014.

MUN, T. *England's Treasure by Forraign Trade* [1664]. Londres: Macmillan, 1865.

NEWCOMER, E. "In video, Uber CEO argues with driver over falling fares". *Bloomberg*, 28 fev. 2017: https://www.bloomberg.com/news/articles/2017-02-28/in-video--uber-ceo-argues-with-driver-over-falling-fares.

OLTERMANN, P. "Berlin ban on Airbnb short-term rentals upheld by city court". *The Guardian*, 8 jun. 2016: https://www.theguardian.com/technology/2016/jun/08/berlin-ban-airbnb-short-term-rentals-upheld-city-court.

BIBLIOGRAFIA

ONS (Office for National Statistics). *Public Service Productivity Estimates: Total Public Services, 2012* (2015): http://www.ons.gov.uk/ons/dcp171766_394117.pdf.

OSBORNE, G. Mansion House speech by the Chancellor of the Exchequer, 10 jun. 2015: https://www.gov.uk/government/speeches/mansion-house-2015-speech-by-the--chancellor-of-the-exchequer.

OSTROM, E. *Governing the Commons: The Evolution of Institutions for Collective Action*. Cambridge: University Press, 1990.

_____. *Understanding Institutional Diversity*. Princeton, NJ: University Press 2005.

OWEN, G. "Industrial policy in Europe since the Second World War: what has been learnt?". *ECIPE Occasional Paper*, n. 1, 2012. Bruxelas: The European Centre for International Political Economy: http://eprints.lse.ac.uk/41902/.

OXFAM. "An economy for the 1%". *Oxfam Briefing Paper*, jan. 2016: https://www.oxfam.org/sites/www.oxfam.org/files/file_attachments/bp210-economy-one-percent-tax--havens-180116-en_0.pdf.

_____. "An economy for the 99%". *Oxfam Briefing Paper*, jan. 2017: https://www.oxfam.org/sites/www.oxfam.org/files/file_attachments/bp-economy-for-99-percent-160117-en.pdf.

PALIN, A. "Chart that tells a story — UK share ownership". *Financial Times*, 4 set. 2015: https://www.ft.com/content/14cda94c-5163-11e5-b029-b9d50a74fd14.

PEREZ, C. "Capitalism, technology and a green global golden age: The role of history in helping to shape the future". In: JACOBS, M.; MAZZUCATO, M. (Orgs.). *Rethinking Capitalism: Economics and Policy for Sustainable and Inclusive Growth*. Chichester: Wiley-Blackwell, 2016.

PESSOA, J. P.; VAN REENEN, J. "The UK productivity and jobs puzzle: Does the answer lie in labour market flexibility?". Centre for Economic Performance, *Special Paper*, n. 31, 2013.

PETTY, W. "A treatise of taxes and contributions". Londres, 1662. In: HULL, Charles Henry (Org.). *The Economic Writings of Sir William Petty*. Cambridge: University Press, 1899. 2 v.

_____. "Several essays in political arithmetick". Londres, 1699. In: HULL, Charles Henry (Org.). *The Economic Writings of Sir William Petty*. Cambridge: University Press, 1899. 2 v.

PHELPS, M. G.; KAMARUDEEN, S.; MILLS, K.; WILD, R. "Total public service output, inputs and productivity". *Economic and Labour Market Review*, v. 4, n. 10, pp. 89-112, 2010: http://doi.org/10.1057/elmr.2010.145.

PHILIPPON, T. "Finance vs. Wal-Mart: Why are financial services so expensive?". In: BLINDER, A.; LO, A.; SOLOW, R. (Orgs.). *Rethinking the Financial Crisis*. Nova York: Russell Sage Foundation, 2012, http://www.russellsage.org/sites/all/files/Rethinking-Finance/Philippon_v3.pdf.

PIGOU, A. C. *The Economics of Welfare*. Londres: Macmillan, 1926.

PIKETTY, T. *Capital in the Twenty-First Century*. Cambridge, MA: Harvard University Press, 2014.

PISANO, G. *Science Business: The Promise, the Reality, and the Future of Biotech*. Boston, MA: Harvard Business School Press, 2006.

POLANYI, K. *The Great Transformation: The Political and Economic Origins of Our Time* [1944]. Boston, MA: Beacon Press, 2001.

POLLITT, C.; BOUCKAERT, G. *Public Management Reform: A Comparative Analysis*. Oxford: University Press, 2004.

PORTER, M. E. *Competitive Advantage*. Nova York: Free Press, 1985.

_____; KRAMER, M. R. "Creating shared value". *Harvard Business Review*, 89, pp. 62-77, 2011.

POTERBA, J. M. "Venture capital and capital gains taxation". In: L. H. Summers (Org.). *Tax Policy and the Economy*, v. 3. Cambridge, MA: MIT Press, 1989, pp. 47-68.

PROTESS, B.; CORKERY, M. "Just how much do the top private equity earners make?". Dealbook, *New York Times*, 10 dez. 2016.

REICH, R. B., *The Work of Nations: Preparing Ourselves for the 21st Century Capitalism*. Nova York: Knopf, 1991.

_____. "Economist John Maynard Keynes". *TIME Magazine*, 29 mar. 1999.

REICH, U. P.; HORZ, K. "Dividing government product between intermediate and final uses". *Review of Income and Wealth*, v. 28, n. 3, pp. 325-44, 1982.

REINERT, E. S. *How Rich Countries Got Rich and Why Poor Countries Stay Poor*. Londres: Constable, 2008.

REINHART, C. M.; ROGOFF, K. S. "Growth in a time of debt". *American Economic Review*, v. 100, n. 2, pp. 573-8, 2010.

_____; _____. "Debt, growth and the austerity debate". *New York Times*, 25 abr. 2013: http://www.nytimes.com/2013/04/26/opinion/debt-growth-and-the-austerity-debate.html?_r=0.

_____; _____. "Reinhart and Rogoff: Responding to our critics". *New York Times*, 25 abr. 2013: http://www.nytimes.com/2013/04/26/opinion/reinhart-and--rogoff-responding-to-our-critics.html.

RICARDO, D. *The Works and Correspondence of David Ricardo*. v. 1: *On the Principles of Political Economy and Taxation*. Org. de P. Sraffa com a colaboração de M. H. Dobb. Cambridge: University Press, 1951.

RITTER, J. IPO data website, 2012: http://bear.warrington.ufl.edu/ritter/ipodata.htm.

RO, S. "Chart of the day: Here's who owns the stock market". *Business Insider*, 13 mar. 2013: http://www.businessinsider.com/chart-stock-market-ownership-2013-3?IR=T.

ROBBINS, L. *An Essay on the Nature and Significance of Economic Science*. Londres: Macmillan, 1932.

ROGERS, C. *Money, Interest and Capital: A Study in the Foundations of Monetary Theory*. Cambridge: University Press, 1989.

RONCAGLIA, A. *The Wealth of Ideas: A History of Economic Thought*. Cambridge: University Press, 2005.

BIBLIOGRAFIA

ROOSE, K. "Silicon Valley's secessionist movement is growing". *New York Magazine*, 21 out. 2013: http://nymag.com/daily/intelligencer/2013/10/silicon-valleys-secessionists.html.

RUBIN, I. I. *Essays on Marx's Theory of Value* [1928]. Detroit, Ill.: Black and Red Press, 1972.

_____. *A History of Economic Thought* [1929]. Londres: Pluto Press, 1989.

SAEZ, E. "Striking it richer: The evolution of top incomes in the United States". University of California, Berkeley, Department of Economics, 2015.

SAMUELSON, P. *Economics*. 3. ed. Nova York: McGraw-Hill, 1955.

SANDEL, M. J. *What Money Can't Buy: The Moral Limits of Markets*. Londres/Nova York: Allen Lane and Farrar, Straus and Giroux, 2013.

SAY, J.-B. *Traité d'économie politique*. Paris: 1803.

SCHUMPETER, J. A. *History of Economic Analysis*. Nova York: Oxford University Press, 1954.

SEKERA, J. A. *The Public Economy in Crisis: A Call for a New Public Economics*. Suíça: Springer International Publishing, 2016.

SIMON, H. A. "Public administration in today's world of organizations and markets". *PS: Political Science and Politics*, dez. 2000.

SMITH, A. *The Wealth of Nations*. Org. de A. Skinner [1776]. Londres: Penguin, 1999. [Ed. bras.: *A riqueza das nações*. Trad. de Luiz João Baraúna. São Paulo: Nova Cultural, 1996. (Os Economistas).]

SNA 1968: *A System of National Accounts*. Nova York: United Nations, 1968.

SNA 2008: *System of National Accounts 2008*. Nova York: United Nations, 2009.

SNOWDON, B.; VANE, H. *A Macroeconomics Reader*. Londres: Routledge, 1997.

STEINER, P. "Wealth and power: Quesnay's political economy of the 'agricultural kingdom'". *Journal of the History of Economic Thought*, v. 24, n. 1, pp. 91-110, 2002.

STIGLITZ, J. E. *The Price of Inequality: How Today's Divided Society Endangers our Future*. Londres: Allen Lane, 2012.

_____. "Austerity has been an utter disaster for the Eurozone". *The Guardian*, 1 out. 2014: https://www.theguardian.com/business/2014/oct/01/austerity-eurozone-disaster-joseph-stiglitz.

_____; SEN, A.; FITOUSSI, J. P. *Mismeasuring Our Lives: Why GDP Doesn't Add Up*. Nova York: The New Press, 2010.

_____; _____; _____. *Report by the Commission on the Measurement of Economic Performance and Social Progress*. Paris: Commission on the Measurement of Economic Performance and Social Progress, 2010.

_____; WEISS, A. "Credit rationing in markets with imperfect information". *American Economic Review*, v. 3, n. 71, pp. 393-410, 1981.

STONE, R. "Definition of the national income and related totals". In: Subcommittee on National Income Statistics. *Measurement of National Income and the Construction of Social Accounts*. Genebra: United Nations, 1947.

O VALOR DE TUDO

STUDENSKI, P. *Income of Nations*. Nova York: University Press, 1958.

STUVEL, G. *National Accounts Analysis*. Basingstoke: Macmillan, 1986.

SUNGA, P. S. "An Alternative to the current treatment of interest as transfer in the United Nations and Canadian systems of national accounts". *Review of Income and Wealth*, v. 30, n. 4, pp. 385-402, 1984: http://doi.org/10.1111/j.1475-4991.1984. tb00487.x.

SWANSON, A. "Big pharmaceutical companies are spending far more on marketing than research". *Washington Post*, 11 fev. 2015: http://www.washingtonpost.com/news/ wonkblog/wp/2015/02/11/big-pharmaceutical-companies-are-spending-far-mo-re-on-marketing-than-research/.

SWENEY, M. "Netflix and Amazon must guarantee 20% of content is European". *The Guardian*, 25 maio 2016: https://www.theguardian.com/media/2016/may/25/ netflix-and-amazon-must-guarantee-20-of-content-is-european.

'T HOEN, E. F. M., *The Global Politics of Pharmaceutical Monopoly Power*. Diemen: AMB Publishers, 2009: https://www.msfaccess.org/sites/default/files/MSF_as-sets/Access/Docs/ACCESS_book_GlobalPolitics_tHoen_ENG_ 2009.pdf.

TASSEY, G. "Underinvestment in public good technologies". *Journal of Technology Transfer*, v. 30, n. 2, pp. 89-113, 2005.

TEECE, D. J. "Profiting from technological innovation". *Research Policy*, v. 15, n. 6, pp. 285-305, 1986.

THIEL, P.; MASTERS, B. *Zero to One: Notes on Startups, or How to Build the Future*. Nova York: Crown, 2014.

TOMASKOVIC-DEVEY, D.; LIN, K. H. "Income dynamics, economic rents, and the financialization of the U.S. Economy". *American Sociological Review*, v. 76, n. 4, pp. 538-59, 2011: http://doi.org/10.1177/0003122411414827.

TULLOCK, G.; SELDON, A.; BRADY, G. L. *Government Failure: A Primer in Public Choice*. Washington, DC: Cato Institute, 2002.

TURNER, A. *Economics After the Crisis: Objectives and Means*. Cambridge, MA: MIT Press, 2012.

TVERSKY, A.; KAHNEMAN, D. "Advances in prospect theory: Cumulative representation of uncertainty". *Journal of Risk and Uncertainty*, v. 5, n. 4, pp. 297-323, 1992: doi:10.1007/BF00122574.ISSN0895-5646.

VANOLI, A. *A History of National Accounting*. Washington, DC: IOS Press, 2005.

VEBLEN, T. "The limitations of marginal utility". *Journal of Political Economy*, v. 17, n. 9, pp. 620-36, 1909.

VERKUIL, P. R. *Outsourcing Sovereignty: Why Privatization of Government Functions Threatens Democracy and What We Can Do about It*. Cambridge: University Press, 2007.

WALKER, D. A.; VAN DAAL, J. (Orgs. e Trads.). *Léon Walras, Elements of Theoretical Economics: Or the Theory of Social Wealth*. Cambridge: University Press, 2014.

WALRAS, L. *Elements of Theoretical Economics* [1883]. Trad. e org. de Donald A. Walker e Jan van Daal. Cambridge: University Press, 2014.

BIBLIOGRAFIA

WOLFF, E. N. *Growth, Accumulation, and Unproductive Activity: An Analysis of the Postwar U.S. Economy.* Cambridge: University Press, 1987.

WOOD, R. "Fallen Solyndra won bankruptcy battle but faces tax war". *Forbes*, 11 jun. 2012.

WRAY, L. R. *Modern Money Theory.* Basingstoke: Palgrave Macmillan, 2012.

ZIRKELBACH, R. "The Five essential truths about prescription drug spending", mar. 2015: http://catalyst.phrma.org/the-five-essential-truths-about-prescription-drug-spending.

NOTAS

PREFÁCIO [pp. 15-22]

1 Disponível em: <http://www.multpl.com/us-gdp-inflation-adjusted/table>.
2 Disponível em: <http://www.epi.org/publication/stagnant-wages-in-2014/>.
3 "Ouço muitas referências a compensações maiores na Goldman", disse Blankfein. "O que as pessoas não mencionam é que o lucro líquido por cabeça é um múltiplo da média dos nossos pares. As pessoas da Goldman Sachs estão entre as mais produtivas do mundo." Disponível em: <http://www.businessinsider.com/henry-blodget-blankfeins--new-defense-of-goldman-bonuses-goldmanemployees-are-better-than-you-2009--11?IR=T>.
4 Relatório Anual Goldman Sachs, 2010.
5 Disponível em: <http://www.forbes.com/sites/mikecollins/2015/07/14/the-big-bank--bailout/ #66d600ee3723>.
6 Relatório Anual Goldman Sachs, 2016.
7 Relatório Anual Goldman Sachs, 2010.
8 O PIB (Produto Interno Bruto) substituiu o PNB como a medida-padrão de produção nos anos 1980. A diferença não é relevante para a criação de valor.
9 Ver, por exemplo, B. E. Hilner e T. J. Smith, "Efficacy Does not Necessarily Translate to Cost Effectiveness: A Case Study in the Challenges Associated with 21st-Century Cancer Drug Prices" (*Journal of Clinical Oncology*, v. 27, n. 13, 2009).
10 A calculadora interativa de Peter Bach pode ser acessada aqui: <www.drugabacus.org>.

NOTAS

11 Disponível em: <http://nymag.com/daily/intelligencer/2013/10/silicon-valleys-secessio-nists.html>.

12 Plato, *The Republic*, trad. e introd. de H. D. P. Lee. (Londres: Penguin Books, 1955, p. 115). [Ed. bras.: Platão, *A República*. Trad. de Enrico Corvisieri. São Paulo: Abril Cultural, 2001. (Os Pensadores).]

INTRODUÇÃO: PRODUZIR VERSUS APROPRIAR-SE [pp. 23-44]

1 Bill Haywood, *Bill Haywood's Book: The Autobiography of Big Bill Haywood* (Nova York: International Publishers, 1929).

2 Disponível em: <https://www.theguardian.com/business/2016/apr/25/bhs-philip-green--family-millions-administration-arcadia>.

3 Disponível em: <https://www.ft.com/content/ cc58c190-6ec3-11e6-a0c9-1365ce54b926>.

4 Disponível em: <https://www.ft.com/content/ 3e0172a0-6e1b-11e6-9ac1-1055824ca907>.

5 Disponível em: <http://databank.worldbank.org/data/download/GDP.pdf>.

6 M. Mazzucato, *The Entrepreneurial State: Debunking Public vs. Private Sector Myths* (Londres: Anthem Press, 2013). [Ed. bras.: *O Estado empreendedor: Desmascarando o mito do setor público vs. setor privado*. Trad. de Elvira Serapicos. São Paulo: Portfo-lio-Penguin, 2014.]

7 W. Lazonick, M. Mazzucato e Ö. Tulum, "Apple's changing business model: What should the world's richest company do with its profits?" (*Accounting Forum*, 37, 2013, pp. 249-67).

8 Oxfam, *An Economy for the 99%*, Oxfam Briefing Paper, January 2017. Disponível em: <https://www.oxfam.org/sites/www.oxfam.org/files/file_attachments/bp-economy--for-99-percent- 160117-en.pdf>.

9 Mesmo forças conservadoras têm gostado de brincar com a analogia dos produtores ver-sus apropriadores: Mitt Romney chama sua empresa de capital privado de local de "cria-ção de riqueza", ao mesmo tempo em que tece muitas observações sobre elementos pa-rasitários da sociedade que extrairiam riqueza por meio do Estado de bem-estar social. G. Monbiot, "Mitt Romney and the myth of self-created millionaires" (*The Guardian*, 24 set. 2012). Disponível em: <https://www.theguardian.com/commentisfree/2012/ sep/24/ mitt-romney-self-creation-myth>.

10 J. Stiglitz, *The Price of Inequality: How Today's Divided Society Endangers our Future* (Londres: Allen Lane, 2012).

11 Um ótimo livro recente do jornalista Rana Foroohar, chamado *Makers and Takers* [Pro-dutores e apropriadores], examina a maneira pela qual a indústria produtiva tem sido prejudicada pelo crescimento de um setor financeiro que serve apenas a si mesmo e por gerentes do setor industrial que atendem aos objetivos desse setor financeiro em vez de buscar crescimento a longo prazo. R. Foroohar, *Makers and Takers: The Rise of Finance and the Fall of American Business* (Nova York: Crown Business, 2016).

12 Enquanto eu escrevia este livro, Michael Hudson publicou uma crítica incisiva das fi-nanças modernas, também construída a partir do conceito de renda não merecida: M.

361

O VALOR DE TUDO

Hudson, *Killing the Host: How Financial Parasites and Debt Bondage Destroy the Global Economy* (Dresden: Islet Verlag, 2015).

13 M. C. Jensen e W. H. Meckling, "Theory of the firm: Managerial behavior, agency costs and ownership structure" (*Journal of Financial Economics*, v. 3, n. 4, 1976, p. 308).

14 M. E. Porter e M. R. Kramer, "Creating shared value" (*Harvard Business Review*, 89, 2011, pp. 62-77).

15 M. E. Porter, *Competitive Advantage* (Nova York: Free Press, 1985).

16 SNA 2008 (Nova York: United Nations, 2009), p. 6. Ver a discussão acerca dos limites da produção em: D. Coyle, *GDP: A Brief but Affectionate History* (Princeton: University Press, 2014, pp. 37-9), bem como H. H. Boss, *Theories of Surplus and Transfer: Parasites and Producers in Economic Thought* (Boston: Unwin Hyman, 1990).

17 É importante não interpretar esta afirmação como significando que outras formas de discussão de valor em economia não são cruciais. Ver B. Bozeman, *Public Values and Public Interest: Counterbalancing Economic Individualism* (Washington, DC: Georgetown University Press, 2007) para uma excelente discussão sobre "valor público" em economia; J. E. Stiglitz, A. Sen e J.P. Fitoussi, *Mismeasuring Our Lives: Why GDP Doesn't Add Up* (Nova York: The New Press, 2010) para implicações do PIB; e G. F. Gaus, *Value and Justification: The Foundations of Liberal Theory* (Nova York: Cambridge University Press, 1990) para questões sobre ética e moral no pensamento liberal. A tese deste livro, contudo, diz respeito à forma como as medidas econômicas de valor na produção mudaram fundamentalmente a capacidade de diferenciar criadores de valor de extratores de valor; por consequência, a distinção entre rendas e lucros que, como veremos no capítulo 2, afeta o PIB de uma maneira diferente dos problemas identificados por Stiglitz.

18 Disponível em: <https://www.usatoday.com/story/news/2017/08/22/breakthrough-cancer-drug-astronomical-price/589442001/>.

19 Agenda Horizonte 2020 da Comissão Europeia; OCDE, UN.

20 W. J. Baumol, "Entrepreneurship: Productive, unproductive, and destructive" (*Journal of Political Economy*, 98/5, 1990, pp. 893-921).

1. UMA BREVE HISTÓRIA DO VALOR [pp. 45-85]

1 *A República* e *Ética a Nicômaco*.

2 Mateus 19,24.

3 E. S. Reinert, *How Rich Countries Got Rich and Why Poor Countries Stay Poor* (Londres: Constable, 2008).

4 T. Mun, *England's Treasure by Forraign Trade* (1664; Londres: Macmillan, 1865, p. 7).

5 P. Studenski, *Income of Nations* (Nova York: University Press, 1958, p. 27).

6 Ibid.

7 W. Petty, *A Treatise of Taxes and Contributions*, em C. H. Hull (Org.), *The Economic Writings of Sir William Petty* (Cambridge: University Press, 1899, v. 1, p. 306): "Onde um povo prospera, a renda é maior do que a despesa e, por consequência, a décima parte da despesa não é uma décima parte da renda".

NOTAS

8   W. Petty, *Verbum Sapienti*, ibid., p. 105.

9   W. Petty, *Several Essays in Political Arithmetick*, ibid., p. 177.

10 Ibid., p. 267.

11 Ibid., p. 256.

12 H. H. Boss, *Theories of Surplus and Transfer*, p. 21.

13 A. Smith, *The Wealth of Nations*, livros I-III, org. A. Skinner (Londres: Penguin Classics, 1999, livro I, p. 180) [Ed. bras.: *A riqueza das nações*. Trad. de Luiz João Baraúna. São Paulo: Nova Cultural, 1996. (Os Economistas)]: "Em 1688, Gregory King, cuja habilidade em aritmética política é tão enaltecida pelo dr. Davenant, calculou a renda comum de trabalhadores fixos e temporários em quinze libras por ano por família, que, segundo ele, consistia, em média, de três pessoas e meia".

14 Tabela de King redesenhada em Boss, *Theories of Surplus and Transfer*, p. 20.

15 Ibid., p. 32.

16 Nas palavras do próprio Quesnay: "Despesas produtivas [que] são empregadas na agricultura, pradarias, pastagens, florestas, minas, pesca etc., a fim de perpetuar a riqueza na forma de grãos, bebidas, madeira, matérias-primas para bens manufaturados etc.". Quesnay em R. L. Meek, *The Economics of Physiocracy: Essays and Translations* (Londres: George Allen & Unwin, 1962, p. 128). A classe estéril está fora do perímetro de produção; isto é, o perímetro de produção de valor. Eles trabalham, mas não aumentam a riqueza. "Despesas estéreis [que] são relacionadas a produtos manufaturados, residência, vestuário, juros em dinheiro, empregados, custos comerciais, produtos estrangeiros etc." Ibid., p. 128.

17 Note-se também que o dinheiro para circulação é de 2 bilhões e é suficiente para trocar produtos no valor de 5 bilhões. A "velocidade do dinheiro" é de 2,5; o dinheiro muda de mão duas vezes e meia por período de produção.

18 I. I. Rubin, *A History of Economic Thought* (1929; Londres: Pluto Press, 1989, p. 135) e Meek, *The Economics of Physiocracy*, p. 158.

19 Turgot também distinguiu entre reprodução "necessária" e produção de luxo, um tema proeminente em Ricardo e, mais tarde, no economista italiano Piero Sraffa (1898-1983).

20 A. Smith, *The Wealth of Nations*, livro I, p. 110.

21 Ibid., p. 119.

22 A. Smith, *The Wealth of Nations*, livros IV-V. A. Skinner (Org.) (Londres: Penguin Classics, 1999, livro IV, p. 30).

23 Smith não atribui nenhum valor ao "capital". Isso pode ter sido deliberado ou simplesmente devido às circunstâncias: o capital ainda não era muito importante. A teoria do valor-trabalho só foi substituída quando os economistas neoclássicos introduziram o "capital" como outro "fator de produção", sem qualquer definição ou medida clara.

24 A. Smith, *The Wealth of Nations*, introdução ao livro IV.

25 A citação completa é: "O trabalho de alguns dos segmentos mais respeitáveis da sociedade é, como o de criados domésticos, improdutivo em termos de valor, e não se fixa ou se realiza em nada permanente — uma mercadoria vendível, que perdure depois que o trabalho é passado, e pela qual uma quantidade igual de trabalho poderia ser poste-

363

O VALOR DE TUDO

riormente adquirida. O soberano, por exemplo, com todos os oficiais de justiça e guerra que servem sob ele, todo o Exército e a Marinha, são trabalhadores improdutivos. São os servos do público e são mantidos por uma parte da produção anual da indústria de outras pessoas. Seu serviço, por mais honrado, útil ou necessário, não produz nada pelo qual uma quantidade igual de serviço possa ser posteriormente adquirida. A proteção, a segurança e a defesa da Commonwealth, o efeito de seu trabalho este ano, não comprarão sua proteção, segurança e defesa para o próximo ano. Na mesma classe devem ser arroladas algumas das profissões mais graves e importantes, e algumas das mais frívolas: clérigos, advogados, médicos, homens de letras de todos os tipos; jogadores, bufões, músicos, cantores de ópera, dançarinos etc. O trabalho dos mais questionáveis tem um certo valor, regulado pelos mesmos princípios que regulam o de qualquer outro tipo de trabalho; e o mais nobre e mais útil não produz nada pelo qual possa depois comprar ou adquirir uma quantidade igual de trabalho. Assim como a declamação do ator, o discurso do orador, ou a melodia do músico, o trabalho de todos eles perece no próprio instante de sua produção". A. Smith, *The Wealth of Nations*, livro II, pp. 430-1.

26   Ibid., p. 431.

27   Ibid., p. 447. A citação completa é: "Um homem de fortuna, por exemplo, pode gastar sua renda em uma mesa profusa e suntuosa, mantendo um grande número de criados e uma infinidade de cães e cavalos; ou contentando-se com uma mesa frugal e poucos empregados, pode dispor da maior parte dela adornando sua residência ou sua casa de campo, ou em edificações úteis ou ornamentais, ou móveis úteis ou decorativos, ou em uma coleção de livros, estátuas, quadros; ou em objetos mais frívolos tais como joias, ninharias, bugigangas engenhosas de diferentes tipos; ou, mais insignificante ainda, compondo um grande guarda-roupa de roupas finas, como o ministro e protegido de um grande príncipe que morreu alguns anos atrás".

28   "Quando o preço de uma mercadoria não é menor nem maior do que o suficiente para pagar ao mesmo tempo a renda da terra, os salários da mão de obra e os lucros do capital empregado em obter, preparar e levar a mercadoria ao mercado, de acordo com suas taxas naturais, a mercadoria é nesse caso vendida pelo que se pode chamar de seu preço natural" (A. Smith, *Wealth of Nations*, livro I, p. 158). Além disso, em Smith, há também o chamado preço de mercado: "O preço efetivo pelo qual uma mercadoria é vendida denomina-se preço de mercado. Esse pode estar acima ou abaixo do preço natural, podendo também coincidir exatamente com ele. O preço de mercado de uma mercadoria específica é regulado pela proporção entre a quantidade que é efetivamente colocada no mercado e a demanda daqueles que estão dispostos a pagar o preço natural da mercadoria, ou seja, o valor total do arrendamento, do trabalho e do lucro que devem ser pagos para trazê-lo ao mercado" (ibid., pp. 158-9). Finalmente, Smith afirma que existe um processo de gravitação dos preços de mercado para os preços naturais: "O preço natural, portanto, é, por assim dizer, o preço central, para o qual os preços de todas as mercadorias gravitam continuamente. Diferentes acidentes podem, às vezes, mantê-los suspensos bem acima do preço central, bem como pode, por vezes, forçá-los a descer um pouco abaixo. Mas quaisquer que sejam os obstáculos que os impedem de se esta-

NOTAS

belecerem neste centro de repouso e continuidade, eles estão constantemente tendendo
para isso [...]. Mas, embora o preço de mercado de cada mercadoria em particular esteja
continuamente gravitando, se assim se pode dizer, em direção ao preço natural, às vezes
acidentes específicos, ou causas naturais, ou, às vezes, políticas particulares, podem, em
muitos casos, manter o preço de mercado muito acima do preço natural por bastante
tempo" (ibid., pp. 160-1).

29 Ibid., p. 152.

30 C. Hill, *The Century of Revolution 1603-1714* (Londres: Nelson, 1980, pp. 25-6).

31 D. K. Foley, *Adam's Fallacy: A Guide to Economic Theology* (Cambridge, MA: Belknap
Press, 2006).

32 J. A. Schumpeter, *History of Economic Analysis* (Nova York: Oxford University Press,
1954, p. 590).

33 "Em toda sociedade, o preço de cada mercadoria se resolve, no fim, em uma ou outra, ou
em todas essas três partes; e em toda sociedade mais avançada, todos os três elementos
entram mais ou menos, como partes componentes, no preço da maior parte das mercadorias." A. Smith, *The Wealth of Nations*, livro I, p. 153.

34 D. K. Foley, *Adam's Fallacy*, p. 28.

35 T. R. Malthus, *An Essay on the Principle of Population* (1798; 2. ed., 1803; 3. ed., 1821);
edição crítica, P. James (Org.), 2 vols. (Cambridge: University Press, 1989).

36 D. Ricardo, *On the Principles of Political Economy and Taxation* (Cambridge: University Press, 1951, cap. 5).

37 Em outras palavras, Ricardo não acreditava que haveria um aumento de produtividade
suficiente na agricultura para manter o preço dos alimentos baixo. A história até agora
não confirmou o medo de Ricardo; houve muitas melhorias na produtividade agrícola
(pelo menos do ponto de vista da produtividade do trabalho), de modo que a comida
não se tornou uma parte dos custos de produção que sufocam os lucros. Veja também
Foley, *Adam's Fallacy*, para uma discussão concisa e ilustrativa da teoria da renda e da
população em Ricardo.

38 D. Ricardo, *Principles of Political Economy*, p. 71.

39 Outro exemplo de teoria ricardiana que tem informado o pensamento econômico até
os dias de hoje é sua teoria da vantagem comparativa, que busca explicar padrões de
comércio.

40 M. Lavoie, *Introduction to Post-Keynesian Economics* (Basingstoke: Palgrave Macmillan, 2009, pp. 1-24).

41 J. M. Keynes, *The General Theory of Employment, Interest and Money* (Londres: Macmillan, 1936, cap. 24). [Ed. bras.: *A teoria geral do emprego, do juro e da moeda*. Trad. de
Mário R. da Cruz. São Paulo: Nova Cultural, 1988 (Os Economistas).]

42 D. Ricardo, *Principles of Political Economy*, p. 150.

43 Ibid., p. 151 (nota de rodapé).

44 Ibid.

45 Ibid., p. 151.

46 Este é o princípio da acumulação primitiva, cuja discussão histórica é repleta de deta-

365

O VALOR DE TUDO

lhes de violência e crueldade, em Marx, *Capital: A Critique of Political Economy*, v. 1 (Londres: Penguin Classics, 2004), VIII: Acumulação primitiva.

47 Já mencionado em K. Marx, *Economic and Philosophical Manuscripts of 1844* (Amherst, NY: Prometheus Books, 1988).

48 K. Marx, *Capital*, v. 1, cap. 1.

49 Ibid., cap. 8, p. 317.

50 K. Marx, *Capital*, v. 3 (Londres: Penguin Classics, 1992, caps. 38 e 39).

51 No v. 3 de *Das Kapital* Marx construiu uma teoria das crises do capitalismo em torno deste problema: a tendência para queda da taxa média de lucro, à medida que o capitalismo se desenvolve. Isso porque a composição do capital — variável e constante — tendia a mudar para um capital mais constante em relação ao capital variável. Isso implicava que haveria cada vez menos força de trabalho para gerar mais-valia, que, portanto, diminuiria em relação aos investimentos necessários por parte do capitalista, resultando em uma queda na taxa de lucro.

52 Ibid., cap. 10.

53 Na época de Marx, "transferir dinheiro" podia envolver transportar barras de ouro de um país para outro (Marx, *Capital*, v. 3, cap. 19).

54 Uma das várias passagens nesse sentido em Marx (*Capital*, v. 3, cap. 17) diz: "Assim como o trabalho não remunerado do trabalhador cria diretamente mais-valia para o capital produtivo, o trabalho não pago do trabalhador assalariado comercial assegura parte dessa mais-valia para o capital do comerciante". A dificuldade está aqui: "Como o tempo e o trabalho do comerciante não criam valor, embora assegurem para o comerciante uma parcela da mais-valia já produzida, como fica a questão do capital variável de que o comerciante dispõe comprando força de trabalho comercial?".

55 K. Marx, *Capital*, v. 3, cap. 17.

56 Ibid.: "Para o capital industrial, os custos da circulação aparecem como despesas improdutivas, e assim são. Para o comerciante, eles aparecem como uma fonte do seu lucro, proporcional, dada a taxa geral de lucro, ao seu tamanho. O desembolso a ser feito para esses custos de circulação é, portanto, um investimento produtivo para o capital mercantil. E por essa razão, o trabalho comercial que ele compra é imediatamente produtivo para ele".

57 K. Marx (*Capital*, v. 3, cap. 23): "Dinheiro... pode ser convertido em capital por meio da produção capitalista e, assim, pode transformar-se de um dado valor para um valor autoexpansivo ou crescente. Produz lucro, isto é, permite ao capitalista extrair certa quantidade de trabalho não pago, de produto excedente e mais-valia dos trabalhadores, apropriando-se disso. Dessa forma, além de seu valor de uso como dinheiro, adquire um valor de uso adicional, a saber, o de servir como capital. Seu valor de uso consiste, então, precisamente no lucro que produz quando convertido em capital".

58 K. Marx, *Capital*, v. 3, caps. 21-36.

59 K. Marx, *Capital*, v. 3, cap. 17: "Todos esses custos [de circulação] não são contraídos na produção do valor de uso das mercadorias, mas na realização de seu valor. São custos

366

NOTAS

puros de circulação. Não entram no processo imediato de produção, mas, como fazem parte do processo de circulação, também fazem parte do processo total de reprodução".

60 Ver I. I. Rubin, *Essays on Marx's Theory of Value* (1928; Detroit: Black and Red Press, 1972, cap. 19), para uma discussão detalhada de como o trabalho é produtivo ou não, dependendo da função do capital para qual é empregado.

61 H. P. Minsky, "The capital development of the economy and the structure of financial institutions" (Hyman P. Minsky Archive, documento 179, 1992).

62 A. Barba e G. de Vivo, "An 'unproductive labour' view of finance" (*Cambridge Journal of Economics*, v. 36, n. 6, 2012). Disponível em: <http://doi.org/10.1093/ cje/ber022>; Duncan K. Foley, "Rethinking financial capitalism and the 'information' economy" (*Review of Radical Political Economics*, v. 45, n. 3, 2013, pp. 257-68). Disponível em: <http://doi.org/10.1177/0486613413487154>.

2. O VALOR ESTÁ NOS OLHOS DE QUEM VÊ: A ASCENSÃO DOS MARGINALISTAS [pp. 86-105]

1 J. B. Clark, *The Distribution of Wealth: A Theory of Wages, Interest and Profits* (Nova York: Macmillan, 1899, p. v).

2 A. Roncaglia, *The Wealth of Ideas: A History of Economic Thought* (Cambridge: University Press, 2005, cap. 4).

3 Léon Walras, *Elements of Theoretical Economics*, trad. e org. D. A. Walker e J. van Daal (1883; Cambridge: University Press, 2014, p. 5).

4 Roncaglia (*Wealth of Ideas*, p. 278) citou Howey para dizer que Wicksteed e Wieser foram os primeiros a usar o termo "marginal", em 1884, e que o termo "marginalismo" só foi introduzido em 1914.

5 J. Bentham, *A Fragment on Government* (Londres: 1776), prefácio, p. ii. Nicolau Maquiavel, em sua obra-prima *O príncipe* (1513), formulou raciocínio semelhante.

6 J.-B. Say, *Traité d'économie politique* (Paris: 1803); Roncaglia, *Wealth of Ideas*, p. 165.

7 "Por utilidade entende-se aquela propriedade em qualquer objeto por meio da qual ele tende a produzir benefício, vantagem, prazer, bem ou felicidade (tudo isso, no caso presente, implica a mesma coisa), ou (o que implica, novamente, o mesmo) para evitar o acontecimento de dano, dor, mal ou infelicidade para o indivíduo cujo interesse é considerado." J. Bentham, *An Introduction to the Principles of Morals and Legislation* (1789), citado em W. S. Jevons, *The Theory of Political Economy*, R. D. Collison Black (Org.) (Harmondsworth: Penguin Classics, 1970, cap. 3).

8 L. Robbins, *An Essay on the Nature and Significance of Economic Science* (Londres: Macmillan, 1932). [Ed. bras.: *Um ensaio sobre a natureza e a importância da ciência econômica*. Trad. de Rogério Galindo. São Paulo: Saraiva, 2012.]

9 Os economistas clássicos estavam bem conscientes de que a oferta e a demanda alteravam os preços — por exemplo, Marx na parte 1 do v. 3 do *Capital* —, mas viam isso como flutuações em torno do preço determinado pelo tempo de trabalho.

O VALOR DE TUDO

10 P. Mirowski, "Learning the meaning of a dollar: Conservation principles and the social theory of value in economic theory" (*Social Research*, v. 57, n. 3, 1990, pp. 689-718).

11 A economia comportamental, que emprega psicologia, sociologia, neurociência e outras disciplinas para analisar como os indivíduos realmente fazem escolhas, põe em dúvida as suposições simples do marginalismo. Ver A. Tversky e D. Kahneman, "Advances in prospect theory: Cumulative representation of uncertainty", (*Journal of Risk and Uncertainty*, v. 5, n. 4, 1992, pp. 297-323); doi:10.1007/BF00122574.

12 L. Robbins, *Essay on the Nature and Significance of Economic Science*, pp. 73-4.

13 Um termo que Lerner, na verdade, tomou de Vilfredo Pareto, que primeiro estabeleceu a proposição em 1894. V. Pareto, "O massimo di utilità data dalla libera concorrenza" (*Giornale degli Economisti*, v. 9, n. 2, 1894, pp. 48-66). Essa proposição foi refinada por outros economistas, entre os quais encontramos Lerner; contudo, hoje em dia a prova aceita é aquela elaborada por Kenneth Arrow em 1951: "An extension of the basic theorem of classical welfare economics", em *Proceedings of the Second Berkeley Symposium on Mathematical Statistics and Probability* (Berkeley e Los Angeles: University of California Press, 1951, pp. 507-32).

14 E. N. Wolff, *Growth, Accumulation, and Unproductive Activity: An Analysis of the Postwar U.S. Economy* (Cambridge: University Press, 1987).

15 T. Veblen, "The Limitations of marginal utility" (*Journal of Political Economy*, v. 17, n. 9, 1909, pp. 620-36).

16 Ver D. K. Foley, "Rethinking financial capitalism and the 'information' economy" para outros exemplos.

17 "Entrepreneur ne faisant ni bénéfice ni perte"; L. Walras citado em J. A. Schumpeter, *History of Economic Analysis*, p. 860.

3. A MEDIDA DA RIQUEZA DAS NAÇÕES [pp. 106-35]

1 C. Busco, M. L. Frigo, P. Quattrone e A. Riccaboni, "Redefining corporate accountability through integrated reporting: What happens when values and value creation meet?" (*Strategic Finance*, v. 95, n. 2, 2013, pp. 33-42).

2 P. Quattrone, "Governing social orders, unfolding rationality, and Jesuit accounting practices: A procedural approach to institutional logics" (*Administrative Science Quarterly*, v. 60, n. 3, 2015, pp. 411-45).

3 P. Studenski, *Income of Nations*, p. 127.

4 Ibid., p. 121.

5 Ibid., p. 20; J. Kendrick, "The historical development of national-income accounts" (*History of Political Economy*, v. 2, n. 2, 1970, p. 289).

6 A. Marshall e M. Marshall, *The Economics of Industry*, 4. ed. (Londres: Macmillan, 1909, p. 52).

7 P. Studenski, *Income of Nations*, caps. 7, 8, 9.

8 A. C. Pigou, *The Economics of Welfare* (Londres: Macmillan, 1926, parte 1, cap. 1, p. 5).

NOTAS

9   A. Vanoli, *A History of National Accounting* (Washington, DC: IOS Press, 2005, p. 280).

10 Ibid.; e E. J. Mishan, *The Costs of Economic Growth* (Nova York: Praeger, 1967).

11 S. Kuznets, *National Income: A Summary of Findings* (Nova York: National Bureau of Economic Research, 1946, p. 122).

12 United Nations, *A System of National Accounts and Supporting Tables*, Studies in Methods, série F, n. 2, rev. 1 (Nova York, 1953).

13 Disponível em: <http://unstats.un.org/unsd/nationalaccount/docs/SNA2008.pdf>.

14 SNA 2008, p. 2.

15 Ibid.

16 P. S. Sunga, "An alternative to the current treatment of interest as transfer in the United Nations and Canadian systems of national accounts" (*Review of Income and Wealth*, v. 30, n. 4, 1984, p. 385). Disponível em: <http://doi.org/10. 1111/j.1475-4991.1984.tb00487.x>.

17 B. R. Moulton, *The System of National Accounts for the New Economy: What Should Change?* (Washington, DC: Bureau of Economic Analysis, US Dept. of Commerce, 2003, p. 17). Disponível em: <http://www.bea.gov/about/pdf/sna_neweconomy_1003.pdf>.

18 O desenvolvimento da estimativa de renda e crescimento é às vezes descrito como um assunto puramente empírico que é pouco influenciado pela teoria (R. Reich, *The Work of Nations: Preparing Ourselves for 21st-Century Capitalism*. Nova York: Knopf, 1991). Na verdade, algumas histórias de estimativas de crescimento tendem a romper o vínculo com a teoria — que elas acrimoniosamente descrevem apenas até Smith e Marx —, sugerindo, simplesmente, que um "conceito de mensuração abrangente" prevaleceu no mundo capitalista no final do século XIX (P. Studenski, *Income of Nations*; J. Kendrick, "The historical development of national-income accounts"). Alguns estimadores individuais — como Timothy Coughlan, engenheiro australiano talvez não muito familiarizado com a teoria econômica — têm se apresentado como estatísticos neutros que simplesmente compilaram o que era, "obviamente", ou "segundo o senso comum", valor. No entanto, esses indivíduos — assim como os políticos que encomendavam as estatísticas — eram provavelmente "escravos de algum economista defunto", nesse caso os economistas marginais, como nos lembra a citação bem conhecida de Keynes.

19 Fonte: Bureau of Economic Analysis (2016), NIPA tabelas 1.1.5: GDP; 1.3.5: Gross Value Added by Sector; e 3.1: Government Current Receipts and Expenditures.

20 Disponível em: <https://www.gov.uk/government/publications/independent-review-of--uk-economic-statistics-final-report>.

21 Ibid., p. 40.

22 Coyle, *GDP*, p. 14.

23 U. P. Reich e K. Horz, "Dividing government product between intermediate and final uses" (*Review of Income and Wealth*, v. 28, n. 3, 1982, pp. 325-44).

24 SNA 2008, p. 583.

25 Ibid., p. 119.

26 B. R. Moulton, "The Implementation of System of National Accounts 2008 in the US National Income and Product Accounts" (Eurostat Conference: The Accounts of Society, Luxemburgo, 12-14 jun. 2014, p. 4).

O VALOR DE TUDO

27 A citação na íntegra reza: "Ao estudar as mudanças na atividade econômica de um país industrial avançado, é desnecessário imputar uma renda aos serviços familiares ou aos serviços de equipamentos domésticos e pode até mesmo ser um constrangimento fazê-lo, já que não apenas há poucos dados nesse campo, mas os princípios sobre os quais tais imputações devem ser feitas são obscuros. Por outro lado, se for feita uma comparação com um país em que a subsistência e a produção familiar são importantes, os problemas de imputação terão que ser enfrentados diretamente; de fato, para esse efeito, pode ser desejável criar um sistema de contas de uma forma diferente". R. Stone, "Definition of the national income and related totals", em Sub- committee on National Income Statistics, *Measurement of National Income and the Construction of Social Accounts* (Genebra: Nações Unidas, 1947, p. 25).

28 SNA 2008, p. 99.

29 Ibid.

30 Na década de 1980, um manual de contabilidade de renda nacional afirmava, com ousadia, que, porque aproximadamente metade da população adulta do sexo feminino trabalhava no domicílio, "algo até um quarto de toda a produção não é registrado nas contas". G. Stuvel, *National Accounts Analysis* (Basingstoke: Macmillan, 1986, p. 29). Stuvel argumentou que o trabalho doméstico é produção e que algo não está certo. Isso levanta um ponto curioso, que evoca Marx. Se um homem solteiro empregar uma doméstica, seu salário seria, naturalmente, parte do PIB (desde que fosse pago legalmente). No entanto, se ele se casasse com ela e ela continuasse realizando exatamente o mesmo trabalho de antes, mas agora como "dona de casa" casada, seu trabalho não mais contribuiria para o PIB.

31 SNA 2008, p. 99.

32 O método recomendado para a imputação de rendas é dado assim: "Os agregados familiares que são proprietários das habitações que ocupam são formalmente tratados como proprietários de empresas não constituídas em sociedade, que produzem serviços de habitação consumidos por esses mesmos agregados familiares. Quando existem mercados bem organizados para habitações alugadas, a produção de serviços de habitação por conta própria pode ser avaliada utilizando os preços dos mesmos serviços vendidos no mercado, em conformidade com as regras gerais de avaliação adotadas para bens ou serviços produzidos por conta própria. Em outras palavras, a produção dos serviços de habitação produzidos por ocupantes proprietários é avaliada no aluguel estimado que um inquilino pagaria pelo mesmo alojamento, levando em conta fatores como localização, serviços de vizinhança etc., bem como o tamanho e a qualidade da própria habitação. O mesmo valor é registrado nas despesas de consumo final das famílias. Em muitos casos, não existem mercados bem organizados, de modo que outros meios de estimar o valor dos serviços de habitação devem ser desenvolvidos" (SNA 2008, p. 109).

33 Para os Estados Unidos, isso pode ser visto comparando as taxas de crescimento do PIB e do aluguel imputado da moradia ocupada pelo proprietário. (Bureau of Economic Analysis, US Department of Commerce, "Imputed rental of owner-occupied housing", tabela 7.12, linha 154, última revisão em 3 ago. 2016; acesso em 13 mar. 2017).

NOTAS

34 SNA 2008, p. 48.

35 Disponível em: <https://www.istat.it/it/files/2015/12/Economia-non osservata.pdf?-title=Economia+non+osservata++04%2Fdic%2F2015+-+Testo+integrale+con+nota+metodologica.pdf>.

36 S. Merler e P. Hüttl, "Welcome to the dark side: GDP revision and the non-observed economy", Bruegel, 2 mar. 2015. Disponível em: <http://bruegel.org/2015/03/welco-me-to-the-dark-side-gdp-revision-and-the-non-observed economy/>.

37 SNA 2008, p. 150.

38 Citado em P. A. Samuelson e W. D. Nordhaus, *Economics*, 13. ed. (Nova York: Mc-Graw-Hill, 1989, p. 75).

4. FINANÇAS: NASCE UM COLOSSO [pp. 136-75]

1 R. Sahay, M. Cihak, P. N'Diaye, A. Barajas, R. Bi, D. Ayala, Y. Gao, A. Kyobe, L. Nguyen, C. Saborowski, K. Svirydzenka e S. Reza Yousefi, "Rethinking financial deepening: Stability and growth in emerging markets", IMF Staff Discussion Note SDN/15/08 (maio 2015). Disponível em: <https://www.imf.org/external/pubs/ft/sdn/2015/sdn 1508. pdf>.

2 C. W. Park e M. Pincus, "Internal versus external equity funding sources and early response coefficients" (*Review of Quantitative Finance and Accounting*, v. 16, n. 1, 2001, pp. 33-52). Disponível em: <https://doi.org/10.1023/A:1008336323282>; T. Hogan e E. Hutson, "Capital structure in new technology-based firms: Evidence from the Irish software sector Centre", Financial Markets Working Paper series WP-04-19 2004, University College Dublin School of Business, Centre for Financial Markets.

3 C. Furse, "Taking the long view: How market-based finance can support stability", discurso no Chartered Institute for Securities and Investment, 28 de março de 2014, disponível em: <http://www.bankofengland.co.uk/publications/Documents/speeches/2014/ speech718.pdf>; Z. Moradi, M. Mirzaeenejad e G. Geraeenejad, "Effect of bank-based or market-based financial systems on income distribution in selected countries" (*Procedia Economics and Finance*, 36, 2016, pp. 510-21); B-S. Lee, "Bank-based and market-based financial systems: Time-series evidence" (*Pacific-Basin Finance Journal* , v. 20, n. 2, 2012, pp. 173-97).

4 R. Bacon e W. Eltis, *Britain's Economic Problem Revisited* (Basingstoke: Macmillan, 1996, pp. 15-33).

5 H. Oliver Horne, *A History of Savings Banks* (Oxford: University Press, 1947, pp. 118-67).

6 M. da Rin e T. Hellmann, "Banks as catalysts for industrialization", William Davidson Working Paper 443 (out. 2001), disponível em: <https://deepblue. lib.umich.edu/bitstream/handle/2027.42/39827/wp443.pdf?sequence=3>.

7 J. Schumpeter, "The theory of economic development" (*Harvard Economic Studies*, 46, 1934); A. Gerschenkron, *Economic Backwardness in Historical Perspective* (Cambridge, MA: Belknap Press, 1962).

O VALOR DE TUDO

8   L. Akritidis, "Improving the measurement of banking services in the UK national accounts" (*Economic & Labour Market Review*, v. 1, n. 5, 2007, pp. 29-37).

9   L. Fioramonti, *Gross Domestic Problem* (Londres: Zed Books, 2013, p. 111).

10 B. Sturgess, "Are estimates of the economic contribution of financial services reliable?', *World Economics*, v. 18, n. 1, 2017, pp. 17-32).

11 O vendedor ou a vendedora espera que, quando tiver de entregar os títulos ao comprador, o preço tenha caído. Os títulos podem então ser comprados pelo novo preço (mais baixo) e vendidos ao comprador pelo preço antigo (mais alto) contratado. O *shorter* — aquele que efetua a chamada "venda a descoberto" — embolsa a diferença entre os dois preços.

12 J. Allen e M. Pryke, "Financialising household water: Thames Water, Meif e 'Ring-Fenced' politics" (*Cambridge Journal of Regions, Economy & Society*, 6, 2013, pp. 419-39).

13 L. A. Stout, "Why the law hates speculators: Regulation and private ordering in the market for OTC derivatives" (*Duke Law Journal*, v. 48. n. 4, 1999, pp. 701-86).

14 S. Strange, *International Monetary Relations* (Oxford: University Press, 1976, p. 180).

15 B. Eichengreen, *The European Economy since 1945: Coordinated Capitalism and Beyond* (Princeton, NJ: University Press, 2008, p. 76).

16 C. A. E. Goodhart, "Competition and credit control", Financial Markets Group London School of Economics, special paper 229, 2014.

17 N. Ruggles and R. Ruggles, "Household and enterprise saving and capital formation in the United States: A market transactions view" (*Review of Income and Wealth*, v. 38, n. 2, jun. 1992, pp. 119-63).

18 M. McLeay, A. Radia e R. Thomas, "Money creation in the modern economy" (*Bank of England Quarterly Bulletin*, Q1, 2014, pp. 1-14).

19 Comissão de concorrência, "The supply of banking services by clearing banks to small and medium-sized enterprises: A report on the supply of banking services by clearing banks to small and medium-sized enterprises within the UK" (2002), sumário on-line em: <http://webarchive.nationalarchives.gov.uk/20111202184328/http://www.competition-commission.org.uk/rep_pub/reports/2002/462banks.htm>.

20 B. Christophers, *Banking Across Boundaries* (Chichester: Wiley-Blackwell, 2013, p. 38).

21 B. Eichengreen, *The European Economy since 1945*.

22 J. M. Keynes, *The General Theory of Employment, Interest and Money* (Londres: Macmillan, 1936, p. 59).

23 Id., "Evidence to the Royal Commission on lotteries and betting" (1932), p. 400, citado em Barba e de Vivo, "An 'unproductive labour' view of finance", p. 1492, disponível em: <http://doi.org/doi: 10.1093/cje/ bes048>.

24 Ibid.

25 J. M. Keynes, *General Theory of Employment*, p. 159.

26 H. P. Minsky, "The Financial instability hypothesis: An interpretation of Keynes and an alternative to 'standard' theory" (*Challenge*, v. 20, n. 1, 1977, pp. 20-7).

27 L. Randall Wray e Y. Nersisyan, "Understanding Money and Macroeconomic Policy", em M. Jacobs e M. Mazzucato (Orgs.), *Rethinking Capitalism: Economics and Policy for Sustainable and Inclusive Growth* (Chichester: Wiley-Blackwell, 2016).

NOTAS

28 H. P. Minsky, *Stabilizing an Unstable Economy* (New Haven e Londres: Yale University Press, 1986, p. 369).

29 J. M. Keynes, "Proposals for an International Clearing Union", abr. 1943, republicado em J. K. Horsefield, *The International Monetary Fund 1945-1965: Twenty Years of International Monetary Cooperation* (Washington, DC: IMF, 1969, pp. 19-36).

30 A. Turner, *Economics After the Crisis: Objectives and Means* (Boston, MA: MIT Press, 2013, p. 18).

31 E. Fama, "Efficient capital markets: A review of theory and empirical work" (*Journal of Finance*, v. 25, n. 2, 1970).

32 M. Mazzucato e A. Shipman, "Accounting for productive investment and value creation" (*Industrial and Corporate Change*, v. 23, n. 4, 2014, pp. 1059-85), disponível em: <http://doi.org/10.1093/icc/dtt037>.

33 B. Cournède e O. Denk, "Finance and economic growth in OECD and G20 countries" (OECD Economics Department Working Papers n. 1223, 2015).

34 P. Hill, 'The Services of Financial Intermediaries, or Fisim Revisited", artigo apresentado ao Joint Unece/Eurostat/OECD Meeting on National Accounts, Genebra, 30 abril a 3 maio 1996, disponível em: <http://www.oecd.org/dataoecd/13/62/27900661.pdf>.

35 Disponível em: <https://www.federalreserve.gov/boarddocs/speeches/2004/20040220/>.

36 Banco da Inglaterra, *Financial Stability Report* 30 (dez. 2011, p. 16); disponível em: <https:www.bankofengland.co.uk/media/boe/files/financialstability-report/2011/december-2011>.

37 Ibid.

38 M. Lavoie, *Introduction to Post-Keynesian Economics*.

39 Disponível em: <http://www.bbc.co.uk/news/uk-37873825>.

40 Usando dados da OCDE, podemos ver que o superávit orçamentário no Reino Unido foi de 0,72 em 1990, 1,11 em 2000 e 0,39 em 2001. Nos Estados Unidos, foi zero em 1999, 0,8 em 2000.

41 C. Borio, M. Drehmann e K. Tsatsaronis, "Anchoring countercyclical capital buffers: The role of credit aggregates" (BIS Working Paper n. 355, nov. 2011).

42 Ver A. Glyn, *Capitalism Unleashed: Finance, Globalization and Welfare* (Oxford: University Press, 2006, p. 53); quase 80% do aumento total da demanda dos Estados Unidos de 1995 a 2000 é representado pelos gastos das famílias com consumo e investimento residencial.

43 A. Barba e M. Pivetti, "Rising household debt: Its causes and macroeconomic implications — a long-period analysis" (*Cambridge Journal of Economics*, v. 33, n. 1, 2009, pp. 113-37).

44 A. Glyn, *Capitalism Unleashed*, p. 7.

45 Fonte: A. Haldane, *Labour's Share* (Londres: TVC, 12 nov. 2015, p. 32), adaptado de J. P. Pessoa e J. Van Reenen, "The UK productivity and jobs puzzle: Does the answer lie in labour market flexibility?" (Centre for Economic Performance Special Paper 31, 2013), em comparação com 65%-70% em períodos similares no final da década de 1960 e na de 1980.

46 T. Piketty, *Capital in the Twenty-First Century* [*O capital no século XXI*] (Cambridge, MA: Belknap Press, 2014, p. 438).

O VALOR DE TUDO

47 Disponível em: https://www.oxfam.org/sites/www.oxfam.org/files/file_attachments/
bp210-economy-one-percent-tax-havens-180116-summ-en_0.pdf>.

48 Fonte: colocação da autora a partir de <piketty.pse.ens.fr/capital21c>.

49 Fonte: elaboração da autora a partir de dados da OCDE.

50 Ver A. Greenspan e J. Kennedy, *Estimates of Home Mortgage Originations, Repayments, and Debt on One-to-Four-Family Residences* (Finance and Economic Discussion Series 2005-41, Washington, DC: Board of Governors of the Federal Reserve System, 2005). Greenspan e Kennedy (p. 5) definem a extração de capital de hipoteca como "a extração de capital a partir de residências existentes como iniciativas discricionárias dos proprietários a fim de converter o capital representado por suas casas em dinheiro, tomando emprestado no mercado de hipotecas residenciais".

51 Disponível em: <https://www.cbo.gov/sites/default/files/110th-congress-2007-2008/
reports/01-05-housing.pdf>.

52 Fonte: adaptado da tabela 1 em Barba e Pivetti, "Rising household debt".

53 Fonte: Federal Reserve, *2004 Survey of Consumer Finances*.

54 C. Crouch, "Privatised Keynesianism: An unacknowledged policy regime" (*British Journal of Politics and International Relations*, v. 11, n. 3, ago. 2009, pp. 382-99).

55 Ibid., p. 390.

5. A ASCENSÃO DO CAPITALISMO DE CASSINO [pp. 176-206]

1 H. Minsky, "Reconstituting the United States' financial structure" (Levy Economics Institute Working Paper n. 69, 1992).

2 Disponível em: <http://www.economist.com/blogs/economist-explains/2016/02/econo-mist-explains-0>.

3 R. Foroohar, *Makers and Takers* (Nova York: Crown, 2016, p. 7).

4 H. P. Minsky, "Finance and stability: The limits of capitalism" (Levy Economics Institute Working Paper n. 93, 1993).

5 F. Grigoli e A. Robles, "Inequality overhang" (IMF Working Paper, v. 17, n. 76, 28 mar. 2017); R. Wilkinson e H. Pickett, *The Spirit Level* (Londres: Penguin, 2009).

6 W. Churchill, "WSC to Sir Otto Niemeyer, 22 Feb. 1925", Churchill College, Cambridge, CHAR 18/ 12A-B.

7 Banco de dados do Banco da Inglaterra, "Three centuries of macroeconomic data", Disponível em: <http://www.bankofengland.co.uk/research/Pages/onebank/threecenturies.aspx>.

8 Dados nessa frase retirados dos relatórios da House of Commons Library — Standard Note SN/ EP/ 06193 (Gloria Tyler, 25 fev. 2015) e Briefing Paper 01942 (Chris Rhodes, 6 ago. 2015). Os números exatos do Eurostat para as Atividades Financeiras e de Seguros, como porcentagem do valor total adicionado, são os seguintes: 1995: 6,3%; 2000: 5,1%; 2009: 9,1%; 2015: 7,2%. Ou como porcentagem do PIB: 1995: 5,7%; 2000: 4,6%; 2009: 8,3%; 2015: 6,5%.

9 Fonte: P. Alessandri e A. Haldane, "Banking on the State" (Bank of England, 2009),

374

NOTAS

disponível em: <http://www.bankofengland.co.uk/archive/Documents/historicapubs/speeches/2009/speech409.pdf>. Dados de 2009-13 incluídos pela autora.

10 Fonte: Bureau of Economic Analysis, cálculos de Matthew Klein.

11 D. Tomaskovic-Devey e K. H. Lin, "Income dynamics, economic rents, and the financialization of the U.S. Economy" (*American Sociological Review*, v. 76, n. 4, ago. 2011, pp. 538-59). Os números para 2014 são semelhantes aos de 2009.

12 Fonte: Bureau of Economic Analysis, adaptado de Tomaskovic-Devey e Lin, "Income dynamics, economic rents, and the financialization of the U.S. economy".

13 Disponível em: <https://www.ici.org/pdf/2015_factbook.pdf>.

14 *Asset Management in the UK*, The Investment Association Annual Survey, disponível em: <http://www.theinvestmentassociation.org/assets/files/research/2016/20160929--amsfullreport.pdf>.

15 Disponível em: <http://www.bbc.co.uk/news/business-37640156>.

16 Disponível em: <http://www.knightfrank.com/wealthreport>.

17 Disponível em: <http://www.businessinsider.com/chart-stock-market-ownership-2013-3?IR=T>.

18 Disponível em: <https://www.ons.gov.uk/economy/investmentpensionsandtrusts/bulletins/ownershipofukquotedshares/2015-09-02>.

19 Disponível em: <https://www.ft.com/content/14cda94c-5163-11e5-b029-b9d50a74fd14>.

20 Disponível em: <http://www.agefi.fr/sites/agefi.fr/files/fichiers/2016/07/bcg-doubling--down-on-data-july-2016_ tcm80-2113701.pdf>.

21 Disponível em: <http://uk.businessinsider.com/richest-hedge-fund-managers-inthe--world-2016-3>.

22 G. Morgenson, "Challenging private equity fees tucked in footnotes" (*New York Times*, 17 out. 2015), disponível em: <https://www.nytimes.com/2015/10/18/business/challenging-private-equity-fees-tucked-in-footnotes.html>.

23 Disponível em: <http://www.wsj.com/articles/kkr-to-earn-big-payout-from-walgreen--alliance-boots-deal-1420068404>.

24 B. Burrough e J. Helyar, *Barbarians at the Gate: The Fall of RJR Nabisco*, edição revisada (Nova York: HarperCollins, 2008).

25 G. Moran, "Urine lab flaunted piles of gold" (*San Diego Union-Tribune*, 24 out. 2015); J. Montgomery, "Bankruptcy court must clarify Millennium Labs fraud release" (*Law 360*, 20 mar. 2017).

26 A. Barba e G. de Vivo, "An 'unproductive labour' view of finance", p. 1491.

27 A. Hutton e E. Kent, *The Foreign Exchange and Over-the-counter Interest Rate Derivatives Market in the United Kingdom* (Londres: Bank of England, 2016, p. 225).

28 Banco de Compensações Internacionais, Basel III *phase-in arrangements*, disponível em: <http://www.bis.org/bcbs/basel3/basel3_phase_in_arrangements.pdf>.

29 Jordan Weissmann, "How Wall Street devoured corporate America", *The Atlantic*, 5 mar. 2013, disponível em: <https://www.theatlantic.com/business/archove/2-13/03/how-wall-street-devoured-corporate-america/273732/>.

375

O VALOR DE TUDO

30 L. Randall Wray, *Modern Money Theory* (Basingstoke: Palgrave Macmillan, 2012, pp. 76-87).

31 Trabalho de campo empírico em Lester Thurow, *Generating Inequality* (Nova York: Basic Books, 1975, capítulo 6, pp. 129-54).

32 Fonte: Federal Reserve Bank of St Louis, elaboração da autora, disponível em: <https://fred.stlouisfed.org/series/FBCOEPQ027S#0>.

33 A. Barba e G. de Vivo, "An 'unproductive labour' view of finance", pp. 1490-1.

34 Andy Verity, "Libor: Bank of England implicated in secret recording" (BBC, 10 abr. 2017), disponível em: <http://www.bbc.co.uk/news/business-39548313>.

35 A. Barba e G. de Vivo, "An 'unproductive labour' view of finance", p. 1491.

36 Ibid., p. 1489.

37 T. Philippon, "Finance vs Wal-Mart: Why are financial services so expensive?", em A. Blinder, A. Lo e R. Solow (Orgs.), *Rethinking the Financial Crisis* (Nova York: Russell Sage Foundation, 2012, p. 13), disponível em: <http://www.russellsage.org/sites/all/files/Rethinking-Finance/Philippon_v3.pdf>.

38 John C. Bogle, "The arithmetic of 'all-in' investment expenses" (*Financial Analysts Journal*, v. 70, n. 1, 2014, p. 18).

39 Ibid., p. 17.

40 John C. Bogle, *The Clash of the Cultures: Investment vs. Speculation* (Hoboken, NJ: John Wiley and Sons, 2012, p. 8).

41 Ibid., p. 2.

42 Disponível em: <https://www.ft.com/content/ab1ce98e-c5da-11e6-9043-7e34c07b46ef>.

43 Disponível em: <https://www.nytimes.com/2016/12/10/business/dealbook/just-how--much-do-the-top-private-equity-earners-make.html>.

44 A. Metrick e A. Yasuda, "The economics of private equity" (*Review of Financial Studies*, v. 23, n. 6, 2011, pp. 2303-41), disponível em: < https://doi.org/10.1093/rfs/hhq020>.

45 Se a proporção entre recursos de investimentos de capital privado e investimento público for > 1, o capital privado é considerado superior.

46 J. M. Hill, "Alpha as a net zero-sum game: How serious a constraint?" (*Journal of Portfolio Management*, v. 32, n. 4, 2006, pp. 24-32); doi:10.3905/jpm.2006.644189.

6. A FINANCEIRIZAÇÃO DA ECONOMIA REAL [pp. 207-38]

1 Disponível em: <https://www.ft.com/content/294ff1f2-0f27-11de-ba10-0000779fd2ac>.

2 Esses números dão uma ideia aproximada do peso das grandes empresas na economia. Por um lado, algumas não reportam o seu volume de negócios, pelo que as receitas totais são subestimadas. Por outro lado, a lista inclui os maiores bancos.

3 G. Mukunda, "The price of Wall Street's power" (*Harvard Business Review*, jun. 2014).

4 E. Hadas, "Seeing straight: Why buybacks should be banned" (*Breakingviews*, 14 dez. 2014). Disponível em: <https://www.breakingviews.com/features/why-buybacks-should--be-banned/>.

NOTAS

5   W. Lazonick, "Profits without prosperity" (*Harvard Business Review*, set. 2014).

6   Ibid.

7   Disponível em: <http://online.wsj.com/public/resources/documents/blackrockletter.pdf>.

8   Fonte: adaptado de W. Lazonick, "Profits without prosperity".

9   M. J. Jensen e W. H. Meckling, "Theory of the firm", pp. 305-60.

10   Fonte: Bain & Co., *Global Private Equity Report* (2015, fig. 2, p. 43).

11   Disponível em: <https://www.blackstone.com/the-firm/asset-management/private-equity>.

12   D. Burns, L. Cowie, J. Earles, P. Folkman, J. Froud, P. Hyde, S. Johal, I. Rees Jones, A. Killett e K. Williams, *Where Does the Money Go? Financialised Chains and the Crisis in Residential Care* (Cresc Public Interest Report, mar. 2015).

13   G. Ruddick, "Four Seasons Health Care reports £264m annual loss" (*The Guardian*, 27 abr. 2016).

14   K. Bayliss, "Case study: The financialisation of water in England and Wales" (Financialisation, Economy, Society and Sustainable Development Working Paper series n. 52, 2014).

15   W. Lazonick, "Innovative enterprise or sweatshop economics? In search of foundations of economic analysis" (ISI Growth Working Paper n. 17, 2016).

16   P. Aghion, J. Van Reenen e L. Zingales, "Innovation and institutional ownership", *American Economic Review*, v. 103, n. 1, 2013, pp. 277-304.

17   J. C. Bogle, *The Clash of the Cultures*.

18   J. M. Keynes, *The General Theory of Employment, Interest and Money* (Londres: Macmillan, 1936, p. 154).

19   Ibid., p. 155.

20   S. Patterson, *Dark Pools: The Rise of AI Trading Machines and the Looming Threat to Wall Street* (Nova York: Random House, 2012).

21   Amy Or, "Average private equity hold times drop to 5.5 years" (*Wall Street Journal*, 10 jun. 2015).

22   D. Barton e M. Wiseman, "Focusing capital on the long term" (*Harvard Business Review*, jan.-fev. 2014).

23   Ibid.

24   J. M. Keynes, *General Theory of Employment*, pp. 161-2.

25   Retorno sobre capital investido é uma medida de rentabilidade. É calculado dividindo-se os lucros operacionais líquidos (após impostos) pelo capital investido (subtraindo recursos em espécie e equivalentes).

26   J. P. Morgan, "Bridging the gap between interest rates and investments" (JPM Corporate Finance Advisory, set. 2014).

27   K. J. Murphy, "Executive compensation: Where we are, and how we got there", em G. M. Constantinides, M. Harris e R. M. Stulz (Orgs.), *Handbook of the Economics of Finance*, v. 2 (Amsterdam: Elsevier, 2013, pp. 211-356).

28   L. Mishel e J. Schieder, *CEO Pay Remains High Relative to the Pay of Typical Workers and High-wage Earners* (Washington, DC: Economic Policy Institute, 2017).

377

O VALOR DE TUDO

29 The Conference Board, *CEO Succession Practices: 2017 Edition*, disponível em: <https://www.conferenceboard.org/publications/publicationdetail.cfm?publicationid=7537>.

30 Os dados da figura foram retirados da página do Bureau of Economic Analysis.

31 J. Asker, J. Farre-Mensa e A. Ljungqvist, "Comparing the investment behavior of public and private firms" (*NBER Working Paper n. 17394*, set. 2011).

32 Formulação da autora a partir de dados do Bureau of Economic Analysis.

33 Formulação da autora a partir de dados do Bureau of Economic Analysis.

34 J. Bogle, *The Clash of the Cultures*, pp. 22-3.

35 M. Friedman, *Capitalism and Freedom* (Chicago: University Press, 1962, p. 133).

36 R. E. Freeman, J. S. Harrison, A. C. Wicks, B. L. Parmar e S. de Colle, *Stakeholder Theory: The State of the Art* (Cambridge: University Press, 2010, p. 268).

37 Disponível em: <https://www.kfw.de/KfW-Group/About-KfW/Identität/Geschichte-der-KfW/>.

38 C. Leggett, "The Ford Pinto case: The valuation of life as it applies to the negligence-efficiency argument" (*Law & Valuation*, primavera, 1999).

39 C. Perez, *Technological Revolutions and Financial Capital: The Dynamics of Bubbles and Golden Ages* (Cheltenham: Edward Elgar, 2002).

40 C. Perez, "The Double bubble at the turn of the century: Technological roots and structural implications" (*Cambridge Journal of Economics*, v. 33, n. 4, 2009, p. 801).

7. EXTRAINDO VALOR PELA ECONOMIA DE INOVAÇÃO [pp. 239-84]

1 Peter Thiel, *Zero to One: Notes on Startups, or How to Build the Future* (Nova York, Crown, 2014). [Ed. bras.: *De zero a um: O que aprender sobre empreendedorismo com o Vale do Silício*. Rio de Janeiro: Objetiva, 2014.]

2 Disponível em: <https://www.netmarketshare.com/search-engine-market-share.aspx?qprid=4&qpcustomd=0>.

3 R. Solow, "Technical change and the aggregate production function" (*Review of Economics and Statistics*, v. 39, n. 3, 1957, pp. 312-20): JSTOR 1926047; R. R. Nelson e S. G. Winter, *An Evolutionary Theory of Economic Change* (Cambridge, MA: Harvard University Press, 2009).

4 D. J. Teece, "Profiting from technological innovation" (*Research Policy*, v. 15, n. 6, 1986, pp. 285-305).

5 Disponível em: <https://www.theatlantic.com/magazine/archive/2015/11/we-need-an-energymiracle/407881/>.

6 Disponível em: <https://www.washingtonpost.com/opinions/Américas-miracle-machine-is-in-desperateneed-of-well-a-miracle/2017/05/05/daafbe6a-30e7-11e7-9534-00e4656c22aa_story.html?utm_term=.b38348fbc471>.

7 Disponível em: <https://hbr.org/2014/05/why-germany-dominates-the-u-s-in-innovation>.

NOTAS

8   M. K. Block e F. Keller, "Explaining the transformation in the US innovation system: The impact of a small government program" (*Socioeconomic Review*, v. 11, n. 4, 2013, pp. 629-56), doi: <https://doi.org/10.1093/ser/mws021>.

9   S. W. Leslie, *The Cold War and American Science: The Military-Industrial-Academic Complex at MIT and Stanford* (Nova York: Columbia University Press, 1993).

10 Ver W. Lazonick, *Sustainable Prosperity in the New Economy? Business Organization and High-Tech Employment in the United States* (Kalamazoo, MI: W. E. Upjohn Institute for Employment Research, 2009, cap. 2), doi: <https://doi.org/10.17848/9781441639851>.

11 *Business Week*, 1960, citado em W. Lazonick, *Sustainable Prosperity in the New Economy? Business Organization and High-tech Employment in the United States* (Kalamazoo, MI: Upjohn Press, 2009, p. 79).

12 W. Lazonick e M. Mazzucato, "The risk-reward nexus in the innovation- inequality relationship: Who takes the risks? Who gets the rewards?" (*Industrial and Corporate Change*, v. 22, n. 4, 2013, pp. 1093-128), doi: <https://doi.org/10.17848/9781441639851>. A estrutura desse mercado é particularmente importante para entender onde se localiza verdadeiramente o risco da inovação. A liquidez é fornecida por formadores de mercado, que subscrevem Opis e garantem a venda e a compra imediata de ações a preços próximos do mercado. Dessa forma, o risco do investidor é transferido para os formadores de mercado. Formadores de mercado são apoiados por bancos de investimento, que — como se vê — são assegurados pelo governo (K. Ellis, R. Michaely e M. O'Hara, "When the underwriter is the market maker: An examination of trading in the IPO aftermarket", *Journal of Finance*, v. 55, n. 3, 1999, pp. 1039-74).

13 "Trabalho com investidores há sessenta anos e nunca vi ninguém — nem mesmo quando as taxas de ganhos de capital estavam em 39,9%, entre 1976-7 — evitar um investimento sensato por causa da alíquota do imposto sobre o ganho potencial. As pessoas investem para ganhar dinheiro, e os impostos potenciais nunca as assustaram. E para aqueles que argumentam que taxas mais altas prejudicam a criação de empregos, eu destacaria que um total líquido de quase 40 milhões de empregos foi criado entre 1980 e 2000. Desde então, você sabe o que aconteceu: taxas de impostos mais baixas e criação de empregos muito menor" (*The New York Times*, 14 ago. 2011, disponível em: <http://www.nytimes.com/2011/08/15/opinion/stop-coddling-the-super-rich.html?_r=2&hp>.

14 W. Lazonick e M. Mazzucato, "The risk-reward nexus in the innovation-inequality relationship".

15 N. Henderson e M. Schrage, "The roots of biotechnology: Government R&D spawns a new industry" (*Washington Post*, 16 dez. 1984), disponível em: <https://www.washingtonpost.com/archive/politics/1984/12/16/government-r38/cb580e3d-4ce2-4950-bf12-a717b4d3ca36/?utm_term=.27fd51946872>. Sou grata a William Lazonick por me indicar esse artigo.

16 Essa seção sobre o papel do capital de risco e a seção seguinte sobre remuneração de executivos se baseia fortemente em W. Lazonick e M. Mazzucato, "The risk-reward nexus in the innovation-inequality relationship".

17 Ibid.

O VALOR DE TUDO

18 Ibid.

19 P. A. Gompers e J. Lerner, *The Venture Capital Cycle* (Cambridge, MA: MIT Press, 2002).

20 Ver S. Davidoff, "Why I.P.O.s get underpriced" (Dealbook, *New York Times*, 27 maio 2011); J. Ritter, IPO data website, 2012: disponível em: <http://bear.warrington.ufl.edu/ritter/ipodata.htm>; M. Gimein, E. Dash, L. Munoz e J. Sung, "You bought. They SOLD" (*Fortune*, v. 146, n. 4, 2002, pp. 64-8, 72 e 74).

21 Gary P. Pisano, *Science Business: The Promise, the Reality, and the Future of Biotech* (Boston, MA: Harvard Business School Press, 2006).

22 W. Lazonick e Ö. Tulum, "US biopharmaceutical finance and the sustainability of the US biotech business model" (*Research Policy*, v. 40, n. 9, 2011, pp. 1170-87).

23 R. Fontana, A. Nuvolari, H. Shimizu e A. Vezzulli, "Reassessing patent propensity: Evidence from a dataset of R&D awards, 1977-2004" (*Research Policy*, v. 42, n. 10, 2013, pp. 1780-92).

24 Mais formalmente, um detentor de patente recebe um direito "probabilístico" de excluir outros de usar e comercializar uma invenção. (M. A. Lemley e C. Shapiro, "Probabilistic patents" (*Journal of Economic Perspectives*, v. 19, n. 2, 2005, pp. 75-98, doi: 10.1257/0895330054048650). O titular da patente deve estar disposto e ser capaz de fazer valer seus direitos contra a violação da patente, bem como pode conceder licenciamentos para que outros usem a invenção em troca de royalties.

25 A intensidade da atividade de patenteamento e a importância das patentes — tanto em relação à apropriabilidade quanto à divulgação — variam de importância entre países, setores, tecnologias e tamanho das empresas. As empresas de produtos farmacêuticos, biotecnologia e TIC, por exemplo, tendem a patentear mais do que empresas de outras áreas. As patentes são o mecanismo de apropriação mais importante para as empresas farmacêuticas, por exemplo, ao passo que, em outros setores, para ganhar com suas invenções, as empresas podem confiar mais no sigilo, nos prazos de produção, nas marcas registradas e nos ativos complementares adicionais. Da mesma forma, as patentes desempenham um papel muito mais importante na difusão de informações para laboratórios de pesquisa e desenvolvimento em empresas de manufatura no Japão em comparação com as dos Estados Unidos, onde a publicação e a troca informal de informações são mais importantes (W. M. Cohen, A. Goto, A. Nagata, R. R. Nelson e J. P. Walsh, "R&D spillovers, patents and the incentives to innovate in Japan and the United States" (*Research Policy*, v. 1, n. 9, 2002, pp. 1349-67): doi: http://doi.org/10.1016/ S0048-7333(02) 00068-9.

26 De acordo com M. A. Lemley, em "Software patents and the return of functional claiming" (*Wisconsin Law Review*, 2013(4), pp. 905-64), os custos de inovação de software são menores do que a inovação nas ciências da vida. O software também é protegido por direitos autorais, que já fornecem uma prevenção eficaz de cópia por terceiros. Os efeitos de rede podem ajudar os inovadores a capturar retornos independentemente da proteção da propriedade intelectual (ver sobre isso adiante, neste capítulo). Há, além disso, a comunidade de código aberto, o que indica que as patentes podem não ser uma condição necessária para a inovação no setor. Finalmente, a patenteabilidade de software varia entre regiões e países (por exemplo, é limitada na Europa e na Índia e ampla nos Estados Unidos), o que também sugere que a proteção de patente pode refletir uma opção de política.

NOTAS

27 W. J. Baumol, "Entrepreneurship: Productive, unproductive, and destructive".

28 R. Mazzoleni e R. R. Nelson, "The benefits and costs of strong patent protection: A contribution to the current debate" (*Research Policy*, v. 27, n. 3, 1998, pp. 273-84).

29 M. Kenney e D. Patton, "Reconsidering the Bayh-Dole Act and the current university invention ownership model" (*Research Policy*, v. 38, n. 9, 2009, pp. 1407-22).

30 Disponível em: <http://www.nybooks.com/articles/2004/07/15/the-truth-about-the--drug-companies/>.

31 L. Burlamaqui e R. Kattel, "Development as leapfrogging, not convergence, not catch-up: Towards Schumpeterian theories of finance and development" (*Review of Political Economy*, n. 28, n. 2, 2016, pp. 270-88).

32 R. Mazzoleni e R. R. Nelson, "The benefits and costs of strong patent protection".

33 S. Haber e S. H. Werfel, "Why do inventors sell to patent trolls? Experimental evidence for the asymmetry hypothesis" (Stanford University Working Paper, 27 abr. 2015).

34 J. Bessen e M. J. Meurer, "The Patent Litigation Explosion" (*Loyola University Chicago Law Journal*, v. 4, n. 2, 2013, pp. 401-40), disponível em: <http://lawecommons.luc.edu/luclj/vol45/iss2/5>.

35 J. E. Bessen et al., "Trends in private patent costs and rents for publicly-traded United States firms" (Boston University School of Law, Public Law Research Paper n. 13-24, mar. 2015): SSRN: https://ssrn.com/abstract=2278255 ou http://dx.doi.org/10.2139/ssrn.2278255.

36 C. V. Chien, "Startups and patent trolls" (*Stanford Technology Law Review*, 17, 2014, pp. 461-506).

37 W. J. Baumol, *Entrepreneurship, Management and the Nature of Payoffs* (Cambridge, MA: MIT Press, 1993, cap. 2, p. 25; ver também cap. 4).

38 D. Foley, "Rethinking financial capitalism and the 'information' economy".

39 *The Economist*, 8 ago. 2015, disponível em: <http://www.economist.com/news/leaders/21660522-ideas-fuel-economy-todays-patent-systems-are-rotten-way-rewarding--them-time-fix 40>. C. Forero-Pineda, "The impact of stronger intellectual property rights on science and technology in developing countries" (*Research Policy*, v. 35, n. 6, 2006, pp. 808-24).

40 C. Forero-Pineda, "The impact of stronger intellectual property rights on science and technology in developing countries" (*Research Policy*, v. 35, n. 6, 2006, pp. 808-24).

41 E. M. F. t'Hoen, *The Global Politics of Pharmaceutical Monopoly Power: Drug Patents, Access, Innovation and the Application of the WTO Doha Declaration on TRIPS and Public Health* (Diemen: AMB, 2009).

42 M. Mazzucato, *The Entrepreneurial State: Debunking Private vs. Public Sector Myths* (Londres: Anthem Press, 2013).

43 Fonte: US Department of Health and Human Services, disponível em: <http://www.hhs.gov/opa/reproductive-health/stis/hepatitis-c> e OMS, disponível em: <http://www.euro.who.int/en/health-topics/communicablediseases/hepatitis/data-and-statistics>.

44 O Sovaldi é, no entanto, mais caro do que o Harvoni no total, pois precisa ser tomado em combinação com outras drogas.

381

45 Carta disponível em: <http://www.finance.senate.gov/imo/media/doc/Wyden-Grassley%20Document%20Request%20to%20Gilead%207-11-141.pdf>.

46 A. Hill, S. Khoo, J. Fortunak, B. Simmons e N. Ford, "Minimum costs for producing hepatitis C direct-acting antivirals for use in large-scale treatment access programs in developing countries" (*Clinical Infectious Diseases*, v. 58, n. 7, 2014, pp. 928-36), doi: 10.1093/cid/ciu012.

47 M. Mazzucato, "High cost of new drugs" (*British Medical Journal*, 354: i4136, 2016), disponível em: <http://www.bmj.com/cgi/content/full/354/jul2710/i4136>.

48 D. W. Light e J. R. Lexchin, "Pharmaceutical research and development: What do we get for all that money?" (*British Medical Journal* 345: e4348, 2012), disponível em: <http://dx.doi.org/10.1136/bmj.e4348>.

49 A. Swanson, "Big pharmaceutical companies are spending far more on marketing than research" (*Washington Post*, 11 fev. 2015), disponível em: <http://www.washingtonpost.com/news/wonkblog/wp/2015/02/11/big-pharmaceutical-companies-are-spending--far-more-on-marketing-than-research/>.

50 W. Lazonick, "Profits without prosperity".

51 M. Mazzucato, *The Entrepreneurial State*.

52 H. Kantarjian e S. V. Rajkumar, "Why are cancer drugs so expensive in the United States, and what are the solutions?" (*Mayo Clinic Proceedings*, abr. 2015), reportam que 85% da pesquisa básica sobre câncer nos Estados Unidos é financiada pelo governo.

53 J. Sachs, "The drug that is bankrupting America" (*Huffington Post*, 16 fev. 2015), disponível em: <http://www.huffingtonpost.com/jeffrey-sachs/the-drug-that-is-bankrupt_b_6692340.html>.

54 V. Roy e L. King, "Betting on hepatitis C: How financial speculation in drug development influences access to medicines" (*British Medical Journal*, 354: i3718, 2016).

55 P. Barrett e R. Langreth, "Pharma execs don't know why anyone is upset by a $94,500 miracle cure" (*Bloomberg Businessweek*, 3 jun. 2015), disponível em: <https://www.bloomberg.com/news/articles/2015-06-03/specialty-drug-costs-gilead-s-hepatitis-c--cures-spur-backlash>.

56 O artigo de La Mattina na *Forbes* está disponível em: <http://www.forbes.com/sites/johnlamattina/2014/08/04/politicians-shouldnt-question-drug-costs-but-rather their-value--lessons-from-soliris-and-sovaldi/>.

57 R. Zirkelbach, "The five essential truths about prescription drug spending", mar. 2015, disponível no site da PhRMA em: <http://catalyst.phrma.org/the-five-essential-truths--about-prescription-drug-spending>.

58 Veja-se, por exemplo, B. E. Hilner e T. J. Smith, "Efficacy does not necessarily translate to cost effectiveness".

59 A calculadora interativa de Peter Bach pode ser acessada em: <www.drugabacus.org>.

60 De acordo com o ranking compilado pela *Forbes* para 2014, em média, as dez maiores empresas farmacêuticas desfrutam de uma taxa de lucro líquido de 19% — a mais alta de todas as indústrias incluídas na análise mundial da *Forbes*. A Pfizer lidera o grupo com uma notável margem de lucro líquido de 41%. Somente grandes bancos, que são

NOTAS

bem conhecidos por desfrutarem de rendas monopolistas por causa de seu tamanho e influência política, obtêm uma taxa de lucro comparável à das grandes empresas farmacêuticas, enquanto, por exemplo, as dez maiores empresas automobilísticas — também das mais lucrativas do mundo — têm em média uma taxa de lucro líquido de 6%.

61 P. David, "Clio and the Economics of QWERTY" (*American Economic Review*, v. 75, n. 2, *Papers and Proceedings of the Ninety-Seventh Annual Meeting of the American Economic Association*, maio 1985, pp. 332-7); G. Dosi, "Sources, procedures, and microeconomic effects of innovation" (*Journal of Economic Literature*, v. 26, 1988, pp. 1120-71).

62 De acordo com sua própria declaração de princípios, por exemplo, "a missão do Facebook é dar às pessoas o poder de compartilhar e tornar o mundo mais aberto e conectado" (<investor.fb.com/faq.cfm>). Sergey Brin, um dos fundadores do Google e presidente de uma de suas controladoras, a Alphabet, sempre falou sobre o Google como uma empresa que tenta ser contra o mal e uma "força do bem". Disponível em: <http://www.businessinsider.com.au/best-quotes-google-sergey-brin-2014-7#to-me-this-is-about--preserving-history-and-it-available-to-everyone-1>.

63 K. Kelly, "The new socialism: Global collectivist society is coming online" (*Wired*, 17 jun. 2009).

64 E. Morozov, "Silicon Valley likes to promise 'digital socialism' — but it is selling a fairy tale" (*The Guardian*, 28 fev. 2015).

65 Comentário atribuído a várias pessoas. É comum atribuí-lo a Andrew Lewis, como blue_beetle em MetaFilter 2010, "If you're not paying for it, you're not the customer; you're the product being sold", disponível em: <http://www.metafilter.com/95152/Userdriven-discontent#3256046>.

66 M. J. Sandel, *What Money Can't Buy: The Moral Limits of Markets* (Londres e Nova York: Allen Lane e Farrar, Straus e Giroux, 2013).

67 Evgeny Morozov, "Don't believe the hype, the 'sharing economy' masks a failing economy" (*The Guardian*, 28 set. 2014), disponível em: <http://www.theguardian.com/commentisfree/2014/sep/28/sharing-economy-internet-hype-benefits-overstated-evgeny-morozov>; Evgeny Morozov, "Cheap cab ride? You must have missed Uber's true cost" (*The Guardian*, 31 jan. 2016), disponível em: <http://www.theguardian.com/commentisfree/2016/jan/31/cheap-cab-ride-uber-true-cost-google-wealth-taxation>.

68 Id., 'Where Uber and Amazon rule: welcome to the world of the platform', *The Guardian*, 7 jun. 2015, disponível em: <http://www.theguardian.com/technology/2015/jun/07/facebook-uber-amazon-platform-economy>.

69 Disponível em:<https://www.bloomberg.com/news/articles/2017-02-28/in-video-uber--ceo-argues-with-driver-over-falling-fares>.

70 Disponível em: <http://fortune.com/2016/10/20/uber-app-riders/>.

71 Uma distinção útil pode ser feita entre efeitos de rede diretos e indiretos. Quando um número maior de participantes aumenta o benefício para cada membro individual — como no caso do Facebook —, o efeito é direto. Onde, em vez disso, um número maior de membros (por exemplo, compradores) aumenta a conveniência de usar a plataforma

O VALOR DE TUDO

não para os membros, mas para outro grupo (por exemplo, vendedores), falamos de efeitos de rede indiretos.

72 Fonte: base de dados da Statista (www.statista.com) e <http://uk.businessinsider.com/facebook-and-google-winners-of-digital-advertising-2016-6?r=US&IR=T>.

73 E. Morozov, "Where Uber and Amazon rule".

74 Veja a nota 71 acima para uma distinção entre efeitos de rede diretos e indiretos.

75 M. Mazzucato, *The Entrepreneurial State*.

76 D. K. Foley, "Rethinking financial capitalism and the 'information' economy".

77 Veja ibid. para uma explicação rigorosa, mas acessível, da teoria clássica da mais-valia e como ela pode ser usada para fornecer uma interpretação alternativa da chamada "nova economia".

78 Disponível em: <https://www.theguardian.com/commentisfree/2016/dec/04/data-populists-must-seize-information-for-benefit-of-all-evgeny-morozov>.

79 H. A. Simon, "Public administration in today's world of organizations and markets" (*PS: Political Science and Politics*, dez. 2000, p. 756).

80 Disponível em: <https://www.theguardian.com/technology/2016/jun/09/uber-suffers-legal-setbacks-in-france-and-germany>, <https://www.theguardian.com/technology/2016/jun/08/berlin-ban-airbnb-short-term-rentals-upheld-city-court>, <https://www.theguardian.com/media/2016/may/25/netflix-and-amazon-mustguarantee-20-of-content-is-european>.

81 Para uma discussão acerca dos problemas envolvendo critérios e implementação relacionados a políticas orientadas para determinadas missões, ver meu recente relatório, M. Mazzucato, "Mission oriented research & innovation in the European Union: A problem-solving approach to fuel innovation-led growth" (European Commission, 2018).

82 Tal pensamento é, de fato, o que inspirou a Mission Innovation (MI; cf. <http://mission-innovation.net>), uma aliança de 22 ministros e a União Europeia que pretende combater mudanças climáticas por meio de compromissos nacionais (cerca de 20 bilhões de dólares) de investir em inovação energética. A coalizão foi anunciada em 30 de novembro de 2015 durante a reunião do Cops em Paris. O setor privado, por meio da Breakthrough Coalition, garantiu um aporte financeiro equivalente. Desde 2014 venho liderando um projeto sobre a necessidade desse tipo de pensamento orientado para missões no campo da inovação, disponível em: <http://marianamazzucato.com/projects/mission-oriented-innovation-policy/>.

8. SUBVALORIZANDO O SETOR PÚBLICO [pp. 285-330]

1 Disponível em:<https://www.gov.uk/government/speeches/mansion-house-2015-speech-by-the-chancellor-of-the-exchequer>.

2 "The third industrial revolution" (*The Economist*, 21 abr. 2012), disponível em: <http://www.economist.com/node/21553017>.

3 K. Polanyi, *The Great Transformation: The Political and Economic Origins of Our Time*

NOTAS

(Boston MA: Beacon Press, [1944] 2001, p. 144). [Ed. bras.: *A grande transformação*. Rio de Janeiro: Campus, 2000.]

4   C. M. Reinhart e K. S. Rogoff, "Growth in a time of debt" (*American Economic Review*, v. 100, n. 2, 2010, pp. 573-8).

5   Ibid., p. 573.

6   T. Herndon, M. Ash e R. Pollin, "Does high public debt consistently stifle economic growth? A critique of Reinhart and Rogoff" (*Cambridge Journal of Economics*, v. 38, n. 2, 2014, pp. 257-79), disponível em: <http://doi.org/10.1093/cje/bet075>, p. 5.

7   Ibid., pp. 7-8.

8   Reinhart e Rogoff, disponível em: <http://www.nytimes.com/2013/04/26/opinion/debt-growth-and-the-austerity-debate.html?_r=0> e <http://www.nytimes.com/2013/04/26/opinion/reinhart-and-rogoff-responding-to-our-critics.html>.

9   Disponível em: <http://www.focus-economics.com/countries/italy>.

10   Disponível em: <https://www.theguardian.com/business/2014/oct/01/austerity-euro-zone-disaster-joseph-stiglitz>.

11   "Exclusão" (*crowding out*) refere-se em geral ao efeito negativo que gastos ou investimentos do governo podem ter sobre o investimento privado, principalmente porque os empréstimos do governo aumentam as taxas de juros (tornando mais difícil para as empresas contrair empréstimos) ou porque o governo adentra atividades que se encontravam no setor privado. Análises sobre *crowding out* têm sido problemáticas devido à falta de análise adequada do que o setor privado está disposto a fazer.

12   A. Bergh e M. Henrekson, "Government size and growth: A survey and interpretation of the evidence" (*Journal of Economic Surveys*, v. 25, n. 5, 2011, pp. 872-97), disponível em: <http://doi.org/10.1111/j.1467-6419.2011.00697.x>.

13   P. Steiner, "Wealth and power: Quesnay's political economy of the 'Agricultural Kingdom'" (*Journal of the History of Economic Thought*, v. 24, n. 1, 2002, pp. 91-110).

14   "Classe estéril" englobava habitantes da cidade ou artesãos. Na *History of Economic Analysis* de Schumpeter, p. 239, a mesma palavra é usada para descrever a "burguesia". "Classe descartável" é o nome que Turgot deu à classe dos proprietários de terras (*classe propriétaire/ souveraine/ distributive*).

15   Quesnay, citado em P. Steiner, "Wealth and power", p. 99.

16   J. A. Schumpeter, *History of Economic Analysis*, p. 230; P. Steiner, "Wealth and Power", p. 100.

17   A. Smith, *The Wealth of Nations*, livro IV, Introdução. [Ed. bras.: *A riqueza das nações*. Rio de Janeiro: Nova Fronteira, 2017.]

18   Ibid., livro I, cap. 1.

19   Ibid., livro V, cap. 1.

20   Ibid.

21   David Ricardo, *The Works and Correspondence of David Ricardo*, P. Sraffa (Org.) com a colaboração de M. H. Dobb, v. 1: *On the Principles of Political Economy and Taxation* (Cambridge: University Press, 1951, p. 150). [Ed. bras.: *Princípios de economia política e tributação*. São Paulo: Nova Cultural, 1996.]

O VALOR DE TUDO

22 Ibid., p. 151.

23 Karl Marx e Friedrich Engels, *The Communist Manifesto* (Londres: Penguin Classics, [1848] 2010, cap. 1). [Ed. bras.: *Manifesto Comunista*. São Paulo: Boitempo, 2010.]

24 A. Marshall, *Principles of Economics* (Londres: Macmillan, [1890] 1920, livro I, cap. 4, parágrafo 4). [Ed. bras.: *Princípios de economia*. São Paulo: Nova Cultural, 1996.]

25 Ibid.

26 B. Snowdon e H. Vane, *A Macroeconomics Reader* (Londres: Routledge, 1997, p. 3).

27 J. M. Keynes, *The General Theory of Employment, Interest and Money*, p. 249. [Ed. bras.: *A teoria geral do emprego do juro e da moeda*. São Paulo: Nova Cultural, 1996.]

28 Isso e o que se segue são do prefácio da edição francesa de *The General Theory of Employment, Interest and Money*.

29 R. Reich, "Economist John Maynard Keynes", *Time Magazine*, 29 mar. 1999.

30 McLeay, Radia e Thomas, "Money creation in the modern economy", p. 14.

31 BEA, *Measuring the Economy: A Primer on GDP and the National Income and Product Accounts* (Washington, DC: Bureau of Economic Analysis, US Department of Commerce, 2014, pp. 9-4), disponível em: <http://www.bea.gov/national/pdf/nipa_primer.pdf>.

32 T. Atkinson, *Atkinson Review: Final Report. Measurement of Government Output and Productivity for the National Accounts* (Basingstoke e Nova York: Palgrave Macmillan, 2005).

33 M. G. Phelps, S. Kamarudeen, K. Mills e R. Wild, "Total public service output, inputs and productivity" (*Economic and Labour Market Review*, v. 4, n. 10, 2010, pp. 89-112), disponível em: <http://doi.org/10.1057/elmr.2010.145>.

34 ONS (Office for National Statistics), *Public Service Productivity Estimates: Total Public Services, 2012* (2015), disponível em: <http://www.ons.gov.uk/ons/ dcp171766_394117.pdf>.

35 O multiplicador aponta o quanto o PIB cresce como resultado de um aumento no gasto governamental. O cálculo assume uma propensão marginal à poupança e ao consumo, isto é, o quanto de cada real que o consumidor recebe será gasto e o quanto ele vai poupar. Se 80% são consumidos, então o aumento do PIB será de $1/(1-0,8)$ multiplicado pelo tamanho do estímulo; de modo que se o gasto adicional for de 1 milhão, o PIB vai crescer 5 milhões.

36 "Fiscal policy as a countercyclical tool", *World Economic Outlook*, cap. 5 (Washington, DC: International Monetary Fund, out. 2008); L. Cohen, J. Coval e C. Malloy, "Do powerful politicians cause corporate downsizing?", *Journal of Political Economy*, v. 119, n. 6, 2011, pp. 1015-60): doi:10.1086/664820; R. J. Barro e C. J. Redlick, "Macroeconomic effects from government purchases and taxes" (*Quarterly Journal of Economics*, v. 126, n. 1, 2011, pp. 51-102): doi: 10.1093/qje/qjq002.

37 D. Leigh, P. Devries, C. Freedman, J. Guajardo, D. Laxton e A. Pescatori, "Will it hurt? Macroeconomic effects of fiscal consolidation", IMF *World Economic Outlook* (Washington, DC: International Monetary Fund, 2010, pp. 93-124).

38 D. Leigh e O. J. Blanchard, "Growth forecast errors and fiscal multipliers", Working Paper n. 13/1 (Washington, DC: International Monetary Fund, 2013).

39 A. O. Krueger, "The political economy of the rent-seeking society" (*The American Economic Review*, v. 64, n. 3, jun. 1974, pp. 291-303).

NOTAS

40 G. Tullock, A. Seldon e G. L. Brady, *Government Failure: A Primer in Public Choice* (Washington, DC: Cato Institute, 2002).

41 B. M. Friedman, "Crowding out or crowding in? Economic consequences of financing government deficits" (*Brookings Papers on Economic Activity*, 3, 1979, pp. 593-654).

42 J. M. Buchanan, "Public choice: The origins and development of a research program" (*Champions of Freedom*, 31, 2003, pp. 13-32).

43 J. E. Stiglitz, *Economics of the Public Sector* (Nova York: W. W. Norton, 3. ed., 2000).

44 National Audit Office, "Memorandum on managing government suppliers", 12 nov. 2013.

45 NHS, "Principles and values that guide the NHS" (2018), disponível em: <http://www.nhs.uk/NHSEngland/thenhs/about/Pages/nhscoreprinciples.aspx#>.

46 OMS, "The world health report 2000 — Health systems: improving performance" (2000), disponível em: <http://www.who.int/whr/2000/en/whr00_en.pdf?ua=1>.

47 E. C. Schneider, D. O. Sarnak, D. Squires, A. Shah e M. M. Doty. *Mirror, Mirror 2017: International Comparison Reflects Flaws and Opportunities for Better U.S. Health Care*, The Commonwealth Fund, 2017.

48 OECD, "Health expenditure and financing" (2017), disponível em: <http://stats.oecd.org/index.aspx?DataSetCode=HEALTH_STAT>.

49 YouGov, "Nationalise energy and rail companies, say public" (2013), disponível em: <https://yougov.co.uk/news/2013/11/04/nationalise-energy-and-rail-companies-say--public/>.

50 J. Lethbridge, *Empty Promises: The Impact of Outsourcing on NHS Services*, relatório técnico, Unison (Londres, 2012).

51 C. Crouch, "The paradoxes of privatisation and public service outsourcing", em M. Jacobs e M. Mazzucato (Orgs.), *Rethinking Capitalism*.

52 G. Kirkwood e A. M. Pollock, "Patient choice and private provision decreased public provision and increased inequalities in Scotland: A case study of elective hip arthroplasty" (*Journal of Public Health*, v. 39, n. 3, 2017, pp. 593-60).

53 We Own It, "We love our NHS — keep it public", disponível em: <https://weownit.org.uk/public-ownership/nhs>.

54 A. Pollock, "This deadly debt spiral was meant to destroy the NHS: There is a way to stop it" (*The Guardian*, 5 jul. 2016), disponível em: <https://www.the-guardian.com/commentisfree/2016/jul/05/debt-spiral-destroy-nhs-health-social-care-act-bill>.

55 Id., "The NHS is about care, not markets" (*The Guardian*, 3 set. 2009), disponível em: <https://www.theguardian.com/commentisfree/2009/sep/03/nhs-business-markets>.

56 J. Davis, J. Lister e D. Wringler, *NHS for Sale: Myths, Lies & Deception* (Londres: Merlin Press, 2015).

57 N. Chomsky, "The state-corporate complex: A threat to freedom and survival", palestra ministrada na Universidade de Toronto, 7 abr. 2011, disponível em: <https://chomsky.info/20110407-2/>.

58 L. MacFarlane, *Blueprint for a Scottish National Investment Bank* (New Economics

Foundation, 2016), disponível em: <http://allofusfirst.org/tasks/render/file/?fileI-D=3B9725EA-E444-5C6C-D28A3B3E27195B57>.

59 Ibid.

60 C. Crouch, *The Knowledge Corrupters: Hidden Consequences of the Financial Takeover of Public Life* (Cambridge: Polity Press, 2016).

61 Disponível em: <https://www.theguardian.com/society/2016/apr/15/g4s-fined-100-times--since-2010-prison-contracts>.

62 Disponível em: <https://www.washingtonpost.com/news/wonk/wp/2013/07/16/meet-serco-the-private-firm-getting-1-2-billion-to-process-your-obamacare-applica-tion/?utm_term=.0ffc214237a8>.

63 United States Government Accountability Office, "Contracting data analysis; Assessment of government wide trends", mar. 2017, disponível em: <https://www.gao.gov/assets/690/683273.pdf>.

64 Como relatado em J. A. Sekera, *The Public Economy in Crisis: A Call for a New Public Economics* (Springer International Publishing, 2016); J. Dilulio, *Bring Back the Bureaucrats: Why More Federal Workers Will Lead to Better (and Smaller!) Government* (West Conshohocken, PA: Templeton Press, 2014); e Paul R. Verkuil, *Outsourcing Sovereignty: Why Privatization of Government Functions Threatens Democracy and What We Can Do about It* (Cambridge: University Press, 2007, p. 128).

65 Disponível em: <http://www.pogo.org/our-work/reports/2011/co-gp-20110913.html#Executive%20Summary>.

66 C. Crouch, *The Knowledge Corrupters.*

67 Disponível em: <https://er.jsc.nasa.gov/seh/ricetalk.htm>.

68 R. Wood, "Fallen Solyndra Won Bankruptcy Battle but Faces Tax War" (*Forbes*, 11 jun. 2012).

69 G. Owen, *Industrial Policy in Europe since the Second World War: What Has Been Learnt?* ECIPE Occasional Paper n. 1 (Bruxelas: Centro Europeu de Política Econômica Internacional, 2012), disponível em: <http://eprints.lse.ac.uk/41902/>.

70 J. M. Poterba, "Venture capital and capital gains taxation", em L. H. Summers (Org.), *Tax Policy and the Economy*, v. 3 (Cambridge, MA: MIT Press, 1989, pp. 47-68).

71 G. Akerlof, "Comment" no capítulo de William J. Baumol em G. L. Perry e James Tobin (Org.), *Economic Events, Ideas, and Policies: The 1960s and After* (Washington, DC: Brookings Institution Press, 2010).

72 M. Mazzucato, *The Entrepreneurial State.*

73 Ver <https://www.project-syndicate.org/onpoint/growth-and-public-sectorinvestment-by--mariana mazzucato-2017-12?barrier=accesspaylog>.

74 J. Gertner, *The Idea Factory: Bell Labs and the Great Age of American Innovation* (Londres e Nova York: Penguin, 2013).

NOTAS

9. A ECONOMIA DA ESPERANÇA [PP. 331-43]

1   Tanto Tony Blair, ex-primeiro-ministro britânico, quanto Chuka Umunna, considerado uma estrela em ascensão no partido, argumentaram que o Partido Trabalhista precisava abraçar o setor empresarial, chamando-os de criadores de riqueza. Disponível em: <https://www.theguardian.com/commentisfree/2015/may/09/tony-blairwhat-labour--mustdo-next-election-ed-miliband> e Chuka Umunna <https://www.theguardian.com/commentisfree/2015/may/09/labours-first-step-to-regaining-power-is-torecognise-the--mistakes-we-made>.

2   Ver <http://ec.europa.eu/eurostat/documents/118025/118123/Fitoussi+Commission+report>.

3   D. Elson, *Macroeconomics and Macroeconomic Policy from a Gender Perspective*, Audiência Pública da Comissão de Estudos sobre Globalização da Economia Mundial — Desafios e Respostas, Deutscher Bundestag, Berlim, 18 fev. 2002.

4   Ver <https://www.theguardian.com/us-news/2016/may/17/ceo-pay-ratio-averageworker--afl-cio>.

5   Ver <https://www.ifs.org.uk/publications/5362>.

6   P. Evans, *Embedded Autonomy: States and Industrial Transformation* (Princeton, NJ: University Press, 1995).

7   E. Morozov, "Democracy, Technology and City", transcrição de palestra na CCCB, Barcelona, 2014.

8   C. Perez, "Capitalism, technology and a green global golden age: The role of history in helping to shape the future", em M. Jacobs e M. Mazzucato (Orgs.), *Rethinking Capitalism: Economics and Policy for Sustainable and Inclusive Growth* (Chichester: Wiley-Blackwell, 2016).

ÍNDICE REMISSIVO

aço, produção de, 52, 54, 151, 340

ações: acionistas, 26, 37, 41, 144, 146, 184, 188-9, 209-13, 217, 219-23, 225-7, 230, 232-6, 329-30, 334-5; corretores de, 152; faturamento acionário, 223; maximizando o valor para o acionista (MSV, *maximize shareholder value*), 212, 214, 219-22, 224-6, 228, 234-5; mercado de, 179, 183, 186, 197, 208, 214, 223, 240, 247, 249; recompras de, 18, 26, 209-10, *211*, 212, 225, 229-30, 232, 237-8, 262, 279, 338

Acordo de Bretton Woods (1944), 148-50, 159

Acorn Computers, 327

Administração de Pequenas Empresas (EUA), 249

África, 24, 326

Agência de Obras de Infraestrutura (EUA), 319

Agência de Projetos de Pesquisa Avançada de Defesa (DARPA, Estados Unidos), 244-6, 322, 327, 341

Agência de Projetos de Pesquisa Avançada em Energia (ARPA-E), 245-6

Agência Nacional da Juventude (EUA), 319

agências de avaliação de crédito, 166, 221

agências estatais, 326

agency theory ("teoria da agência"), 213

agricultores, 32, 49-50, *51*, 53, 55-8, 62, 70, 77, 96, 130

agricultura, 49, 53-4, 58, 63-4, 68-9, 78-9, 136, 149, 296; e limites de produção, *54*, 58, 110; e Marx, 81; e Ricardo, 68-70; trabalhadores agrícolas, 72

água e do diamante, paradoxo da, 94

água, companhias de (Reino Unido), 217, 233

Airbnb, 240, 269, 271, 280, 338

Akerlof, George, 323

Alchemy Partners, 216

Alemanha, 87, 122, 179, 235, 246, 260, 294; Fraunhofer Institutes, 245; Partido Social-Democrata, 87; setor manufatureiro alemão, 245; superávit orçamentário, 340

alimentos, 55, 57, 68, 70, 79, 81, 88, 113, 273

Alitalia, 318

Alliance Boots, 187

ÍNDICE REMISSIVO

Allianz Capital Partners, 216
Alphabet (empresa controladora do Google), 245
Alton, Gregg, 262
Amalgamated Society of Engineers (Reino Unido), 87
Amazon, 82, 240, 267, 269, 272, 276
América Latina, 138, 186
American Economic Review (revista), 292
American Research and Development Corporation (ARD), 248
Amgen, 253
AOL, 272
aposentadorias, 118-9, 121, 183-5
Apple, 19, 24-6, 240, 243, 250-1, 335; Apple Operations Europe, 24; Apple Sales International (ASI), 24; e Califórnia, 25; esquema de recompra de ações, 26; extração de valor, 24; iPhone, 24, 244; Macintosh, 243; propriedade intelectual, 25; subsidiárias irlandesas da, 24
aristocracia, 51, 58, 73
Aristóteles, 47, 286
ARM Holdings, 327
ARPA-E (Agência de Projetos de Pesquisa Avançada em Energia, EUA), 245-6
Ásia, 138, 151, 186
asset-stripping ("dissipação de ativos"), 189
Associação Nacional de Capital de Risco (NVCA, na sigla em inglês, EUA), 249-50
assumir riscos, 41, 44, 164-5, 233-4; com as novas tecnologias, 234, 237, 243, 299, 320; com fundos públicos para a inovação, 246, 248, 278, 299, 321; compartilhando riscos e recompensas de inovação, 277-80; e retornos financeiros da inovação, 246; pelos acionistas, 233; socialização dos riscos, 318, 324; "vantagens do pioneiro", 244, 267
AT&T, 249, 326
Atkinson, Sir Anthony, 304
auditores, 221

austeridade, 217, 289-91, 293-4, 299, 304-5, 307, 340; dos "novos clássicos", 307; e desemprego, 307; e desigualdade, 291; e números "mágicos", 292-4; e PIB, 290-1, 307
Austrália, 146, 197
Áustria: "escola austríaca" de economia, 89
Autoridade Reguladora dos Serviços de Água (Reino Unido), 218
avaliação de crédito, 143, 166, 221

Baidu, 240
Bain Capital, 187
Banco Central de Nova York, 166
Banco Central Europeu (BCE), 158, 290
Banco da Inglaterra, 120, 136, 154, 158
Banco de Compensações Internacionais, 168
Banco de Desenvolvimento da China, 246
Banco Europeu de Investimento, 246
Banco Mundial, 102, 309
bancos: "produtividade" e criação de valor/dinheiro, 131, 137, 142-6, 161-7, 173, 180, 182; americanos, 148, 150, 153, 190-1; atividades especulativas, 27, 157; bancos "grandes demais para quebrar", 105, 147-8; bancos centrais, 138, 153, 157, 173, 191; "bancos competidores", 153, 159; bancos de investimentos, 16, 39, 131, 141-2, 148, 152, 156, 158, 162, 164, 174, 184, 192, 204, 252, 315, 338; bancos públicos, 246, 309, 326; bancos russos, 150; como intermediários, 141, 143, 153, 190; "déficit de financiamento dos clientes", 164; e "efeito borboleta", 159; e "transformação de vencimentos", 143; e avaliação de crédito, 143; e crescimento econômico, 141; e crises financeiras, 137, 147-8, 150-2; e desregulamentação, 131, 138, 147-8, 150, 160, 162-3, 167; e dívidas privadas/familiares, 167-73, *172*, 195; e filósofos iluministas, 155; e mercados financeiros, 138-9, 192; e moedas estrangeiras, 149; e o eurodólar, 150;

391

empréstimos domésticos, 137, 167-8; empréstimos não correspondidos por depósitos, 164; famílias de banqueiros na Inglaterra, 179; Fisim ("serviços de intermediação financeira indiretamente medidos"), 143-5, 164, 190; fontes de lucro dos, 131; instabilidade competitiva, 148; licenças bancárias, 152, 191; poder de monopólio/oligopólio, 147-8, 151, 154, 190-5; privatização e divisão em bancos "bons" e "ruins", 318; "problema bancário", 131, 140-2; *proprietary trading*, 191, 204; resgates, 154, 156, 196, 290, 299; serviços de transferência de dinheiro, 82; setor bancário, 143, 146, 164, 177, 190; sistema bancário, 16, 157, 159, 161, 175; sistema bancário paralelo, 161, 175; taxas de empréstimo interbancário, 145

Bank of America, 220

Barbarians at the Gate (Burrough & Helyar), 188

Baumol, William J., 160, 241, 259

BBC, 312, 326-7; Microcomputador da, 327

BC Partners, 187

Bean, Charles, 120

Becker, Gary, 101

Bélgica, 151

Bell Labs, 326

bem-estar, 32, 98, 112-3, 184, 269, 275, 337; "maximização do bem-estar", 98; "primeiro teorema fundamental do bem-estar", 98-9

bens coletivos, 280

bens públicos, 233, 286, 297, 308, 324-5, 339

Bentham, Jeremy, 90

Berg, Paul, 250

Berlim, 17, 280

Bernanke, Ben, 163

Bessen, James, 258

Bevan, Aneurin, 312

BHS (rede britânica de lojas de departamento), 23-4

Biblioteca Marshall (Cambridge), 91

big data, 276, 280-2

bilionários, 186, 239

Biogen, 253

biotecnologia, 78, 244, 247, 250, 254, 257

Blackrock, 210

Blackstone Capital, 187, 215

Blankfein, Lloyd, 16-7, 35

Bogle, John, 197-9, 233

Bogles, John, 223

bolcheviques, 111

bolhas financeiras, 158, 238

bolsas de valores: Bolsa de Valores de Londres, 152, 217, 318; Bolsa de Valores de Nova York, 152, 249; Federação Mundial das Bolsas de Valores, 223; Nasdaq, 249, 253

Braeburn Capital, 25

Bray, John, 87

British Airways, 309

British Gas, 309

British Telecom, 123, 309

Brown, Gordon, 182

Buchanan, James, 99, 307-8

Budget Rent a Car, 220

Buffett, Warren, 250

Burrough, Bryan, 188

caça, 54

Califórnia, 19, 25, 251; Apple e, 25; *ver também* Vale do Silício

Câmara dos Deputados (EUA), 293

câmbio: "gestão" moderna de taxas de, 51

Cambridge, "controvérsia" de, 100

Canadian Pension Plan Investment Board, 224

Capgemini, 186

Capita, 311, 315

capital: aberto, 39, 202, 208-9, 213, 217, 219, 221-2, *231*; capital de risco (vc, *venture capital*, em inglês), 185-6, 201, 219, 240, 246-53, 278; "capital paciente", 215, 246; capital privado (*private equity*, PE),

ÍNDICE REMISSIVO

185-9, 201-3, 205, 208, 214, *215*, 216-9, 221, 233; comercial, 81-3; de longo prazo, 215, 219-22; de produção, 81-3, 155; exportação de, 139; ganhos de, 19, 25, 128, 164, 199, 202, 250, 252, 335; investimentos como, 82; "portador de juros", 82; valor do, 101

capital humano, 38, 235, 323

Capital no século XXI, O (Piketty), 28

Capital, O (Marx), 59

capitalismo, 15, 19, 27, 40-1, 60, 62, 75-8, 81-2, 88, 93, 98, 100, 107, 150, 163, 176-7, 183, 190, 204, 220-1, 239, 242, 271, 283, 288, 301, 310, 320, 332-3; ascensão do capitalismo de cassino, 176-206; "capitalismo de plataforma", 271; "capitalismo gestor de dinheiro" (Minsky), 177, 183; de Estado, 310; dificuldades das economias industriais vistas como crise do, 150; e a crise financeira global (2008), 331; e lucro, 80, 81; e mercados financeiros, 163; e rentismo, 27; e Ricardo, 73, 75; falta de negociação no capitalismo ocidental, 283; laissez-faire, 156, 296, 337; Marx e o, 77-82, 84, 87, 126, 155, 242, 297; ocidental, 283; oposição intelectual por parte de organizações radicais e socialistas, 87; papel do Estado no crescimento econômico e na criação de valor, 34, 285-328; "predatório" *versus* "produtivo", 27; regulador, 310; sistema capitalista, 70, 76, 83, 121, 225, 290, 298, 331; sociedade capitalista, 78

carbono: imposto sobre o, 308; produção de energia de baixa emissão de, 52

Carlos I, rei da Inglaterra, 65

Carlyle Group, 187

"carteira da firma", teoria da (*portfolio theory of the firm*), 219

cartistas (Inglaterra, 1837-54), 87

cartões de crédito, 154, 167, 291

cassino, capitalismo de, 176-206

CDSS (*credit default swaps*), 165, 195-6

CEOS, salários, *226-7*

CERN, 245

Chappell, Dominic, 23-4

China, 214, 240, 295; Banco de Desenvolvimento da China, 246; bilionários na, 186

Chipre, 293

Chomsky, Noam, 314

Chrysler, 290

Churchill, Winston, 178-9

cientistas, setor financeiro e, 137

City (centro financeiro de Londres), 152, 182

Clark, John Bates, 86, 100

classes sociais: classe média, 185; distinção entre, 103; luta de classes, 80-1, 93, 100

Comissão Europeia, 24-5, 273, 290

Comissão para a Qualidade Assistencial (Reino Unido), 217

Comitê de Competição do Reino Unido, 154

Comitê de Finanças do Senado (EUA), 261

Commonwealth Foundation, 312

Companhia de Investimento em Pequenos Negócios (EUA), 249

competição, 27-8, 36-7, 62, 70, 80-1, 85, 95, 98, 102-3, 105, 113, 145, 151, 154, 159-60, 167, 236, 276, 308, 319

computadores, 24, 40, 121, 201, 243, 248; Macintosh, 243; Microcomputador da BBC, 327

comunismo, 111

Concorde (avião), 278, 320

conglomerados, 217, 219-21, 227

Congresso de Sindicatos (Inglaterra, 1861), 87

Congresso dos Estados Unidos, 172, 261

consumo, 48, 56-7, 62-3, 73-4, 77, 82, 93-4, 104, 108, 117-8, 122, 127, 134, 144, 153, 155, 168, 173, 179, 269, 291, 300, 306-7, 341; abstenção do, 88; despesa das famílias com, 169; e feudalismo, 77; e Ricardo, 73; final, 113, 121-3; improdutivo, 62, 73-4

393

contabilidade: Contabilidade Nacional de Receitas e Produção (NIPA, Estados Unidos), 231-2; controlável, 40; nacional, 48, 58, 107, 111, 114-5, 117, 125, 131, 134-5, 140, 144, 167, 303, 305, 336; "princípios contábeis geralmente aceitos" (GAAP, em inglês), 229; *ver também* Sistema de Contas Nacionais das Nações Unidas (SNA, em inglês)

"Controle de competição e de crédito", política de (Reino Unido, 1971), 152

cooperativismo, 87, 206, 329

Coperform, 314

Coreia do Sul, 260

Corpo Civil de Conservação (EUA), 319

Corporação Americana de Pesquisa e Desenvolvimento (ARD, American Research and Development Corporation), 248

corporações: escândalos corporativos, 221; governança corporativa, 245, 342; lucros corporativos, 147, 191, 276

corretoras de seguro, 220

corretores de ações, 152

corrupção governamental, 99, 308-10, 322, 325

cotas de importação, 51

crédito: agências de classificação, 166, 221; avaliação de, 143, 166, 221; cartões de, 154, 167, 291; *credit default swaps* (CDSS), 165, 195-6; direito de emitir crédito financeiro, 104; disponibilidade de, 168; e dívidas das famílias, 167-8, 170, 172-3, 195; escassez de, 151; informal, 176; política de "Controle de competição e de crédito" (Reino Unido, 1971), 152; sistema de, 83-4; *ver também* hipotecas

crescimento de vendas, 229-30, *231*

crescimento econômico, 22, 39, 41, 46, 52, 56, 59-61, 69, 71, 78, 116, 139, 141, 151, 153, 169, 173-4, 235, 242, 281, 284, 292-3, 295

"crescimento verde", 337

crises financeiras, 17, 137; crise da zona do euro, 292-4; Crise de 1929, 148-9, 156; crise financeira global (2008), 33, 85, 137-8, 144, 153-4, 163-4, 168, 174, 182, 191, 193-5, 223, 290, 293, 300, 331, 339; e intervenção governamental, 159; recuperação conduzida por déficits, 300

Cromwell, Oliver, 48, 51

Crouch, Colin, 313

"curto-prazismo", 214, 222-3, 232, 235

custos de transação, 189, 199, 312, 314

Dante Alighieri, 90

DARPA (Agência de Projetos de Pesquisa Avançada em Defesa, EUA), 244-6, 322, 327, 341

DEC (empresa de computadores), 248

déficits orçamentários, 290, 295

"demanda efetiva", princípio da, 300

democracia, 168, 217, 281, 317, 339

Departamento de Comércio (EUA), 232

Departamento de Defesa (EUA), 245

Departamento de Energia (EUA), 245, 278, 321

depressão financeira: Grande Depressão (EUA, anos 1930), 23, 112, 114, 122, 149, 156, 222, 299, 319

derivativos, 136, 162-3, 166-7, 190, 194-6; concentração dos contratos de derivativos americanos, *194*; de balcão, 149, 166, 190, 194; especulativos, 149, 162

desemprego, 80, 96-7, 101, 104, 114, 118-9, 121, 130, 146, 158, 299, 332; conceito de Marx da "reserva" de desempregados, 97; e austeridade, 307; e produção informal, 130; estado de "equilíbrio" de Marshall e desemprego voluntário, 97; Keynes e "desemprego involuntário", 299; *ver também* empregos

desigualdade: de renda, 68, 88, 169, *171*; e a indústria financeira, 27, 167, 178; e austeridade, 291; e revoluções tecnológicas,

ÍNDICE REMISSIVO

238; e tributação, 336; intensificada por políticas governamentais, 151, 277, 291; na distribuição, 169-70; setor financeiro e, 27, 167, 178

deslocamento social, 151

despesas públicas *ver* governo, gastos do

desregulamentação financeira, 17, 28, 131, 138, 147, 151-2, 160-3, 167, 180, 238

"destruição criativa", 19, 240, 242

diamante e da água, paradoxo do, 94

diesel, motores a, 221

Dinamarca, 49-50, 322

dinheiro: vivo, 153-4, 198

direitos de propriedade intelectual (DPIS), 42, 241, 259-60, 276-7, 282; *ver também* patentes

"dissipação de ativos" (*asset-stripping*), 189

distribuição: com uma economia da esperança, 341, 343; contas nacionais e distribuição de renda, 111, 117; cumulativa, 246; de renda, 36, 68, 117, 169, 173, 342; desigual, 169-70; distribuições excessivas de lucros, 210; e criação de valor, 29, 32, 38, 332; e Marx, 155; e o valor determinado pelo preço, 36; estratégia de "reduzir e distribuir", 230; "financeirização" de atividades de distribuição, 206; modelo de distribuição sem fins lucrativos (NPD, Escócia), 315; redistribuição de valor, 84; renda como receita proveniente da redistribuição de valor, 84; Ricardo e a distribuição de salários e rendimentos, 68; Turgot e a distribuição de riqueza, 56

diversificação financeira, 183

dívidas: bancos e dívidas familiares/privadas, 167-73, *172*, 195; deflação de, 146; dívida externa, 216; e "keynesianismo privatizado", 173; endividamento familiar, 137, 151, 167-8, *171-2*; privadas, 167-73, *172*, 290; públicas, 34, *165*, 196, 290, 292, 311; *ver também* crédito

dólares, 15-6, 18, 26, 36, 124-5, 127, 149-50, 158, 164, 169-70, 176, 185-7, 189, 194-5, 198, 200-1, 208, 210-1, *215*, 218, *226*, 236, 240, 247-8, 253, 258, 261-4, 271, 278, 316, 321, 335

Draper, Gaither e Anderson (firma), 249

eBay, 267

economia: capitalista, 78, 80, 83, 237, 324; compartilhada, 42, 269-71, 275, 283; conceito de equilíbrio, 93-105, 113-4; de bem-estar, 98-9; de inovação, 239-84; de mercado, 36, 62, 95, 336; economia clássica/economistas clássicos, 32, 59-60, 85-6, 91, 98, 104, 205, 253, 275, 297; economia da esperança, 44, 331-41, 343; "economia de compartilhamento", 269; economia informal, 116-7, 129-30; economia neoclássica/economistas neoclássicos, 46, 70, 85-6, 88, 92-3, 100-1, 103-5, 275, 298-9, 301; "economia política", 31, 60, 69, 89, 91, 111, 288, 294; "economia real", 207; economias de escala, 81, 101, 147, 190, 241, 271, 276, 283, 310; economias nacionais, 28, 51, 242; "escola austríaca" de, 89; finanças e economia "real", 155-61; forças econômicas, 46, 114, 224; laissez-faire, 156, 296, 337; "novos clássicos", 302, 307; real, 21, 38, 40, 43, 137, 147, 155-6, 160, 177, 180, 195, 205, 207, 238, 338; "reequilibrar" a, 72; tamanho da, 15, 24, 295; teoria da macroeconomia, 114, 300, 323

Economics of Industry, The (Marshall), 111

Economics of Welfare, The (Pigou), 112

Economist, The (revista), 239, 260, 285, *287*

educação, 31, 59, 65, 121, 285, 291, 294, 297, 299, 304-5, 309, 315, 323-4, 333; subsidiada, 38

Eisenhower, Dwight D., 249

empreendedores/empreendedorismo, 19-20, 42, 160, 178, 185, 238-44, 248, 255,

395

O VALOR DE TUDO

258-9, 322, 332; e "destruição criativa", 19, 240, 242; "empreendedorismo improdutivo", 42, 160, 241, 258; "Estado empreendedor", 324; *ver também* inovação; Vale do Silício (Califórnia)

empregos: investimentos e criação de, 245; oferta de, 114; proporção de emprego e renda no setor financeiro, 181, 193; *ver também* desemprego

empréstimos: depósitos e, 154; estrangeiros, 138; "empréstimo sindicalizado", 189

endividamento familiar, 137, 151, 167-8, *171-2*

energia: avanços em energia financiados pelo governo dos Estados Unidos, 245; nuclear, 245; preços da, 151; renovável, 146, 321-2, 341; solar, 245

Engels, Friedrich, 75, 87; *Manifesto do Partido Comunista* (Marx e Engels), 75

England's Treasure by Forraign Trade (Mun), 47-8

English Factory Acts (Inglaterra, séc. XIX), 59

Enron, 221

"entidades para fins especiais" (SPVS, em inglês), 166

EPS (*earnings per share*, lucro por ação), 209, 228-9

equilíbrio, conceito de, 93-105, 113-4

escândalos corporativos, 221

escassez, noção de, 30, 91, 93-4

Escócia, 60, 315-7; modelo de distribuição sem fins lucrativos (NPD), 315; terceirização da infraestrutura na, 315-7

"escola austríaca" de economia, 89

Escritório de Análises Econômicas (BEA, Estados Unidos), 133, 232

Escritório de Estatísticas Nacionais (ONS, Reino Unido), 133, 304

Escritório de Orçamento do Congresso (EUA), 172

Espanha, 66, 295, 329

especulação, 16, 43, 90, 156-7; derivativos especulativos, 149, 162; Keynes sobre, 156; pelos bancos, 27, 157; tributação de negócios especulativos rápidos, 331; *ver também* valor, extração de

Estado: agências estatais, 326; capitalismo de, 310; corrupção governamental, 99, 308-10, 322, 325; déficits orçamentários, 290, 295; e Marx, 297-8; "Estado empreendedor", 324; Estado inflado, 159, 285, 295; fracasso do governo, 308; governo dependente da receita tributária proveniente do setor financeiro, 174; governo orientado para a missões, 319-20; governo que "pensa grande", 319; intervenção na economia, 159, 238, 289, 301; mercados e, 98-9, 159, 286, 288; papel do, 280; papel do Estado no crescimento econômico e na criação de valor, 34, 285-328; reação contra o governo (1980), 42, 307; subvalorização do setor público, 42, 285-328, 334; tamanho do governo, 295; tese de ineficiência do governo, 286, 325; valor do governo, 123, 296, 322

Estados Unidos: Acordo de Bretton Woods (1944), 148-50, 159; Administração de Pequenas Empresas, 249; Agência de Obras de Infraestrutura, 319; Agência Nacional da Juventude, 319; ARPA-E (Agência de Projetos de Pesquisa Avançada em Energia), 245-6; Associação Nacional de Capital de Risco (NVCA), 249-50; ativos de fundos mútuos e encargos, *198*; austeridade, 291; avanços em energia financiados pelo governo dos, 245; bancos americanos, 148, 150, 153, 190-1; bilionários nos, 186; Bolsa de Valores de Nova York, 152, 249; Câmara dos Deputados dos, 293; Comitê de Finanças do Senado (EUA), 261; como exemplo de "governo pequeno", 295; Companhia de Investimento em Pequenos Negócios, 249; concentração dos contratos de derivativos americanos,

396

ÍNDICE REMISSIVO

194; Congresso dos, 172, 261; Corpo Civil de Conservação, 319; Corporação Americana de Pesquisa e Desenvolvimento (ARD, American Research and Development Corporation), 248; DARPA (Agência de Projetos de Pesquisa Avançada em Defesa), 244-6, 322, 327, 341; deflação de dívida, 146; Departamento de Comércio, 232; Departamento de Defesa, 245; Departamento de Energia, 245, 278, 321; desigualdade de renda nos, *171*; dívida relacionada a hipotecas, 172, 195; e o eurodólar, 150; empresas sustentadas por private equity como porcentagem de todas as empresas americanas, *215*; Escritório de Análises Econômicas (BEA), 133, 232; Escritório de Orçamento do Congresso, 172; Exército americano, 249; expansão do domínio de "patenteabilidade", 256; FDA (Food and Drug Administration), 257; Fed (Federal Reserve), 157-8, 163, 166, 173; fundos de hedge, 186; fundos de pensão, 184-5; gestão de ativos, 187-8; Grande Depressão (EUA, anos 1930), 23, 112, 114, 122, 149, 156, 222, 299, 319; indústria de capital de risco, 248-54; Instituto Nacional de Saúde (NIH, National Institutes of Health), 245, 253, 262; investimento em produtos biofarmacêuticos, 253; investimento em tecnologias, 243-4, 321; "investimento" doméstico em consumo de bens duráveis, 153; justificação dos gastos públicos, 122; Lei Bayh-Dole (1980), 256; Lei de Comércio de Mercadorias (1936), 166; Lei do Direito à Aposentadoria do Empregado (1974), 185; Lei Dodd-Frank (2010), 174; Lei Glass-Steagall (1933), 148-9, 151; Lei Hatch-Waxman (1984), 257; lucros corporativos das finanças americanas como porcentagem dos lucros domésticos totais, *181*; maiores empresas públicas, 207; mandato de CEO (tempo médio), *228*; manufaturas, 180; moradia e PIB, 127; National Income and Product Account (NIPA), 231-2; New Deal, 116, 319; Obamacare (reforma do sistema de saúde dos EUA), 316; participação do governo na Tesla, 278; PIB americano, 15, 125, 127, 208, *230*, 292; poupanças, 169; preços de imóveis, 168, 201; preços de propriedades, 168; Programa de Inovação em Pequenas Empresas, 246; proporção da remuneração do CEO em relação a dos trabalhadores nos, *227*; recompra de ações, 209, *211*; relação dívida público/PIB, 292; Reno (Nevada), 25; resposta ao lançamento do Sputnik pela União Soviética, 249; salário médio de CEOS, *226*; salários estagnados, 169; setor financeiro, 136, 148, 150, 179-80; sindicatos, 23; terceirização do governo federal, 316; títulos públicos (*equities*), 186; tributação e previdência, 184; US Bullion Depository (Fort Knox), 150; US Veterans Administration, 262; valor adicionado do governo e despesas como parte do PIB, *119*, 122; *ver também* Nova York; Wall Street

"estagflação", 150

eurodólares, 150

Europa, 17, 24, 32, 45, 47, 93, 111, 116, 146, 150-1, 153, 158, 174, 245, 261, 263, 272, 274, 290, 307, 309, 340; Banco Central Europeu (BCE), 158, 290; Banco Europeu de Investimento, 246; Comissão Europeia, 24-5, 273, 290; Mecanismo Europeu de Taxa de Câmbio (ERM), 186-7; Tratado de Maastricht (1992), 290, 292-3; União Europeia (UE), 24, 292-3; zona do euro, 292-4

"excedente", conceito de, 64, 73, 77-8

Exército americano, 249

exploração de trabalhadores, 77, 242

exportação, 49, 51, 117, 136, 150, 306-7; de capital, 139

externalidades, 99, 129-30, 268, 308, 326, 339

extração de riqueza *ver* valor, extração de

Facebook, 239-40, 247, 267-70, 272-3, 275-6

"falhas de mercado", teoria das, 99, 287, 307-8

Fama, Eugene, 161

famílias: endividamento familiar, 137, 151, 167-8, *171-2*

fármacos *ver* medicamentos

FDA (Food and Drug Administration, EUA), 257

Fed (Federal Reserve, EUA), 157-8, 163, 166, 173

Federação dos Trabalhadores Socialistas (França), 87

Federação Mundial das Bolsas de Valores, 223

felicidade, 133, 333

fenícios, 82

ferrovias, 274, 304, 309

feudalismo, 77

finanças, seguros e propriedades imobiliárias (FIRE, em inglês), 180, *181*

financeirização: de atividades de distribuição, 206; e ascensão do capitalismo de cassino, 176-206; *ver também* setor financeiro

Fink, Larry, 210-1

fintechs (empresas de tecnologia financeira), 190

Fisim ("serviços de intermediação financeira indiretamente medidos"), 143-5, 164, 190

fisiocratas, 32, 46, 53-4, *55*, 58, 155, 296; limite de produção, *54*, 58

flexibilização quantitativa (QE, em inglês), 158, 319

FMI (Fundo Monetário Internacional), 102, 139, 290, 292, 307, 309

Foley, Duncan, 259

Forbes (revista), 263

Ford, 208, 236, 251

Four Seasons Health Care (Reino Unido), 216

fracking (técnica de extração de combustíveis fósseis), 245, 282, 288

França, 48, 50, 53, 58, 75, 87, 91, 109-10; contabilidade nacional, 109-10; Federação dos Trabalhadores Socialistas, 87; fisiocratas *ver* fisiocratas; indústria de eletricidade, 309; razão entre gastos do governo/PIB, 295

Fraunhofer Institutes (Alemanha), 245

Friedman, Milton, 157, 212-4, 220, 233-4, 301-2

"fronteira abrangente", 109

funcionários públicos, 303, 316, 319-20, 334

funcionários, tratamento dos, 280, 330

fundos: de hedge, 16, 165, 177-8, 186-7, 200-2, 205; de investimentos, 146, 158, 177-8, 187-8, 211, 247; de pensão, 176, 185-6, 188, 221, 248, 250; públicos, 243-4, 246, 248, 262, 283; *ver também* gestão de ativos/fundos

G4S, 311, 315-6

G7 (sete maiores economias do mundo), 130

GAAP (*Generally Agreed Accounting Principles*, "princípios contábeis geralmente aceitos"), 229

Ganilh, Charles, 110

Gates, Bill, 245

GE Capital, 208

Geithner, Tim, 166

Genentech, 247, 253

General Electric (GE), 37, 207-8, *211*, 234, 249

General Motors (GM), 290

Genzyme, 253

Gerschenkron, Alexander, 141

gestão de ativos/fundos, 40-1, 137, 177, 183-7, 189, 197, 199, 204-5; *ver também* fundos

Gilead (empresa farmacêutica), 18, 261-2

398

ÍNDICE REMISSIVO

globalização, 151, 214

going short ("venda a descoberto"), 187

Goldman Sachs (banco), 16, 35, 152, 164, 182-3, 204, 217

Google, 19-20, 37, 140, 239-40, 245, 257, 267-70, 272-3, 275-6, 334

governo, 74; corrupção governamental, 99, 308-10, 322, 325; déficits orçamentários, 290, 295; dependente da receita tributária proveniente do setor financeiro, 174; Estados Unidos como exemplo de "governo pequeno", 295; fracasso do, 308; França como exemplo de "governo inchado", 295; gastos do governo/despesas públicas, 34, 74, 115, 119, 121-3, 290, 293-5, 297, 301-2, 304-7; governo grande, 295; papel do Estado no crescimento econômico e na criação de valor, 34, 285-328; políticas públicas, 37-8, 99, 114-5, 151, 173, 277, 288, 291, 308-9, 323, 327, 335; que "pensa grande", 319; reação contra o governo (1980), 42, 307; relação entre gastos do governo/PIB, 295; resgates do setor financeiro após crise global (2008), 290; tamanho do, 295; tese de ineficiência do, 286, 325; valor do, 123, 296, 322; zero retorno dos investimentos feitos pelo, 303

GPS, 20, 188, 245, 269, 282, 338

Grande Depressão (EUA, anos 1930), 23, 112, 114, 122, 149, 156, 222, 299, 319

Grande Recessão (2008 em diante), 130

Grande transformação, A (Polanyi), 288, 328

Gray, John, 87

Grécia, 293, 295; antiga, 59

Green Investment Bank, 146

Green, Sir Philip, 23

Greenspan, Alan, 166

Guerra Civil Inglesa (1642-51), 65

guildas, 60, 63

Hands, Guy, 216

Harvoni (medicamento), 18, 261-2, 265-6

Hayek, Friedrich, 152

Haywood, Big Bill, 23, 26, 79

Heath, Edward, 151

Hegel, Georg Wilhelm, 75

Helyar, John, 188

hepatite C, medicamentos para, 18, 240, 261

Herndon, Thomas, 293

Hill, Joanne, 204, 249

hipotecas, 131, 143, 153, 163-8, 195; e dívidas, 167-8, 172, 195; securitização garantida por hipotecas (MBS, em inglês), 165, 195; *ver também* crédito

HNWIS (*high-net-worth individuals*, indivíduos com grande patrimônio líquido), 185-6, 200

Hodgskin, Thomas, 87

Holanda, 46, 48, 50, 67, 129

Hong Kong, 182

Hooper, Richard, 317

horário de trabalho, 283

IBM (International Business Machines Corporation), 211, 228, 240, 243, 249, 276

Idade Média, 47, 155

idosos: aposentadoria e consumo de, 183; lares para idosos no Reino Unido, 215-8, 233

Igreja católica, 47, 90, 155

imóveis: mercado imobiliário, 127-8, 151, 168, 172-3, 185, 193, 201, 208, 271

importação, 49, 52, 66, 136; cotas de, 51

impostos *ver* tributação

inconformismo, pobreza e, 88

Índia, 24

indivíduos com grande patrimônio líquido (HNWIS, *high-net-worth individuals*), 185-6, 200

indústria farmacêutica *ver* medicamentos

industrialização, 58, 260

399

inflação, 15, 101, 134, 142, 150-1, 153, 183, 301, 311; "estagflação", 150

infraestrutura, 74, 112, 146, 205, 217-8, 244, 276, 280, 283, 285-6, 291, 295, 297, 299, 303, 311, 315, 319-20, 323, 326-7, 337, 339-40; e New Deal, 319; iniciativas de financiamento privado (IFPS) *versus*, 313; terceirização da infraestrutura na Escócia, 315-7

Inglaterra *ver* Reino Unido

iniciativas de financiamento privado (IFPS), 310-1, 313-5, 317

inovação: coletiva, 244-5, 277-8, 282; compartilhamento de riscos e recompensas, 277-80; crescimento econômico e, 281; cumulativa, 241-3, *247*; dinâmica da, 274-5; e "destruição criativa", 19, 240, 242; e cidadania, 281; e recompensas justas, 323; e tratamento dos funcionários, 280; efeitos de rede, 241, 267-74; empreendedorismo improdutivo, 241, 258; extraindo valor pela economia de inovação, 239-84; financiamento da, 246; financiamento público de alto risco, 246, 248, 278, 299, 321; incerta, 243; inclusiva, 281; investimentos em, 37-8, 243-6, 248; monopólios e, 274, 282; na indústria de capital de risco, 246-54; "ondas" de, 242; plataformas e, 42; retornos financeiros da, *247*; ritmo e direção da, 281; timing, 247; valor digital, 274-6; "vantagens do pioneiro", 244, 267

instituições financeiras, 27, 43, 137, 144, 148-9, 151, 156, 164, 175, 177, 190, 338; *ver também* setor financeiro

Instituto de Estudos Fiscais (Reino Unido), 291

Instituto Nacional de Excelência em Saúde e Cuidados (NICE, Reino Unido), 265-6

Instituto Nacional de Saúde (NIH, National Institutes of Health, EUA), 245, 253, 262

intermediação financeira, 40, 131, 143, 146,

180, 190-1, 196-7; "serviços de intermediação financeira indiretamente medidos" (Fisim, em inglês), 143-5, 164, 190

Internal Rate of Return (IRR, taxa de retorno interno), 225

internet, 196, 243-4, 250, 268-9, 272-3, 275-6, 278, 282-3, 288, 317, 322, 333-4, 338

investimentos: bancos de investimentos, 16, 39, 131, 141-2, 148, 152, 156, 158, 162, 164, 174, 184, 192, 204, 252, 315, 338; como capital, 82; e crescimento a longo prazo, 205, 237, 340; e criação de empregos, 245; e PIB, 124, 294; e taxas de juros, 302; em capital humano, 38; em empresas em estágio inicial, 244, 246, 248, 251, 278; em inovação, 37-8, 243-6, 248; em pesquisa e desenvolvimento (P&D), 38, 109, 124, 225, 234, 237, 279-80; em TI (tecnologia de informação/inovação), 249; empresas privadas *versus* empresas públicas, *231*; fundos de investimento, 146, 158, 177-8, 187-8, 211, 247; fundos de pensão fora de investimentos de risco, 250; investimento doméstico dos Estados Unidos no consumo de bens duráveis, 153; investimentos corporativos como porcentagem do PIB dos Estados Unidos, 230; investimentos de curto prazo, 335, 338; investimentos de longo prazo, 225, 235, 243, 331, 335, 337-8; média de tempo de retenção para investimento em capital próprio, 223; orientadoa para uma missão, 282, 340-1; privados, 244, 302, 307-8; produtivos, 65, 141, 157, 324; públicos, 205, 245, 252, 274, 291, 294, 315, 322, 326, 329, 340; regra do "homem prudente", 250; reinvestimento de lucros, 209, 215, 238, 278, 283-4, 324; Smith e, 64; "socialização do investimento" (Keynes), 205; taxa mínima de atratividade, 202, 224-5;

400

ÍNDICE REMISSIVO

zero retorno dos investimentos feitos pelo governo, 303

iPhone, 24, 244

Irlanda, 24-5, 48, 293

Israel, 246

Itália: Alitalia, 318; déficit orçamentário, 294; economia italiana, 294; mercado negro italiano, 130; PIB italiano, 130, 294; superávit orçamentário primário, 294

J.P. Morgan (banco), 16, 164, 225

Japão, 186, 260

Jensen, Michael, 213-4, 234

jesuítas, 108

Jevons, William Stanley, 89

Jobs, Steve, 243

John Lewis (lojas de departamento), 329

jornada de trabalho, 283

juros: capital "portador de juros", 82; cobrança de, 103, 142, 155; taxas de, 17, 138, 143-4, 149, 162, 164, 169, 173, 192, 194, 225, 290, 301-2

Kahn, Richard, 306

Kennedy, John F., 319, 321

Keynes, John Maynard, 72, 114-5, 148, 156-7, 159, 161, 174, 205, 222-3, 225, 299-303, 306, 308, 319, 325; *A teoria geral do emprego, do juro e da moeda*, 114, 299, 301; crises financeiras e recuperação conduzida por déficits, 300; e "curto-prazismo", 222-3; e governo anticíclico, 299; e o multiplicador, 306-7, 325; e o Sistema de Contas Nacionais das Nações Unidas (SNA, em inglês), 115; e PIB, 115, 299, 303; *How to Pay for the War* [Como pagar pela guerra], 114; *O fim do laissez-faire*, 285; "princípio da demanda efetiva", 173, 300; "socialização do investimento", 205; teoria da macroeconomia, 114, 300, 323

keynesianismo, 122, 301, 306; "privatizado", 173; neokeynesianos, 308

King, Gregory, 48, 50-1, 85, 90

Kirkwood, Graham, 314

Kleiner-Perkins (empresa americana), 247, 250

Kohlberg Kravis Roberts (KKR, empresa americana), 187-8

Kreditanstalt für Wiederaufbau (KfW, Alemanha), 235, 246

Kuznets, Simon, 112-3, 115, 122, 129

Lagrange, Joseph Louis, 110

laissez-faire, 156, 296, 337

LaMattina, John, 18, 263

lares para idosos (Reino Unido), 215-8, 233

latifundiários, 32, 77, 83

Lauderdale, James Maitland, conde de, 88

Lavoisier, Antoine Laurent, 110

lazer, 30, 96-7, 103, 106, 182, 189, 332

Lazonick, William, 210, 230

Lehman Brothers (banco), 158, 290

Lei Bayh-Dole (EUA, 1980), 256

Lei de Comércio de Mercadorias (EUA, 1936), 166

Lei de Navegação Inglesa (1651), 48

Lei de Saúde e Assistência Social (Reino Unido, 2012), 313

Lei do Direito à Aposentadoria do Empregado (EUA, 1974), 185

Lei Dodd-Frank (EUA, 2010), 174

Lei Glass-Steagall (EUA, 1933), 148-9, 151

Lei Hatch-Waxman (EUA, 1984), 257

Lei Nacional dos Serviços de Saúde Pública e Cuidado Comunitário (Reino Unido, 1990), 312

Leis dos Cereais (Inglaterra, 1815-46), 66, 72

leis fabris inglesas (séc. XIX), 59

leis trabalhistas, 151

Lerner, Abba, 97-8

leucemia, preço de tratamento de, 36

liberalização financeira, 138

Libor, taxa, 145, 194

Liga Hanseática, 82

limite de produção: e agricultura, *54*, 58, 110

401

livre-comércio, 52, 66, 98, 296

livre mercado, 29, 63, 65-7, 72, 85, 140, 152, 159, 213, 288, 308, 328, 337

Locke, John, 155, 277

London School of Economics, 94

Londres, 68, 89, 127-8, 150-2, 182, 191, 194, 240; "Big Bang" (reformas financeiras de 1986), 152; Bolsa de Valores de, 152, 217, 318; City (centro financeiro), 152, 182; fundos de hedge, 186; indivíduos com grande patrimônio líquido (HNWIS, *high-net-worth individuals*) em, 186; Mayfair, 186

lucros: acionistas e, 232, *329*; Apple, 24-5; confundidos com rendimentos, 334-5; de empresas detentoras de dados, 240; distribuições excessivas de lucros, 210; e bancos, 39; e marginalismo, 99-101, 104; e Marx, 77-8, 80-2, 84; elevando preço das ações por meio de, 26, 178; em rede, 268-9; EPS (*earnings per share*, lucro por ação), 209, 228-9; excedentes, 83; exploração de trabalhadores em troca de, 77, 242; fontes de, 80-1, 131; lucros corporativos das finanças americanas como porcentagem dos lucros domésticos totais (EUA), *181*; "lucros sem prosperidade", 232; lucros *versus* rendas, 132; margens de lucro, 169, 229, *231*, 266, 311, 316; maximização dos, 93-4, 102-3, 321-2; Quesnay e, 58; reinvestimento de, 209, 215, 238, 278, 283-4, 324; rentabilidade de empresas que não fazem parte do setor financeiro, *232*; Ricardo e, 69-72; Robinson e, 101; saúde dos pacientes e os lucros impacientes, 262-6; Senior e, 88; Smith e, 65-7; Turgot e, 58

Luís XV, rei da França, 53, 296

luta de classes, 80-1, 93, 100

Maastricht, Tratado de (1992), 290, 292-3

Macintosh, 243

Macquarie (banco), 146

macroeconomia (teoria de Keynes), 114, 300, 323

mais-valia, 76-85, 99, 104, 111, 126, 155, 242, 259, 297, 337

Malthus, Thomas, 69, 88

mandato de CEO (tempo médio nos EUA), *228*

Manifesto do Partido Comunista (Marx e Engels), 75

Manual de economia política (Pareto), 98

manufaturas, 38, 60, 62-3, 66, 69, 71-2, 78, 110, 149, 151, 163, 180, 207, 245; cota de saída dando lugar a finanças, 180; divisão do trabalho em, 61; e fisiocratas, 55, 57; e globalização, 151; e mercantilismo, 49, 53; mão de obra como fonte de valor, 62; na Alemanha, 245; no Reino Unido, 180; nos Estados Unidos, 180

mão de obra *ver* trabalhadores

"mão invisível" do mercado, 61-2

marginalismo: ascensão dos marginalistas, 86-105; e contabilidade nacional, 111; e equilíbrios, 92-105, 113-4; e falhas no mercado, 99; e preços, 90-6; limites da produção, 109; limites da produção, 96-9; "utilidade marginal", teoria da, 89-90, 92, 94-6, 99, 102-4, 106-7, 110-1, 113, 116-7, 132, 135, 161, 298, 308

Marshall, Alfred, 91, 93, 96, 111, 130, 134, 298; Biblioteca Marshall (Cambridge), 91; estimativas de renda nacional, 111; *Princípios de economia*, 91-3, 111, 298; *The Economics of Industry*, 111

Marshall, Mary Paley, 111

Marx, Karl, 52, 59-60, 75-88, 92-3, 96-7, 99, 101, 104, 111, 126, 134-5, 155, 159, 242, 259, 298, 337-8; classificação do setor financeiro, 155; e agricultura, 81; e capitalismo, 77-82, 84, 87, 126, 155, 242, 297; e distribuição, 155; e luta de classes, 80-1, 93, 100; e mudança tecnológica, 242; e

ÍNDICE REMISSIVO

valor do governo, 297-8; fronteiras da produção, 78, *79*, 83, 298; lucros e, 77-8, 80-2, 84; mais-valia, 76-85, 99, 104, 111, 126, 155, 242, 259, 297, 337; *Manifesto do Partido Comunista* (Marx e Engels), 75; no trabalho de "produção" e teoria do valor, 75-86, 94, 111, 126, 155; *O capital*, 59; teoria da renda, 83-4; teoria de ganho de "monopólio", 83; trabalho "improdutivo", 259, 275

Mateus, são (apóstolo), 47

"maximização do bem-estar", 98

maximizando o valor para o acionista (MSV, *maximize shareholder value*), 212, 214, 219-22, 224-6, 228, 234-5

Mayfair (Londres), 186

McKinsey & Company, 224

Mecanismo Europeu de Taxa de Câmbio (ERM), 186-7

Meckling, William, 213-4

medicamentos, 113, 189, 257, 260-7, 278-9, 282, 320, 333, 338; e capital de risco, 253; e o sistema de patentes, 257, 259-66, 338; e risco, 244; genéricos, 257, 279; indústrias farmacêuticas, 15, 18, 20, 35, 38, 178, 240, 253, 257, 260-6, 279, 333, 338; investimento do governo dos Estados Unidos, 253; P&D (pesquisa e desenvolvimento), 262-3, 279, 320, 338; preços de, 35, 38, 240, 260-6, 279

meios de produção, 65, 77-81, 83, 101, 155; *ver também* produção/produtividade

Menger, Carl, 89

mercado negro, 109, 124, 130

mercadorias, 48, 52, 76, 78, 81-2, 87, 113, 148, 166, 187

mercados, 62; bilaterais, 269-70, 273; capitalismo e mercados financeiros, 163; como resultados, 336-9; competitivos, 98, 337; confiança nos mecanismos de mercado, 335; e o Estado, 98-9, 159, 286, 288; eficiência dos, 139, 313, 317, 334; "falhas

de mercado", 99, 287, 307-8; falhas no mercado, 99; financeiros, 43, 137-9, 150, 156, 161-3, 192, 204, 208, 213, 246, 334; forças econômicas, 46, 114, 224; laissez-faire, 156, 296, 337; livre mercado, 29, 63, 65-7, 72, 85, 140, 152, 159, 213, 288, 308, 328; "mão invisível", 61-2; "ótimo de Pareto", 98; pensamento sobre valor baseado no mercado, 30-1, 36, 332-4; relações entre bancos e mercados financeiros, 138-9, 192; serviços de saúde, 312-3

mercantilismo/mercantilistas, 46-9, 51, 53-4, 58, 63, 66; e livre comércio, 66; e Smith, 62, 66

merecimento individual, conceito de, 277

Meurer, Michael J., 258

Microsoft, 211, 240, 245, 252, 276

Millennium Laboratories, 189

mineração, 23, 54, 63-4, 79, 192, 197

Minsky, Hyman, 85, 156-7, 159, 161, 174, 176-7, 183, 225

miséria, 74, 86

Mitterrand, François, 250

moedas estrangeiras, 149

Mondragon, 329

"monetarismo", 153, 301

monopólios, 19, 65, 95, 98, 105, 184, 258, 266-7, 273-4, 276, 282, 284, 296, 310, 335; bancos e, 147-8, 151, 154; e regulamentação, 274, 310; extração rentista monopolista, 140; inovação e, 274; internet e plataformas on-line, 272-5, 333; poder de monopólio, 141, 146-8, 151, 189; poder de monopólio das empresas, 213; preços de medicamentos, 265; teoria de Marx sobre ganho de "monopólio", 83

moradia, 49, 63, 76-7, 117, 126, 128, 309

Morozov, Evgeny, 270, 273, 276, 339

mudanças climáticas, 243, 282, 326, 341

Mun, Thomas, 47-8

municípios, 215-7

O VALOR DE TUDO

Nabisco, 188

Nações Unidas *ver* Sistema de Contas Nacionais das Nações Unidas (SNA, em inglês)

nanotecnologia, 78, 244, 250, 322

Napoleão Bonaparte, 68, 74, 110

Nasa (National Aeronautics and Space Administration), 341

Nasdaq, 249, 253

National Income and Product Account (NIPA), 231-2

National Institute for Health and Care Excellence (NICE, Reino Unido), 265-6

Netflix, 280

Netscape, 257

Nevada (EUA), 25

New Deal, 116, 319

New Economics Foundation (Reino Unido), 315

New York Times Magazine, The (revista), 212

New York Times, The (jornal), 202, 293

Nixon, Richard, 150

Nobel, prêmio, 99, 101, 112, 125, 134, 152, 157, 161, 200, 242, 250, 277, 301, 308, 323, 328

Northern Rock (banco), 163

Nova York, 127, 151, 182, 191, 259; Banco Central de, 166; Bolsa de Valores de, 152, 249; indivíduos com grande patrimônio líquido (HNWIS, *high-net-worth individuals*) em, 186; Wall Street, 17, 156-7, 179, 214, 233, 269

Obamacare (reforma do sistema de saúde dos EUA), 316

OCDE (Organização para Cooperação e Desenvolvimento Econômico), 130, 145, 169, 290, 312

Ocidente, 52, 151

Ofcom (órgão regulador de telecomunicações do Reino Unido), 123, 317

oferta e demanda, 21, 95, 288, 302; em equilíbrio, 95-6; "princípio da demanda efetiva", 173, 300

ofertas públicas iniciais (OPIS), 251-3; sem produto (OPISPS), 253

Openreach, 123

OPEP (Organização dos Países Exportadores de Petróleo), 72, 150

Orange (ex-Telecom), 310

Organização Mundial de Saúde, 312

Oriente Médio, 24, 236

Osborne, George, 293

Ostrom, Elinor, 328

OTC (derivativos de balcão), 149, 166

ouro, 23, 47, 51, 53-4, 66, 149-50, 193, 296; padrão-ouro, 149-50

Owen, Robert, 87

Oxfam, relatórios da: "Uma economia para o 1%" (2016), 170; "Uma economia para os 99 %" (2017), 169

padrão de vida, 45, 112-3, 170, 270

padrão-ouro, 149-50

pagamentos *ver* salários

País de Gales, 217

Palmisano, Samuel, 228

paradoxo da água e do diamante, 94

paraísos fiscais, 216

parcerias público-privadas, 337

Pareto, Vilfredo, 98-9, 112

Paris, 75, 280

Partido Conservador (Reino Unido), 217, 312

Partido Social-Democrata (Alemanha), 87

Partido Trabalhista (Reino Unido), 87, 116, 182, 332

Patent Litigation Explosion, The (Meurer), 258

patentes: como ferramenta de incentivo à inovação, 282; como guardiões da base de conhecimento, 256; e "empreendedorismo improdutivo", 258; e criação de valor, 255; e extração de valor, 240-1, 254-66; função de apropriabilidade das, 254-5; inibidoras da inovação, 256-8; Lei Bayh-Dole (EUA, 1980), 256; Lei Hatch-Waxman (EUA, 1984), 257; lob-

404

ÍNDICE REMISSIVO

by de empresas em prol de, 329; patenteamento estratégico, 257-9; política de *Patent Box* em tributação, 335; produtos farmacêuticos e o sistema de patentes, 257, 259-66, 338; "trollagem de patentes", 258, 260; *ver também* direitos de propriedade intelectual (DPIS)

Paulson and Co., 201

Paulson, John, 146, 201

pecuária, 54

pensões, 177, 184, 197; fundos de pensão, 176, 185-6, 188, 221, 248, 250; plano de pensão do Royal Mail (correio britânico), 318; previdência privada, 184

Perez, Carlota, 238

Perkins, Tom, 250

pesca, 54

pesquisa e desenvolvimento (P&D), 18, 38, 109, 116, 124-5, 225, 229, 234-5, 237, 246, 253, 262-3, 279-80, 294, 320, 338

petróleo, 52, 72, 150, 327; preço do, 150

Petty, Sir William, 48-52, 85, 90, 117, 134

Pfizer, 18, 211, 263

PIB (produto interno bruto): americano, 15, 125, 127, 208, *230*, 292; cálculo do, 118-23, *119*, 302-4; convenção social e, 108-9; crescimento máximo do, 340; e austeridade, 290-1, 307; e consumo final, 113, 121-3; e contas nacionais *ver* contabilidade nacional; e despesas, *119*, 122, 302; e economia informal, 124, 129-31; e investimento, 124, 294; e limites de produção, 108-9, 125, 134, 336; e poluição, 124, 129; e produção, 129, 303; e prostituição, 129; e renda, 107, 302; e serviços de saúde, 311; finanças como "insumo intermediário", 17; francês, 295; investimentos corporativos como porcentagem do PIB dos Estados Unidos, *230*; italiano, 130, 294; Keynes e, 115, 299, 303; lucros *versus* rendas, 132; pesquisa e desenvolvimento (P&D), 124; relação dívida/PIB,

292, 294, 340; relação entre gastos do governo/PIB, 295; setor financeiro e, 105, 124, 130-1, 136, 139, 142-5, 156, 161, 182, 336; tentativas de correções, 133; teoria do valor e, 108-14; valor do governo adicionado ao, 118-23, *119*, 302-4; valor do trabalho doméstico, 116, 125-7; valor dos ativos financeiros em relação ao, 208

Pigou, Arthur Cecil, 111-3; *The Economics of Welfare*, 112

Piketty, Thomas, 28-9; *O capital no século XXI*, 28

planos de contrato pessoal (PCPS), 208

planos de saúde, 313

"plataformas", conceito de, 42

plataformas on-line, 274-5

Platão, 15, 21

pobreza, 86; e inconformismo, 88; extrema, 37

poder de compra, 82, 114, 142, 291

Polanyi, Karl, 288, 328, 337-8; *A grande transformação*, 288, 328

política monetária, 138, 302; e taxas de juros, 301; "monetarismo", 153, 301

políticas públicas, 37-8, 99, 114-5, 151, 173, 277, 288, 291, 308-9, 323, 327, 335; *ver também* Estado; governo

"Políticos não deveriam questionar os custos dos medicamentos, mas, sim, seu valor, Os" (LaMattina), 263

Pollock, Allyson, 314

Polônia, 49

poluição ambiental, 99, 107, 124, 129, 221, 308, 327, 336, 342

portfolio theory of the firm ("teoria da carteira da firma"), 219

Portugal, 67, 293

poupança, 49, 62, 100, 140, 144, 153, 169, 177, 183-5, 250; acumulação no pós-guerra, 183, 185; fundos de investimento, 146, 158, 177-8, 187-8, 211, 247

prata, 47, 51

405

preços: de medicamentos, *35, 38, 240, 260-6, 279*; determinado pelo valor, *30-1, 35, 38, 240, 263-6, 332-3*; diferença entre valor e, *182*; do petróleo, *150*; marginalismo e, *90-6*; preço justo, *90*

preferências, *30-1, 39*; maximização de, *102*

prestadores de serviços, *272, 311*

previdência privada, *184*

Primeira Guerra Mundial, *179*

"primeiro teorema fundamental do bem-estar", *98-9*

"princípio da demanda efetiva", *300*

"princípios contábeis geralmente aceitos" (GAAP, em inglês), *229*

Princípios de economia (Marshall), *91-3, 111, 298*

Princípios de economia política e tributação (Ricardo), *59, 68, 297*

private equity (PE), *185-9, 201-3, 205, 208, 214, 215, 216-8, 219, 221, 233*

privatizações, *146, 218, 258-9, 276, 289, 307, 309, 311-2, 314, 317-8, 320*; Chomsky sobre "técnica padrão de privatização" para, *314*; com venda da "boa empresa" e retenção pública de "empresa ruim", *317*; de recompensas, *241, 248-53, 274, 277-80, 318*; do Royal Mail (correio britânico), *317-8*; e eficiência, *317*; e terceirização, *309-17*; privatização e terceirização do sistema de saúde, *311-4*; "pseudoprivatização", *311*; teoria da escolha pública e justificativa para, *307-19*

produção/produtividade, *15, 36, 39-40, 50, 58-9, 61, 65, 67-9, 74, 77, 81, 96, 103-4, 106-7, 111, 131, 135, 140, 157, 164, 169, 170, 174, 182, 193, 212, 215, 225, 227, 229, 242, 269, 294, 296, 304-5, 323*; agrícola, *68-9*; capital e trabalho como principais insumos da produção, *100*; distinção entre o produtivo e não produtivo, *45-7, 50, 51, 96*; e economia de escala, *81, 101, 147, 271*; e o setor financeiro/bancos, *131, 137, 142-6, 161-5, 167,*

173, 180, 182; e PIB, *129, 303*; empresas de produção, *82*; excedente, *64, 73, 77-8*; fisiocratas e, *54, 58*; "função de produção", *289*; limites/fronteiras de produção, *32, 33, 54, 64, 78, 96-9, 108, 132-3, 324, 337, 342*; Marx e as fronteiras da, *78, 79, 83, 298*; Marx sobre trabalho de "produção" e teoria do valor, *75-86, 94, 111, 126, 155*; meios de produção, *65, 77-81, 83, 101, 155*; produção informal, *130*; produção material *versus* imaterial, *63, 66, 111*; produtividade marginal, *92, 96*; resiliência do sistema produtivo, *29*; salários e, *169, 170, 225*; sistema produtivo, *29, 332*; teoria do valor e divisão do trabalho, *60, 78, 241*; utilidade e, *29*

produto interno bruto *ver* PIB

Programa de Inovação em Pequenas Empresas (EUA), *246*

propriedade intelectual *ver* direitos de propriedade intelectual (DPIS)

propriedade privada, *187, 208, 274, 286, 329*

proprietários de terra, *53, 57, 65-6, 69-73, 75, 88, 103, 179, 192*

proprietary trading, *191, 204*

prosperidade, *43, 45, 47, 49, 137-8, 232, 291, 295, 297, 301*

prostituição, *129*

protecionismo, *47, 63, 66, 98*

"quarta-feira negra" (Reino Unido, 16 de setembro de 1992), *187*

Quarterly Journal of Economics (periódico), *101*

Quesnay, François, *53-8, 62-3, 68, 79, 91, 96, 110, 135, 296-7*; e lucros, *58*; e valor do governo, *296*; *Tableau Économique, 53, 55, 57, 296*

QWERTY, teclado, *268*

RBS (banco), *318*

Reagan, Ronald, *63*

"reavaliação" dos ativos, *192*

ÍNDICE REMISSIVO

receitas não auferidas, 21, 32, 36, 85, 98, 103, 105, 107, 131-2, 179; *ver também* renda
recessão, 87, 106, 238, 290, 294, 299-300, 306, 339-40
recompensas justas, 277, 323-4
recompras de ações, 18, 26, 209-10, *211*, 212, 225, 229-30, 232, 237-8, 262, 279, 338
redes, 241, 267-70; "externalidades de rede", 268; lucros em rede, 268-9
redistribuição de valor, 84
"reduzir e distribuir", estratégia de, 230
"reequilibrar" a economia, 72
regulamentação financeira, 19, 28, 147-9, 159-60, 167, 185, 191, 205, 222, 274, 296, 298, 333, 338; autorregulação, 167; "branda", 222; e gestão de ativos, 185, 204; monopólios e, 274, 310; *ver também* desregulamentação financeira
Rehn, Olli, 293
Reinhart, Carmen, 292-3
Reino Unido: abolição dos controles cambiais, 152; austeridade, 291; Autoridade Reguladora dos Serviços de Água, 218; Bolsa de Valores de Londres, 152, 217, 318; cartistas (Inglaterra, 1837-54), 87; Comissão para a Qualidade Assistencial, 217; Comitê de Competição do, 154; companhias de água do, 217, 233; Congresso de Sindicatos (Inglaterra, 1861), 87; corretores de ações, 152; "déficit de financiamento dos clientes", 164; desigualdade de renda no, *171*; efeitos do capital privado nas indústrias relacionadas a água e cuidados de idosos, 215-7; English Factory Acts (Inglaterra, séc. XIX), 59; escalada do endividamento familiar, 168; Escócia, 60, 315-7; Escritório de Estatísticas Nacionais (ONS), 133, 304; famílias de banqueiros na Inglaterra, 179; forçado a sair do Mecanismo Europeu de Taxa de Câmbio (ERM), 186; Four Seasons Health Care, 216; fundos de hedge, 186; gestão de ativos, 185-6; governo Heath, 151; governo Thatcher, 63, 152, 309, 312; Guerra Civil Inglesa (1642-51), 65; Inglaterra, 46, 48, 50, 58-9, 66-7, 75, 77, 87, 111, 151, 178, 186, 217; Instituto de Estudos Fiscais, 291; Instituto Nacional de Excelência em Saúde e Cuidados (NICE), 265-6; lares para idosos no, 215-8, 233; Lei de Navegação Inglesa (1651), 48; Lei de Saúde e Assistência Social (2012), 313; Lei Nacional dos Serviços de Saúde Pública e Cuidado Comunitário (1990), 312; Leis dos Cereais (Inglaterra, 1815-46), 66, 72; maiores empresas do, 208; manufaturas, 180; mercado de ações, 186; modelo de distribuição sem fins lucrativos (NPD, Escócia), 315; New Economics Foundation, 315; Ofcom (órgão regulador de telecomunicações), 123, 317; País de Gales, 217; Partido Conservador, 217, 312; Partido Trabalhista, 87, 116, 182, 332; política de "Controle de competição e de crédito" (1971), 152; poupanças, 169; proporção em dinheiro da economia, 154; "quarta-feira negra" (16 de setembro de 1992), 187; Royal Mail (correio britânico), 317-8; Serviço Nacional de Saúde do Reino Unido (NHS), 265-6, 311-4, 317; setor financeiro, 136, 178, 191; Sociedade Unida dos Engenheiros, 87; tributação de poupanças e pensões, 183; Trident (programa de armas nucleares), 34; valor adicionado bruto (1945-2013), *180*
remédios *ver* medicamentos
renda: como principal meio de extração de valor, 102; como receita proveniente da redistribuição de valor, 84; como receitas não auferidas, 21, 32, 36, 85, 98, 103, 105, 107, 131-2, 179; como uma necessidade capitalista, 237; conceito clássico *versus* neoclássico, 104; conceito de,

407

O VALOR DE TUDO

102; contas nacionais e distribuição de, 111, 117; de cobrança de juros, 103, 142, 155; de monopólio ou oligopólio, 194; definida por Ricardo, 70; definida por Smith, 65; desigualdade de, 68, 88, 169, *171*; despesa equilibrada com, 49; distribuição de, 36, 68, 117, 169, 173, 342; e competição no mercado, 36; e dívidas das famílias, 168-3, *171-2*; e PIB, 107, 302; e valor determinado pelo preço, 35; EPS (*earnings per share*, lucro por ação), 209, 228-9; habitação, PIB e, 127; imposto de, 25, 111, 189; lucros confundidos com rendimentos, 334; lucros *versus* rendas, 132; per capita, 52; proporção de emprego e renda no setor financeiro, 181, 193; recompensas justas, 323; rentismo, 28, 65, 205-6, 221, 258-9, 277, 308, 321, 328, 336-7, 342; "retorno justo", 277; Ricardo e a distribuição salarial e de, 68; teoria da renda de Marx, 83-4; *ver também* salários

Reno (Nevada, EUA), 25

"repressão financeira", 138

República Tcheca, 24

República, A (Platão), 15

resgates financeiros, 137, 140, 148, 290, 293

"reter e investir", estratégia de, 230

"retorno justo", conceito de, 277

retorno sobre o capital investido (*Return on Invested Capital*, ROIC), 225

Revolução Bolchevique (1917), 111

Revolução Industrial, 52, 61, 86, 90

Rheinische Zeitung (jornal), 75

Ricardo, David, 59, 67-77, 79-81, 83-7, 92, 96, 99, 103, 105, 297-8; e a distribuição de salários e rendimentos, 68; e agricultura, 68-70; e capitalismo, 73, 75; e consumo, 73; e lucros, 69-72; e proprietários de terra, 69-71, 103; e salários, 68; e Smith, 68, 73; e valor do governo, 297; limites da produção, 74; *Princípios de*

economia política e tributação, 59, 68, 297; "socialistas ricardianos", 87; teoria da renda, 70; teoria do crescimento e acumulação, 69

Riqueza das nações, A (Smith), 45, 59-60, 67-8, 90, 297, 337

riqueza, criação de, 19-20, 27-8, 32, 35, 42-3, 233, 238, 240, 242, 255, 277, 285-6, 322, 328, 331-3, 336; *ver também* valor, criação de

risco *ver* assumir riscos

RJR Nabisco, 188

Robbins, Lionel, 94, 97

Robinson, Joan, 100-1

Roche, 247, 253

Rogoff, Kenneth, 292-3

Roma antiga, 59

Roosevelt, Franklin D., 319

Royal Mail (correio britânico), 317-8; plano de pensão do, 318

royalties, 108, 120, 258, 278, 280

Rússia, 97; bancos russos, 150; Revolução Bolchevique (1917), 111; *ver também* União Soviética

Ryan, Paul, 293

salários, 65, 68, 76; CEOS, *226*, 227; como valor da força de trabalho, 80; dos executivos, 237; e "socialistas ricardianos", 87; e crescimento econômico, 151; e GAAP (*Generally Agreed Accounting Principles*), 229; e lucros em equilíbrio, 100-2; e marginalismo, 100-4; e produtividade, 169, *170*, 225; e Ricardo, 68-9; e Smith, 65, 68; EPS (*earnings per share*, lucro por ação), 209, 228-9; estagnados, 147, *170*, 332; poder de compra de, 114; proporção da remuneração do CEO em relação a dos trabalhadores (EUA), *227*; razão entre a parcela da remuneração dos empregados no setor financeiro e a dos trabalhadores em geral, *181*, *193*;

408

ÍNDICE REMISSIVO

recompensas justas e a socialização de recompensas, 277-80, 323-4; sindicatos e, 190; *ver também* renda

salto quântico, conceito de, 93

Samuelson, Paul, 100-1, 301

saúde, serviços de, 216, 339; Instituto Nacional de Excelência em Saúde e Cuidados (NICE, Reino Unido), 265-6; lares para idosos (Reino Unido), 215-8, 233; Lei de Saúde e Assistência Social (Reino Unido, 2012), 313; Lei Nacional dos Serviços de Saúde Pública e Cuidado Comunitário (Reino Unido, 1990), 312; orientados para o mercado, 312-3; planos de saúde, 313; privatização e terceirização, 311-4; Serviço Nacional de Saúde do Reino Unido (NHS), 265-6, 311-4, 317

Say, Jean-Baptiste, 91, 95, 110; *Tratado sobre economia política*, 91

Schmidt, Eric, 19, 245

Schrödinger, Erwin, 93

Schumpeter, Joseph, 141, 242

securitização, 146, 163, 165-6, 195

Segunda Guerra Mundial, 111, 113-5, 118, 122, 170, 179, 183, 249, 288, 301

seguro de vida, 184, 221

Selvagens em Wall Street (filme), 188

Senado, Comitê de Finanças do (EUA), 261

Senior, Nassau, 88

Serco, 311, 314-6

Serviço Nacional de Saúde do Reino Unido (NHS), 265-6, 311-4, 317

serviços, 91, 96, 106; e Jevons, 89; e Menger, 89; e preços, 91-2; origem da teoria da utilidade, 90-1

"serviços de intermediação financeira indiretamente medidos" (Fisim, em inglês), 143-5, 164, 190

setor financeiro, 16-7, 33, 38, 40, 43, 72, 107, 109, 124, 131, 135-7, 139-40, 142, 145-7, 149-50, 159-61, 164, 167-8, 173, 177-83, 192-3, 196, 206-7, 214, *231*, 237, 240, 285, 290, 305, 331, 336, 338; Acordo de Bretton Woods (1944), 148-50, 159; alegações de criação de riqueza, 35; centros financeiros, 136, 147, 151, 181-2; cientistas migrando para, 137; classificação de Marx, 155; competição, 159; crescimento do, 177, 181; desregulamentação, 17, 28, 131, 138, 147, 151-2, 160-3, 167, 180, 238; diversificação, 183; e desigualdade, 27, 167, 178; e PIB, 105, 124, 130-1, 136, 139, 142-5, 156, 161, 182, 336; empréstimos estrangeiros, 138; Estados Unidos, 136, 148, 150, 179-80; finanças e economia "real", 155-61; finanças, seguros e propriedades imobiliárias (FIRE, em inglês), 180, *181*; financeirização, 18, 40-1, 77, 105, 138, 174, 177-8, 182, 192, 207-8, 218, 222, 225-6, 232-3, 237-8, 309, 338; governo dependente da receita tributária proveniente do, 174; imposto sobre transações financeiras, 200, 338; indústria financeira, 28, 118, 190, 197; inovação e, 246, *247*; interconectividade do, 159; liberalização financeira, 138; parcerias público-privadas, 337; proporção de emprego e renda, 181, 193; Reino Unido, 136, 178, 191; relações entre bancos e mercados financeiros, 138-9, 192; "repressão financeira", 138; resgates governamentais após crise global (2008), 290; "serviços de intermediação financeira indiretamente medidos" (Fisim, em inglês), 143-5, 164, 190; tamanho do, 38; *ver também* bancos; economia; mercados

setor privado, 20, 42, 120, 123, 138, 140, 143-4, 153, 157, 180, 185, 193-4, 237, 244, 259, 286-7, 290-1, 296, 298-300, 303-4, 308, 314-5, 317-21, 324-6, 329, 332, 334-5, 341; firmas, 132, 139, 144, 152, 187-8, 199, 202-3, 212, 214-5, 217-8, 222, 225, 231, 233, 252-3, 258; iniciativas de financiamento privado (IFPS), 310-1, 313-5, 317 setor público, 20, 42, 120, 144, 244, 248, 260, 281-2, 285-6, 290, 304, 308-9, 311-5, 317, 323-4, 327, 329, 332, 334, 336; tamanho do, 34; valor público, 42, 284, 286, 292, 320, 324-5, 327-8, 335, 339; *ver também* Estado; governo

siderúrgicas, 132

Simon, Herbert, 277

sindicatos, 23, 87, 93, 112, 151, 190, 245, 283, 335

Siri (software), 20, 244

Sistema de Contas Nacionais das Nações Unidas (SNA, em inglês), 115-6, 124-6, 130, 132-3, 144; *ver também* contabilidade nacional

smartphones, 25, 244

Smith, Adam, 31, 45, 58-67, 68, 73-4, 77-80, 83-6, 90-2, 95-6, 99, 103, 105, 110-1, 134-5, 155, 159, 242, 328; *A riqueza das nações*, 45, 59-60, 67-8, 90, 297, 337; e investimentos, 64; e livre mercado, 63, 65-6, 328, 337; e lucros, 65-7; e mercantilistas, 62, 66; e renda, 65; e Ricardo, 68, 73; e valor do governo, 297; estimativas de renda nacional, 110; limites de produção, 63, *64*, 67, 337; "mão invisível" do mercado, 61-2; teoria do valor, 60-7; *Teoria dos sentimentos morais*, 67

Social Enterprise UK, 315

"Social Responsibility of Business Is to Increase its Profit, The" (Friedman), 212

socialismo, 31, 75, 87, 93, 111, 159, 270; "socialismo digital", 269

"socialistas ricardianos", 87

Sociedade Unida dos Engenheiros (Reino Unido), 87

Solow, Robert, 100-1, 242, 323

Solyndra, 278, 318, 321

Soros, George, 186

Sovaldi (medicamento), 261-3, 265

Sports Direct (Reino Unido), 221

Sputnik (satélite soviético), 249

Sraffa, Piero, 100-1

"*stakeholder value*" (valor das partes interessadas), 234, 236, 329, 334

start-ups, 248-9, 251

Stiglitz, Joseph, 28-9, 106, 294-5

Stone, Sir Richard, 125

Suíça, 89, 127, 247

Suma teológica (Tomás de Aquino), 90

supermercados, 190

TA Associates, 189

Tableau Économique (Quesnay), 53, *55*, 57, 296

tarifas, 66, 105, 271

taxa de retorno interno (*Internal Rate of Return*, IRR), 225

taxa mínima de atratividade, 202, 224-5

taxas de câmbio, 39, 52, 142, 148, 195; Mecanismo Europeu de Taxa de Câmbio (ERM), 186-7

teclado QWERTY, 268

tecnologia, 277; assumindo riscos com, 234, 237, 243, 299, 320; biotecnologia, 78, 244, 247, 250, 254, 257; computadores, 24, 40, 121, 201, 243, 248; digital, 39, 78; e democracia participativa, 339; e redes, 241, 267-74; e transformação social, 81; fintechs (empresas de tecnologia financeira), 190; governar a, 339; imposto sobre as empresas, 274; investimento do governo em, 25, 244; limpa, 250; militar, 249; mudança tecnológica, 30, 40, 46, 190, 242, 339, 342; nanotecnologia, 78, 244, 250, 322; revoluções tecnológicas, 238; smartphones, 25, 244; TI (tecnologia de informação/inovação), 19-20, 178, 198, 238, 249, 313; verde, 146

Telecom, 310

telecomunicações, 123, 327

"teorema fundamental do bem-estar", 98-9

"teoria da agência" (*agency theory*), 213, 219, 221

ÍNDICE REMISSIVO

Teoria da economia política, A (Jevons), 89

"teoria da escolha pública", 99, 307-10, 319-20, 334

"teoria das falhas de mercado", 99, 287, 307-8

Teoria dos sentimentos morais (Smith), 67

"teoria quantitativa de competição", 159

terceirização, 289, 307, 309, 311, 313-7

Terra Firma, 216

Tesla Motors, 278-9, 318, 321

Texas Instruments, 249

Thames Water, 146

Thatcher, Margaret, 63, 152, 309, 312

Thiel, Peter, 19, 239

Thompson, William, 87

Three Delta, 216

títulos públicos (*equities*), 186

Tobin, James, 134, 200

Tobin, taxa, 200

Tomás de Aquino, são, 90

trabalhadores: exploração de, 77, 242; mão de obra, 27, 30-1, 52, 59-61, 63-4, 70, 73, 75-7, 79-80, 82, 86-7, 89, 91, 97, 100, 103, 110, 121, 155, 190, 242, 244, 297, 302, 324

trabalho: divisão de, 46, 60-1, 78, 242, 297, 332; doméstico, 116, 125-6; exploração do, 77, 242, 297; força de, 38, 76-7, 80, 83, 85, 155, 230, 323; "improdutivo", 55, 96, 259, 275; jornada de, 283; leis trabalhistas, 151; "produtivo", 55, 78, 96, 275; serviços, 91; valor na economia clássica, 59-85, 275, 277

Trade Union Congress (Inglaterra, 1861), 87

Transamerica Airlines, 220

Transamerica Corporation, 220

"transformação de vencimentos", 143

Tratado de Maastricht (1992), 290, 292-3

Tratado sobre economia política (Say), 91

tratamento dos funcionários, 280, 330

tributação, 25, 28, 33-4, 44, 59, 68, 109, 248, 286, 297, 331; crédito fiscal, 38, 280; de negócios especulativos rápidos, 331;

dependência do governo das receitas provenientes do setor financeiro, 174; e Apple, 24-5; e capital de risco, 279, 323; e desigualdade, 336; e gastos do governo, 74; e inovação, 280; e poupanças, 183; e private equity (PE), 202; imposto de renda, 25, 111, 189; imposto sobre ganhos de capital, 25, 202, 250, 252, 335; imposto sobre o carbono, 308; imposto sobre transações financeiras, 200, 338; lobby de empresas, 335; paraísos fiscais, 216; política de *Patent Box*, 335; política tributária, 280; sobre empresas de tecnologias, 274-5, 338; taxa Tobin, 200

Trident (programa de armas nucleares do Reino Unido), 34

troca, valor de, 76

"trollagem de patentes", 258, 260

Turgot, A. R. J., 56, 58

Turner, Lorde Adair, 160

Twitter, 267-8, 272

Uber, 240, 269, 271-2, 280, 338

Uber Black, 271

UberEats, 271

União Europeia (UE), 24, 292-3

União Soviética, 111; resposta dos Estados Unidos ao lançamento do Sputnik; *ver também* Rússia

United Artists, 220

US Bullion Depository (Fort Knox, EUA), 150

US Veterans Administration (EUA), 262

usura, 90, 103, 131

"utilidade marginal", teoria da, 89-90, 92, 94-6, 99, 102-4, 106-7, 110-1, 113, 116-7, 132, 135, 161, 298, 308

utilitarismo, 90, 110; conceito de utilidade individual, 90

Vale do Silício (Califórnia), 19, 239, 249-52, 254, 269, 285, 288

Valônia (Bélgica), 151

411

valor: adicionado, 108-9, 115, 118-23, 129, 132, 137, 142, 144, 147, 161, 164, 177, 180, 190, 193-4, 229, 303-5, 307; criação de, 15, 34, 43, 74, 110, 123, 189, 253, 259, 296-7, 333-5, 340; criação de valor, 15, 17-21, 24, 26-7, 29, 31-2, 37-9, 41-5, 51-2, 54, 56-7, 77, 79, 95, 102, 107, 113-5, 123, 132-3, 135, 157, 160, 205, 207-8, 234-5, 237-9, 245-6, 255, 259-60, 271, 274, 281, 286, 289, 296-7, 300, 320, 323, 327-9, 332-4, 336-8, 342; da terra, 128; de mercado, 24, 59, 76; definição de, 29, 31, 38; diferença entre preço e, 182; do capital, 101; do governo, 123, 296, 322; do trabalho doméstico e da casa, 116, 125-7; e "riqueza", 29; e despesas, 123; e escassez, 30, 91, 93-4; e o conceito de "excedente", 64, 73, 77-8; e utilidade em economia neoclássica, 89; extração de, 18, 20-1, 24-9, 40-3, 56, 102-3, 105, 107, 132, 135, 157-8, 160, 178, 193, 196-7, 218, 226, 233, 237, 240-1, 246, 253-5, 259-60, 269, 274, 289, 333, 336-7; história do, 45-85; inerente, 66, 76; Marx e o valor do governo, 297-8; Marx sobre trabalho de "produção" e teoria do valor, 75-86, 94, 111, 126, 155; maximizando o valor para o acionista (MSV, *maximize shareholder value*), 212, 214, 219-22, 224-6, 228, 234-5; mercantilistas, 47-52, *51*; multiplicando valor, 306-7; no trabalho, 59-86, 94, 110, 125, 275, 277; paradoxo da água e do diamante, 94; pensamento sobre valor baseado no mercado, 30-1, 36, 332-4; preço determinado pelo, 30-1, 35-6, 38, 240, 263-6, 332-3; reavaliação para economia da esperança, 331-41; redistribuição de, 84; renda como receita proveniente da redistribuição de

valor, 84; salários como valor da força de trabalho, 80; subjetivo, *97*; teoria do, 35, 52, 56, 60, 62, 67-8, 72, 74-6, 78-9, 81, 84, 86-91, 94-5, 107-11, 114-6, 125-6, 132-5, 160, 292, 298, 323, 332, 342; valor das partes interessadas ("*stakeholder value*"), 234, 236, 329, 334; valor de troca, 76; valor digital, 274-6; valor público, 42, 284, 286, 292, 320, 324-5, 327-8, 335, 339; Wilde e o, 22

Vanguard (grupo de investimento), 197

"vantagens do pioneiro", 244, 267

varejo/varejistas, 23, 132, 164-5, 177, 182, 191

vendas: crescimento de, 229-30, *231*; "venda a descoberto" (*going short*), 187

"verde", mundo (vida ecológica), 146, 340; "crescimento verde", 337

Viagra, 241

Volkswagen, 221, 235-6

Voltaire, 110

Wall Street (Nova York), 17, 156-7, 179, 214, 233, 269; Crise de 1929, 148-9, 156

Walras, Léon, 88-9, 98, 104

Watson Jr., Tom, 228

Welch, Jack, 207, 234

Welsh Water, 217-8

Wilde, Oscar, 22, 44

WorldCom, 221

Wyden, Ron, 261

Xerox, 243, 249

Yahoo, 272

Yozma (fundo de capital israelense), 246

zona do euro, 292-4

Zuckerberg, Mark, 239

TIPOLOGIA Miller e Akzidenz
DIAGRAMAÇÃO Osmane Garcia Filho
PAPEL Pólen, Suzano S.A.
IMPRESSÃO Gráfica Bartira, junho de 2024

A marca FSC® é a garantia de que a madeira utilizada na fabricação do papel deste livro provém de florestas que foram gerenciadas de maneira ambientalmente correta, socialmente justa e economicamente viável, além de outras fontes de origem controlada.